南宋吉州的士大夫与宗族、地域社会

[日] 小林义广 著
盘媛 译

崇文学术译丛·海外汉学经典
主编 林岩

长江出版传媒 | 崇文书局

图书在版编目（CIP）数据

南宋吉州的士大夫与宗族、地域社会 /（日）小林义广著；盘媛译. -- 武汉：崇文书局，2024.5
（崇文学术译丛. 海外汉学经典）
ISBN 978-7-5403-7651-2

Ⅰ. ①南… Ⅱ. ①小… ②盘… Ⅲ. ①知识分子－研究－中国－中国－南宋②地方政府－政治制度－研究－中国－南宋 Ⅳ. ① D691.71 ② D691.21

中国国家版本馆 CIP 数据核字 (2024) 第 086770 号

出 版 人：韩　敏
责任编辑：鲁兴刚
责任校对：董　颖
装帧设计：徐　慧
责任印制：李佳超

南宋吉州的士大夫与宗族、地域社会

NANSONG JIZHOU DE SHIDAFU YU ZONGZU DIYU SHEHUI

出版发行：长江出版传媒 | 崇文书局
地　　址：武汉市雄楚大街 268 号 C 座 11 层
电　　话：（027）87677133　　邮政编码：430070
印　　刷：湖北新华印务有限公司
开　　本：880mm×1230mm　1/32
印　　张：12.5
字　　数：277 千
版　　次：2024 年 5 月第 1 版
印　　次：2024 年 5 月第 1 次印刷
定　　价：98.00 元

“崇文学术译丛”序言

一份待完成的“课业”

世上有许多事，本应该早些做，但不知什么缘故，一直拖着没什么人做。学术翻译也常常如此，令人不解。

记得2000年初，我刚入复旦读博不久，按照惯例，师门两周召集一次会面，汇报最近的学习进展、读了些什么书。导师王水照先生虽然不爱说话，但时常会给一些有益的提示。也就是在这样的定期师生交谈中，我才首次知道日本学界早在20世纪初就提出了“唐宋转型说”，而且记住了内藤湖南、宫崎市定等人的名字。抱着强烈的好奇心，我找来刘俊文主编的《日本学者研究中国史论著选译》第一卷《通论》（中华书局，1992），阅读了内藤湖南《概括的唐宋时代观》、宫崎市定《东洋的近世》两篇名文，算是知道了一点皮毛。接着，通过第二卷《专论》（中华书局，1993）中附录的《战后日本的中国史论争》，才知晓了从20世纪30年代延续至70年代，围绕着中国历史的时代分期论，曾经出现了“东京学派”与“京都学派”之间的激烈争论，并且催生出了一大批高质量的学术著作。后来又发现，1992—

1993年间，刘俊文曾在《文史知识》连载过系列文章，较为系统地梳理过日本中国史研究的学术历程，并简明扼要地介绍过日本学界围绕中国历史分期发生过的学派纷争。不过，等我2013年到台湾访学，买到高明士的《战后日本的中国史研究》（明文书局，1986年增订三版）一书时，赫然发现台湾学者早在80年代初就比较全面地介绍了相关的学术信息，而大陆则晚了十年左右。

不过，在我读博那会儿，围绕“唐宋转型说”，当时国内能获取的相关著作，尤其是译介到国内的著作，十分稀少。1997年，商务印书馆曾出过一本内藤湖南的《日本文化史研究》；直到2004年，国内才有了夏应元编选并监译、钱婉约翻译的《中国史通论——内藤湖南博士中国史学著作选译》（社会科学文献出版社），但这也不过是一本概说性质的讲义汇编。此后，关于内藤湖南的译著逐渐多了起来，有日本内藤湖南研究会所编的《内藤湖南的世界》（三秦出版社，2005），内藤湖南本人的《燕山楚水》（中华书局，2007）、《中国史学史》（上海古籍出版社，2008）、《中国绘画史》（中华书局，2008）、《东洋文化史研究》（复旦大学出版社，2016）、《诸葛武侯》（江苏人民出版社，2019）等书的问世。美国学者傅佛果《内藤湖南：政治与汉学，1866—1934》（江苏人民出版社，2016）一书的出版，则为学界深入了解内藤湖南学术思想的渊源与内涵，提供了一个不错的指引。

较之内藤湖南，他的学生宫崎市定的著作，显然更受出版界的青睐，无论是一般性的浅显学术读物，还是严谨的学术著作，都有大量的出版，甚至同一本书会被不同的出版社重复出版。2016—2021年间，《宫崎市定中国史》《宫崎市定人物论》《东洋的古代》《东洋的近世》《宫崎市定读〈史记〉》《谜一般的七支刀》《科举》《隋炀帝》等十几种宫崎市定作品有了中文版。更为重要的是，宫崎市定一些代表性的学术著作也得以出版，如《九品官人法研究》(中华书局，2008)、《宫崎市定亚洲史论考》(上海古籍出版社，2017)。这些书籍大量出版，一方面使得宫崎市定的学术观点逐渐为学界熟知，另一方面也间接推广了“京都学派”关于中国历史分期的学说。

应该说，最近十余年内藤湖南、宫崎市定著作的陆续译介出版，对于帮助学界深入了解“唐宋转型说”的学术内核，无疑起到了十分有益的推动，比我读书那几年有了极大的改观。但我当年的困惑依然存在，既然是“京都学派”与“东京学派”的论争，为何国内出版的学术译著，总是偏向于“京都学派”一方，而对于“东京学派”一方，尤其是周藤吉之那样的重量级学者，却吝于译介其著作呢？哪怕是对方的学术著作失之偏颇，但既然能够引起论战，起码也要看看对方说了些什么吧。从全面把握学术脉络的意义上来说，这也是应当严肃对待的事情。

按理说，日本学界关于“唐宋转型说”的学派争论，到20世纪70年代后期，已经基本偃旗息鼓，不再引起学者争论的兴趣，那为何反而在二十余年后，又出现在中国学者的视野中，并引起极大的关注呢？这就不能不提及美国学者包弼德《斯文：唐宋思想的转型》(*“This Culture of Ours”: Intellectual Transitions in T’ang and Sung China*，刘宁译，江苏人民出版社，2001)一书在国内的译介出版。包弼德的英文原书出版于1992年，近十年之后中文版方才问世。也就是说，当包弼德从事博士论文写作的 80 年代，他还能感受到日本学界“唐宋转型说”的影响，与此同时，80 年代的美国宋史学者，一方面吸收了日本学者的“唐宋转型说”（主要是“京都学派”的观点），另一方面又加以修正，提出自己的新说，而这些都被包弼德吸收到他的著作里。

在美国宋史学者中，对于“唐宋转型说”做出重要修正的，首推郝若贝（Robert M. Hartwell）。他于 1982 年在《哈佛亚洲研究学报》发表了《750—1550 年中国的人口、政治与社会转变》（Demographic, Political and Social Transformations of China, 750-1550）一文，提出从北宋到南宋的过渡过程中，存在一个从国家精英到地方精英的转变。随后，郝若贝的学生韩明士在此观点影响下，在 1986 年出版了《政治家与绅士》（*Statesmen and Gentlemen: The Elite of Fu-chou, Chiang-hsi, in Northern and Southern Sung*）一书，以江西抚州作为个案，提供了一个实证研究的具体阐释。此后，“两宋转型说”大体成为美国宋史学界的一个共识。可以作为例证的是，1986 年，众多美国宋史学者集结于亚利桑那州斯科茨代尔（Scottsdale）举行了一次围绕宋代经世思想与行动的研讨会，后来会议论文经过修订，汇集成书《为世界排序》（*Ordering the World: Approaches to State and Society in Sung Dynasty China*，刘云军译，九州出版社，2022），于 1993 年出版。在此书中，学者们分别从政治、经济、社会、思想等多个层面，论证了南宋与北宋之间的差异。如果我们细读包弼德《斯文》一书的第二章“士的转型”，可以明显感受他对于“两宋转型说”的接受。其实，略早于《斯文》一书中译本出版之前，包弼德曾在中国发表过《唐宋转型的反思：以思想的变化为主》一文，其中以“传统的阐释”与“新的阐释”

为题,较为详细地概括、总结了日本学界"唐宋转型说"的观点,和美国学界新近研究中提出的一些新观点，包括他本人从思想史角度给出的解释。在此文的注释中，包弼德罗列了大量美国宋史学者的新近研究成果，不啻是一个宋史研究书目简编。

不无巧合的是，在《斯文》一书出版不久，当年6月，包弼德曾有一次复旦之行，并应王水照先生之邀，与中文系的师生有过一次深入的交流。在这次交流中，他介绍了自己的求学经历与《斯文》一书的写作过程，并围绕书中所讨论的唐宋之际士的转型与思想的转型之间的联系，回应了师生们的提问，并在交流的最后,谈及他有两本书的写作计划。现在这两本书都已完成出版:一本是他的《历史上的理学》，英文版出版于2008年，中文版出版于2010年。另一本书则是关于金华地方史的研究《本地化学习》(*Localizing Learning: The Literati Enterprise in Wuzhou, 1100-1600*)，2022年出版。

大略翻阅包弼德的最新著作，从中又可以感受到美国学界一个新的学术动向，即试图将宋、元、明贯通起来做长时段研究的趋向。而此种努力，美国学者其实从上世纪末就已经开始。1997年，在美国加州举行了一个"The Song-Yuan-Ming Transition: A Turning Point of Chinese History"研讨会，后来的论文结集为《中国历史上的宋元明过渡》(*The Song-Yuan-Ming Transition in Chinese History*)一书,2003年出版。包弼德的新著正是从宋、元、明三个时段，来对金华地区的社会变迁与学术思想的转变之间的关系进行了深入考察，可以说为此一议题提供了一个实证案例。

以上这些学思追述，或许在旁观者看来，有些絮絮叨叨，无关紧要，但却是我个人在学术之路上蹒跚前行、步步摸索的一些痕迹。在此过程中，我的一个最大体会是，要想理清学术史的脉络，哪怕是某一问题域的来龙去脉，是何其困难。而如果对于自己所从事领域之基本阐释框架、主要学说缺乏全面的了解，又如何能安放自己所从事之研究的位置、赋予其意义，进而与已有之成果进行对话呢？对于先行研究欠缺了解，容易陷入低水平的重复劳动；对于自己所从事问题域之学术脉络了解不全面，则可能引发不必要的混乱。尤其是在当前这样一个国际化的学术环境中，即使从事中国研究，也必须及时跟踪日本、欧美等同行学者的学术动态，以便取长补短，或者扬长避短。而要弥补这种学术上的信息差，就势必要依靠学术翻译来作为桥梁。尽管时至今日，学术资讯的获取极为便捷，图书资料的取得，也有许多方便的渠道，但是鉴于国内的学术训练向来不注重语言训练，真正能够熟练阅读英文、日文学术著作的学者恐怕不会太多，遑论阅读法语、德语中国研究著作。正是出于这样的考虑，才有了此译丛的策划。

不知道其他学者有没有这样的体会：在中国古代文史研究行当中，某一个专业领域越是学术成熟，就越乐于从事海外相关研究著作的译介；反过来，这种新鲜学术信息的刺激、新的学术视野的开拓、新的研究路径的引入，也会不断滋养此一专业领域，不断提升其学术水准，结果形成良性循环，最终造就出一个学术高地。所以，我们时常见出一个现象，当一个专业领域开始大量译介海外相关研究论著的时候，此领域很容易迎来蓬勃生机。还有一点比较重要的是，对于一个学术水准不太高的领域，从译介高水准的学术著作着手，往往可以迅速提升本领域学术的水位线，这种“拿来主义”同样是中国制造业取得腾飞的秘诀。

冒昧地说，在我看来，宋代文史研究领域，目前仍算不得是学术高地，尤其需要引入外面高水准的学术著作来提升自身的学术水位线，当务之急是补上一些“欠账”。拿“唐宋转型说”来说，虽然那已是半个世纪前日本学者争论的话题，但是我们对于双方各自的学术立场到底了解多少，尤其是对他们由此争论产生的有分量的学术论著又消化、吸收到何种程度？随着“唐宋转型说”被广泛接受，那些被欧美学界汲取、转化而产生的著作，我们有没有给予关注？照此标准，“唐宋转型说”争论中的另一方，“东京学派”的著作，国内就很少介绍；美国宋史学界作为“两宋转型说”代表的韩明士的著作，也尚未被翻译。不止如此，其他各具问题意识的宋代文史领域高水平著作，都应作为源头活水被接引进国内，以开阔眼界、激发兴趣。简言之，我们早应该完成一份拖延已久的“课业”。

幸运的是，我碰到了这样一个好机会，来做一点推动学术著作译介的工作。大概是因为学界朋友的推荐，2022 年 2 月初，在疫情略有缓和的间歇期中，崇文书局的胡心婷副社长带了几位编辑，主动约我见面，看是否可以有学术出版上的合作。那天下午，我们在华师西门附近的“桂园茶舍”一边喝茶，一边闲谈，我一通神聊，把自己的各种想法都倾泻无余地说了出来。没想到他们听了之后都觉得比较振奋，于是当即决定合作，先策划一套海外汉学经典的译丛来试试水。此后我迅速提供了译丛的书目，而崇文书局则很快通过了选题，并作为重点项目进入操作阶段。在推进过程中，我要特别感谢具体负责译丛事务的鲁兴刚编辑，他本人是南开大学日本史专业硕士毕业，日语水平相当不错，也翻译过几本日本学者的著作，而且相当熟悉版权处理方面的流程，因而迅速解决了复杂的版权问题，且敲定了每本译著的合适人选。由此，译丛得以有条不紊地持续推进。可以说，没有崇文书局领导的高度信任，没有鲁兴刚编辑极强的专业能力，这套译丛绝对无法在这么短的时间内推出。所以说，与什么样的队友合作，是一件事情能否成功的关键。

最后，简单说一下此套译丛的选目。因为本着要弥补“欠账”的想法，所以此套译丛的第一辑，首先重点考虑了那些虽然时过境迁但在当时曾发生过重要影响，且对于今天的学术研究仍不无参考意义的著作，以补足学术史上欠缺的一环。周藤吉之、仁井田陞、柳田节子的著作，即是作为“唐宋转型说”争论中“东京学派”的一方而被列入其中，且他们著作的学术价值，国内学界尚不甚了解。其次是那些近些年出版且已产生一定学术影响，但国内却缺乏深入了解的著作。小林义广的两本著作，代表着日本宋史学界近年的最新进展，尤其是在宗族研究方面。杨晓山和李锡熙的著作，则分别代表了美国学界在宋代文学、宋代历史的比较新的研究成果。

此次译丛的策划、出版，或许是一次鲁莽的尝试，如有什么欠妥之处，还望高明不吝赐教。

林岩

2024 年 6 月 4 日深夜

完稿于华师文学院南楼

目录

前 言

此书收录了笔者近十年来思考南宋时期江西吉州士人、士大夫与地域社会的关系，以及他们是如何谋求自身与家族、宗族存续问题的诸篇论文。

1982年发表题为《宋代史研究中宗族、乡村社会视角》(《宋代史研究における宗族と郷村社会の視角》,《名古屋大学東洋史研究報告》第8号）的研究综述以来，笔者一直关注宗族与地域社会问题。以地主、佃户制为中心的生产关系论式研究成为战后日本宋史研究主流，但这样的研究真的完整描绘出宋代的时代图景吗？撰写上述论文，就源于对此的朴素疑问。作为结论，笔者提议即便是为了摆脱宋代史研究的单一性现状，也应该重新关注战前至战后吸引了许多研究者的乡村社会及宗族这一方向。笔者对宗族问题抱有强烈的兴趣，在更早以前发表了《族谱编纂之于欧阳修的意义》(《欧陽脩における族譜編纂の意義》,《名古屋大学東洋史研究報告》第6号，1980年，另收录于拙著《欧陽脩：その生涯と宗族》，創文社，2000年)，考察族谱问题。欧阳修的《欧阳氏族谱》与苏洵的《苏氏族谱》并称为近世族谱典范，也使笔者重新关注到这个问题。笔者虽已提议，但将之整理成论文的工作极其困难，蹉跎了不少光阴。当然，在不断摸索中，笔者发表几篇论文，指出在宋代地方官员为教化民众而在管区内发布的"谕俗文"中，宗族这个地域社会秩序形成核心的要素发挥着重要作用；从与地域社会舆论的关系方面，笔者发表几篇文章，阐明福建的宗族以及作为义庄发端而闻名的"范氏义庄"。这些论文整理起来不足十篇。在探讨"谕俗文"过程中，笔者对南宋应俊的《琴堂谕俗编》进行译注并出版(《宋代地方官の民衆善導論:『琴堂諭俗編』訳注》，知泉书馆，2009 年)。即便如此，在执笔完成这些论著时，笔者并没有信心之后还能持续探索这些问题。

年逾花甲后，笔者回归初心，开始读欧阳修故乡吉州出生的士大夫文集，读后将思绪整合成论文。万幸，宋代特别是南宋,相当多吉州士大夫的个人文集存续至今。当初胡乱完成论文，并没有特别的展望，就算写了几篇，也没有信心能提炼出结论。两三年前，笔者开始思考地域社会和士大夫、家族、宗族等几个要素应有关联。当然，这或许只是笔者的臆想。但考虑到这些想法似乎已经初步成型，笔者将这些论文整合成册。完成本书时，另附上一篇相关论考及两篇书评。

为整合成册，笔者重读先前撰写的诸篇论文，发现一些讹误以及史料误读，几度羞愧。值此成书之际，笔者尽量修正之前的臆测和误读，但在论点上不做大的更改。在此过程中，我参考了早稻田大学名誉教授近藤一成先生、现鹿儿岛大学副教授大渕贵之先生的意见。在论文发表时，两位给予犀利的批评和有益的建议，谨此致谢。笔者不敢说充分吸收了这些建议，但为此已竭尽全力。以下是本书收录的诸篇论文的原名及最初出处，供参考。

序　章　本书的目的与对象（新作）

第一章　王庭珪的家族与地域社会（《北宋末南宋初吉州の士人における家族と地域社会をめぐって：王庭珪を事例として》,《名古屋大学東洋史研究報告》第 38 号，2014 年）

第二章　宋代吉州的胡氏一族——以胡铨为中心（《宋代吉州の胡氏一族について:胡銓を中心にして》,《名古屋大学東洋史研究報告》第 34 号，2010 年）

第三章　宋代吉州的周氏一族——以周必大为中心（《宋代吉州の周氏一族について：周必大を中心として》,《東海大学紀要文学部》第 94 号，2011 年）

第四章　杨万里的家族与地域社会（《南宋初中期吉州の士大夫における家族と地域社会：楊万里を中心として》,《名古屋大学東洋史研究報告》第 40 号，2016 年）

第五章　吉水县的曾氏一族——以曾三异为中心（《宋代吉州吉水県の曽氏一族をめぐって：曽三異を中心に》,《名古屋大学東洋史研究報告》第 39 号，2015 年）

第六章　南宋吉州的欧阳氏一族与地域社会——以欧阳守道为例（《南宋晩期吉州の士人における地域社会と宗族：欧陽守道を例にして》,《名古屋大学

東洋史研究報告》第 36 号，2012 年）

第七章　刘辰翁的宗族与地域社会（《南宋末元初吉州の士人における地域社会と宗族：劉辰翁を中心に》，《東海史学》第 47 号，2013 年）

第八章　南宋吉州的士人与地域社会（《南宋吉州の士人と地域社会》，《東海史学》第 52 号，2018 年）

终　章　南宋吉州的地域社会与宗族（《南宋吉州の地域社会と宗族》，《名古屋大学東洋史研究報告》第 44 号，2020 年）

附篇一　南宋初中期江西中部的一位士大夫与地域社会——临江军新喻县的谢谔事例（《南宋初中期江西中部における一士大夫と地域社会：臨江軍新喩県の謝諤の事例》，《名古屋大学東洋史研究報告》第 41 号，2017 年）

附篇二　书评：何安娜《宋元明时期中国的吉安士人与地方社会》（《名古屋大学東洋史研究報》第 35 号，2011 年）

附篇三　书评：钱杭、谢维扬《传统与转型：江西泰和农村宗族形态》（《名古屋大学東洋史研究報告》第 22 号，1998 年）

序章

本书的目的与对象

引 言

本书主要考察南宋时期吉州的士人、士大夫如何与自己生活的地域社会互动，以及通过这些活动，如何让自己的家族、宗族延续。以下先解释本书主题“南宋吉州的士大夫与宗族、地域社会”，以明确本书的目的及对象。

首先是本书所用的“士人”“士大夫”一词的定义。对中国史研究者来说，这或许无须多言。岛田虔次极其明确地指出，宋代以后的士大夫，是指身怀儒教教养，将通过科举考试跻身为政者之列作为最终理想的人。[1] 当然，身怀儒教教养的人不可能全都能通过科举考试成为官僚。应考人数增加，竞争随之激化，自北宋晚期开始，很多人努力一生都无法及第，而这种现象在

1 岛田虔次《朱子学と陽明学》，岩波書店，1967 年，第 147 页;《宋学の展開》,《岩波講座世界歴史》第 9 卷，1970 年，第 428—438 页;《士大夫思想の多様性》，收录于氏著《中国の伝統思想》，みすず書房，2001 年，第 87 页；等等。

进入南宋后更加显著。[2]不过即便无法获得官僚身份，地方官府对待这些身怀儒教教养的读书人仍与一般庶民不同。高桥芳郎将这一类人称作“士人”，并指出士人阶层作为地方社会的指导层发挥作用。[3]本书所使用的“士人”一词，也主要是这种意思。

其次，正如终章《南宋吉州的地域社会与宗族》所言，将研究时代定为南宋是因为在族谱存留极少的宋元时期，文集成为探究宗族动向、片段式窥见宗族动向的重要史料。与其他地域的情况一样，南宋时期吉州士人、士大夫的文集远超北宋的。

再次，选取吉州作为研究对象，是因为吉州是欧阳修的故乡。欧阳修编纂的《欧阳氏族谱》与苏洵的《苏氏族谱》(《嘉祐集》卷一四）同为近世族谱典范。对于考察宗族问题的本书而言，吉州可谓恰当的地域。诚然，欧阳修从出生到去世从未在吉州长住。在笔者已知范围内，他到访家乡也仅有两次。但他双亲都是吉州出生，最晚从唐末起，欧阳氏一族的族人就多在此居住，直至今日依然如此。[4]如终章所说，正因如此，欧阳修被后世的同乡人视作当地出生的著名先贤，反复被提及，并对当地

2 诸多论著涉及此观点，如从多角度论述宋代科举的梁庚尧《宋代科举社会》(台大出版中心，2015 年），在介绍贫寒士人生活时，指出当时有很多努力一生却无法及第的士人。近藤一成指出，因为有大量在野士人，徽宗朝时期蔡京实施了三舍法，见氏著《宋代中国科挙社会の研究》第 I 部第四章《蔡京の科挙 · 学校政策》，汲古書院，2009 年。

3 高桥芳郎《宋代の士人身分について》,《史林》第 69 卷第 3 号，1986 年。后收入氏著《宋—清身分法の研究》，北海道大学図書刊行会，2001 年。

4 关于欧阳氏一族的研究，烦请参考拙稿《宋代吉州の欧陽氏一族》；关于《欧阳氏谱图》的研究，烦请参考拙稿《欧陽脩における族譜編纂の意義》。以上两篇皆收录于拙著《欧陽脩：その生涯と宗族》，創文社，2000 年。关于其父亲欧阳观和母亲郑氏，可参照拙稿《欧陽脩と母親鄭氏》,《名古屋大学東洋史研究報告》第 33 号，2009 年。

宗族的存在形态起到超乎寻常的影响。最后，本书题名加入“地域社会”一词，与战后日本的中国史研究进程有相当大的关系。这个问题将在下节论述。

一、宋代地域社会论简介

中国幅员辽阔，几乎与欧洲一般。正因如此，近年来主张多元探究中国历史的呼声渐高，原因正是大家认识到，中国多元多样的状况虽不如欧洲，但也无法整个划一而论。2019 年刊行的岩波新书《中国历史丛书》五册，[5] 正是站在这一立场上展现新的中国史面貌的倾情之作。丛书各册刊载了《现在，重新审视中国历史——中国历史丛书的目标》为题的卷首语，清楚表明这一点。

本书的研究对象是宋代的境内。相较于现代中国 960 万平方公里的领土面积，北宋的国土约 250 万平方公里，仅有不到四分之一；南宋的国土面积约 172 万平方公里，又是北宋的三分之二多一点。尽管如此，与现在日本的领土（约 38 万平方公里）相比，南宋是日本的四五倍之大，可以想象当时社会富有多样性的状况。日本研究者很早之前就已注意到这一点。单论本书主题的宋代，1952 年，宫崎市定发表著名论文《宋代以后的土地所有制形态》（《宋代以後の土地所有形体》），[6] 批判周藤吉之

5　即《シリーズ　中国の歴史》，此套丛书以地域而非朝代分册，包括《草原的称霸》《江南的发展》《陆海的交会》等 5 册。——编注

6　宫崎市定《宋代以後の土地所有形体》，收录于《東洋史研究》第 12 卷第 2 号，1952 年；

佃户对地主有封建隶属性的论说（即“宋代农奴说”），认为在土地富余但劳动力不足的宽乡，或是运河沿岸交通便利、土地少但劳动力富余的狭乡，佃户的移住是自由的，即使地主乘人之危任意驱使佃户，这也应该被看作是“资本主义的威力”。要言之，宫崎市定提到“宽乡”“狭乡”二元理论，正是在地域性差异的前提下开展论证的。十一年后，柳田节子提出在讨论佃户制发展时，应该区分长江下游的江南三角洲这样的先进地带，与荆湖南北路、四川这样的边境，强调宋代社会存在地域性差异。[7]采纳宫崎氏、柳田氏留意地域差异的论说后，周藤吉之在地域差异的视野下探讨南宋的役法特点。[8]尤其是《宋代经济史研究》(《宋代経済史研究》，東京大学出版会，1962年）收录了多篇着眼于南宋时期农业地域性的论文。

另外，周藤氏关注到宋代大土地所有制与官僚紧密结合的问题，1950年发表讨论历朝宰相、执政官员出生于何路的论文，[9]催生出青山定雄具体分析各地域官僚家系、婚姻的一系列研究。[10]这些研究为其学生伊原弘继承，[11]延续到对南宋时期两浙路官户

《宮崎市定全集》第11卷，岩波書店，1992年;《東洋的近世》，中公文庫，1999年。

7 柳田节子《宋代土地所有にみられる二つの型：先進と辺境》，《東洋文化研究所紀要》第29卷，1963年，后收录于氏著《宋元社会経済史研究》，創文社，1995年。

8 周藤吉之《南宋の役法と寛郷・狭郷・寛都・狭都との関係》，收录于氏著《唐宋社会経済史研究》，東京大学出版会，1965年。

9 周藤吉之《宋代官僚制と大土地所有》，“社会構成史体系”第2部，日本評論社，1950年。

10 青山定雄《五代宋における福建の新興官僚について：特に系譜を中心として》，《中央大学文学部紀要》第24卷，1961年;《宋代における四川官僚の系譜についての一考察》，《和田博士古稀記念東洋史論叢》，講談社，1961年;《宋代における華北官僚の婚姻関係》，《聖心女子大学論叢》第21卷，1963年。

11 伊原弘《宋代明州における官戸の婚姻関係》，《中央大学大学院研究年報》創刊号，1971年;《宋代婺州における官戸の婚姻関係》，《中央大学大学院論究（文学研究科編）》

婚姻关系的研究。

不过截至 20 世纪 70 年代，即便有意识到地域差异的研究，也只是确认了宋代专制国家内存在地域差异或差距，并未寻求其更积极的意义。这种研究存在一个默认的前提，即虽然存在多样性的地域差异，但这些差异最终都归为宋朝的一元统治体制，地域差异在王朝国家统治面前并无意义。换言之，即便宋朝统治末端的州县因地制宜施行政策，从国家层面看，这些差异也没有多大意义。考虑地域特殊性而探讨王朝统治体系的研究方式此时尚未出现，特别以地域为课题的研究视角自然也未出现。

正如以往的研究综述反复提及，进入 80 年代，日本的中国史研究迎来巨大转变。[12] 1981 年名古屋大学东洋史研究室主办的“地域社会的视点：地域社会与领导者”（地域社会の視点：地域社会とリーダー）研讨会成为启迪，此后中国前近代史领域开始盛行以“地域社会”为视角的研究。主持研讨会的森正夫意识到当时的研究本身（特别是他自己专攻的明清时代研究）与研究之外的现实社会（或者说现实生活）背离，提出“地域社会论”作为解决对策之一。按照他的话说，日本学界对中国前近代史的研究如果只依靠阐明生产资料的所有关系、基础生

第 6 卷第 1 号，1974 年；等等。

12　后文马上会提到，“地域社会论”的观点自森正夫首倡以来，以岸本美绪为首的明清史研究者产出了相当多成果，此处仅提及几位宋代研究者的例子：伊藤正彦《中国史研究の“地域社会論”:方法的特質と意義》(《歴史評論》第 583 卷，1998 年。收入氏著《宋元郷村社会史論》，汲古書院，2010 年）、《宋代郷村社会論の再生のために》，《歴史評論》第 837 卷，2020 年；远藤隆俊《宋代の地域社会と宗族：その学説史的検討》，《高知大学学術研究報告（人文科学编）》第 51 卷，2001 年；须江隆《日本の宋代“地域”史研究が具有する“足枷”：視点と史料の問題》，收录于伊原弘、市来津由彦、须江隆编《中国宋代の地域像：比較史からみた専制国家と地域》，岩田書店，2013 年。

产关系，再以此为基础研究阶级关系的方法，“难道不会使我们现代人所面临的课题与前近代史的研究相背离吗？”[13] 立足于这样的现实意义，森氏主张应该摈弃从前的地主佃户制、乡绅支配论等阶级论，提出地域社会的概念，作为方法论性质的“场”。所谓地域社会，是“为总体把握人类生活基本场所的方法论概念”，“为实现广义再生产而面临共通现实问题的个人，被置于共同的社会秩序之下，统合于共同的指导者或指导集团之下”。[14]

20 世纪 80 年代以后的宋代地域社会史研究，自然受到森氏建议的影响。笔者作为森正夫先生的学生，也概莫能外。不过宋代史的研究，一直都与明清史的研究有差异，地域社会研究也基于稍异的关注点而立论。森正夫的地域社会论从摈弃阶级论的立场提出。然而如伊藤正彦、远藤隆俊所述，截至 20 世纪 80 年代中期，在岛居一康、高桥芳郎的努力下，宋代史研究中作为阶级论主轴的地主佃户制论争已经得到了一定程度的解

---

13 森正夫《問題の所在の提示》，收录于名古屋大学文学部东洋史研究编《（1981 年 · 中国史シンポジウム）地域社会の視点：地域社会とリーダー》，1982 年；《中国前近代史研究における地域社会の視点：中国史シンポジウム〈地域社会の視点：地域社会とリーダー〉基調報告》，《名古屋大学文学部研究論集》第 83 卷，史学第 28 号，1982 年，后收录于氏著《森正夫明清史論集》第 3 卷《地域社会·研究方法》，汲古書院，2006 年。后者也收录于中译本《“地域社会”视野下的明清史研究：以江南和福建为中心》，江苏人民出版社，2017 年。此篇译作前，森正夫另外回顾战后日本明清史研究，并对“地域社会论”予以评价。

14 前揭《（1981 年 · 中国史シンポジウム）地域社会の視点：地域社会とリーダー》，第 3 页上段，《森正夫明清史論集》第 3 卷，第 10 页。关于森正夫以地域社会论为代表的研究轨迹，及其以明清时代为中轴的独特中国史论，其学生吉尾宽氏有一篇优秀的介绍文章（《戦後日本の明清史研究における土地所有より地域社会への道程：森史学によせて》，《名古屋大学東洋史研究報告》第 25 号 [森正夫先生退官号]，2001 年；《地域社会をめぐる“視点”から“論”への展開》，《歴史評論》第 837 卷，2020 年）。

决。[15] 详细内容见伊藤的论稿，烦请参考，此处仅简要介绍其核心论点：高桥氏将佃户分为佃仆或地客，及佃客两种，认为佃仆或地客与法律意义上的奴隶、奴仆一样，同属雇佣身份，而佃客适用立足于租佃契约的佃客法。另一方面，岛居氏主张，作为国家制度的主户、客户之分，最多只是基于有无税产来确定，与地方的地主佃户制相比，它的性质应从另一维度考察。[16]

如远藤隆俊所述，与上述地主佃户制的论争不同，宋史中的士大夫研究"从很早就开始积蓄超越阶级论的文化史、社会史研究"，在此领域成果丰富，因此"不一定必须在研究中强烈意识到'地域社会'的概念"。[17] 除了此前已经介绍过的青山定雄、伊原弘，积极推进地主佃户制研究的周藤吉之、宫崎市定在士大夫研究上也卓有建树。这些研究者中，青山定雄、伊原弘的婚姻研究，在 20 世纪 80 年代后受到美国的郝若贝（Robert M. Hartwell）、韩明士（Robert P. Hymes）的关注，启发两氏围绕地域社会与精英的研究。宋汉理（Harriet Zurndorfer）综述欧美宋代史研究的论文中也提及这一点。[18]

15　前揭伊藤正彦《宋代郷村社会論の再生のために》；远藤隆俊《宋代の地域社会と宗族：その学説史的検討》。

16　高桥芳郎《宋代時代の奴婢・雇傭人・佃僕の身分》，收录于前揭《宋—清身分法の研究》；《宋代主客戸制と戸名》，收录于氏著《宋代中国の法制と社会》，汲古書院，2002 年。岛居一康《主客戸制と課税対策》《戸等の定立とその機能》，收录于氏著《宋代税制度研究》，汲古書院，1993 年。

17　前揭远藤隆俊《宋代の地域社会と宗族：その学説史的検討》，第 2 页下段。

18　宋汉理《宋代地域社会の概観：一九五〇年以降の欧米における研究と文献分析》，收录于前揭伊原弘、市来津由彦、须江隆编《中国宋代の地域像：比較史からみた専制国家と地域》，第 58 页。该文在二战后欧美研究的脉络上，详细评价了下文即将论及的郝若贝的学说。

1982 年，郝若贝发表了一篇著名的论文，将所谓唐宋变革期的时间轴前后延长（750—1550 年，即唐代中期至明代中期），从人口、政治、社会等几个方面探究这一时段中国社会的变迁。[19] 在论述中国社会在此长时段的变化时，他援引并部分修正了施坚雅（William Skinner）1977 年首倡的大区（macro region）概念，展现帝国规模的各地域的不同样态。[20] 如论文题目所言，施坚雅是以 19 世纪的中国社会为基础，根据大河及其流域将中国全域分为九个大区，而在郝若贝探讨的时代，中国东北地区多不属于中原王朝的统治区域，所以他只讨论了八个大区（展现八个大区的地图见郝若贝论文第 70、71 页）。这便是部分修正。其结论大致如下：在研究时期，高人口密度地区的增加导致中央政府的作用相对下降，省或县的重要性反而增强。与之相伴，职业官僚势力减退，地方士绅势力抬头。变化的速度、方向各有不同，但这种变化的累积造就了晚期中华帝国的特质。

郝若贝的论说对此后欧美的中国史研究，特别是宋代以后的研究产生了深刻影响。这种影响有很多方面，在此仅阐述与本书相关的三点。其一是关于政治骨干的问题。郝若贝指出，

---

19 Robert Hartwell, "Demographic, Political, and Social Trasformations of China, 750-1550," *The Harvard Journal of Asiatic Studies*, vol.42. 1982. 根据前言的脚注可知，这篇论文是作者在 1980 年北京召开的“自宋至一九〇〇年中国社会和经济史”中美学术讨论会上发言稿的修订版。因此，论文的构想应在 1980 年前后成型。

20 G.William Skinner, "Regional Urbanization in Niteteenth-Century China," G.William Skinner, ed., *The City in Late Imperial China*, Stanford U.P., 1977.（中译本《中华帝国晚期的城市》，中华书局，2000 年——编注。后文括注中译本皆为编者所见）此论文后由今井清一翻译（《中国王朝末期の都市：都市と地方組織の階層構造》，晃陽書房，1989 年），但译文多少有些难懂。另外，从原书所收文章来看，作者讨论的时代并不是中国王朝末期。“Late Imperial China”译作现在普遍使用的“晚期中华帝国”应更为合适。

政治骨干在12世纪（两宋交替时期）发生巨大转变。在这个时期，向中央官界输送人才，并通过姻戚关系保持团结关系的职业官僚（professional elite），因王安石变法后的党争而没落，代之兴起的是地方士绅（new gentry or local elite），他们无心在中央官界崭露头角，更在意确立并延续在地域社会的威信，以及地域社会的利害。郝若贝举福建浦城县的章氏一族为典型事例。北宋时期，章氏一族诞生了章得象（仁宗朝宰相）、章惇（哲宗朝宰相）等人物，但到南宋，该族既没有出现这样的官僚，婚姻关系也多与乡里邻近的宗族缔结。郝若贝的学生韩明士继承老师的着眼点，把视角投向江西抚州（王安石的故乡）并取得卓越成果。[21] 韩明士从地域防卫、婚姻策略、公共事业等方面，探求两宋至元代地方士绅（local elite）的再生产策略的具体情况。

第二点与第一点密切相关，即南宋以后，精英层的关注重心从中央移向地方。这个观点与21世纪史乐民（Paul Jakov Smith）、万志英（Richard Von Glahn）在所编著作中提出的“宋元明过渡期”（The Song-Yuan-Ming Transition）概念相关联。史乐民在该书导论部分具体阐述了“宋元明过渡期”论的梗概，一言以蔽之，即唐宋变革和晚明以降是中国史中的两大变革时代，而夹在两大变革期中间的南宋、元、明前中期变化相对较少，

21　Robert Hymes, Statesmen and Gentlemen, *The elite of Fu-chou, Chiangsi, in Northern and Southern Sung*, Cambridge U.P., 1986. “Marrage, Descent Group, and the Localist Strategy in Sung and Yuan Fu-chou,” ed. Patricia B. Ebery and James L. Watson, *Kinship Organization in Late Imperial China 1000-1940*, California U.P., 1986.

处于地方化的过程之中。[22]

其三是设定大地域的观点。郝若贝在论文前言中提到，在研究长时段变化，必须要从地域之间、地域内部两个角度探讨。关于地域之间，他指出人口密度的重心从北方转移到中南方；关于地域内部，他采用施坚雅区分地域内核心（core）和周边（periphery）的思考法，论文主体虽然没有对此深挖，但在论及精英层政治志向变化时，他提到南方官僚的出生地逐渐从核心转移到周边地域。这种考察精英层动向时区分核心与周边的思考方式，在韩明士的著作中也得到应用（特别是第 149、150 页）。不过与郝若贝一样，从著作整体看，这一点也没有过多篇幅。意识到这一点的真正研究，反而是日本斯波义信的成果。在处理宋代长江下游地区的经济、都市、地域开发问题的《宋代江南经济史研究》(《宋代江南経済史の研究》，東京大学東洋文化研究所報告，汲古書院，1988 年）中，斯波义信具体、详细地探讨这一点，取得丰硕成果。而上田信《传统中国：从"盆地""宗族"看明清时代》(《伝統中国：〈盆地〉〈宗族〉にみる明清時代》，講談社選書メチエ，1995 年）以江西的诸暨盆地为历史舞台，以宗族的形成为中轴，生动描绘出地域发展的样态，则是针对明清时代的代表性研究。

郝若贝、韩明士的研究此后如何被欧美学界批判、继承，在前揭宋汉理的研究综述中已有具体介绍。因此，不了解欧美研究动向的笔者再做介绍反致误解，故不再赘言，此处仅指出

22 Paul Jakov Smith and Richard Von Glahn, *The Song-Yuan-Ming Transition in Chinese History*, Harvard U.P., 2003. 中岛乐章对该书做了详细介绍和批评，见《中国—社会と文化》第 20 号，2005 年。

宋汉理未注意到的一个点，即地方化的问题。笔者在本书所载的数篇文章中提到，若仅讨论地方化趋势在南宋时期出现并为元明继承，则内藤湖南在《中国近世史》中已经指出。以郝若贝、韩明士为代表的欧美学者，几乎都会将内藤湖南作为提倡唐宋变革的先驱，但在地方化趋势上并未对其提及一言半语。内藤湖南认为地方化的开端不是南宋初期，而是以南宋的庆元党禁为契机，与政府保持距离的阶层此时出现，并延续到元代以后，而这无疑看到了横跨南宋、元、明的地方化趋势的存在。欧美研究者至今仍关注内藤湖南的唐宋变革论，则这种忽视难免是讨论的不公正吧。[23]

关于地方化，在宋汉理的研究综述论文之后也有重要成果，因与本书视角相关，此处予以提及。2014 年，李锡熙（Seokhee Lee）出版了以精英层动向为中心，探究南宋、元代明州历史变迁的著作。[24] 书中作者认为即便是在该时代，也就是地方化的时期，也很难认为精英层的活动与国家脱节，反而强调地方精英与国家的联系。

从地方化趋势，以及与之相关的地域社会研究视角出发探索历史社会动向的研究方法受到了诸多批判，但依旧是欧美宋代史研究的主要的潮流，对日本学者，特别是 20 世纪 80 年代

---

23 《支那近世史》,《内藤湖南全集》第 8 卷，筑摩書房，1969 年，第 514 页;《中国近世史》，岩波文庫，2015 年，第 268—269 页。欧美学者只关注内藤湖南的唐宋变革论，或许是因为他们仅依据《概括的唐宋時代観》(《歴史と地理》第 9 卷第 5 号，1922 年。后收录于《内藤湖南全集》第 8 卷，筑摩書房，1969 年），而没有细细推敲《支那近世史》的内容。

24 Seokhee Lee, *Negotiated Power: The state, Elite, and Local Governance in Twelfth to Fourteenth Century China*, Harvard U.P., 2014.(中译本《权力协商》,崇文书局,2024 年。)

后开始研究工作的学者产生了巨大影响。最具代表性的是留下许多以地域社会为视角的成果，但在 2009 年四十八岁就英年早逝的冈元司。2012 年，在与其关系密切的诸位的努力下，该氏的主要研究成果凝结成《宋代沿海地域社会史研究》（汲古書院）一书。[25] 其第一章《地域社会史研究》是原载于《日本宋史研究的现状与课题》(《日本宋史研究の現状と課題》,汲古書院，2010 年）的遗稿。在这篇论文中，冈氏追溯战后日本，尤其是 80 年代以后宋代地域社会研究，以今后地域社会研究的五个课题作结。结合《宋代沿海地域社会史研究》中诸篇文章，笔者对第三、第五个课题印象最深。第三个是不应将地域社会史放在中国的国家框架之下，而应该放在超越国家的地域性空间，譬如东亚海域世界中进行把握。冈氏最初的研究是从财政思想、财政改革的角度探讨浙江温州出生的叶适的思想，也因此，他后来的研究始终关注浙江地区。与此相关，他参与了 2007 年开始为期三年的“东亚海域的交流与日本传统文化的形成”（“東アジアの海域交流と日本伝統文化の形成”）共同研究，证实在中国的南宋、元代，日本通过东海，与浙江地区有深刻的经济、文化层面交流。这是具体地研究超越日本、中国这一国家框架的地域间合作者间的紧密联系。笔者现在还没有运用此视角展开论证的能力，但它与 21 世纪以来蜚声甚广的全球史多少有些意向相通。[26] 第五个是方法论式提议，即将国家的作用相对化，

25　小岛毅式略带批评地介绍了冈元司的著作，见《史学雜誌》第 123 编，2013 年。拙评也有详细论述，见《東洋史研究》第 72 卷第 2 号，2013 年。

26　如何运用全球史观研究中国史，可参照妹尾达彦《グローバル・ヒストリー》，中央大学出版部，2018 年；桃木志朗对此著作的介绍，见《史林》第 102 卷第 6 号，2019 年。

并从地域社会的研究视角理解国家。该书大半部分都论及郝若贝、韩明士的研究，但也可以看到他积极将两氏的研究作为立足地域社会的历史性视角，并纳入自身研究的态度。

以地域或地方作为切入点重新看待历史的研究，从梅村尚树近著《宋代的学校：祭祀空间的变容与地域意识》(《宋代の学校：祭祀空間の変容と地域意識》，山川出版社，2018 年）也可窥知一二。梅村氏对由宫崎市定《科举》清楚显示的、仅将前近代学校视作科举考试预先选拔机构这一论点抱有强烈疑问，[27] 探究学校作为举行祭祀的宗教设施，以及对地方士大夫而言的地域社会公共空间的侧面。由此出发，梅村氏细致追溯了宋代至明初地方学校的作用及制度变迁，较之将其作为教学场所，他更阐明了学校作为祭祀空间如何发挥作用，作为汇聚地方官、学生和地域显要人士之场所的意义。从与本章的关联来看，如该书序章《作为祭祀空间的学校与宋代地域社会》、终章《变容的学校与地域社会意义》明确所述，梅村氏立足于郝若贝、韩明士以来的研究脉络，使用地域社会、地方化的概念来推进历史研究。

以上走马观花地回顾了宋代地域社会研究的论说。相信诸位从简要的介绍中，应能稍微理解为何本书将研究时代定为地方化趋势明显的南宋，并探求士人、士大夫在地域社会中发挥何种作用。那么，关于本书题名的吉州，或是将地域扩大至江西，此前都有些什么样的先行研究？

27　宫崎市定《科举：中国の試験地獄》(中公新書，1963 年)、《科挙史》(1946 年初版题为《科挙》(秋田屋)，1987 年平凡社東洋文庫再版改为《科挙史》)，皆收录于《宮崎市定全集》第 15 卷，岩波書店，1993 年。

二、江西及吉州相关研究简介

施坚雅运用大区论的观点，探讨了 19 世纪王朝末期中国社会中的城市化。据其所述，江西省处于长江中游地区，从人口、产业、城市化等各个指标来看，都称得上是发达地区。[28] 然而将时代回溯，江西地区的情况与 19 世纪差异甚大。相当于今江西省的地域之开发晚于长江下游地区，自唐末五代以后才正式开始，至宋代依旧是发展中地区。稍稍追溯制度沿革，现在的江西省在唐代属于江南西道的一部分。开元二十一年（733），中国全域被分为十五道，以洪州（今江西省南昌市）为治所的江南西道比今日江西省更为广阔，还包括今日湖南省、湖北省、安徽省和江苏省的一部分。安史之乱后，唐朝的地方统治体制中，监察区划的道的重要性让位于观察使的管辖区划，被称作"江西"的地域逐渐缩小，并被五代、宋时继承。开发的进展使得管辖范围缩小了。不过，宋代的江西路与今日江西省的范围也有出入。鄱阳湖以东、包括景德镇市在内的上饶地区当时属江南东路，而今日湖北省东南部分则属于江西路。并且，宋代的江西路比今日省区面积小。[29] 今江西省面积 16.7 万平方公里，而宋代的

28　参照注 19。

29　关于唐代道、观察区划的变迁，见《旧唐书》卷三八《地理志一》；关于江南西道，见同书卷四〇《地理志三》；仅关注"江西"在唐宋的变迁，刘新光《唐宋"江西道"研究》（中国社会科学出版社，2016 年）中有简要说明（第 1—6 页）。关于宋代江西路内州县的建置，《宋史》卷八八《地理志四》有简单记述，许怀林《江西通史 5（北宋卷）》（江西人民出版社，2008 年）第一章《江西的州县建置与分路管辖》从与经济发展、军政相关联的角度，叙述了江西内的州县变迁。

江西路约为13万平方公里。[30]

江西地区在五代时期先辖于吴，后辖于南唐。关于此时期江西地区的研究，西川正夫论述了当时国政骨干从武臣转移到文臣，伊藤宏明则讨论地方势力从唐朝统治中独立，并逐渐成长为“地域公权力”。[31]另外，佐竹靖彦将唐末至宋初江西的地域开发与累世同居（义门）、民众起义结合考察，也是优秀的研究。[32]

到了宋代，江西因诉讼事件频发（“健讼”）成为当时有名的难治地域。关于健讼，宫崎市定早有论述，作为宋元时代盛行健讼而难治的地域，举吉州、虔州（南宋绍兴二十三年［1153］后改称“赣州”）为具体例证。[33]大泽正昭研究收录宋代司法判词的《名公书判清明集》，以判词作者的出生地、书中各路地名的出现频率、男女人数等项目做定量分析，指出江西路诉讼的数量虽然没有福建、荆州南路、江东路多，但也属于诉讼多发地域。[34]关于江西诉讼频发的原因，宫崎氏以后，许多日本学者

30　今日江西省的面积见于各种《中华人民共和国分省地图集》。例如，1974年新华书店上海发行所版，第63页。宋代江西路的面积，见梁方仲《中国历代户口、田地、田赋统计》（上海人民出版社，1980年）第164页《甲表40》。

31　西川正夫《呉・南唐両王朝の国家権力の性格》，《法制史研究》第9卷，1959年；伊藤宏明《唐末五代期における江西地方の在地勢力について》，京都大学人文科学研究報告《中国貴族制社会の研究》，同朋舍，1987年。

32　佐竹靖彦《唐宋変革期における江南東西路の土地所有と土地政策：義門の成長を手がかりに》，《東洋史研究》第31卷第4号，1973年；《宋代贛州事情素描》，《青山博士古稀記念宋代史論叢》，省心書房（三省堂），1974年。这两篇文章后皆收录于氏著《唐宋変革の地域的研究》，同朋舍，1990年。

33　宫崎市定《宋元时代の法治と裁判機構》，《東方学報　京都》第24册，1954年。后收录于《宮崎市定全集》第11卷，岩波書店，1992年。

34　大泽正昭《〈清明集〉の世界へ：定量分析の試み》，《上智史学》第42卷，1997年；氏著《南

探讨，赤城隆司着眼于其与地方官施政的关系，小川快之将其与江西经济发展结合，青木敦在经济、社会背景下结合法制建设的状况，相继发表了各种见解。[35] 当然，中国学者对健讼问题的研究也值得瞩目。关于江西，前揭许怀林《江西通史 5（北宋卷）》第六章《民众生活与社会风纪》第四节《民族中的好讼与尚巫》有数页介绍江西健讼状况。关于健讼，虽然不限于江西，但刘馨珺《明镜高悬：南宋县衙的狱讼》（台北：五林图书出版股份有限公司，2005 年）是特别从与地方政治的关系多角度探讨此问题的厚重之作。

宋代，特别是第三代的真宗朝以后，江西涌现了多位进入中央官界的"新兴官僚"。前述的青山定雄也发表了针对江西的专论，作为其宋五代时期新兴官僚研究之一环。[36] 贾志扬（John W. Chaffee）以明清时期的地方志为基础，用一览表的形式展示了各路、各州的进士人数。[37] 结果显示，在全部二十七路中（尽管南宋领土缩小至北宋的三分之二、华北在南宋时为金朝领土等，各路仍混编于表中），江西路位列福建路、两浙东路之后，处于第三位，两宋共诞生了 3861 位进士。根据许怀林《江西通史 5（北宋卷）》、《江西通史 6（南宋卷）》的统计，被《宋

宋地方官の主張》，汲古書院，2015 年，第 12 页。

35 赤城隆司《南宋期の訴訟について："健訟"と地方官》，《史潮》第 16 卷，1985 年；小川快之《伝統中国の法と秩序：地域社会の視点から》，汲古書院，2009 年；青木敦《宋代民事法の世界》，慶應義塾大学出版会，2014 年。

36 青山定雄《五代·宋に於ける江西の新興官僚》，《和田博士還暦記念東洋史論叢》，講談社，1951 年；《宋代における江西出身の高官の婚姻関係》，《聖心女子大学論叢》第 29 卷，1967 年。

37 John W. Chaffee, *The Thorny Gates of Learning in Sung China*, Canbridge U.P., 1985, appendix 3.（中译本《棘闱》，江苏人民出版社，2022 年。）

史》立传的江西官僚，北宋86人、南宋84人，共计170人。[38] 宫崎市定举抚州出生的王安石为例，指出江西官僚的特质，“除了写作才能，他们还拥有不让理想落空的强大行动力”。[39]

根据前揭贾志扬的一览表，两宋时期的江西路之中，吉州诞生了最多的进士（909人）。那么关于吉州，迄今为止又有什么样的研究呢？宋代被称作吉州的地域，在元代的元贞初年（1259）改称“吉安”，并为明清继承，沿用至今。[40] 以吉州（吉安）为对象的研究，最早有窦德士（John W. Dardess）以明代中晚期为中心，研究吉安府泰和县的论著。[41] 泰和县在吉安府治所庐陵县正南方，宋元时代记作“太和”。窦德士称其面积相当于美国最小的州罗得岛州的85%左右（第9页）。罗得岛州对大部分日本人来说也很陌生吧。它位于美国东北部的新英格兰地区，面积与日本的滋贺县相当。此书分三部分介绍明代的泰和县。第一部分记述泰和县的沿革、农业、矿产这种物理性、产业性方面，重点放在当地出生的官僚随时代更迭而对县内景观产生了认识变化。14世纪官员对泰和县景观有一体感的意识，

38　许怀林《江西通史5（北宋卷）》，第294页;《江西通史6（南宋卷）》，江西人民出版社，2009年，第367页。

39　宫崎市定《江西派の文人官僚》,《中国古典選》月報第八卷,朝日新聞社,1959年;氏著《アジア史研究》五，同朋舍，1978年。

40　顾祖禹《读史方舆纪要》卷八七《江西五·吉安府》:“宋仍曰吉州。元至元十四年，升吉州路，元贞初，改吉安路。明朝洪武元年，改曰吉安府。”

41　John W. Dardess, *A Ming Society: T'an-bo County, Kiangsi, in the Fourteenth to Seventeenth Centuries*, California U.P., 1996. 改革开放后，钱杭、谢维扬对泰和县进行现状调查,并出版《传统与转型:江西泰和农村宗族形态——一项社会人类学的研究》(上海社会科学院出版社，1995年)，其中有引人入胜的调查报告，展现宗族“现代化”趋势中发生的变化。关于该书的内容和特色，烦请参照本书附录的书评。

在后代逐渐消散。这反映出泰和出生的士人没能在中央政坛活跃，社会地位也未能上升。第二部分以家族、宗族、科举等为题材，探求明代泰和县的生活条件、社会发展道路的变化。作者悉心追溯自明初起泰和出生官僚的发展轨迹，在与第一部分的联系上，指出16世纪后进入中央的泰和出生官僚减少。这一点颇可玩味。第三部分通过当地出生的士人、士大夫的著述，论述16世纪时生活样式的变迁、变化，阐明士人不再渴求通过与地域相关的知识、个人影响力推动社会变革。对于宋代的研究者，此书最有趣的一点是，士人地域意识在宋代是以吉州这样的州为单位，至明代则不再是府州而是县（第3页）。从此记述，可知作者为何选取泰和一县作为具体论述对象，也可知道后述何安娜（Anne Gerritsen）为何在批判性继承窦德士论说上，将研究对象扩大到南宋至明代的吉州（吉安），而非某个县。

关于何安娜论著的内容，[42]本书附录载有笔者的书评，详细内容请参看该处。从与窦德士著作的关系来说，该书对窦德士著作第三部分叙述的批判较为重要。窦德士指出，明初多位泰和县出生并在中央政坛活跃的士人、士大夫（杨士奇、陈循、王直等），因为强烈的同乡意识相互支持并在中央保持着紧密的联系，但这种意识在明代中期开始逐渐衰退。何安娜对这一观点持有强烈异议。她认为，明初士人、士大夫志于中央朝政的现象，只是南宋至明中期地方化大趋势中的暂时偏离。该书多援引窦德士的见解以突出己说。譬如，何安娜批判前述窦德士

---

42 Anne Gerritsen, *Ji'an Literati and the Local in Song-Yuan-Ming China*, Leiden, Brill N.V., 2007.

关于宋元明时期士人、士大夫地域意识的范围发生转变（宋代以州为单位，明代以县为单位）的观点，主张明代吉安府出生的士人、士大夫所持有的地域意识依旧以府为单位。[43] 其著作的一个重要目的是处理如何理解地域，特别是处理地域意识的变迁，由此来看，这一点极其重要，但她举出的辩驳事例较少，论述说不上有很强的说服力。

何安娜的书中论及当地出生的士人、士大夫对本地景观的记述，主张从南宋到元明，中国社会的主流是地方化。换言之，从景观出发的考察，对此书的论述具有关键性作用。然而如前所述，着眼于景观的思考法本身，在窦德士的论著中已是重要的视角，何安娜对此未提及只言片语，难免给读者一种显失公平的印象。

接着，关于吉州（吉安）的研究，必须提及张艺曦的浩瀚之作《社群、家族与王学的乡里实践：以明中晚期江西吉水、安福两县为例》（台湾大学文史丛刊，台湾大学出版委员会，2006 年）。如该书副标题所示，该书聚焦的并非整个吉州（吉安），而是吉安府中的吉水县和安福县，时代则以明朝中晚期为核心。王守仁赴任赣州府后，江西（张艺曦在书中称“江右”）王学盛行（王守仁的学问，即阳明学），吉安府尤其人物辈出，如泰和县的罗钦顺，而王学在当地的地域社会中得到广泛渗透。特别安福和泰和二县，发展程度与现状虽异（具体的不同以及出现不同的原因为该书的主题之一），但都是王学普及的地域。张艺曦认为，从宋至明，理学思想发展的大势是从“得君行道”（获

43　Anne Gerritsen, *ibid*, pp. 114-116.

得君主信任，实践儒学之道）逐渐转变为“化乡”（在乡村中渗透儒学）。特别是明代中期以后，王学强化这种意识，使学问“草根化”，并通过“乡约”等组织民众。在此发展大势中，第一章论述宋元至明初江西、浙江地区理学发展的大势。讨论之所以涵盖浙江地域，是因为陆王心学鼻祖陆九渊（江西抚州人）的弟子杨简（浙江宁波人）故乡在此，浙江是陆学的中心地，王守仁的故乡也在浙江余姚。笔者关心的是王学在吉水同水乡通过亲族关系渗透、发展的内容。这让人联想到吉安在明代也是宗族缔结十分繁盛的地区。该书作者或许也关注到这个问题，书中附录一就载有考察安福县刘氏一族联宗（几族共用一个族谱）问题的短文。

除此书以外，张艺曦还结合宗族、书院考察南宋至明初吉水县学术发展状况。[44] 这篇论文选取吉水县县城、同水乡、文昌乡三地，运用较前揭著作更微观的观察，详细论述各地不同的学术发展方式。近藤一成采纳张氏论文对南宋吉水的应举士人阶层的考察，发表了关于南宋时期吉州解额数的论文。[45] 对于张艺曦讨论学术发展时涉及的宗族问题（特别是文昌乡的宗族），常建华发表了《江西吉安府的宗族祠庙祭祖》（氏著《明代宗族组织化研究》上，故宫出版社，2012 年），将地域扩大到整个吉安府而非吉水一县进行探究。如标题所示，这篇论文以明代吉安府为焦点探讨宗族的祠庙祭祀，论述中还将时代往前追溯，讨论当地祠庙祭祀起源于何时这个与主题相关的问题。据作者

44 张艺曦《经学、书院与家族：南宋末到明初江西吉水的学术发展》，《新史学》第 23 卷第 4 期，2012 年。

45 近藤一成《宋代中国の科挙と解額：南宋吉州の場合》，《歴史学研究》第 977 卷，2018 年。

考证，吉安的祠庙祭祀可追溯至元代。如本书的终章所述，笔者认为吉安的祠庙祭祀可追溯至南宋时代。

本书多次提及，吉州（吉安）的情况与南邻的虔州（赣州）密切相关。黄志繁《“贼”“民”之间：12—18世纪赣南中期社会》（生活·读书·新知三联书店，2006年）细心探究南宋至清代包括赣州及其西北的南安军（明代称“南安府”）在内的所谓赣南社会的动乱和再建。黄氏细致关注中文、英文、日文的相关研究并详查史料，最终得出深有意义的结论：该地区动乱的主体不能简单概括为“农民阶级”，而是土豪领导的社会势力，在动乱发生前他们就是地域社会的中心势力。与之相关，他还指出地方动乱的原因并非阶级矛盾的激化，而是地方社会与代表“朝廷”的中央王朝的矛盾。这一观点也批判了忽视与中央关系的日本地域社会论研究（主要是森正夫的研究）。

从上述内容来看，学界关注到吉州（吉安），但研究时期主要集中在明清，虽部分研究涉及宋代，但不过是在与元明清时代的关联性上讨论。因此，宗族问题的研究也如张艺曦、常建华的研究所清楚展现的那样，往往将时期选取在清楚意识到宗族观念的明清时代。对于韩明士以后被视作地方化开始的南宋时代，学者尚无太多兴趣关注那时地域社会样貌如何，其中宗族又如何发挥作用。从这个角度上看，本书展开的考察多少有些意义。

三、南宋吉州的地理、生态环境简介

本章的最后，简要介绍本书探讨、考察对象南宋吉州的沿革、地理、气候、产业等概略，希望能对理解后续的论述起到帮助。

关于吉州（吉安）整体的地理、产业问题，前揭何安娜著作第一章导论及第二章《南宋、元时代吉州的圣地景观》以景观为中心做了概述。若只局限于太和县（泰和县），前揭窦德士著作的导论及第一章《土地：开拓、利用及价值》有详细叙述。下文的叙述或许多少与之内容重合，还请见谅。

江西路（今江西省也一样）北部有调节长江洪水的鄱阳湖（彭蠡湖），注入鄱阳湖的赣江贯穿江西南北。在吉州（吉安）南境的虔州（1153 年后改称“赣州”），西侧的章水与东侧的贡水合流为赣江。现在以“赣”字作为江西的别名，也与贯流南北的赣江有关。赣江是象征江西的大河。吉州（吉安）位于赣江中游稍稍靠上处。州（府）治所在庐陵县，约东经 115 度、北纬 27 度，纬度与日本鹿儿岛县冲永良部、德之岛相近。现在的江西省属亚热带季风气候区，虽然也有四季，但严冬短，暑热长。年平均气温是 16—19 摄氏度，严冬期的 1 月平均气温是 3.4—9.5 摄氏度，暑热期的 7 月平均气温是 29—30 摄氏度，也有 40 摄氏度的高温天。平均降水量 1458 毫米左右，降雨集中在 4—6 月。土壤类型多样，占绝对多数的是热带、亚热带地区多见的红壤，间有黄壤。江西全境被大小丘陵和盆地覆盖，最大的盆地是吉安地区所在的吉泰盆地。[46] 水稻一年两熟，盛产柑橘类水果，竹

46　以上据前揭刘新光《南宋“江南西道”研究》第 26、27 页以及《江西省地图册》（新华

纸也很有名。纺织业的中心是永新县，周必大居住的庐陵县永和镇在两宋时期窑业发达。[47]

吉州的地名，根据顾祖禹《读史方舆纪要》卷八七《江西五·吉安府》考证，隋灭南陈后始置吉州，到唐代中期，其名称在“吉州”和“庐陵”之间变化，未有一定，唐肃宗乾元初年（758）定称“吉州”，此后的唐末、五代、宋代一直沿用此称呼。元初也称“吉州，”元世祖（忽必烈）后即位的元成宗元贞初年（1295）时改称“吉安”，为明清时代继承并沿用至今。两宋时期，吉州有八个县，为庐陵县（吉州的治所）、吉水县、永丰县（至和元年［1054］从吉水县分出）、安福县、永新县、太和县、万安县和龙泉县。宋元时代，因治所在庐陵县，吉州也被称为庐陵。例如本书第四章谈到吉水县出生的杨万里，就经常自称“庐陵杨万里”。

关于吉州的面积，郝若贝的论文将吉州作为唐中期以后人口增加的典型事例，介绍其面积比美国佛蒙特州稍小。[48] 佛蒙特州位于美国东北部，临近加拿大边境。查阅各种地图册和网络地图后可知，该州约为24910平方公里，接近日本中部地区的静冈、爱知、岐阜三县面积总和。日本东北地区面积比较宽广，若以此地为例，笔者故乡、日本面积最大的岩手县，加上青森县，才与佛蒙特州面积相当，即与吉州相当。吉州被山地包围，据何安娜论述，吉州三分之二以上是山地，其中还有海拔2000米

书店上海发行所，1990年）“吉安市、吉安县”的记述。

47　斯波义信《宋代商業史研究》，風間書房，1968年，第165、207、259页；Anne Gerritsen, *ibid*, pp. 21-22. 前揭许怀林《江西通史5（北宋卷）》，第122—125页；《江西通史6（南宋卷）》，第223—225页、第271页。

48　Robert Hartwell, *ibid*, p. 395.

以上的高山。[49]关于被山地包围的样貌，尽管是较为古老的资料，可以参考大正时代上海东亚同文书院牵头编纂的《中国省别全志》（1917 年）附录中所载《江西省全图》。顺带说，今吉安地区北端的新干县在两宋时代是临江军新淦县，不属于吉州。

49 Anne Gerritsen, *ibid*, p. 23.

第一章

王庭珪的家族与地域社会

引言

靖康二年（1127）二月六日（西历三月二十日），金太宗一声令下，将宋徽宗和钦宗降为庶人并俘虏，北宋灭亡。四月，金军将徽宗、钦宗及皇后、妃嫔、诸王、宗室等四百七十余人带至北方，在京的诸大臣、技艺、工匠、娼妓等十余万人同行。五月一日（西历六月十二日），康王赵构，在南京应天府即位，改元建炎，重建宋朝。赵构死后被称作“高宗”，以他为始的南宋政权就此诞生。然而，宋朝虽得到重建，但高宗政权却不安定，受金军追击，被迫数次迁移行在所，一度不得不从明州（今浙江省宁波市）、温州（今浙江省温州市）逃往海上。绍兴十一年（1141）十一月，由秦桧主导的第二次宋金和议成立，政权才暂且安定。[1]

1　关于北宋灭亡到绍兴十一年宋金和议的政治过程，相关论著多有提及，此处仅举例寺地在北宋末南宋初这个政治混乱、空缺的时期，宋朝境内各地域都陷入混乱，人们为生存做出各种自救的努力。江西地区概莫能外，且它作为支撑半壁江山的重要财政来源，存在感大增，因此重建当地秩序是新政权是急务之一。关于南宋初期及整个南宋时期江西地区的状况，许怀林《江西通史 6（南宋卷）》（（江西人民出版社，2009 年）中有详细描述。[2] 本章受该书启发，以吉州这一地域为题材，通过王庭珪这一人物考察混乱时期秩序重建的具体样貌。

在本书中，笔者想将南宋时期吉州的士人、士大夫与地域社会问题，与作为士人、士大夫生存策略的宗族组织化联系起来论述。对于这一时期，笔者将在下一章以胡铨（1102—1180）为中轴进行论述。[3] 本章选取与胡铨关系颇深的王庭珪（1080—1172）为事例探讨北宋末南宋初当地的秩序重建，主要原因有二：其一，下一章讨论的胡铨虽与吉州地域关系紧密，但人生大部分时间都没有在此生活。相反，王庭珪九十余年的人生大都在吉州生活，且如后文所述，他对此时期的秩序重建提出过具体建议。其二，吉州位于贯穿江西南北的赣江中游，与南邻的虔州（赣州）一样，这里是北宋末南宋初各种民众起义、士兵叛乱的重要据点。通过本章，这一点可以得到明确。

遵《南宋初期政治史研究》（溪水社，1988 年），何忠礼《宋代政治史》（浙江大学出版社，2007 年）第九章《"海上之盟" 及北宋的灭亡》、第十章《南宋的建立和高宗朝初期的政治》、第十一章《宋、金议和》。

2 江西地区是确立南宋政权的重要财政来源，详见《江西通史 6（南宋卷）》，第 9—11 页。

3 本书第二章《宋代吉州的胡氏一族》。

管见所及，目前还没有关于王庭珪的日文研究，只有几篇中文论文。这些论文大多围绕王庭珪的诗文展开，从与本章的相关性来说，金建锋、赵铮合著的《论王庭珪的民本思想》(《江西教育学院报》，2012 年第 1 期）值得注目。这篇论文认为，王庭珪基于中国传统儒家思想之根本的民本思想，向皇帝和要臣诉说人民疾苦，且作为地方官践行基于民本思想的政策。论文引用具体例文论述，这一民本思想在他的诗文中有所体现。但限于篇幅，文章并未基于具体的时代背景论及王庭珪的提言、举措，因此其民本思想的论点，也不过被视作对儒家思想的继承。从与本章的关联而言，王庭珪在重建吉州秩序时的采取何种具体行动，与之相关，他如何思考亲人、宗族的生存也没成为论点。本章将王庭珪放入北宋末南宋初的时代背景进行考察，以阐明上述问题。

一、王庭珪小传

面对混乱的地域社会，王庭珪如何重建自己所生活的地域社会的秩序？与之密切相关，他如何思考自己的亲人、宗族的生存问题？在讨论这些问题之前，且为了解其生活的时代状况和背景，此处先简单回顾他的一生。

王庭珪在《宋史》无传，明钱士升《南宋书》卷六三、清陆心源《宋史翼》卷七中也仅有极其简略的传记。幸好他的同乡周必大（1126—1204）所作的《行状》、胡铨所作的《墓志铭》留存至今，从中可以相当详细地追溯王庭珪的一生。这两篇文章不仅载于二人文集，在汇集王庭珪诗文的《庐溪文集》中也作为附录收入。另外，杨万里为王庭珪独子王顺所作的墓志铭，也对了解王庭珪的一生有所帮助。[4]最为重要的是，萧东海以这些行状、墓志铭为基础，结合王庭珪的诗文以及地方志、杨万里文集等相关文献，发表了相当细致的《王庭珪年谱》。[5]此处主要依据萧东海的年谱进行叙述。

王庭珪北宋神宗元丰三年（1080）出生于吉州安福县，出生月日不明。成年后字民瞻。父亲名叫王奭，母亲姓氏和出生地不明。《行状》和《墓志铭》都记述了他出生时的轶事：祖父王祥梦见赤文飞向天空，醒来就听到新生儿的哭声，所以认为此梦是孩子与文字相关的祥瑞。从这个轶事可以看出，作为家中翘首企盼的长子，王庭珪身上背负着全家的期待和希望。王庭珪的《墓志铭》中有"曾祖著、祖祥、父奭，皆业儒，以气节闻于乡"，王顺的《墓志铭》中有"曾祖著、祖祥、父奭，皆隐德不仕"，可见他们家至少从曾祖父王著开始便以治学为业，但始终没人能够科举及第，所以便将登科入仕的梦想寄托在这个婴儿身上。

王庭珪之前似乎至少有一个姐姐，[6]此后又陆续有了三个弟

4 周必大《文忠集》卷二九《左承奉郎直敷文阁主管台州崇道观王公庭珪行状》、胡铨《胡澹庵先生文集》卷二九《监簿敷文王公墓志铭》。这两篇《行状》和《墓志铭》与《卢溪文集》附录中的《行状》和《墓志铭》在字句上有些许出入，但无伤内容。关于王顺，杨万里《诚斋集》卷一二七中有《王叔雅墓志铭》。

5 萧东海《王庭珪年谱》,《吉安师专学报》1994 年第 2、3 期，收录于《宋人年谱丛刊》第 6 册，四川大学出版社，2003 年。

6 《卢溪文集》卷四三《故刘元弼墓志铭》："居士姓刘氏，元弼其字也，讳茂实，世居吉州安福。（中略）娶王氏，泸溪之姊也。"由此可知王庭珪年少时一同治学的刘茂实，后来娶了王庭珪的姐姐。

弟。哲宗元祐元年（1086）王庭璋、元祐二年王庭珍、元祐六年王庭玮分别出生。[7]三男王庭珍出生时，一家人从一直居住的安福县连岭乡搬到安福县县城南。[8]搬到县城附近或许是考虑孩子的教育。

末弟王庭玮出生时，王庭珪十二岁，夜以继日埋头苦学。学友有后来成为他姐夫的刘茂实（字元弼，1079—1141），两人互相激励。[9]得益于此，王庭珪二十岁时便已精通经学、史学等各种学问。[10]这可以说是在回应全家的期待吧。徽宗崇宁二年（1103）王庭珪前往吉州治所庐陵县，进入州学学习。在此时期，朝廷实施三舍法，想成为官僚不再通过过去乡试、省试、殿试这种一举定胜负的科举考试，而是通过学校的考试而后任官。三舍法即指士人从太学的外舍、内舍、上舍一路升进，之后或直接授官，或经过省试、殿试后授官。该制度自崇宁三年正式施行，持续到宣和三年（1121）废止。[11]王庭珪通过第一阶段的州学考试，于翌年的崇宁三年赴都城的太学学习。此时

7　出生年份据《卢溪文集》卷四六《故弟才臣墓志铭》《故弟汉臣墓志》《故弟德庄墓志》中记载的卒年与享年得出，也见萧东海《王庭珪年谱》。

8　周必大《行状》："元祐间，自连岭徙邑中。"胡铨《墓志铭》："元祐戊辰，复徙居邑之南。"《卢溪文集》卷四六《故弟汉臣墓志》："庭珍字汉臣，先君居安福之连岭，生十日而从先君徙居城南。"

9　周必大《行状》："年十二三，刻苦求学，昼夜不息。"《卢溪文集》卷四三《故刘元弼墓志铭》："余自幼时与元弼联茵席，共灯烛，从师授业。"

10　周必大《行状》："弱冠通经史百家。"胡铨《墓志铭》："即冠，通经史百家。"

11　三舍法由蔡京主导推进。关于此事的过程，宋代科举相关的众多论著都有涉及，此处仅举专门论文：宫崎市定《宋代の太学生生活》，《史林》第16卷第1、2期，1931年。后收录于氏著《アジア史研究》第1卷，1957年，及《宫崎市定全集》第10卷，岩波書店，1992年。近藤一成《蔡京の科舉学校政策》，《東洋史研究》第53卷第1期，1994年，后收录于氏著《宋代中国科舉社会の研究》，汲古書院，2009年。

朝廷实施新法，也因此禁止公开阅读与旧法党相关的学问，特别是史学以及欧阳修、苏轼、黄庭坚等文人的诗文，王庭珪与友人一起，在夜深人静时悄悄阅读这些诗文。[12] 然而这样的求学生活因父亲去世而中断，他不得不回到家乡安福。[13] 这是崇宁五年（1106）的事情，王庭珪二十七岁。根据《行状》，似乎在归乡的这段时间，家事全部交给弟弟和侄子，而他将居住地命名为“清节”，遵循礼仪服丧。

政和八年（1118，此年十一月改元重和）三月，王庭珪进士及第。这是他三十九岁的春天。朱熹的父亲朱松也在同年进士之列。[14] 翌年宣和元年（1119），王庭珪任衡州茶陵县（今湖南省茶陵县）县丞（地位仅次于知县和县令，负责监督县内群吏），在任三个年头。《行状》《墓志铭》都记录了他揭发当地胥吏的不正行为以及寻求赋役公平化的功绩。宣和五年（1123），因不满上司的不正行为，他辞职归乡。根据《行状》《墓志铭》，此事是因县丞兼管造船厂的管理工作，王庭珪拒绝统领衡州在内的荆湖南路刑狱的提点刑狱公事（宪司）的私人请求，惹其不满，

---

12 周必大《行状》：“崇宁癸未，舍法取士，公一试，右诸生。何损以对策贬庐陵，故工部侍郎郭公孝友从之学。一日听公讲，归以大义告损。损惊曰：‘后来之俊也。’明年贡辟雍，时方锢史学，禁士人说诗，公独与显谟阁直学士刘公才邵，吟诵自若。”胡铨《墓志铭》有几乎同样的记述。关于他在太学悄悄阅读苏轼诗文一事，见杨万里《诚斋集》卷八三《杉溪集后序》：“惟我庐陵，有泸溪之王、杉溪之刘，两先生身作金城，以郛此道。自王公游太学，刘公继至，独犯大禁，挟六一、坡、谷之书以入，昼则庋藏，夜则翻阅，每伺同舍生息烛酣寝，必起坐吹灯，纵观三书。”

13 正如萧东海《王庭珪年谱》所指（《宋任年谱丛刊》第 6 册，第 4010 页上段），撰述日期为绍兴十四年（1144）十月的《刘氏二妇墓志铭》（《卢溪文集》卷四六）有“先君子歿仅四十年”，据此反推可知其父王奭在崇宁五年（1106）去世。

14 政和八年进士名单，参照傅璇琮主编《宋登科记考》上册（江苏教育出版社，2009 年）。

反而愤然辞官。多年以后，他在弟弟王庭璋的墓志铭中回忆同样的事："当宣和天下极盛之时，见公卿大臣其语偷，知其将乱，弃官而归。"[15] 此事三十二年后，在寄给方性夫的叙旧书简中，他说这位监司从湖南回到中央后反受提拔，由此预知政治动荡。[16] 不过，我们必须考虑到这些后来的言辞是经历靖康之变、北宋灭亡之后写下的。王庭珪不满监司而愤然辞任县丞，因此厌恶官场，应是真实的，但他是否由这些事情预感到将来政治混乱而辞官则难以判断。这或许是后见之明。不过，即便是后见之明，如下节所述，考虑到南宋初期的时代背景，这种说辞本身就深有意义。

总之，此时王庭珪四十四岁，后来不再就任实职，开始了近半个世纪的退隐生活，其中大部分时间在家乡度过。选择隐居后，他在安福县西部的卢溪（卢水）近旁构建居所，并与同样放弃科举的弟弟庭璋以及末弟庭玮一起生活。王庭珪的雅号"卢溪"也据此而来。[17] 他在这里过着读书著述的闲适生活。不过前来请教学问的客人很多，《行状》称"执经者，屦满户外"，

---

15 《卢溪文集》卷四六《故弟才臣墓志铭》。

16 《卢溪文集》卷三二《答方性夫（第二书简）》："某自湖南归，见监司黄某等皆被朝廷擢用，而营私背公，无爱民之意，知其将变，遂归耕于卢溪之上，不复出仕，今三十二年矣。"

17 《卢溪文集》卷四六《故弟才臣墓志铭》末尾："庭璋亦即日褫举子服，芒鞋竹杖，相从于寂寞之滨，为余艺修竹，结茅堂草庵卢溪之上。"《故弟德庄墓志》："余幼弟庭玮，字德庄，（中略）从余隐于卢溪之上，筑室号'清隐堂'。"关于王庭珪隐居之地，杨万里《诚斋集》卷八〇《卢溪先生文集序》有"调茶陵丞，以上官不合，弃官去，隐居卢溪者五十年，自号'卢溪真逸'"。校注《诚斋集》的辛更儒认为其居住地在安福县西侧卢溪源头的泸潇（萧）山，所据不明（《杨万里集笺校》卷八三《杉溪集后序》"校 2"，中华书局，2007 年，第 6 册，第 3352 页）。泸潇山见于万历《吉安府志》卷一二《山川志》的"安福县"项："山顶二水，潇水南流下洞庭，泸水东流趋彭湖，又传卢、萧二道人结庐峰顶，故名。"

《墓志铭》称“执经踵堂者肩摩”，可见当时盛况。顺带说，在开始隐居生活的宣和五年（1123），夫人刘氏诞下长男王岍。[18]在当时，得此长子的岁数算大。

然而这种读书著述的静谧日子，因北宋末的政治、社会动荡而不得不暂时中断。此时的金兵南下以及民众起义、兵变问题，将在下节详细叙述，这里暂不多言。王庭珪被迫与亲人一起躲避动荡，开始数年的避难生活。建炎三年（1129），王庭珪与之后成为姻戚的刘彦弼（字英臣）一家，似乎逃到县城北边的鸽湖山避难，建炎四年又转至一处名叫东村的地方。[19]不清楚这种避难生活持续至何时，但如萧东海《年谱》所论，绍兴三年（1133）二月韩京任江西安抚使，受命率一千五百名兵士驻屯吉州，因王庭珪在山中避难，二人并未会面，则在这个时点上，避难生活仍在继续。[20]不过从这时起，他为地域社会的重建，开始向知县、县令及安抚使等监司积极提出建议，并接受赴任吉州的地方官的请教咨询，详细状况见第三节。

政治、社会动荡告一段落后，发生了一件事情，他因主动参与而被流放边地。事情是同乡后辈胡铨（字邦衡）引发的。

---

18 萧东海《王庭珪年谱》也将王岍的诞生系于宣和五年，并注记杨万里《诚斋集》卷一二七《王叔雅墓志铭》(《宋人年谱丛刊》第6册，第4015页)，但说明系年根据。要言之，从该墓志铭记载的卒年和享年反推，可知王岍生年为宣和五年。

19 《卢溪文集》卷四八《书鸽湖寺壁》有“建炎三年，寇犯安成，王某、刘英臣挈家避乱于鸽湖山中”；同卷《题华严寺壁》有“建炎庚戌（四年）之乱，避地东村”。另外，王象之《舆地纪胜》卷三一《江南西路 · 吉州 · 景物下》有“鸽湖山”，夹注“在安福县北六十里，有雁峰、白鹤峰、石人峰三，渡桥桃花洞，景物幽绝，有唐人留题”，则王庭珪所谓“鸽湖山”就是此处吧。

20 萧东海《王庭珪年谱》“高宗绍兴三年癸丑五十四岁”条，“先生避乱隐居”项，《宋人年谱丛刊》第6册，第4017页上段。

此事内容和经过在下章也会提及，[21]不过为方便论述，此处简单介绍。绍兴八年（1138），宰相秦桧主张与金议和，同年十二月金朝使节抵达临安（今浙江省杭州市），议和大致成功（第一次宋金和议）。胡铨对此强烈反对，在议和期间上奏激烈弹劾主和的秦桧、实际负责与金交涉的王伦，在此年十一月被编管（无俸禄且受到监视的左迁）到昭州（今广西壮族自治区平乐县）。绍兴十二年胡铨被告发固执己见，蛊惑民众，同年七月遭勒停（勒令停止职务）处分，又被编管到新州（今广西壮族自治区新兴县）。绍兴十八年年，他又被流放到海南岛。

王庭珪在绍兴十二年胡铨被编管至新州时，写下题为《送胡邦衡之新州贬所》（收录于《卢溪文集》卷一三）的两首七言律诗饯别。特别是诗中的“痴儿不了官中事，男子要为天下奇”一句，被视作诽谤秦桧，但最初未被当成问题。绍兴十七年，同乡欧阳安永为巴结中央权臣，向朝廷告发称此诗批判当局，最终酿成问题。一番波折后，绍兴十九年王庭珪在吉州被逮捕，同年七月被勒停并编管至荆湖南路的辰州（今湖南省沅陵县）。[22]根据《行状》的记述，王庭珪笑对捕吏。在逮捕时收押的物品中，有一篇倾注其心血的著作，题为《易解》，后来下落不明。再说些题外话，这一连串的事情发生时，王庭珪接连痛失至亲。已经是八年前的绍兴十一年五月，弟弟王庭玮（享年五十一岁）和王庭璋（享年五十六岁）相继离世。翌年绍兴十二年十二月，

21　本书第二章《宋代吉州的胡氏一族》。

22　王庭珪编管到辰州的经过，在《要录》卷一五九“绍兴十九年六月丁巳”条有详细记述，萧东海《王庭珪年谱》也据此条内容介绍录了编管至辰州的状况。《诚斋集》卷一一四《诗话》中也简单说明此事原委（《杨万里集笺校》第8册，第4364页）。

弟弟王庭珍（享年五十五岁）逝世。绍兴十三年闰四月，妻子刘氏（享年六十六岁）也与他阴阳相隔。

在七十岁高龄时被编管到边境属实残酷，但辰州人民热情地接纳王庭珪。根据《行状》《墓志铭》，当时忠州（今四川省忠县）刺史马羽临时监任辰州知事，仰慕王庭珪的盛名，将子弟教育委托给他。诸多当地士人似乎也前来拜访请教。儿子王崾也不辞远路，就算脚被磨出血泡也坚持每年到辰州探望父亲两次。[23] 这样的状况在绍兴二十五年（1155）十月秦桧死后发生变化。十二月，王庭珪被许可“自便”（《行状》），翌年春，他离开辰州回到安福县家乡。此时他七十七岁。据萧东海《王庭珪年谱》，归乡时，致使他被编管的欧阳安永已经离世。

这之后，王庭珪在家乡度过钻研学问的勤勉生活。《行状》《墓志铭》分别称“读书益力，夜对短檠，作细字，率夜分乃寝”，“观蝇头字，率夜分乃寝”。隆兴元年（1163），八十四岁的王庭珪奉孝宗之命前往临安，上呈主旨为与金和议贻误国政的奏折，后被任命为左承奉郎、国子监主簿、主管台州崇道观。乾道六年（1170），九十一岁的他受胡铨推荐再次被招至临安。这时他予以推脱，但翌年还是赴行在谒见孝宗。在他九十岁左右，有人给他画了幅肖像，周必大为画像作赞语，称其硬朗风姿。[24] 那

23 前揭杨万里《诚斋集》卷一二七《王叔雅墓志铭》:“先生竟谪夜郎。（中略）夜郎狸嗥鼯啸，非人所居。崖路攀天，下则入井。距家二千余里，叔雅徒步省觐，胝足血指，一岁再行。”

24 《文忠集》卷九《卢溪先生王民瞻真赞》:“嘲弄万象，雕琢天和。不见诗人，未老鬓皤。先生九十，乃尔颜酡。穷则追泽畔之吟，达则和沛中之歌。人徒见其善者机，吾独喻之井无波。盖风被而文成，非月锻而日俄。虽以此千二百岁可也，彼造物者，其如予何？戊子八月一日。”此文与最后所记的日期不同，在《卢溪文集》附录中以《周益公赞王卢溪画像》题录。

之后他也依旧身体硬朗地生活，但据《行状》，乾道八年三月己丑（二十一日），他似乎因患上小病最终病逝，享年九十三岁。据说去世前，他的手脚活动依旧自如，面貌、言谈也没有异样。根据《行状》《墓志铭》，王庭珪遗骸于淳熙元年（1174）正月安葬于安福县清化乡长赋。儿子王岯好似追随亡父一般，在翌年闰九月一日五十三岁时去世。

王庭珪的著述仅有《卢溪词》一卷、《卢溪文集》五十卷留存至今。《卢溪词》现存的词都收入《全宋词》（中华书局，1977 年，第 2 册，第 816—823 页），《卢溪文集》也容易在《四库全书》等丛书中阅览。其中，小论多次引用的《卢溪文集》完成于何时呢？从收录于《卢溪文集》卷首的胡铨、谢谔、杨万里的序文可以窥知。其中，谢谔和杨万里的序文记有落笔年份。根据门人杨万里在记为淳熙十五年（1188）九月末日作的序文，《卢溪文集》由王庭珪门人刘江、孙子王澹及其子王徽（王庭珪曾孙）编集。谢谔的序文记为淳熙十四年十二月甲申（十七日）作。如此一来，《卢溪文集》应在淳熙十四年之际最终完成。[25] 而据卷首胡铨《卢溪文集序》，乾道八年长沙的刘光祖、刘绍祖兄弟曾请胡铨撰写文集的序文，因此《卢溪文集》的简略版或许在王庭珪逝世不久后就已完成。[26]

25　也见杨万里《诚斋集》卷八〇《卢溪先生文集序》。

26　胡铨的序文仅录于《卢溪文集》卷首，管见所及，胡铨《胡澹庵先生文集》并未收录。

二、王庭珪的姻戚关系和交友关系

王庭珪在为庆祝家乡安福县县衙落成而作的上梁文中，叙述地域社会的理想状态：胥吏不舞弊渎职，士人俊逸，民众不惹是生非；一踏入村口，村人长幼有序，各家孝敬长辈，爱护后辈，年轻人帮助老年人担重物；各家无须锁门，衙门监狱空空如也，即使是粗鲁之人也不会抢夺他人财物，民众皆受教化等等。[27] 从下节详细论述的北宋末南宋初吉州的混乱状况来看，王庭珪的这番言辞可谓是极端的空想，但反过来，这也恰恰体现他对和平安稳的政治环境和井然有序的乡村生活的渴望。

那么，渴望安稳却不得不对抗困境的王庭珪怎样守护自己和亲人的生活，为此又如何建立人际关系？此处首先论述其家庭的经济状况和生活样貌。如《小传》所述，根据胡铨《墓志铭》，其曾祖父王著、祖父王祥、父亲王奭"皆业儒"，虽然没能通过科举，但都把学问当成生计。由此记述可以想象，他们应该以教育以近邻为中心的家乡子弟为生。不过更具体的情况，《行状》和《墓志铭》都没有提及。前揭金建锋、赵舒的论文曾引王庭珪的一首七言律诗，当中"我亦本是耕田夫，仅能识字勤须臾"(《卢溪文集》卷四《次韵李教授闵雨》）一句，也给出推测王庭珪一家生计来源的线索。金、赵两氏认为，此句有王庭珪不忘自己是农村读书人的意思。[28] 且不论二人观点是否正确，从推测

27 《卢溪文集》卷四〇《安福县厅上梁文》："伏愿上梁之后，风不鸣条，吏无黩货，士皆升俊，俗不喧嚣，入其里闾，而长幼相孝慈于家，行于道途，而子弟争扶持其老，户门不闭，囹圄常空，强暴不至于夺攘，田野各安其教化，遂成乐土，协济中兴。"

28 前揭金建锋、赵舒《论王庭珪的民本思想》。

王庭珪一家生计的角度来看，由此可以确认他本人一面治学一面务农吧。要言之，王庭珪的父祖辈不仅在乡村中从事私塾教学，还耕作田地以保障生活。

但是王庭珪从事耕作和田地经营的时间似乎不太久。宣和五年（1123）辞官归乡后，他和两个弟弟（王庭璋、王庭玮）似乎在一起居住，生计和具体家事全交给二弟王庭璋负责。王庭璋放弃科举追随兄长归乡，尽力让兄长不被杂事烦心，专心治学。[29]三弟王庭珍也放弃科举并致力于扩充家产，照顾族人和姻戚的生活。虽然没有直接证据，但他似乎也支持了王庭珪的家计。[30]兄弟四人互帮互助的生活，一直持续至绍兴十一年（1141）、绍兴十二年弟弟们相继去世。

王庭珪也通过教育家乡子弟来补贴家计，但恐怕与父祖辈不同，其教育的对象明显还包含有应举士人的阶层。学生中杨万里（1127—1206）尤其著名。杨万里出生于吉州吉水县，不过据其所述，绍兴十三年十七岁时拜王庭珪为师。[31]在前述杨万

29 《卢溪文集》卷四六《故弟才臣墓志铭》："当宣和天下极盛之时，见公卿大臣其语偷，知其将乱，弃官而归。庭璋亦即日褫举子服，芒鞋竹杖，相从于寂寞之滨，为余艺修竹，结茅堂草庵卢溪之上，藏书数千卷，弹琴赋诗，日哦其间，（中略）某不能治生，身口所须悉倾给于弟。而庭璋每视余意之所欲为，虽甚劳窘不辄乱，家事无细碎，必身临之，曰不以累吾兄。由是某益得放志烟霞之外，支颐散发而无朝夕之忧也。"梁庚尧举数个事例指出，为了让士人之家的有才人士集中精力学习应考，其他家庭成员（父母兄弟等）会从事支持家计的工作（《宋代科举社会》台北：台湾大学出版中心，2015年，第167—179页）。

30 《卢溪文集》卷四六《故弟汉臣墓志》："稍长，与群从同学于里中，志独轩然，不喜龊龊为章句书生。岁升于州，益不乐，欲假他技以自振立，乃益治产，趋权变，以故赀独饶。（中略）士之羁旅困穷不能自托，与族姻之不能自赡者，倾橐振之。"

31 《诚斋集》卷八三《杉溪集后序》："予生十有七年，始得进拜泸溪而师焉，而问焉。"萧东海《王庭珪年谱》"绍兴十三年"条、邹树荣《杨文节公年谱》（《宋人年谱丛刊》第9册）、

里所作《卢溪先生文集序》(《诚斋集》卷八〇）最末有“淳熙戊辰九月晦日，门人朝奉大夫、新知筠州军州事庐陵杨万里序”，知他自认是王庭珪门人。除杨万里外，此处再列举学生五人。比王庭珪小五十岁的同乡人刘君鼎，在“丱角”时期便初露锋芒，成年后拜入王庭珪门下接受指导。绍兴二十六年（1156）王庭珪从流放地辰州归乡时，刘君鼎到郊外迎接老师。[32] 庐陵县李恺与段氏所生的李悫、李恕以及段氏的侄子段允都曾求学于王庭珪，但具体时期不明。[33] 最后是安福县的刘洽（1101—1142）。他于绍兴十二年登进士第，赴任后不久病逝，王庭珪说他是自己的“门下士”，所以无法拒绝为其撰述墓志铭的请求。[34]

与该地多数宗族一样，如此生存的王庭珪一族也是唐末自北方迁徙而来。[35] 根据《行状》《墓志铭》，王氏一族的移居地起初似乎在“庐陵郡”西六十里处的何山。至五代吴国顺义元年（921），附近出现了“龙”，他们遵从僧人将房子改建

辛更儒《诚斋先生杨万里年谱》(《杨万里集笺校》第10册）均记杨万里在绍兴十三年拜王庭珪为师一事。

32 《卢溪文集》卷三六《送刘君鼎序》:“刘君鼎于余同里闬，蓬蒿之径，屋瓦相望，少余五十岁而生。丱角喜读书为文，常执经问字于诸老先生。(中略）又数年将冠矣，(中略）他日复取其近所为观之，则尽桥去牙角，如骑良马行平地，骎骎无跌蹶之虞矣。自此过余书堂无虚日，若将卒业焉。(中略）后八年秦太师薨，尽放流人以归，君鼎复迎我于郊外。”

33 《卢溪文集》卷四三《故段夫人墓志铭》:“故庐陵秀才李恺字彦强之夫人曰段氏，(中略）夫人之侄段允字世荣，少有令名，与其孤悫、恕，皆尝从余游。”

34 《卢溪文集》卷四五《故刘推官墓志铭》:“刘氏得姓远矣，而君讳洽，字百礼，世为吉州安福人。(中略）以君为余门下士，来请铭，不可不铭也。”

35 这些问题早有研究，例如青山定雄《五代宋に於ける江西の新興官僚》(《和田博士還暦記念　東洋史論叢》，講談社，1951年）即为经典研究。佐竹靖彦《唐宋変革期における江南東西路の土地所有と土地政策：義門の成長を手がかりに》(《東洋史研究》第31卷第4号，1973年，氏著《唐宋変革の地域的研究》，同朋舍，1990年）将唐末、五代的江南东西路的开发、移居与累世同居的盛行结合论述，同样值得参照。

为寺庙就能保佑子孙繁荣的说法，移居到安福县的连岭。这件事发生在王庭珪的十一世祖（一说为九世祖）王该之时。[36]如《小传》所述，到元祐二年（1087），王庭珍出生后一家移居至安福县城南并一直生活于此。

接着介绍以王庭珪为中心的家庭关系。此处笔者以《卢溪文集》等史料为基础，制成简单的家系图，如下页所示。关于曾祖父王著、祖父王祥、父亲王奭的事迹，王庭珪本人并没留下记述,其生母的姓氏也无从得知。但从王庭珪所写的祭文可知，他有一位舅母雷氏。[37]

如《小传》所述,王庭珪还有位姐姐,嫁给同县的刘茂实。[38]刘茂实比王庭珪大一岁，年少时随同一个老师学习。王庭珪之下有王庭璋、王庭珍、王庭玮三位弟弟，加上王庭珪，兄弟姊妹共五人。王庭珪的妻子刘氏，是同样出生于安福县的乡贡进士刘瑗（伯玉）之女，绍兴十三年（1143）闰四月三日逝世，享年六十六岁。此年王庭珪六十四岁，可知妻子大他两岁。[39]二人育有儿子王岘和一位女儿。女儿嫁给具有将仕郎官职的彭飞。[40]

36　杨万里《王叔雅墓志铭》(《诚斋集》卷一二七）称“九世祖该自太原徙家吉之庐陵，又徙安福”。萧东海在《王庭珪年谱》中认为，从移住到安福的吴国的顺义元年（921）到王庭珪出生的元丰三年（1080）仅经过一百六十年，王该是十一世祖的说法有误，所以应遵循杨万里记为九世祖的说法（《宋人年谱丛刊》第 6 册，第 4005 页下段）。然而从三十年为一代的算法来看，十一世祖和九世祖都说不通。

37　《卢溪文集》卷四一《祭舅母雷氏文》。

38　《卢溪文集》卷四三《故刘元弼墓志铭》：“娶王氏，卢溪之姊也。”

39　《卢溪文集》卷四六《刘氏二妇墓志铭》:“卢溪居士王某之妻刘氏,同县乡贡进士讳瑗之女，卒于绍兴十三年闰四月三日，寿六十有六。”《行状》言她比王庭珪早二十八年离世,《墓志铭》言“前卒”，仅说她比王庭珪去世早。《刘氏二妇墓志铭》将刘氏的父亲记为刘瑗，《行状》和《墓志铭》皆记为刘伯玉，则伯玉应该是刘瑗的字。

40　周必大《行状》、胡铨《墓志铭》。

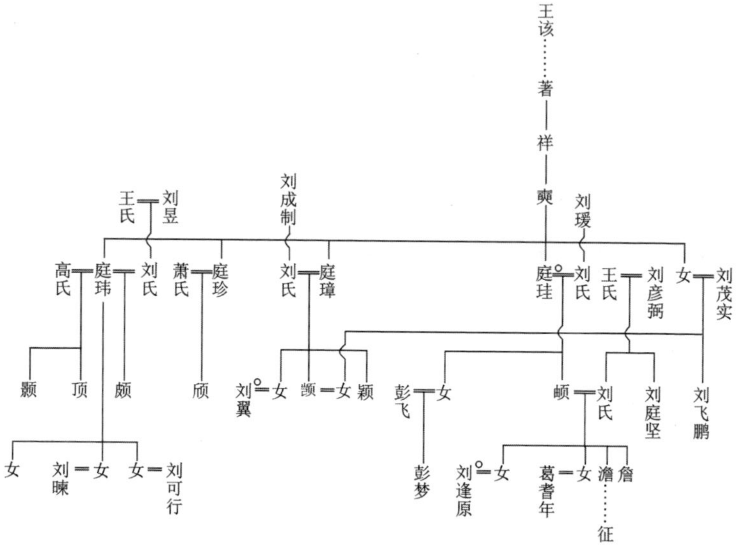

王庭珪家系图（姓名右上角带圆圈者表示近士，后同）

在寄给彭飞的书简中多次出现的“百八娘”应是他的女儿。[41]

二弟王庭璋的妻子也姓刘，与王庭珪妻子属同族，二位刘氏在婚前同住在娘家。这位刘氏的父亲刘成制参加过乡试（解试）。刘氏于绍兴十四年（1144）去世，享年五十九岁，因此她与丈夫王庭璋为同年生人。王庭璋和刘氏膝下育有王颖、王颐二子和一位女儿。女儿嫁给刘翼，儿子王颐娶姑姑和刘茂实之女，因此与刘茂实亲上加亲。[42]王庭璋之下的弟弟王庭珍娶萧氏为妻，

41 《卢溪文集》卷三一《与彭郎凌云将仕（一）（三）（四）》。单独寄给百八娘的书简，同卷有《与百八娘》。

42 关于王庭璋的妻儿，《卢溪文集》卷四六《刘氏二妇墓志铭》、同卷《故弟才臣墓志铭》中有记载，王颐和刘茂实之女的婚姻见于《卢溪文集》卷四三《故刘元弼墓志铭》。

二人有一子，名王颀，然而萧氏的出生地和其父亲的信息不明。[43] 不过萧这个姓氏在吉州并不稀奇，萧姓进士辈出，所以萧氏也是同乡的可能性很高。[44] 王庭珪的末弟王庭玮先娶刘氏，生下王颇，后来又娶高氏，生下王顶、王颢两位儿子。其膝下还有三位女儿，但无法辨明生母是刘氏还是高氏，其中两位嫁给了进士及第或是有官位的士人。[45] 王庭玮两位妻子的出生地皆不明。

王庭珪的下一代中，能判明婚姻状况的仅有独子王岘，因有杨万里所作的墓志铭。根据该墓志铭，王岘的妻子是刘氏，父亲为安福县的刘彦弼（字英臣）。刘彦弼和王庭珪曾在北宋末南宋初的混乱时期一起避难。王岘和刘氏育有王詹、王澹二子和两位女儿。女儿都嫁给进士及第或是有官位的士人。另外王詹或是王澹应该有一子叫王征。算上王征，王岘共有五位孙子和两位孙女。[46]

之前反复提到，王庭珪从宣和五年（1123）四十四岁起定居于其雅号来源的卢溪附近。除了北宋末南宋初的混乱时期以及绍兴十九年（1149）起被贬到荆湖南路辰州的七年，其他时间他都住在那里。在那里，以他为首的王氏一族逐步扩大。之所以这么说，是因为在被贬辰州时他曾以“族大口众”为由只身前往，家中事务交给王岘。虽不知具体的族人人数，但由此可推知人数增加。带着父亲的期待，王岘与族中兄弟居住在一起，

---

43 《卢溪文集》卷四六《故弟汉臣墓志》。

44 据万历《吉安府志》卷五《选举志》可知，萧姓在两宋时期共有六十位进士。

45 《卢溪文集》卷四六《故弟德庄墓志》。

46 《诚斋集》卷一二七《王叔雅墓志铭》。王詹或王澹有一子名为王征一事，可据杨万里《诚斋集》卷八〇《卢溪先生文集序》中“先生王氏，讳庭珪，字民瞻。（中略）先生之孙澹及曾孙征”推知。关于王岘的岳父刘彦弼，见《卢溪文集》卷四四《故县尉刘公墓志铭》。

并在兄弟死后照顾他们的孤子，视如己出，将之养育成人。[47]

据现有史料，王庭珪的姻戚关系集中在同县人这一狭窄范围内。韩明士认为南宋士人、士大夫的婚姻与北宋的不同，有集结在同州郡内的倾向，并举江西抚州为例。[48]王庭珪家族的情况大体类似，但北宋末期及第的他很早就放弃官职，失去在中央活跃的机会而困顿乡里。换言之，这与其说是韩明士所述的南宋士人特色，不如说王氏自父祖以来一直居住于地方的特殊条件，对子孙的婚姻选择产生了更剧烈的影响。如家系图所示，在同乡人中，王氏有与刘氏联姻的倾向，王庭珪自己也意识到了这一点。[49]

这件事具有重要意义。首先，王岘妻子家自刘彦弼的高祖以来就以农业积蓄资产，祖父一代招揽宿儒教育子弟，可见这一家在安福也算相当富裕且士人辈出的家族。[50]王庭玮妻子的娘家刘氏一族也以财力闻名。[51]吉州的刘氏并不都是同宗，同姓异

---

47 《诚斋集》卷一二七《王叔雅墓志铭》:“先生竟谪夜郎。既赴贬所，族大口众，不能偕往，留叔雅经纪家事。（中略）与从兄弟二人同居且同食。二兄没，叔雅字其孤，人不知其为犹子也。”

48 Robert Hymes, *Statesmen and Gentlemen: The elite of Fu-chou, Chianghsi, in Northern and Southern Sung*, Cambridge U.P., 1986. “Marriage, Descent Groups, and the Localist Strategy in Sung and Yuan Fu-chou,” ed. Patricia B. Ebery and James L. Watson, *Kinship Organization in Late Imperial China 1000-1940*, California U.P., 1986.

49 《卢溪文集》卷三九《岘子订婚启》:“名高异姓，初非秦晋之侔；再世为姻，实并王刘之系。事当修好，礼属问名。”

50 《卢溪文集》卷四四《故县尉刘公墓志铭》:“君自高曾以来，家已富殖而好施，然为士者尚微。至大父时，始置屋，延纳乡里宿儒，使子弟择术受业，由是东冈之刘彬彬然多儒其家矣。”

51 《卢溪文集》卷四三《故王氏墓志铭》:“十九岁归于同邑刘氏讳昱字明叔，方是时，王刘俱以财雄乡里。”

宗不在少数，但即便如此，纵观万历《吉州府志》卷五《选举志》，两宋时期吉州共有 134 名刘姓进士，占当地进士总数（909 人）的 14% 以上。[52] 要言之，虽说王庭珪的姻戚范围很窄，但联姻的对象都出自当地代表性的名族，从婚姻缔结遵从“门当户对”的原则考虑，王氏一族也应是被地域社会认可的代表性名族。关于缔结婚约，宋人比起家族更注重科举，或许王庭珪及第一事对家族的婚姻关系产生了巨大影响。[53]

考虑到这些，王庭珪本人将钻研学问作为支撑自己家族在地域社会中建立威信的源泉，并对此有所意识或是确信，应是自然的结果吧。对于包括家人、姻戚在内的亲族，王庭珪也不断在强调学问第一的家族传统。给儿子的书简没能留存至今，但在给女婿彭飞的书简中，他欣喜女儿无恙，并直率表露对外甥和两位孙子（王詹和王澹）努力向学的欢娱，期待外甥的学习成果。[54] 毕竟王庭珪年轻时曾以及第为目标勤学苦读，积极追求学而优则仕的结果。[55] 王皡似乎没能及第，但他受父亲影响，年少时就精读儒家经典，据说尤其精通《春秋》。[56]

52　本书第七章《刘辰翁的宗族与地域社会》。

53　许多论著都指出，在宋代，上至宗室均愿意选择科举及第人士而非门第人士为婚姻对象，此处仅举张邦炜《试论宋代“婚姻不问阀阅”》（《历史研究》1985 年第 6 期，氏著《宋代婚姻家族史论》人民出版社，2003 年）。

54　《卢溪文集》卷三一《与彭郎凌云将仕（一）》：“百八娘喜无恙，好看二外甥，闻皆就学，我处此殊无所虑。远寄衫袴等已收。吾二孙颇能诵书，差可喜。”《与彭郎凌云将仕（三）》：“某启上彭郎将仕，诸甥已就学，必有事业。远承缄启，审闻长至，所履增庆。百八娘诸甥均福。”

55　《卢溪文集》卷三七《送李生序》：“余少年时急于进取，欲与四方豪英争得失，惟恐不崭然以出也。”

56　《诚斋集》卷一二六《王叔雅墓志铭》：“叔雅自束发受书，性警敏，六经百氏，悉钩其深，尤邃于《春秋》。”

另一方面，扎根于安福的王庭珪一家，除姻戚关系以外，还以近邻为中心构筑交友关系网。据王庭珪所说，他们居住的卢溪一带是距安福县城有一定距离的偏远乡村，村人几无贫富差距，耕种些许土地以自足。即便如此，附近也有立志向学的后生，王庭珪应他们父亲兄长之请，指导这些晚辈学习。[57] 王庭珪只想过读书著述的安静生活，但如《小传》所述，上门求教的人还是络绎不绝。他因同乡欧阳安永的告发而被流放辰州时，应是同乡人士的刘世臣曾为让他免罪而四处奔走。[58] 当然，他与出生于当地并在中央出任高官的胡铨、杨万里、周必大也有交情。杨万里是他的学生。如前文所述，胡铨在宋金和议推进时上书弹劾秦桧而遭到编管，王庭珪为其壮举作诗饯别。因此缘分，秦桧死后胡铨获免编管，北归之际向王庭珪赠诗，而王庭珪又唱和回赠。[59] 年逾九十岁的王庭珪受孝宗之命前往临安，也是得益于胡铨的推荐。[60] 要言之，从近邻到乡里士人及赴当地任职的地方官，再到中央官僚，王庭珪以学问关系为中轴，建立起多层次的人际关系网。

---

57 《卢溪文集》卷三七《赠刘呈才序》："吾邑僻在一隅，山水亦奇绝，故人无贫富，皆喜教其子弟。其父兄甘劳苦，日求锥刀以给之。间有不肖堕废，不能自振立，自后乡闾不好善者，皆目而靳之，至今以为谚。童子刘呈才与余比邻，七八岁时能吟诗，其父世名医，有阴德在人，谓乡闾之谚不敢求人知，挈来示余，已十岁矣。"

58 《卢溪文集》卷四一《祭刘世臣文》："我被谗谤，窜于九夷，人莫敢顾，公独率其友人欲出而救之，事虽不成，高义益彰。"

59 胡铨赠给王庭珪的诗不见于《胡澹庵先生文集》，后者酬和的诗见《卢溪文集》卷一七《胡邦衡北归，先寄诗二首，次韵迎之》，为两首七言律诗。

60 参见萧东海《王庭珪年谱》"孝宗乾道六年庚寅九十一岁"条（《宋人年谱丛刊》第6册，第4034页下段—4035页上段）。

三、王庭珪与地域社会

（一）北宋末南宋初的吉州

如《小传》所述，王庭珪在宣和五年（1123）四十四岁时辞任衡州茶陵县丞。此后直至乾道八年（1172）以九十三岁高龄离世，近半个世纪除被编管的七年和两次被孝宗招揽至临安的时间之外，他都在家乡吉州安福县度过。

然而他的生活并不安稳。辞任茶陵县丞不久，宋朝遭遇政治、社会巨变，吉州自然也不例外，一时被卷入混乱局面之中。秩序的重建历经重重困难，旷日持久，而王庭珪作为离朝的士人，不免与这些重建地域安定的活动密切关联。在论述王庭珪与地域社会的关系之前，首先主要根据李心传《建炎以来系年要录》（以下称《要录》），并参照21世纪初刊行的许怀林《江西通史6（南宋卷）》，概观吉州经历的混乱。

进入北宋末期的宣和年间（1119—1125），大规模的民众起义不断。其中规模最大的，在华北是宣和元年（1119）以黄河下游梁山泊为根据地的宋江起义，在江南是宣和二年（1120）于睦州青溪县（今浙江省淳安县）爆发的方腊起义。这两场起义都在一两年内被镇压，但这并不意味着起义就此终结。[61] 加之，北宋政权被东北兴起的女真族政权金朝灭国。各地组建勤王之

61　关于北宋末年的各次起义，《两宋农民战争史料汇编》（中华书局，1976年）收集了相关史料，可作参考。这个史料集记载了方腊之乱以后十七次起义的史料。另外，关于南宋初年高宗时期的起义，可参考王世宗《南宋高宗朝变乱之研究》，“文史丛刊”之八二，台北：台湾大学出版委员会，1989年。

师，有些与盗贼无异，有些军队则在败于金军后落草为寇。即使此后南宋政权建立，混乱依旧长期存在。[62]

根据《江西通史 6（南宋卷）》，南宋建国初期江西地区依旧战火纷飞，其根源是金军进攻、残兵败将和流寇（流贼）骚动、官军强夺强征三点（第 11 页）。不过，这三点并非互相无关的并列关系，如后文所述，王庭珪认为后两项关系密切，在这两方面集中讨论地域社会的复兴。当然，讨论的前提是金军南下而导致北宋灭亡，后两项是连锁反应。

建炎三年（1129）十月辛丑（二十六日），金军从黄州（今湖北省黄冈市）渡过长江。担任守备的荆湖沿江措置副使黄羲叔，甚至没有进行像样的抵抗便乘船逃走，因此金军轻松过江。[63]十二月乙未（二十一日），江南西路的中心城市洪州（今江西省南昌市）被乌玛喇率领的金军攻占。[64]以洪州为起点沿赣江溯流而上便可纵贯江西。恰好此时哲宗的废后隆祐太后孟氏（1077—1135）为躲避金军沿赣江溯流而上，十一月辛酉（十七日）抵达吉州庐陵县，因金军的机动部队追击而离开庐陵，从吉州太和县南下至万安县，又从万安县弃船走陆路，抵达吉州南邻的虔州。从庐陵南下的途中，许多宫人走散，诸多财宝丢失，甚至随行兵士逃走成为盗贼。此后，隆祐太后历经被农夫担舆而逃的苦劳，最终在建炎四年八月抵达临安。[65]

62 《要录》卷七“建炎元年七月庚寅”条：“自宣和末，群盗蜂起，其后勤王之兵，往往溃而为盗。”

63 《要录》卷二八“建炎三年十月辛丑”条；《江西通史 6（南宋卷）》，第 11 页。

64 《要录》卷三〇“建炎三年十二月乙未”条；《江西通史 6（南宋卷）》，第 13 页。

65 隆祐太后逃亡临安的过程，《宋史》卷二四三《后妃下·哲宗昭慈圣献孟皇后传》有简单记述。此次逃亡在下一章《宋代吉州的胡氏一族》也会提及。《江西通史 6（南宋卷）》

如《王庭珪小传》所述，此时王庭珪在安福县城北的山中避难。避难生活至少持续数年，随金军进攻而来的兵乱、盗贼横行，恐怕还使这样不自由的生活延长。此时的兵乱由隆祐太后的逃亡引发。根据《宋史》卷二四三《隆祐太后传》，太后一行好不容易抵达虔州，但因府库空虚，只好给护卫士发放重量不足半且掺杂沙石的劣质“沙钱”。[66] 士兵自然无法用这些钱向民众购得商品，与民众产生争端，甚至发展为械斗。为对抗官兵的暴虐行径，土豪陈新率领私兵包围虔州的街道，然而隆祐太后对这一切无能为力。

此后虔州还爆发数次群寇事件，加上溃兵，此地域骚乱不断。正如佐竹靖彦、黄志繁所述，[67] 该地贼寇翻越武夷山，在广南东西路的梅州、潮州、循州、惠州、广州以及福建路的汀州、漳州等地出没，各地官宪皆受困扰。根据《要录》，自建炎至绍兴八年（1138）左右，由虔州的盗贼、溃兵引发的骚乱层出不穷，一直持续到绍兴二十七年（1157）。特别是绍兴二十二年七月二十四日，以齐述、黄明为主谋的兵士叛乱兴起，甚至成为变更州名的契机。齐述、黄明盘踞在虔州城内达一百一十二日之久，在兵乱被镇压后，翌年二月，朝廷出现虔州（又称虎头城）

第16—18页记述了其在江西路内到虔州为止的逃亡情况。

66 关于称作“沙钱”或“砂毛钱”的私铸钱，宫泽知之《宋代中国の国家と経済》（創文社，1998年）第二部第二章《唐宋時代における銅銭の私鋳》有详细说明。据《江西通史6（南宋卷）》，虔州自北宋大观二年（1108）设立“铸钱院”以来进行铸钱，但这里也是以“沙钱”为代表的私铸钱盛行的地区（第245—253页）。

67 前揭佐竹靖彦《唐宋变革の地域的研究》第Ⅲ部第三章《宋代赣州事情素描》；黄志繁《“贼”“民”之间：12—18世纪赣南地域社会》，生活·读书·新知三联书店，2006年，第43页。关于此时期赣州的各次动乱，可参考黄志繁著作第44—45页的《宋代赣南地方动乱年表》。

地名不雅的意见，最终因为此地是贡水和章水的汇合处而改名赣州。同时福建临近此地的虔化县也改名为宁都县。[68]

北邻的吉州也被卷入虔州的骚乱。根据《要录》，以虔州、吉州为中心的骚乱在绍兴二年（1132）、三年迎来高潮。为应对骚乱，绍兴三年二月湖南安抚司统制官韩京作为江西安抚大使司统制官，率兵一千五百人从衡州（今湖南省衡阳市）移驻吉州。岳飞（1103—1142）前后七年驻扎在江西地区讨伐盗贼，为追击虔州的盗贼，比韩京还早几日抵达吉州。[69] 二人应该都认识到，吉州位于赣江中流的“舟车之会”，商人云集，适合驻扎。[70]

包括州治所庐陵县在内，吉州共辖八个县。安福县位于庐陵县西北，通过赣江支流卢（泸）溪的水运与庐陵县连接。经卢溪上溯可至湖南，所以安福县也是连接江西和湖南的要地。[71] 因此在吉州中心地带或虔州（赣州）局面混乱时，此地也无法隔岸观火。绍兴六年吉州一带遭遇旱灾时，因为安福是连接吉州西北的袁州和荆湖南路的近道，难民大量涌入，盗贼也出没于此。[72] 该地西南有许多险峻的山地和峡谷，又是连接袁州和荆

68 《要录》卷一六三“绍兴二十二年七月丁巳”条，卷一六四“绍兴二十三年二月庚午”条、“二月辛未”条；《江西通史 6（南宋卷）》，第 86 页。关于两宋时期虔州（赣州）的动荡，前揭黄志繁《“贼”“民”之间》第二章《烟瘴之地、土豪与王朝变迁》有简要叙述。

69 《要录》卷六三“绍兴三年二月庚子”条、“绍兴三年二月丙申”条。

70 刘弇《龙云集》卷二二《吉阳持正堂记》：“吾州之邑八，而吉水以地大人富当要冲，生齿之隶籍，无虑数万，而前控大江，输挽储积，贾贩所出入。”《宋史》卷四一一《范应铃传》：“吉，舟车之会，且屯大军。”

71 周必大《文忠集》卷五八《安福县重修凤林桥记》：“安福壮县，江西湖南之要津，水出泸溪，汇于凤林，其广三百尺。”

72 《卢溪文集》卷四六《故保义郎刘君墓志铭》：“君讳冀，字尧京，姓刘氏，世居吉州之安福。（中略）绍兴丙辰岁大旱，米斗千钱，（中略）君之所居，当吉袁之冲径路也。方艰难时，东北士大夫奔荆湖交广者，必取道于是。忽盗贼并作，持白刃突出草间，阑官道劫行旅

湖南路长沙的要道，对不法者来说是个藏匿的好地方。[73]

（二）王庭珪的《盗贼论》

正如《小传》所述，王庭珪从建炎三年起至绍兴三年左右被迫避难，回顾称“建炎三年，寇犯安成，王某（庭珪）、刘英臣挈家避乱于鸽湖山中”“建炎庚戌（四年）之乱，避地东村”。[74]他目睹这种混乱状况，对于包括自己居地安福县在内的吉州以及密切相关的南邻虔州，再至江西全域的秩序重建，提出了积极的建议。这些都收录在《卢溪文集》卷三三《盗贼论》中。

萧东海《王庭珪年谱》根据《卢溪文集》附录的《胡明仲跋王卢溪〈盗贼论〉》，以及他向江南西路安抚大使李纲上书的时间，将此文系于绍兴七年（1137）。胡明仲即胡寅（1098—1156），明仲是他的字。此跋文未收录于胡寅的诗文集《斐然集》，真实性有待商榷。不过跋文称“王民瞻（庭珪）常以《盗贼论》献江西大帅李相公（李纲），尽得盗贼根柢蹊隧。大帅欲用其言，而以宫祠去矣。时绍兴七年也”。在另一篇向李纲论述盗贼问题的上书中，王庭珪在近文末处提及曾在湖南任官，之后称“归卧山间十五年矣”。[75]绍兴七年的确是他隐居安福的第十五个年头，那么关于盗贼问题的建言献策应是在此时期。

者所在蜂起。”

73 《卢溪文集》卷三四《靖共堂记》:“安福县西南地最广，高山大谷，荒翳险绝，往往通宜春、长沙郡界，宿藁藏奸，为县者病之。”

74 注 19 引用的《卢溪文集》卷四八《书鸽湖寺壁》及同卷《题华严寺壁》。

75 《卢溪文集》卷二六《上李丞相书》。

不过“盗贼”并非在绍兴七年才突然成为问题。如前文所述，以吉州、虔州为中心的骚乱在绍兴二年、三年迎来高潮，《盗贼论》以虔州的“盗贼”为主要议题，称“惟虔州倚荒险，洞窟林麓尽为贼蹊，历十年而盘牙犹在”。加之，根据《要录》，李纲于绍兴五年（1135）十月十六日（乙卯）受任江南西路安抚制置大使兼洪州知事，翌年三月二十三日（庚寅）赴任抚州金溪县实际工作。[76]《要录》还记载，李纲需要应对的虔州盗贼问题逐渐严峻，而朝廷意识到严肃处理的必要性在绍兴六年五月。[77]由此判断，李纲抵任江西的前一年，即被任命为江南西路安抚制置大使兼洪州知事的绍兴五年，“盗贼”就作为江西地区重大政治问题浮现。

说回《盗贼论》。此文由上下两篇构成，正文前有简单的序，内容如下：

> 盗贼之变不一，江西残孽历十年而不讨，始用招安为弭乱之计，此养虎狼养疽根之术也。使一日出落铃键必横突溃裂四出而不可御，愚独忧之，故作《盗贼论》焉。

此处开门见山点明《盗贼论》贯穿全文的主旨，即强烈反对宽赦盗贼并授予官职的“招安”策。

---

76 《要录》卷九四“绍兴五年十月乙卯”条；卷九九“绍兴六年三月庚寅”条。

77 《要录》卷一〇一“绍兴六年五月甲午”条：“殿中侍御史周秘言，今虔贼未能殄灭，而闽贼遁于广南，出没海上，窥伺间隙，此尤可忧，（中略）诏江西制置大使李纲、广东经略使连南夫、福建安抚使张致远疾速措置。”另可参照前揭黄志繁《“贼”“民”之间》，第46、47页。

上篇开头称“天下之患，莫甚于大盗起，而人主不知”，并举南朝梁末的侯景之乱和隋末的起义为例。之后再举秦末陈胜吴广起义和唐末庞勋之乱为例，称这些动乱发生之初（“盗贼之起”）规模都不大，但地方郡县隐瞒事实，放任事态发展扩大，以此说明地方当局对于平息起义责任重大。上篇先从这样的一般论述开始，再把论点聚焦于江西的问题。王庭珪指出，靖康之变以来，江苏、浙江、荆湖南北路、广南东西路这些地域虽然动乱四起，但兴起后便迅速消退。相反，虔州的叛贼则以险峻的山峦为根据地，经过十年都未能镇压。这番言辞出于他对虔州动乱已成江西全境安宁之重大障碍的认识，对现状的焦虑。动乱长期持续的原因首先是州县对民众施加过重赋役和严刑峻法，民众不堪其重才被迫走上武装起义的道路。政府始终不镇压动乱，而是采取赦免罪状并授予官职的姑息手段，更加重了这一状况。换言之，如此一来，动乱的首领“渠率”“渠帅”拿到官职、俸禄后依旧盘踞于山谷等险地，问题依旧，遑论根绝。他强调“招安策”只是一时敷衍之策而非“长久之计”。并且，原本应该镇压动乱的地方官员始终采取权宜计策，动乱刚发生时，基层的保伍组织不告知上层，县政府也对此置之不理，待其势力壮大，又以招安策掩盖问题。地方官员无能且无策。

下篇开头云：“庶民所以不安其田里，弃钩锄而乐为盗者，岂非法制坏乱，而势有以驱之使然耶？”然后详细论述和巩固此观点。王庭珪说，盗贼势力之所以兴盛，是因为动乱之初没有正确应对，结果盗贼成“势”，因此必须认真对待这一点。毕竟盗贼经过一段时间后，逐渐知悉州县官吏无能，并开始轻视他们。在这样的情况下，州县就算赦免盗贼的罪行劝其投降，盗贼也会认为是州县官员惧怕自己，招安之策也只是对贼众的言听计从。正因如此，靖康之变以来州县多次尝试“招安策”，看似成功而反抗又起，甚至比之前更甚（“艰难以来，招安之策，非不尝试，而屡招屡叛，蜂起之众，益多于前”）。他认为造就如此局面的原因，是如今南宋域内本未平定，却把州县交给“庸愚怯懦之人”，结果当然是被“盗贼”看不起。接着他又再次强调之前的论点：正因如此，“庸愚怯懦”的州县官就算采用招安策，对“盗贼”来说也只是“爵赏果不足以收贼心”。若未被满足，贼人再度动乱，杀害官员，烧毁村落，犯下累累罪状，如今除却科以刑罚之外别无他法。其结论是，若是杀人不偿命，伤人不受罚，民众会渐渐不知畏惧，最终也助长动乱扩大。面对现今江西叛乱横行的状况，朝廷不能采取一时之策，而必须严肃应对。

如此，《盗贼论》以此时盗贼成为大患的虔州为主要题材，认为不应使用招安策这样姑息的手段，而是严肃应对。其中值得注目的论点是对地方政府、官吏的批判，他们迫使民众起义，解决问题却只用一时之策。在同时期向李纲建言的上书中，他也突出这一点，并再次表达《盗贼论》中的主要观点（《卢溪文集》卷二六《上李丞相书》）。文章清晰描述民众被迫成为盗贼、县州当局对其苛敛诛求的事态。统筹整个区域经济、民政的转运司出于军需要求，不断命令下辖州县临时提供必要的物资和钱粮。州县官吏以此为名目，无视法律，尽可能多地压榨民众。民众诉苦无门，只好拿起武器投身起义（“夫非官吏刻剥驱迫以成，则不平而报复以起也”）。此上书与《盗贼论》不同且更意味深长的是，因州县苛敛诛求而蜂起的“盗贼”不仅暗中与官吏勾结，还与乡村“豪民”联合，且“豪民”向“盗贼”提供财政支持的事实。

21世纪之交,大陆的研究者开始频繁使用“富族”“富民”“富户”等词代替传统的“地主”，指代因财力而在宋代地域社会中显赫的群体。[78]“豪民”“土豪”与“富族”“富民”有共通的侧面,但与“富族”“富民”这样不包含善恶评判的中性称呼不同，前者多指以经济实力为背景极力控制地域社会的人物，从统治者来看，他们是妨害地方政治、导致地方混乱之人，是处罚的对象。收罗南宋地方官司法记录的《名公书判清明集》中出现的“豪民”“土豪”,正是这样一群人。[79]《江西通史6(南宋卷)》中也介绍了这种“土豪”的实例(第105—113页)。

然而从王庭珪给李纲的上书中看，“豪民”问题似乎是在南宋以后，地方政治不再像北宋时期那样奏效时才逐渐突出。在盗贼横行、地域社会重建受阻的虔州，就可以看到典型事例。绍兴六年(1136)，李纲在奏报虔州“盗贼”实情的文章中说，建炎四年(1130)陈大伍起义时,因日日积攒的不满,富裕的“土

---

78 将“富民”“富族”“富户”视作宋代地域社会基层构造秩序组建之关键，并较早汇集的成果有林文勋、谷更有《唐宋乡村社会力量与基层控制》，云南大学出版社，2005年；谷更有《唐宋国家与乡村社会》，中国社会科学出版社，2006年。限定于湖南地域的优秀成果有廖寅《宋代两湖地区民间强势力量与地域秩序》(人民出版社，2011年)，笔者对此著作发表过评介文章(《名古屋大学東洋史研究報告》第37号，2013年)。

79 日本的研究者方面，大泽正昭主要以《名公书判清明集》为线索，阐明当时“豪民”的实貌(《主張する『愚民』たち》，角川書店，1996年;《女親分もいた》，上智大学史学科編《歴史家の窓辺》，ぎょうせい，2013年;《南宋判語にみる在地有力者、豪民》，山本英史编《中国近世の規範と秩序》，東洋文庫，2014年。后收录于氏著《南宋地方官の主張》，汲古書院，2015年)。

豪”之家集结人众掀起报复活动，州县无法控制。[80] 政治和社会的混乱成为“豪民”“土豪”横行的契机。“豪民”“土豪”是特定历史状况下应运而生的产物吧。

回到主题，王庭珪的提议主要集中在这一时期民众被迫沦为“盗贼”，警告以地方官为首的诛求，以及与此相关的减轻民众负担。绍兴三年（1133），在寄给江南东西路宣谕官的书简中他说“比年江西盗贼蝟毛而起，虔吉尤甚，原其所始，皆缘贪吏暴虐”，[81] 恳切地主张心系民众的地方官不可或缺。绍兴九年前后，王洋（1087—1154）赴任吉州知事，礼数周全地拜访王庭珪，并向他咨询当地问题。王庭珪的回答控诉当地的困境，为满足军需，政府向村庄以及被称为“坊郭户”的城市居民征收营运钱，不仅搜家，还掠夺卖饼和蔬菜的小商贩，民众震惊并陷入穷困。[82] 他还提醒王洋注意根据吉州境内不同地方

---

80 李纲《梁溪集》卷一〇七《申督府密院相度措置虔州盗贼状》：“至建炎四年，宫省移在虔州。陈大五长啸聚作过，当时官司措置无策，赏罚失当。土豪有物力之家，往往啸聚结集，报复仇怨，头项渐多，州县不能制御，连结滋蔓，以至今日。”《江西通史 6（南宋卷）》也引用了该文（第 112 页），出处记为《要录》卷一〇一。此卷“绍兴六年五月甲午”条确实引述了上奏文的要点，但并非原文。

81 《卢溪文集》卷二七《与宣谕刘御史书》。将此书简系于绍兴三年，参见萧东海《王庭珪年谱》的考证（《宋人年谱丛刊》第 6 册，第 4018 页上段）。

82 萧东海《王庭珪年谱》记述王洋在绍兴九年赴任吉州知事（《宋人年谱丛刊》第 6 册，第 4020 页下段），根据不明。顺带说，万历《吉安府志》卷三《秩官表》将其任职时间系于绍兴五年至绍兴十二年之间。《卢溪文集》卷三一《与王元勃舍人（三）》：“今日朝廷又有助军之敛，盖缘军兴，岂得已而行也。（中略）如税田亩固有定数，至于家业则明言十等户，今坊郭所谓第户正应此一项无可疑者，若营运则无迹可验。然止言坊郭，则财力多者，亦可以概见，少者所得无几，徒为扰耳。今诸县或官吏入人家，打量间架，搜索有无，下至抄及卖饼菜之家，如此行遣，全类税间架，恐非朝廷之意。（中略）今有田亩者即有家业，有家业者则营运在其中，若使一家而纳三色钱，恐必至于重困，何坊郭之民，独不幸耶？”

的收成差异，采取不同的税收政策。[83]

像这样，王庭珪对地方官及与当地利害相关的当局者建言献策、投以期望的姿态，便是周必大《行状》中“公虽不仕，常怀经世心事,苟宜民必告于当路”。这篇《行状》和胡铨的《墓志铭》都在宣和五年（1123）其不满上司的不正行为而愤然辞职归乡一事后，立即记述这种对地方行政的献策，带有暗示的意味。要言之，在北宋末南宋初的混乱时期，他亲见地方官员的无能及其苛敛诛求导致民众沦为“盗贼”的状况，知事态必然要严肃应对，如《小传》所述，在宣和五年归乡之际，上司的不正行为及以公卿、大臣为首的轻薄言行就被他记作辞职的导火索。后来追述宣和五年归乡的理由，是经历了北宋末南宋初一系列混乱之后写下的，是后见之明，而非当时的想法。

小 结

本章所论的王庭珪经历北宋末南宋初这一政治、社会的混乱时期，生命中大部分时间都在家乡江西路吉州安福县度过。他于政和八年（1118）年及第，翌年赴任荆湖南路的茶陵县丞这一基层地方官吏,有所治绩,但宣和五年（1123）与上司对立，

83 《卢溪文集》卷二九《答王元勃舍人书（三）》:“今岁庐陵境内，初若大旱，幸而晚得雨，差胜他州，诚德所感，千里受福。窃见一乡之中，自有丰歉不均，近陂塘处，全不觉旱，高田有至绝。䆆者视旱，官往往只见路傍平坦处，便谓丰熟，至于山溪僻远之地，多不及见。”此处引文在《全宋文》卷三四〇七“王庭珪”篇,被置于《答王元勃舍人书》第二书简。

以此为契机果断结束官僚生活归乡，欲过每日读书著述的生活。然而，北宋末南宋初的政治、社会混乱波及乡里，他也不得不经历了数年的避难生活。在这样的困难下，王庭珪作为地域社会中的士人，在勤勉于治学的同时，还构建起以地域社会为中心的姻戚关系和以学术为纽带的各类人际关系。这种努力的积累，目的是谋求家族的存续和再生。

但是，第二节没有提到一个不可思议的情况：至少从现存史料看，王庭珪对于在南宋普遍显著起来的宗族集结活动没有采取积极行动。同乡晚辈胡铨和周必大对本族的存续和再生抱有的强烈关怀，与之相比，他的态度相当淡薄。[84]不过，这一事实并不意味他对自己的家族毫不关心。从王庭珪控诉北宋末年位于都城开封的祖坟被洗劫一空的事件可见一斑。战胜长达十余年纷争的执念与力量，不可能对祖先祭祀以及聚集至此的族员间集结毫不关心。[85]伊佩霞指出，宋代祠堂祭祀和墓祭对于宗族集结有着很大的意义。[86]这个观点应被充分考虑，但至今仍未发现史料表明王庭珪对宗族的关心，任何言辞终究只是臆测，笔者只好遗憾地对此疑问保留见解了。

---

84 本书第二章《宋代吉州的胡氏一族》、第三章《宋代吉州的周氏一族》。翻阅《诚斋集》收录的文章，可知吉州吉水县出生的杨万里对一族也有强烈关心。关于这点，烦请参看第四章《杨万里的家族与地域社会》。

85 《卢溪文集》卷二八《答邓克强书》:“后因盗伤先冢，遭桑梓之吏不良，仆走阙下，上书陈冤。是时宰相公卿与台谏之臣，皆恻然动怀，争为论列，决欲究治。惟乡闾私好恶之人，忌其以布衣动天庭，乃邮传他词污蔑之，纷哓十年。”萧东海《王庭珪年谱》将此上书系于徽宗大观三年（《宋人年谱丛刊》第 6 册，第 4010 页下段）。

86 Patricia Buckley Ebrey, “The Early Stages in the Development of Descent Group Organization,” ed. Patricia B. Ebrey and james L. Watson, *Kinship Organization in Late Imperial China 1000-1940*, California U.P., 1986.

另一方面，将目光转向他和地域社会的关系上，对于北宋末南宋初持续的骚乱，王庭珪不仅向当局者提出保卫乡里的建议，也积极参与家乡社会秩序的重建。此时的建言是向时任江西大帅李纲献上的《盗贼论》。其中不仅指出民众骚动的具体情况和解决对策，还探究并明确叙述骚动的根本原因：尤其是以地方官为首的苛敛诛求，助长骚动和混乱，并成为根本原因。这反映了国家在面对前所未有的国难，宋朝领土仅剩半壁的情形下，江西地域作为王朝财政来源的重要性增强，但更强调地方官无收敛的征税反而是民众沦为“盗贼”的要因。王庭珪强烈建议减轻民众负担才是解决“盗贼”发生根本原因的措施。这是与他在宣和五年辞任地方官之时，对官界抱有的失常感相通的问题意识。

就这样，王庭珪一边对从中央赴任的地方官抱有不协调感，一边贯彻对自己所居地域社会的关怀。第三节为行文之便，只论述了对“盗贼”问题的言论，但他对地域社会的关心自然不仅限于此。举个例子，北宋治平元年（1064）建成的寅陂逐渐被“大姓”占据，无法发挥地域的灌溉设施作用。绍兴十三年（1143），赵姓县丞基于实际调查修复寅陂。王庭珪应当地农民所请，为赵县丞作了题为《寅陂行》的古诗。这是他被民众不忘赵县丞功绩的心意打动的结果。[87] 类似的还有收录于《卢溪文集》卷三四、三五中的州学记和桥梁修复记等。从地域社会设施相关的文章，可窥见他对以安福为中心的吉州地域的深切关怀，但碍于篇幅不再赘述。另外，何安娜从王庭珪关于安福

87 《卢溪文集》卷二《寅陂行》。修筑寅陂的简要过程，也见《江西通史 6（南宋卷）》第 183 页。

县蟠藤庙的文章，指出他并非作为外部观察者，而是作为对地域社会内问题投注关怀的士人的视角。[88]

由上可知，王庭珪从近邻到乡人、乡里士人、赴任当地的地方官，再到中央官僚，以学问的交集为中轴建立起多层次的人际关系网，并以这些人际关系为基础，对地域社会中的问题投注关怀，为解决问题建言献策。这里可以看到士人、士大夫居于地域社会但不局限于此的面貌。韩明士认为，进入南宋以后，比起在中央出仕，士人、士大夫更注重在地域社会中树立威望，因此更关心地域内的赈恤、寺院建设、防卫和婚姻缔结等。[89]从王庭珪的事例看，他有这样的一面，对地域社会怀有主要的关心，但兼顾着与中央的关系，拥有多重志向。南宋的士人、士大夫，就是这种具有多重视野的群体吧。要言之，历经北宋末南宋初的王庭珪，或许就作为拥有这种复合性视野的南宋士人而开始前行。

88 Anne Gerritsen, *Ji'an Literati and the Local in Song-Yuan-Ming China,* Leiden, Brill N.V., 2007, p.67-70. 笔者对此书内容及特色的见解，请参看本书附录三。

89 本章注 48 的论著。

第二章

宋代吉州的胡氏一族——以胡铨为中心

引 言

中国特有的父系亲族被称为宗族，宋代以降，这一宗族呈现出新的样态。强化血缘结合、增强组织性，便是重要的表现。20世纪90年代以后，将族谱、祠堂、族产（族田）视作宗族组织化的显著象征，成为中、日、欧美的宗族研究者的共识。[1] 宋代以后，江西地域与中国东南部的福建、广东地区一道，是众所周知的宗族结合繁盛之地。[2]

---

1 例如濑川昌久《中国人の村落と宗族》，弘文堂，1991年，第225页；徐杨杰《中国家族史》，人民出版社，1992年，第206页；王善军《宋代宗族和宗族制度研究》，河北教育出版社，2000年，第3页；Hugh D. R. Baker, *Chinese Family and Kinship*, Columbia U.P, 1979. Chap.3-4。关于这些富有特色的宋代宗族研究，尽管稍显久远，远藤隆俊以日本方面的研究为中心做了优秀的总结（《家族宗族史研究》，远藤隆俊、平田茂树、浅见洋二编《日本宋史研究の現状と課題：1980年代以降を中心に》，汲古書院，2010年）。

2 这类评价很多，此处仅举一例：徐杨杰《宋明家族制度史论》（中华书局，1995年，第15页）引用清乾隆时期活跃的陈宏谋，以及道光年间活跃的张海珊的言辞指出这一点。关于此书内容和特色的简单介绍，可参照拙评《前近代後期中国の家族 · 宗族の特質知るため综述关于江西宗族的研究成果，首先要举出张艺曦以明代中晚期吉水和安福两县宗族为题材，在与阳明学之实践相关联的视角下研究宗族样态的著作。此外，张氏将视线聚焦于吉水县县城、同县的同水乡和文昌乡三处，考察三地自南宋至明初时期的学术发展状况与地域社会与家族结合，完成了优秀的论文。[3] 关于宋代，管见所及，专以江西宗族为研究对象的整合研究著作尚未问世，但个别的研究，较早的可以举出佐竹靖彦论及累世同居（“义门”）的发展与江西地域开发之关联的成果。近年，黄宽重在探究宋代家族、宗族特色的著作中谈到明州家族、宗族，也涉及两个江西饶州的家族与宗族。青木敦以抚州乐氏一族为主要研究对象，讨论其生存策略。笔者也选取宋代吉州的欧阳氏一族进行论述等。诸如此类的个别研究积蓄众多。韩明士曾论述宋元时期抚州士人的生存策略，这本至今对日、中、欧美的宋代历史研究者具有重大影响的著名论著，也是这方面的研究成果之一。[4]

の包括的書物》(《東方》第 193 号，1997 年 4 月）。

3 张艺曦《社群、家族与王学的乡里实践：以明中晚期江西吉水・安福两县为例》，台湾大学出版委员会，2006 年;《经学、书院与家族：南宋末到明初江西吉水的学术发展》，《新史学》第 23 卷第 4 期，2012 年。

4 佐竹靖彦《唐宋変革時期における江南東西路の土地所有と土地政策：義門の成長を手がかりに》(《東洋史研究》第 31 卷第 4 号，1973 年。亦收录于氏著《唐宋変革の地域的研究》，同朋舍，1990 年）。黄宽重《宋代的家族与社会》，东大图书公司，2006 年。相较于日语中的含义，“家族”一词在大陆及台湾地区都可指代超过单一家族的亲族，常常用来指代宗族。对于黄氏著作的看法，可参看拙评（《名古屋大学東洋史研究報告》第 32 期，2008 年）。青木敦《宋元代江西撫州におけるある一族の生存戦略》(井上徹、远藤隆俊编《宋—明宗族の研究》，汲古書院，2005 年。亦收录于氏著《宋代民事法の世界》，慶応義塾大学出版学会，2014 年）。拙稿《宋代吉州の欧陽氏一族について》(《東海大学纪要文学部》第 64 卷，1996 年。亦收录于拙著《欧陽脩：その生涯と宗族》，創文社，2000 年）。

这些论著、论文的视角与关注各不相同，无法用一句话概括，但必须承认，至少在想要探明江西地域宗族结合繁盛理由或是宗族生存战略这一点上，它们具有共通的意向。本章也基本延续这样的关注，对象区域聚焦于本书个案研究的吉州。在此地域，作为显族，有自唐末一直居住的欧阳氏一族，该族出身的欧阳修所著《欧阳氏族谱》与苏洵所著《苏氏族谱》一道，在宋代以后成为"近世谱"之模范，[5]或是因此，欧阳修的故乡吉州在后世成为宗族结合的繁盛地域。[6]本章将吉州的胡氏一族作为研究对象，并以活跃于南宋高宗、孝宗时期的胡铨为中心论述。因为胡铨作为南宋初期吉州出生的著名士大夫，死后作为代表当地的先贤，继欧阳修之后被供奉在州学。[7]且如后文所述，他非常关心宗族的未来，尽力使之存续。正因胡铨是当地名人，或许该家族可以作为南宋时期吉州士大夫家族与宗族的某种典型吧。

Robert Hymes, *Statesmen and Gentlemen: The Elite of Fu-chou, Chianghsi, in Northern and Southern Sung*, Cambridge U.P., 1986.Robert Hymes, "Marriage, Descent Groups, and the Localist Strategy in Sung and Yuan Fu-chou," ed. Patricia B. Ebery and James L. Waston, *Kinship Organization in Late Imperial China 1000-1940*, California U.P., 1986.

5 牧野巽《明清族譜研究序説》《牧野巽著作集》第 3 卷《近代中国宗族研究》，お茶の水書房，1980 年)、多贺秋五郎《中国族譜の研究》(日本学術振興会，1981 年，第 51、117 页)、森田宪司《宋元時代における修譜》(《東洋史研究》第 37 卷第 4 号，1978 年)等皆有指出。

6 万历《吉安府志》卷二《风土志》："至欧阳修一代大儒，开宋三百年文章之盛，士相继起者，必以通经学古为高，以救时行道为贤，以犯颜敢谏为忠。家诵诗书，人怀慷慨，故家世胄，族有谱，家有祠，岁时祭祀必以礼。长幼之节，疏不间亲，贵必下贱，苍头臧获，长子孙数十世，名义相续属不绝，家范肃于刑律，乡评严于斧钺。"

7 周必大《文忠集》卷三〇《资政殿学士赠通奉大夫胡忠简公神道碑》有"谥公忠简，而郡庠又以公配祠六一先生"；卷六〇《庐陵县学三忠堂记》提及欧阳修、杨邦义与胡铨，作为为国尽忠的庐陵出生伟人。刘克庄《后村先生大全集》卷一三六《胡伯图尚书》："呜呼，本朝人物，多出江乡，庐陵一州，魁杰相望，前欧后胡，骨朽名香。"

一、胡铨小传

开始讨论胡氏一族前，先简要介绍南宋时期该族代表人物，对一族团结产生莫大影响的胡铨。关于胡铨，受教于他的同乡杨万里（1127—1206）记有《行状》（淳熙七年［1180］），孝宗朝任宰相的同乡人周必大（1126—1204）此后也完成了《神道碑》（绍熙三年［1192］）（下记《行状》《神道碑》）。[8]两者的系年有所出入，与其他史料对照，《神道碑》的系年大致正确，内容也更详细。《宋史》卷三七四（列传卷一三三）本传与《行状》《神道碑》的记载略有出入，体量更小，但几乎完整记录了胡铨的政治经历，且收录了令胡铨之名轰动世间的反对秦桧议和，以及向孝宗主张政治要义等主要上奏文的精华，称得上简明扼要。所以接下来的叙述将以《宋史》本传为基础，适当以《行状》《神道碑》的记载补充。王德毅编《宋人专辑资料索引》（台北：鼎文书局，1974 年，第 2 册，第 1573 页）和《中国历代名人年谱总目》（台北：华世出版社，1979 年，第 69 页）载有胡蔼所作《胡忠简公年谱》（贵阳中央日报排印本，1945 年），但此年谱未收录于《宋人年谱丛刊》（四川大学出版社，2003 年）之类相对容易入手的年谱类文献，因而笔者未见。顺带说，胡铨是在高宗朝时期强烈反对秦桧主和论而遭左迁的著名人物，因此论及南宋初期政治史事，他的名字几乎一定会出现，但关

8　杨万里《诚斋集》卷一一八《宋故资政殿学士朝议大夫致仕庐陵郡开国侯食邑一千五百户食实封一百户赐紫金鱼袋赠通议大夫胡公行状》、周必大《文忠集》卷三〇《资政殿学士赠通奉大夫胡忠简公神道碑》。写作年份分别见《行状》卷末、《神道碑》碑题之下。《四库全书》本《文忠集》中的《神道碑》所记“绍兴三年”，应是“绍熙三年”之误。

于他的专门研究，管见所及只有黄宽重的一篇论文，讨论其文集《胡澹庵集》的版本。[9]

引言稍稍冗长了。接下来简单回顾一下胡铨的一生。胡铨生于北宋灭亡前二十多年的徽宗崇宁元年（1102）六月。[10] 其父胡载似乎参加过科举考试，但一次失败后就放弃了仕宦之路。[11] 胡载娶妻陈氏、张氏、曾氏，而胡铨的生母是曾氏（1077—1154）。曾氏是庐陵人，同母的兄弟姊妹有兄长胡铸（或胡锋）和另一个姐姐或妹妹，另有同父异母的兄弟姊妹六人。[12] 胡铨有八个兄弟姊妹，但难定其长幼之序。根据祖母张氏的墓志铭，他在族兄弟中排行第四。[13]《行状》《神道碑》称胡铨自幼博闻强识，被问到记事在古书何处时能对答如流。《行状》记载他二十八岁入太学（《神道碑》记为二十岁），考试答案完美到无须多做修改，甚至惊动了太学的博士们（《神道碑》中没有记载太学博士这部分内容）。在南宋建炎二年（1128）扬州（今江

9 黄宽重《〈胡澹庵集〉的传本与补遗》，《中央图书馆馆刊》第24卷第1期，1991年，编译馆编《宋史研究集》第24辑，1995年；氏著《宋史丛论》，台北：新文丰出版公司，1993年。

10 周必大《文忠集》卷五《邦衡侍郎用旧韵庆予生朝，庚续为谢》的颈联为“午桥早并绯衣相，一月还同赤壁人”，自注“邦衡以壬午六月生，某以丙午七月生，又同居庐陵，故用裴度、周瑜事”，由此判断胡铨是六月出生。然而管窥所及，无法判定具体出生日期。

11 杨万里《行状》有“太中气慷慨，以试有司，无遇即弃去”；周必大《神道碑》有“父载有气节，一试有司不中，即弃去”。

12 胡铨《胡澹庵先生文集》卷三一《孺人曾氏行状》：“绍兴七年，左通直郎枢密院编修官胡某，以明堂恩。其父讳某，赠右宣教郎；母陈氏、张氏，皆赠孺人。所生母曾氏，封孺人，宣教君男女九人，而曾氏出者二男一女，（中略）孺人世为吉之庐陵人，三世在野，男锋力学有守，前十年卒，季则某也。”杨万里《行状》“除丧，与兄蓬山居士铸筑精舍于里之洞岩”中的“蓬山居士铸”与这里的胡铨同母兄弟“锋”应为同一人。

13 胡铨《胡澹庵先生文集》卷三〇《孺人张氏墓志铭》：“孺人归胡君恺，生二子，曰载、曰汝明，（中略）孙男六人，铎、铁、锋、铨、镐、锷。”

苏省扬州市）行在举行的科举考试中，他以第五名的好成绩及第。根据《行状》，他本被选为头名，但那份充斥正义感且如实反映其后来政治态度的答卷招到厌恶，被降了名次（这份真情流露的答卷载于《宋史》本传）。及第后，他被授予无品阶的文林郎这个选人的官位，以及抚州军事判官的职事，但未及赴任，为应对哲宗的废后隆祐太后孟氏被金兵追赶逃难至江西的事态，他被任命为吉州军事判官，组织乡兵从旁辅佐官军。建炎三年，其父亲去世，胡铨为服丧而辞官归乡，与其兄胡铸共同构筑精舍，跟随居住在乡里的萧楚治《春秋》学。绍兴五年（1135），他受宰相张浚辟召，任荆湖北路常平茶盐司干办公事，但未赴任。绍兴七年，胡铨经兵部尚书吕祉以贤良方正直言极谏科举荐，经与皇帝的当面赐对后被授予左通直郎（从八品）的官位和枢密院编修官的差遣。

次年的绍兴八年，胡铨上奏反对与金和议，一举成名。这年三月，秦桧成为宰相并推进与金朝的和议。十二月，金使到达临安（杭州），和议大致成立（《宋史》卷二九《高宗本纪》“绍兴八年”条）。胡铨反对和议的奏文在《行状》《神道碑》《宋史》本传中均有详细记载，据此可知内容如下：受秦桧之意使金归来的王伦是心胸险恶的小人，原本是市井无赖。他把从金带来的议和称作“诏谕江南”，其中有使南宋归为金臣下，让堂堂南宋向等同于犬猪的国家（“今丑虏则犬豕也”）低头的可耻内容。即便在过去受金攻袭，国家危如累卵的南宋建国之初，朝廷也没有忍辱向金称臣。相反，现已几度击退金军，军队士气高涨。百官、将士都憎恨恬不知耻的王伦，欲食其肉。然而，不光是王伦，秦桧与一些腹心大臣都想缔结和议。这种行为不是引导皇帝建立如尧舜那样的圣天子所创的政治体制，而是效仿五代十国向契丹臣服的石敬瑭的后晋。大臣孙近附和秦桧的想法。臣服夷狄的秦桧从道义上而言是他们不共戴天的仇敌，应当斩首推进和议的元凶王伦、秦桧、孙近，将他们的头颅悬挂在杆上示众，俘虏金使不令归国，再对金兴师问罪（“区区之心，愿断三人头，竿之藁街，然后羁留虏使，责以无礼之使，徐兴问罪之师”）。

宫崎市定认为，宋代士人的风气不像通常想象的那样淳良，而是以自我为中心，热衷于宣扬自己的名号，并评判性地以胡铨这篇上奏文为实例。他引用罗大经《鹤林玉露》卷一七《胡忠简上书》（中华书局，1983 年，第 326—327 页）揭露上奏的真相，即奏文内容事前泄露，因此才不得不上奏。[14] 清赵翼曾替被胡铨骂作“小人”“无赖”的王伦辩护，为其恢复名誉。[15] 据赵翼所说，王伦是真宗朝宰相王旦之弟王勖的子孙，绝非市井无赖。他在徽宗、钦宗被虏时慷慨请行，赴金被俘，之后也在艰难的情况下赌上生死，站在南宋与金交涉的最前线。

奏文的内容和上呈经过或许存在这样的问题，但不管怎样，因为这篇上奏文，胡铨在朝廷内外名声大震。作为代价，他被秦桧盯上并遭左迁，在秦桧健在的约二十年间受到残酷对待。左迁前夕，长子胡泳出生。胡铨担心牵连家人，离京前把引发问题的奏文草稿托付给能够信赖的族人胡昌龄。[16] 总之，上奏后

14　宫崎市定《宋代の士風》,《史学雑誌》第 62 编第 2 号，1953 年，收于氏著《アジア史研究》第 4 卷，東洋史研究会，1964 年，第 149 页，亦见《宮崎市定全集》第 11 卷，岩波書店，1992 年，第 356、357 页。

15　赵翼《廿二史札记》卷二四《王伦》。

16　周必大《文忠集》卷四七《跋胡忠简公论和议稿》：“绍兴戊午，胡忠简公三十有七，以枢密院编修官上书论和议，此其稿也。时长子方生，未几南选（迁），公知后祸叵测，

不久，绍兴八年（1138）十一月他先被编管至昭州（今广西壮族自治区平乐县），[17]次年正月被改为签书威武军节度判官厅公事（今福建省福州市长乐区），[18]绍兴十二年因坚持反对和议、蛊惑世人遭谏议大夫罗汝楫弹劾，受到勒停（勒令停职）处分，并被编管至新州（今广西壮族自治区新兴县）。绍兴十八年，新州知事张棣告发胡铨在与宾客对诗之际诽谤朝政，发表仇恨言论，这次他被流放至海南岛吉阳军。[19]

这样艰难的情况，终于在绍兴二十五年迎来转机。这年十月，秦桧风波不断的六十六年人生谢幕。受此影响，十二月，胡铨被调往内地的衡州（今湖南省衡阳市）。[20]绍兴三十二年六月，高宗让位于孝宗，情况更发生了极大的转变。同月，胡铨被授予奉议郎（正八品）的官位并任饶州（今江西省鄱阳市）知事，[21]十二月更被孝宗召到行在所临安进行召对（召见臣下咨询问题）。面对咨问，他回答说政治之要义在于天子修德政以结人心，练

惟从侄昌龄字长彦，贤而可托，故以稿属之，今五十余年矣。”

17 周必大《神道碑》记编管时间为绍兴八年十二月辛亥，而李心传《要录》卷一二三系于绍兴八年十一月辛亥。从史实的前后关系来看，《要录》的记载准确。另外，《行状》《宋史》本传中都没有记载编管日期。

18 《要录》卷一二五“绍兴九年正月乙酉”条。

19 关于胡铨在新州和吉阳军的编管生活，梅原郁做了简要介绍，见《宋代司法制度研究》，創文社，2006 年，第 588 页。

20 《要录》卷一九六“绍兴二十五年十月丙申”条、《宋史》卷三一《高宗本纪》“绍兴二十五年丙申”条。另外，《行状》和《宋史》本传中记秦桧亡于绍兴二十六年，但本文据《要录》《宋史·高宗本纪》《神道碑》的记载，采纳秦桧亡于绍兴二十五年的说法。若非秦桧去世，等待胡铨的恐怕是更残酷的命运。罗大经《鹤林玉露》乙编卷二《天佑忠贤》：“秦桧晚年，尝一夕秉烛独入小阁，治文书至夜半。盖欲尽杀张德远、胡邦衡诸君子凡十一人。区处既定，只俟明早奏行之。四更忽得疾，数日而卒。”

21 《要录》卷二〇〇“绍兴三十二年六月丁亥”条；《宋史》卷三三《孝宗本纪》“绍兴三十二年六月丁亥”条。

兵发挥将士才能并寻找敌人弱点。孝宗满意地夸赞“久闻卿直谅”,拔擢他为吏部尚书左郎官(从六品)。次年,隆兴元年(1163)正月，胡铨升任相当于从五品官位的秘书少监，四月又被晋为起居郎兼侍讲国史编修官，提出史官职掌的改善方案和迁都建康（今江苏省南京市）。像这样，胡铨在孝宗朝走上与前朝不同的出人头地的仕途。隆兴二年二月，胡铨任统括太学的兼国子祭酒,六月荣升权兵部侍郎（从三品）。此年南宋出现自然灾害，胡铨应皇帝之命上奏政治的问题点（“阙政急务”），主张赈恤民众，同时指出现今政治最大的问题在于与金议和，上呈反对议和的理由（反对和议的内容在《宋史》本传有大篇记载）。

改元乾道（1165—1173）后，年过花甲的胡铨似乎对自己的健康有所担忧，考虑致仕。因此，他被授予具有在致仕以前优待高官意味的地方官或祠禄官差遣,但似乎并未赴任。根据《行状》和《神道碑》，孝宗对胡铨的“直谅”给予高度评价，将他作为侍讲留任中央。乾道七年(1171),迎来古稀之年的胡铨表示,如今像我这样的老人不应留在经筵,愿致仕归乡。请求未能获准,淳熙二年（1175），他又被授予五品以上高官才有的龙图阁学士馆职。次年，他再三坚持请求致仕，仍未获准。淳熙七年四月，他终于被授予宰执致仕时才能得到的资政殿学士之衔并引退。然而此时他已重病,五月庚辰（二十九日）去世,享年七十九岁。同年冬，胡铨被葬于家乡江西庐陵县儒行乡（天梁山山麓）的祖先坟茔附近，[22] 号“忠简”。

22 《行状》和《神道碑》的表述略有不同，但都说胡铨被埋葬在庐陵县儒行乡松山原的祖坟附近。万历《吉安府志》卷一二《山川志》有“学士胡铨墓”,“在七十五都天梁山麓”。不过辛更儒《杨万里集笺校》(中华书局，2007年）对此笺注指出，民国《庐陵县志》

二、胡氏一族与科举、姻戚

关于宋代吉州科举人才辈出的宗族，据杨万里所述，至少有三族胡氏。[23] 其中一族本籍在今山西省，五代十国时期祖先胡赟赴任金陵（今江苏省南京市）后，子女移住吉州，以太和县为活动中心，也居住过庐陵县。这一族被称为“黄漕之胡”，南宋时期有《垂丝图》《流庆图》等族谱。[24] 另一族是与“黄漕之胡”一样居住在太和县,但以南城为活动中心的“太和南城之胡”。该族的胡衍在北宋庆历六年（1046）及第，官至朝奉大夫（从五品下）。最后是本文选取的胡铨一族。根据《行状》《神道碑》，该族在五代十国时从金陵移住至吉州，以庐陵为中心昌盛起来，被称为“值夏之胡”。“值夏”位于窑业发达的庐陵永和镇以西二十里附近,在贯穿江西南北的赣江支流狐江（今泷江）沿岸。[25]

卷四《古迹附茔墓》也指其在天梁山，但天梁山所属的七十五都不在儒行乡而属顺化乡，与《行状》和《神道碑》中的表述不同。

23 《诚斋集》卷七四《福荣堂记》：“维吉之胡，其先肇自王季。避地实来，其别有三：若资政殿学士忠简公，是为值夏之胡。其祖伯也若讳衍，策庆历六年第，仕至朝奉大夫者，是谓太和南城之胡。其祖仲也若笺之父子，是谓黄漕之胡。”

24 刘辰翁《须溪集》卷六《泰和胡氏族谱序》：“惟泰和胡叔俊独知广黄姓，而溯其自出之派，则本于河东，以及于金陵，（中略）五季时，有讳赟者字文美官金陵，子三人辟地来吉：伯公霸居庐陵，仲公真、季公阳皆居泰和，（中略）后二年，文可续叔俊《垂丝图》为《流庆图》成（后略）。”明清时期将县名写作“泰和”，而唐宋元则多作“太和”（顾祖禹《读史方舆纪要》卷八七《江西五》“吉安府泰和县”项）。

25 关于胡铨所属“值夏”的位置，周必大《文忠集》卷一六六《闲居录》“隆兴元年七月庚寅”条有“值夏在永和之上二十里小江中，云王仙至此值盛夏，因以得名”；刘辰翁《须溪集》卷三《本泉堂记》有“吾庐陵溯赣江而上富川，出值夏，为忠简公乡”。关于宋代永和镇以陶瓷工业而繁荣的记录，见许怀林《江西通史 5（北宋卷）》，江西人民出版社，2008 年，第 122—125 页；氏著《江西通史 6（南宋卷）》，江西人民出版社，2009 年，第 223—225 页；Anne Gerritsen, *Ji'an Literati and the Local in Song-Yuan-Ming China*,

不过杨万里在别处又称吉州胡氏仅有两系。据该文所述，“太和南城之胡”的胡衍出身于“黄漕之胡”，吉州胡氏只有两族。这样看来，“黄漕之胡”和“南城之胡”或许同为太和县胡氏，原本为同一脉。[26]

包括吉州在内的江南西路，在两宋时期涌现的进士人数位列全国第三，江南西路中又以吉州最为突出。根据贾志扬以明清时期地方志为基础所制的两宋时期各州（府、军）进士人数统计表，江南西路中吉州排名第一，有 909 人；第二是建昌军，有 647 人；第三是抚州，有 624 人。从全国来看，吉州以第七名位列前茅。[27]

而在进士辈出的吉州，又有多少胡姓进士呢？查阅贾志扬也参考过的万历《吉安府志》卷五《选举志》：刘氏 134 人，萧氏 60 人，李氏 58 人，曾氏 57 人，彭氏 49 人，王氏 39 人，罗氏 35 人，胡氏 29 人，欧阳氏 29 人，周氏 26 人。胡氏与欧阳氏进士人数相同，占全体的 3%。[28] 换言之，在进士众多而被称为“士乡”的吉州，[29] 胡氏这 29 个进士并不很显眼。而且如前所述，29 名胡氏进士自然不限于胡铨一族的“值夏之胡”，还包括“黄漕之胡”和“太和南城之胡”。如果限定到胡铨一族，人数将更少。

Brill N.V., 2007, pp. 21-22.

26 《诚斋集》卷一三一《太孺人刘氏墓志铭》：“惟胡氏有西昌黄漕之胡，有庐陵值夏之胡，(胡)镂之先讳衍，第庆历十一年进士，官至朝奉大夫者，黄漕之胡也。近世澹庵先生资政殿学士忠简公，值夏之胡也。二族同源而异委，皆为吾州名族。”将吉州胡氏分为两派。

27 贾志扬《棘闱》附录三。

28 参照拙著《欧陽脩：その生涯と宗族》，創文社，2000 年，第 57、58 页。

29 周必大《文忠集》卷四八《跋戊午岁吉州举人期集小录》：“选士于里，登名天府，为之首者，期集同举之人，礼也。庐陵号士乡，故此礼尤盛，而今岁特盛焉。”

即便如此，北宋末南宋初胡铨一族仍被称为“庐陵甲族（显荣门第）”，呈现出每次省试（礼部的考试）都有数十人参与的盛况。[30]

那么“值夏之胡”是什么时候开始出现进士呢？下页表以前揭万历《吉安府志》卷五《选举志》为根据，将宋代吉州胡姓进士按时间顺序排列（《选举志》中未记载特奏名）。

据此表，最早在进士及第的人物是庆历六年的胡衎，出身于“黄澧之胡”，[31] 而非胡铨所属的“值夏之胡”。胡铨一族中最早及第的人是宣和三年及第的胡铨族兄弟胡份（1082—1151）。接着胡份的兄长胡敭于宣和六年及第。进入南宋，建炎二年胡铨、绍兴十五年与胡铨年龄相仿的从兄弟胡镐（1104—1173）相继及第。根据与“值夏之胡”有姻戚关系的李光（1078—1159）所著胡份的墓志铭，胡铨一族的进士有胡份兄弟，以及胡铨、胡镐，家族中应举之人越来越多。[32] 要言之，胡铨一族在北宋末期终于进士辈出。

但“值夏之胡”一族并不是到胡铨这代才突然毫无征兆地出现进士。胡铨在为曾祖父胡连（琏）及其夫人所撰的祭文中写道，“吾曾祖生而克其家，没而福其子孙”。虽然从此记述无

30 胡铨《胡澹庵先生文集》卷三〇《孺人张氏墓志铭》：“宣和七年，天子诏旌耄期，吉州庐陵县以胡载母张闻上，（中略）胡，庐陵甲族，多儒冠，每礼部试，常数十人，而登第者相望。”

31 参照注 26 史料。不过该处史料将胡衎及第时间错记为“庆历十一年”，因为庆历年号仅有八年，且本书多次引用的万历《吉安府志》卷五《选举志》将之记作“庆历六年”。近年出版的辛更儒氏对《诚斋集》的详细笺注，也并非对此更正（《杨万里集笺校》，中华书局，2007 年，第 9 册，第 5054 页，笺证〔四〕“胡衎”项）。

32 李光《庄简集》卷一八《靖州通判胡公墓志铭》：“公讳份，字兼美，姓胡氏，其先自建康家庐陵。（中略）予闻庐陵胡氏世业儒，无显者，公始起家，里人艳其荣进，进于学。而兄敭字归美者，继取贤科，自是弟铨、镐连中第，而子姓贡礼部相蹑，皆公发之。”

宋代吉州胡氏进士表

北宋	庆历六年（1046）	胡衍（泰和）
	皇祐五年（1053）	皇祐五年（1053）
	嘉祐二年（1057）	胡辟（吉水）
	宣和三年（1121）	胡份（庐陵）
	宣和六年（1124）	胡駇（庐陵）
南宋	建炎二年（1128）	胡铨（庐陵）
	绍兴十五年（1145）	胡镐（庐陵）
	绍兴三十年（1160）	胡籍（庐陵）
	嘉定元年（1208）	胡炷（庐陵）
	嘉定四年（1211）	胡枧（庐陵）
	嘉定十年（1217）	胡梦昱（吉水）
	绍定二年（1229）	胡大同（吉水）、胡文谏（吉水）、胡大成（吉水）、胡复（泰和）
	绍定五年（1232）	胡梦虎（吉水）
	淳祐元年（1241）	胡梦觉（庐陵）
	淳祐七年（1247）	胡士行（庐陵）、胡穗（吉水）
	淳祐十年（1250）	胡士武（庐陵）、胡翼龙（庐陵）、胡垓（庐陵）
	宝祐四年（1256）	胡炎发（庐陵）
	开庆元年（1259）	胡巙（吉水）、胡范（吉水）
	咸淳元年（1265）	胡泰来（安福）
	咸淳四年（1268）	胡应星（庐陵）
	咸淳七年（1271）	胡埜（庐陵）、胡幼黄（永新）

法得知详细的实际情况，但可以推知其曾祖父胡连致力于殖产，为一族的兴盛奠定了基础。祭文后半部分称，到胡铨为止一族出现三位进士以后，“惟厥初积累艰难，吾曾祖实启其绪”。积累艰难与曾祖启其端绪的表述之间的关联有些难以理解，但从

祭文全体的文脉来看，可以推测胡铨认为，正是曾祖父排除万难为殖产而努力，对进士辈出做出贡献。[33]

这一推测还可以从以下几个事例得到补充。首先，如前节所述，胡铨的父亲胡载虽未中举但参加过考试，且胡载的三个姐妹都嫁给有进士头衔的士人。[34] 其次，“值夏之胡”最早的进士胡份的直系祖先也提供了信息。祖父胡谅有将仕郎（从九品）的官品。单从记叙形式看，这不是死后因子孙显荣而获的赠官。我们无从得知授官经过，但似乎应认为那是他生前所得。其父胡登臣只有死后得到的赠官，但两位夫人都出自诞生了欧阳修的当地名族欧阳氏，夫人的父亲都有非赠官的官位。[35] 结合这些考虑，自胡份祖父的这代开始，其一族就可以算作士人之家。关于从兄弟胡仔，胡铨也写道：“承之讳仔，与某同高祖。考讳某，元丰间，尝举进士，试礼部。大父讳某，将仕郎。”[36] 此处提到官为将仕郎的祖父，结合胡份的记述来看应是胡谅。参考其他史料可知，胡仔参加过科举的父亲名为胡方中。[37] 顺带说，胡方中的孙子胡昌龄（1113—1192）于乾道五年（1169）因特奏名而及第任官。[38] 要言之，我们可以推测从神宗元丰时期开始，

---

33 胡铨《胡澹庵先生文集》卷二二《告曾祖考妣墓文》。

34 胡铨《胡澹庵先生文集》卷三〇《孺人张氏墓志铭》：“孺人归胡君恺，生二子，曰载，曰汝明，（中略）三女适进士罗知常、曾时若、曾君表。”

35 李光《庄简集》卷一八《靖州通判胡公墓志铭》：“曾祖不仕，祖谅将仕郎，考登臣，赠右宣教郎，妣欧阳文忠公族朝散郎粲之女。公三岁失母，（中略）而宣教郎继室前太夫人之妹，儒林郎延寿之女，刘丞相沆之外孙。”

36 胡铨《胡澹庵先生文集》卷三〇《承之兄墓志》。

37 周必大《文忠集》卷七一《宣义郎致仕赐金紫鱼袋胡公昌龄墓志铭》：“公讳昌龄，字长彦。曾大夫谅，将仕郎，娶臧氏。大父方中，娶欧阳氏。父仔，母罗氏，生公九年而没。”

38 周必大《文忠集》卷七一《宣义郎致仕赐金紫鱼袋胡公昌龄墓志铭》：“当乾道己丑，乃

最晚至徽宗宣和时期的北宋中晚期，胡铨一族升为同乡认可的士人阶层。到南宋初胡铨活跃的时期为止，族中又陆续出了好几位进士，与之步调一致，此时应有许多族人参加科举。

胡铨之后，其子孙的状况又是如何？胡铨长子胡泳，于乾道七年参加类（省）试及第。[39] 因金朝南侵，类试作为取代省试的临时办法在各路实施，但到了绍兴五年（1135），除陕西和四川之外，其余地方已废止这一做法，[40] 则这条胡泳的记述存疑。胡泳之外，胡铨还有胡澥、胡浃、胡澥三个儿子，据胡铨的《行状》《神道碑》，三人都有官职，但不应认为是通过科举所得，而是受胡铨的恩荫。其他族人和胡泳之子胡规、胡榘有官职，但也无法确认他们是进士。二人的弟弟胡桯有无官职也不得而知。[41] 嘉定四年（1211）成为进士的胡枏，从行辈字来看或许与胡规、胡榘同辈，但没有确凿史料证明。由此看来，虽然在万历《吉安府志·选举志》中，胡铨、胡镐之后至南宋末年仍有胡氏进士，但因史料所限，我们无法判明他们是否来自胡铨一族。胡铨以后“值夏之胡”或许仍有应举者，但从进士辈出的意味上看，此族应是急速衰退了。

那么南宋时期族人过百的胡铨一族，[42] 其婚姻状况又是如

以特奏名对策万余言，唱名入高第。”

39 周必大《文忠集》卷三二《承务郎胡君泳墓志铭》：“乾道七年，先生固命君类试，中之。”

40 参照荒木敏一《宋代科挙制度研究》，東洋史研究会，1969 年，第 120、121 页；中岛敏编《宋史選挙志訳註（二）》，東洋文庫，1995 年，第 144 页；梁庚尧《宋代科举社会》，台北：台大出版中心，2015 年，第 11、12 页。

41 杨万里《诚斋集》卷一二九《夫人李氏墓志铭》：“故承务郎、监淮西江东总领所、惠民局胡君泳字季永之夫人，姓李氏，绍兴府上虞人。（中略）男三人，长即规，今为承事郎、签书光化军判官厅公事。次即榘，修职郎。次桯，亦好学。”

42 周必大《文忠集》卷七一《宣义郎致仕赐金紫鱼袋胡公昌龄墓志铭》称“江西多名士，

何？下页关系图展示了胡铨一族的系谱，以及已知范围内夫人的姓氏。若能明确生母，孩子的名字记于夫妻姓名间，无法明确时则将孩子的名字记于父亲下。首先来看胡铨的直系。根据胡铨的《行状》《神道碑》，曾祖父胡连（琏）的夫人为康氏、刘氏，祖父胡恺的夫人为张氏，出生地皆不明。其父胡载的夫人则有张、陈、曾三人，胡铨的生母曾氏如前节所说是庐陵出生，其余不明。胡铨夫人刘氏是吉州的南邻赣州出生，父亲是中散大夫、湖南提点刑狱公事刘敏才（材）。[43]孩子中，长子胡泳的夫人李氏为绍兴府上虞县出生，祖父是在高宗朝任参知政事的李光，父为李孟坚。李孟坚官至孝宗朝任提举淮东常平茶盐公事。[44]胡铨长女（胡懿）嫁给了吉州太和县出生并参加过省试的严万全。[45]根据《行状》，严万全有从事郎道州司法参军之衔，管见所及，没有其他材料显示他及第的行迹，推测这是受谁恩荫而得到的官职。二女婿叶昌嗣出生于福唐，三女婿方自厚出

吉为冠，自吉言之，庐陵胡氏为大族，群从百数"；另胡铨《胡澹庵先生文集》卷二二《祭三十五叔文》："父行八人，兄十有五，弟侄昆孙，盖以百数。"

43 王庭珪《卢溪文集》卷四二《故令人刘氏墓志铭》称"前兵部侍郎兼侍读庐陵胡公名铨之夫人刘氏，世为赣人，故中散大夫、提点荆湖南路、广南东路刑狱讳敏才之女"。胡铨的岳父在《故令人刘氏墓志铭》和《行状》中记为"刘敏才"，而《神道碑铭》中记为"刘敏材"。

44 杨万里《诚斋集》卷一二九《夫人李氏墓志铭》："故承务郎、监淮西江东总领所、惠民局胡君泳字季永之夫人，姓李氏，绍兴上虞人。（中略）大父光，擢进士第，宣靖间为侍御史，有敢谏声。绍兴参大政，（中略）父孟坚，气慷慨。"李光和李孟坚的履历，见于《宋史》卷三六三、宝庆《会稽续志》卷五《人物》中的二人列传。

45 胡铨《胡澹庵先生文集》卷二五《女懿墓志铭》："泰和乡贡进士严万全妻胡氏，讳懿，右宣教郎讳某之孙，前左奉议郎枢密院编修铨之长女。"严万全的出生地，《行状》记为南昌，但此处遵从胡铨的记述。

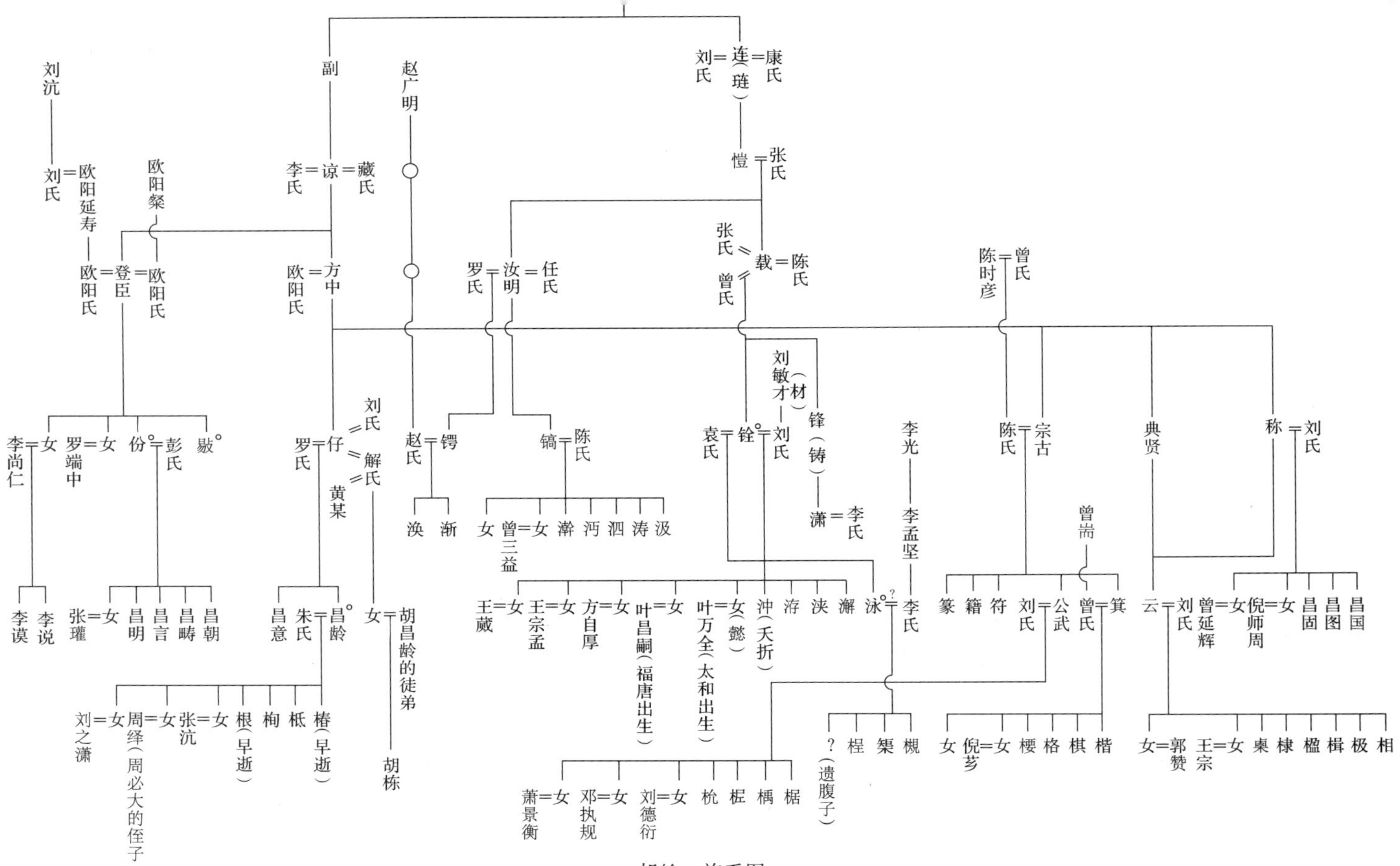
刘沆
刘氏＝欧阳延寿
欧阳粲
欧阳氏＝登臣＝欧阳氏
副
李氏＝谅＝藏氏
欧阳氏＝方中
赵广明
刘氏＝连（琏）＝康氏
恺＝张氏
罗氏＝汝明＝任氏
张氏＝载＝陈氏
曾氏
陈时彦＝曾氏
李尚仁＝女
罗端中＝女
份°＝彭氏
駭°
罗氏＝仔
刘氏
解氏
黄某
赵氏＝锷
镐＝陈氏
袁氏＝铨°＝刘氏
刘敏才（材）
锋（铸）
潇＝李氏
李光
李孟坚
陈氏＝宗古
典贤
称＝刘氏
李谟
李说
张瓘＝女
昌明
昌言
昌畤
昌朝
昌意
朱氏＝昌龄°
女＝胡昌龄的徒弟
涣
渐
女
曾三益＝女
澣
沔
泗
涛
汲
王葳＝女
王宗孟＝女
方自厚＝女
叶昌嗣（福唐出生）＝女
叶万全（太和出生）＝女（懿）
冲（夭折）
溶
浃
澥
泳°?＝李氏
曾崈
篆
籍
符
刘氏＝公武
曾氏＝箕
云＝刘氏
曾延辉＝女
倪师周＝女
昌固
昌图
昌国
刘之潇＝女
周绎（周必大的侄子）＝女
张沆＝女
根（早逝）
栒
柢
椿（早逝）
胡栋
?（遗腹子）
桯
椝
槻
萧景衡＝女
邓执规＝女
刘德衍＝女
杭
椐
楀
椐
女
倪芗＝女
樱
格
棋
楷
女＝郭赞
王宗＝女
枭
棣
楹
楫
极
相

胡铨一族系图

生于信州上饶县（今江西省上饶市），[46] 福唐的实际位置不明。虽不是胡铨的直系子孙，但同母兄胡铸的长子胡潇娶了吉州李氏为妻。[47]

再举一些能够判明胡铨一族配偶出生地的例子。如前文所述，胡登臣两度迎娶吉州欧阳氏的女性。其兄弟胡方中的夫人也是欧阳氏，且胡方中的玄孙女许配给了欧阳莹。[48] 胡方中之子胡宗古娶了吉州太和县陈氏。[49] 胡铨的族侄（从兄弟之子）胡云（1118—1169）迎娶了吉州刘氏。[50] 胡铨的族侄胡季怀（1123—1170，名讳不明）科举失败，一生在乡里教育子弟、著书述怀，其夫人是同乡罗无竞之女。罗无竞为父亲服丧后便不出仕，留在庐陵精研学问，五十三岁去世。死后门生称之为"孝逸先生"。[51] 胡铨为罗无竞夫人朱氏所作的墓志铭中有"予家与罗氏世葭莩"，虽无其他史料佐证，但两家应是数代姻亲。[52] 顺带说，庐陵罗氏一族出过《鹤林玉露》的作者罗大经，是当地进士辈出的名家。与胡

46 杨万里《诚斋集》卷一一八《宋故资政殿学士朝议大夫致仕庐陵郡开国侯食邑一千五百户食实封一百户赐紫金鱼袋赠通议大夫胡公行状》所载胡铨五个女儿中长女、次女、三女的配偶出生地（周必大《神道碑》同）。

47 胡铨《胡澹庵先生文集》卷二四《赡军侄墓志》："考讳锋，一名铸，从父通判靖州府君讳份铭之详矣，吾名汝曰潇，字曰几道。（中略）娶同郡李氏。"

48 周必大《文忠集》卷七一《宣义郎致仕赐金紫鱼袋胡公昌龄墓志铭》："大父方中，娶欧阳氏，（中略）孙男曰芡、爌，女许归欧阳莹。"

49 胡铨《胡澹庵先生文集》卷二四《安人陈氏墓志铭》："安人姓陈氏，先兄处士府君讳宗古字民师之配也。（中略）曰（陈）晖者，自金陵徒江西，遂为吉之泰和人。"

50 胡铨《胡澹庵先生文集》卷二八《南彦侄墓志》："有名云字南彦者，（中略）南彦娶同郡刘氏。"

51 胡铨《胡澹庵先生文集》卷二八《季怀侄墓志》有"娶罗氏，主簿孝逸先生之女"。关于罗无竞，胡铨《胡澹庵先生文集》卷三一《孝逸先生传》有详细记载。

52 胡铨《胡澹庵先生文集》卷二五《罗长卿母朱氏墓志铭》。

铨一族关系不明但应为同族的胡杰（1111—1169）娶了吉州邓氏。[53] 对于因北宋末期的乱世而移居庐陵的董氏一族，胡铨称“某与董氏世有姻契”。[54] 作为岳飞的智囊而活跃的吉州太和县严致尧（1107—1162）娶了郭氏，而郭氏是胡铨叔母的女儿，[55] 胡铨据说还是庐陵永和镇欧阳彝（1135—1203）表兄弟的舅舅。[56]

综上所述，胡铨一族在北宋末南宋初进士辈出，稳居“庐陵甲族”的地位。几乎与此同时，从可明确的范围看，“值夏之胡”除个别例外，基本以居住地庐陵县为中心的吉州内出生者构建婚姻关系。并且，他们与刘氏、欧阳氏这样进士辈出的当地显族联姻。可以说胡氏一族通过与吉州的显族联姻，建立人脉网络，确立其作为士人家族的地位。例外指的是胡铨和长子胡泳。胡铨的夫人来自南邻的赣州，但也算是附近出生。至于儿子胡泳与绍兴府出生的李氏结婚，则是偶然的状况。胡铨受秦桧忌惮被流放至海南岛的吉阳军时，同行的胡泳在途中遇到李光，才能受其认可而许以婚姻。[57] 但无论如何，例外没有对胡氏一族的婚姻关系网带来多大改变。

53　胡铨《胡澹庵先生文集》卷二七《胡君商隐墓志》：“君讳杰，商隐字也。（中略）娶同郡邓氏。”另外，判断胡杰、胡铨同族是因为该《墓志》中与胡杰相关的记述中有“吾宗五十年间，中科者五六，偕计者接武也”。

54　胡铨《胡澹庵先生文集》卷二四《林宜人墓志铭》。

55　周必大《文忠集》卷七七《龙州居士严君致尧墓碣》：“严君致尧字正之，吉州太和县人。（中略）再娶郭氏，盖忠简胡公叔母前夫之女。”

56　周必大《文忠集》卷七五《欧阳元鼎墓志铭》：“嘉泰三年三月癸酉，故人欧阳彝字元鼎，以疾终于家，其孤揆袖乡贡进士萧常状来请铭。惟吉州庐陵县永和镇欧阳氏，世名儒家。（中略）会隆兴甲申，从舅胡忠简公以兵部侍郎措置海道，君走江阴，画御敌要策，忠简奇之，遣深入觇虏，得其要领而还。”

57　周必大《文忠集》卷三二《承务郎胡君泳墓志铭》：“先生（指胡铨）再贬朱崖，渡海道琼，故参知政事李公光在焉，见君颖悟，许妻以孙。”

三、胡氏一族与学问、宗族活动

进士辈出意味着有许多族人投身学海。同乡的杨万里指出，在吉州与刘氏一族齐名的胡氏一族也以儒学立身，其钻研学问的姿态受到乡里乡亲尊敬，[58]胡铨介绍吉州州学满是其族人，俨然“胡氏家塾”的逸闻，[59]都鲜明地展现出这一现象。“值夏之胡”最初及第的胡份、胡駇兄弟之父胡登臣，年轻时也以科举为志向，但因双亲去世而最终放弃科考。但“君家业儒者五六”，则该族包括胡登臣在内的勤学之人不在少数。[60]从这些事例来看，正如杨万里所明确指出，学问对胡氏一族在乡里社会确立威信产生了莫大贡献。

“值夏之胡”特别擅长《春秋》学，其开端正在于胡铨。《宋元学案》卷三四《武夷学案》列举了以胡安国（1074—1138）为开组的南宋《春秋》学相关人物（武夷是胡安国的号），胡铨与他的族人也在其中。通行本《宋元学案》在胡铨的简传后有清道光时期（1821—1850）王梓材的按语。其中称胡铨先在乡里追随萧楚（1064—1130，号“三顾隐客”），后又随胡安国学习。[61]

---

58 杨万里《诚斋集》卷一三一《太孺人刘氏墓志铭》：“于是胡氏、刘氏两族，皆以文儒相高，以词锋相摩，州闾敬焉。”

59 胡铨《胡澹庵先生文集》卷二八《景范弟墓志铭》：“景范，某从父弟也。（中略）绍兴间，郡县学复振，仲周、时举、景范率诸子姓皆补入学，景范三试，屡占优等。往来凡二十余年，人见予族在学者众，笑谓泮水为胡氏家塾。”

60 胡铨《胡澹庵先生文集》卷三〇《十九叔墓志铭》：“君讳登臣，字正平，长厚人也。（中略）又连丁怙恃忧。服除，应试礼部，亲交强之行，则曰：‘学以干禄，为亲屈；今虽得禄，不洎矣。一丘一壑，吾将老焉。’（中略）君家业儒者五六从，及是始大振，君义训功为多。”

61 《宋元学案》，“梓材谨案：先生初事萧三顾，为春秋学，复学于胡文定”（中华书局，1986年，第2册，第1188页）。

胡铨的《行状》《神道碑》无法证实他向胡安国学习过，而关于萧楚则如第一节所论，建炎三年（1129），胡铨丁父忧归乡时，与兄胡铸一同拜其为师。不过据胡铨所撰的萧楚墓志铭，胡铨似乎在及第以前随萧楚学习了近十年，并不是到建炎三年才拜其为师。该墓志铭还记载萧楚终身未婚，投身学问和教育的逸闻：壮年被劝结婚时，萧楚论称司马迁、班固、颜回（孔子的弟子）、孟子之所以名留千古，与他们有无子孙无关，以此展示他终身不婚的决心。[62] 不过其他史料称，被允婚的未婚妻因自己父母悔婚，自知无法与萧楚结婚后悲极自杀，萧楚因此发誓终身不婚，晚年任教于胡铨兄弟设立的学塾，最终在那里离开人世。[63] 正是折服于未婚妻的气魄，他终身未婚。

稍稍扯远了。胡铨在被贬谪至南方时，著有解释《易》《春秋》的著作。[64] 胡铨治《春秋》学，致使子孙与族人也学习《春

62　胡铨《胡澹庵先生文集》卷二九《清节先生墓志铭》："晚以其余授铨几十稔，偶登甲第，为《春秋》第一。归拜床下，先生曰：'学者非但拾一第止耳，身可杀，学不可辱，无祸吾《春秋》乃佳。'（中略）初，先生壮未有室，或以无后为劝，先生曰：'咄，舜虽圣，不能掩父之恶，颜孟无嗣，而祭典百世益肃。若司马迁、班孟坚、扬雄辈，岂以有后故显耶？'卒不娶。"曾敏行《独醒杂志》卷六："胡邦衡春秋之学，受教于萧子荆名楚，庐陵人。"胡铨对萧楚推崇备至。如杨万里《诚斋集》卷一一八《朝奉刘先生行状》所述，"又见澹庵先生胡公及罗长卿为清节先生，服师之服"，萧楚死后，他甚至专门制定为老师服丧的规定（应俊《琴堂谕俗编》卷上《正丧服》，拙译注《宋代地方官の民衆善導論：『琴堂谕俗編』訳註》，知泉書馆，2009 年，第 82、87 页）。

63　万历《吉安府志》卷二五《儒行 · 萧楚传》："初，楚既聘邑富家子，其父母败盟，将改嫁之，女子闻而自缢以死，楚义之，誓不娶。晚年，铨延致家塾，卒。"

64　胡铨《胡澹庵先生文集》卷一三《与陈长卿》："某自戊午冬获谴来南，（中略）落难岁久，母兄继亡，生不得养，死不得葬，不孝不弟之罪，九死莫赎。戚戚嗟嗟，抱恨穷岛，（中略）报先人于地下，辄妄意集诸家之善，缀缉尘言，解《易》《春秋》《戴记》，得百余卷。平生精力，尽于此矣。"同卷《与范伯达》："某前在穷岛，无所用心，辄妄意《易》《春秋》《戴记》，得百余卷，以训童稚。"

秋》学。正因如此有“惟胡氏世传春秋学”一说。[65]《宋元学案》卷三四《武夷学案·澹庵家学》中仅举胡铨长子胡泳和次子胡澥，但《宋元学案补遗》卷三四补充了其三子胡泱，侄子胡洓（潇）、胡季怀、胡公武、胡箕等人。顺带说，淳熙十二年（1185）杨万里向宰相王淮举荐六十位有能之人，胡澥位于最后。[66]在杨万里所撰的墓志铭中，胡公武也精通以《春秋》学为代表的学问。[67]

这种作为学问之家的面貌，以及与吉州名家结成的姻戚关系，或许也促进他们与吉州士人、士大夫通过学问的交流。胡铨的族侄胡季怀娶罗氏为妻，而庐陵罗氏乃诗学卓越的一族，[68]如前文所述，在南宋后期诞生了《鹤林玉露》的作者罗大经。那么，胡季怀科举失败，回乡过著书育人、沉迷学问的生活，也受到与书香门第罗氏一族交流之影响吧。

如前所述，王庭珪在政和八年（1118，当年十一月改元重和）及第，但因厌恶北宋末的政治环境而归乡隐退，为后生的教育倾注心血，与胡铨也有交流。胡铨反对秦桧，绍兴十二年（1142）被贬新州（今广西壮族自治区新兴县）。人们忌惮秦桧，无人敢

65 周必大《文忠集》卷二〇《胡彦英论语集解序》。

66 《诚斋集》卷一一三《淳熙荐士录》。据辛更儒《杨万里集笺校》卷一一三卷末笺证，杨万里仅向王淮举荐人名，《淳熙荐士录》所载推荐理由，是杨万里归乡隐退之后所加的（《杨万里集笺校》第8册，第4344、4345页）。顺带说，推荐胡澥的理由是“名臣之子，修洁博习，州里有闻，能世其家。今为抚州宜黄丞。其父字邦衡”，也即学问好等方面。

67 《诚斋集》卷一二八《胡英彦墓志铭》：“英彦讳公武，年十三，为党庠《春秋》弟子员，一试出诸先生上。郡博士汪俣、刘夙，举之屹屹也。招为《春秋》师，以风学者。英彦覃思经训，钩沈圣处，出入百氏，洞视根穴。至论道原，独谓求圣道当自《论语》始，以韩子始《孟》为非是。乃取贾谊、扬雄、李翱笔解，为《集注论语》若干卷，传以新意。”

68 周必大《文忠集》卷一九《题印山罗氏一经集后》：“今江西通经之士固多，而诗学尤盛于庐陵，印山罗氏又其渊薮。”

为其送行，而王庭珪不顾危险，赠予内容激烈批判时世的饯别诗，因此也被流放至辰州（今湖南省阮陵县）。[69] 王庭珪出生于庐陵，与孝宗朝宰相周必大是同乡，且与其父亲、伯父同为政和八年进士，故而相熟。[70] 南宋时期著名的庐陵文人杨万里，年轻时受学于胡铨，又以王庭珪为师，与其子王頔有五十多年交情。[71] 透过王庭珪，可以窥见南宋中前期代表庐陵的士大夫胡铨、杨万里、周必大之间的交流情况。不难想象，与士大夫、士人的这种交流，帮助胡氏一族确立在乡里社会的威信，也即确立名族的地位。

再看胡氏一族的宗族活动情况。正如现有的宗族研究所论，通常来说，宗族活动中的祖先祭祀等，以世人皆见的形式展现出该宗族的组织能力，对确立一族在乡里的威信作用甚大。[72] 南宋时期族人过百的胡氏一族，当然有以宗族名义举行的活动，但集中展示这一点的史料很少，只能通过旁证史料进行推测。首先是直接提及宗族活动的记载。周必大所著的胡铨《神道碑》简单写道："岁时会聚宗族，恩义周备，收恤贫弱，不计家之有

---

69 此间经纬见杨万里《行状》、周必大《神道碑》、《宋史》卷三七四《胡铨传》，也可见周必大《文忠集》卷二九《左丞奉郎直敷文阁主管台州崇道观王公廷珪行状》、胡铨《胡澹庵先生文集》卷二九《监簿敷文王公墓志铭》。

70 周必大《文忠集》卷二九《左丞奉郎直敷文阁主管台州崇道观王公廷珪行状》："子頔卜以十年正月丙午，葬公本县清化乡长赋之原，使来速行状，将求铭于胡公。惟昔伯父暨先君与公同为政和戊戌进士，故知公详。"

71 杨万里《诚斋集》卷一二七《王叔雅墓志铭》"叔雅王氏讳頔，（中略）某少出先生门下，与叔雅有五十年之旧"。杨万里向胡铨学习的情况，见杨万里《行状》"万里与公同郡，且尝从学"。

72 此处仅举对当今宗族理论性理解产生巨大影响的莫里斯·弗里德曼（M. Freedman）的见解（《東南中国の宗族組織》第九章《政治的な権力と経済的な支配》，弘文堂，1991年；《中国の宗族と社会》第三章《社会的地位、権力、そして政府》，弘文堂，1987年）。
* 关于弗里德曼的著作排序，遵从原著问世的前后顺序。

无。”胡铨救济陷入贫穷的族人，每逢节气还召集族人会聚一堂。此处虽未记述“会聚”族人的原因，但因为在“岁时”也就是节气，将之理解为祭祀祖先而会集也算妥当吧。实际上，胡铨的文集《胡澹庵先生文集》卷二二不仅载有祭祀已故族人的“祭文”，还收录在墓前献给曾祖父、祖父、父亲的“焚黄文”。结合这点可以充分推断，该族会定期聚集在祖坟前举行祖先祭祀。胡铨晚年时曾用朝廷的下赐银建造祭祀祖先的建筑，大概率是祠堂，在那里供奉祖先的神位（木主、神主），并聚集族人。[73]与这种祖先祭祀相关，则应注意周必大《神道碑》称胡铨遗骸被埋葬于庐陵县儒行乡“祖茔之右”。换言之，此记述虽未明言确被埋葬的“值夏之胡”一族的规模和族人的范围，但至少暗示该族拥有共同墓地。这种现象让人想到伊佩霞的观点，即宋代的宗族尚未发展至拥有族产等的高级阶段，而是以祖先祭祀为中心而联合的低级阶段，其表现是宋代在墓地祭祀祖先以及家族共同墓地的存在。[74]顺带说，关于亲族的埋葬，胡铨认同司马光严厉批判一族寿命、富贵依据风水的论说，批评当地依赖风水师而多年不下葬的风俗。[75]

---

73 胡铨《胡澹庵先生文集》卷二八《南彦侄墓志》:“初隆兴甲申，吾被旨措置浙西淮东海道，赐白金十镒，（中略）吾以诋和议窜岭海，垂三十年，无室庐以奉先人，念之熏心。然劳费百出，吾老矣，不能辩此。南彦奋然请执功，曾不踰岁而轮焉奂焉，不愆于素。吾得俎豆屏摄以妥祖妣，燕衎觞咏以聚宗族，南彦之力为多。”

74 Patricia B. Ebrey, “Early Stages of Descent Group Organization,” ed. Patricia B. Ebrey & James L. Watson, *Kinship Organization in Late Imperial China 1000-1940*, California U.P., 1986, pp. 20-21.

75 胡铨《胡澹庵先生文集》卷一三《与甥罗尚志》:“向张成来，收书，知侍老嫂太孺人甚竭力。六舅母襄事良荷留意，须吾甥自往水北一带二三十里间寻地，但土厚水深，如温公说足矣。（中略）《礼记》云‘择不食之地而葬我焉’，不云择阴阳向背也。九经十七史，老舅亦其次，“值夏之胡”应有规定族人生活与模范的《家训》。根据序文，《家训》在淳熙七年（庚子，1180）四月胡铨致仕不久后作成。序文最后有“斐然纵成古律一通，以训余之子孙者，愿世世子孙努力”，强烈希望子孙能够遵守此教诲奋发图强。序文之后便是以古诗形式作成的《家训》正文，其内容一言以蔽之，便是祖先在妻儿饥寒中仍不懈努力考中科举，成长于富贵之中的子孙后代若习惯了奢靡、自甘堕落，便会导致家道中落，以此唤起子孙不懈努力之心。[76]

包括这篇《家训》，胡铨为胡氏一族作为士人阶层存续，倾注了莫大的心血和努力。据文集中刊载的残存书简等，这样的行为在他遭贬南方近二十年，无法与族人直接接触的情况下也依旧在坚持。我们可以看到，他被贬到南方后，以母亲、兄弟为首的亲族的死讯，不仅来自知己，似乎也来自将这些消息托给熟人的族人书信。另外他还对侄子新屋落成送去祝福，批判读《礼记》只读《大学》和《中庸》而不读其他篇的歪风，提醒侄子学习时注意。[77]总之，可以说以胡铨为中心的“值夏之胡”

曾涉猎，并不说寿考富贵由葬地，（中略）俗儒不读书，不见古人议论，溺于阴阳之书，背孔孟之道，戒之慎之。”批判吉州风水习俗的言辞，见胡铨《胡澹庵先生文集》卷二二《陈瑶葬母祖奠祝文》：“礼，士踰月而葬，吉阳之俗近夷，多阴阳拘畏，至有十数年不葬其亲者，盖所从来久矣。”对遵循风水而埋葬的做法持批判态度，应是宋代士大夫的共识。关于此点，应俊《琴堂谕俗编》卷上《正丧服》有详细叙述，参照前揭拙译注《宋代地方官の民衆善導論》第72—76页。

76　胡铨《胡澹庵先生文集》卷二一《家训》。介绍正文的《家训序》中“斐然纵成古律一道”，应是化用了《论语·公冶长》篇的“斐然成章”。

77　对于血亲之死，见《胡澹庵先生文集》卷一三《与振文兄》：“杨迁等二月十二日到，审尊兄房下骨肉皆安，卑怀甚慰。六十七弟妇奄忽丧逝，不胜惊悼。族间兄弟妹侄连年多故，又重以此，何以堪忍！”对新房落成的祝贺，见《胡澹庵先生文集》卷一四《与斗南侄》：“冬寒，想与诸幼吉健，老人宜人必善官下矣。领示，兼辱惠上梁佳作，叹服叹服。”对读《礼一族，不仅通过宗族活动团结一族，还强烈期盼一族作为学问之家存续下去。

四、胡氏一族与地域防御

“值夏之胡”氏一族出现进士及第者的北宋末、南宋初，宋朝不得不与兴起于中国东北部的女真族金朝对峙，陷入前所未有的国难，胡氏一族所居住的江西吉州地区当然也受到了国内外情势的影响。

宋代的江西地区，本就是著名的诉讼多发（“健诉”）而地方官治理困难（“难治”）的地区。[78] 关于此现象，笔者之前也在拙著中简单涉及。文中分析，根本原因在于唐代以来此地域的开发由北向南延伸，及至宋代，贯穿江西南北的赣江成为连接

记》只读《大学》《中庸》风俗的批判，见《胡澹庵先生文集》卷一三《与南彦侄》：“侄孙求字，谩为写《礼记·内则》篇数句以授诸幼，盖欲后生知学礼耳。近世学者，见温公及四先生，只解《中庸》《大学》，遂谓前辈都不读其余四十七篇。”如《文山先生全集》卷一〇《跋胡景夫藏澹庵所书读书堂字》“澹庵临大难，决大议，不负所学，于国为忠臣，于亲为孝子，斯读书之所致也”所示，文天祥高度评价胡铨即便因言论卷入祸端，也不变忠臣之志，而这正是学问的功劳。

78 关于健讼现象，许多学者都曾论及并探究原因。此处举仅举宫崎市定《宋元時代の法制と裁判機構：元典章成立の時代的·社会的背景》，《東方学報　京都》第24册，1954年，收入《宮崎市定全集》第11卷，岩波書店，1992年；赤城隆治《南宋期の訴訟について：「健訴」と地方官》，《史潮》新第16号，1985年；青木敦《健訴の地域的イメージ：十一—十三世紀江西社会の法文化と人口移動をめぐって》，《社会経済史学》第65卷第3号，1999年，收入氏著《宋代民事法の世界》，慶応義塾大学出版会，2014年；刘馨珺《明镜高悬：南宋县衙的狱讼》，台北：五南图书出版股份公司，2005年；小川快之《伝統中国の法と秩序：地域社会の視点から》，汲古書院，2009年。

长江至广东的交通要道，更提高了江西南部的重要性，此地呈现出商人汇聚的盛况。[79] 此处再看一些拙著未涉及的史料。吉州安福县出生的元丰二年（1079）进士刘弇（1048—1102），对吉州吉水县的情况有如此记述：该县拥有数万人口，临近大江（根据上下文，应指赣江），诸多商人往来，纠纷频发，县官根本无暇休息。[80] 至于吉州全州，商人、官僚往来不绝，逐利者和赌徒因此聚集于此，动不动就争闹打斗，诉讼不断。[81]

除了这样的情况外，如佐竹靖彦以赣州为例所论证的，北宋末南宋初，江西南部还是反叛频发、治安混乱的地区。[82] 而且赣州临近岭南，两宋时期隐藏在王朝的监管之下偷运私盐到岭南牟利的集团横行，这些集团都有与官府抗衡的势力。[83] 吉州在赣州西北部，治安情况与赣州有着密切关联，深受影响。据胡铨所述，南宋初的吉州常年盗贼麇集，其中大部分人来自接壤的赣州（胡铨此处记作北宋以来的称呼“虔州”。绍兴二十三年

79　前揭拙著《欧陽脩：その生涯と宗族》，第 69 页。

80　刘弇《龙云集》卷二二《吉阳持正堂记》：“吾州之邑八，而吉水以地大人富当要冲，生齿之隶籍无虑数万，而前控大江，输挽储积，贾贩所出入，一有小弛，则椎埋剽攻、侵侮凌轹豪夺之狱，至相踵以闻。以故为县者每怀倥偬不暇给之忧，有所决遣，才文具而已。”

81　刘弇《龙云集》卷二五《送盛大夫仲孙归朝序并诗》：“自国初距元丰末，天下生齿，以户计者得一千八百万有奇，而潭与吉最其蕃且息者。潭户客主三十五万，吉虽微为不若，然犹居潭十九已上。用此，故吉常为西南剧。（中略）南商北宦之去来，络绎旁午，迭盈而递虚，其憧憧如此。异时射利之豪右，市井之轻薄，与夫博徒饮客，过从闾阎，相与约结仇报怨，间失意杯酒，抽白刃立决，格斗披攘。而八邑武断窃发之奸，时时相仍，犴狱为之充斥，他诉讼略复称是。”

82　佐竹靖彦《宋代贛州事情素描》，《青山博士古稀記念宋代史論叢》，省心書房，1974 年，亦收入氏著《唐宋変革の地域的研究》，同朋舍，1990 年。

83　黄志繁《“贼”“民”之间：12—18 世纪赣南地域社会》，生活 · 读书 · 新知三联书店，2006 年，第 34—41 页。

虔州改称“赣州”)。且盗贼多盘踞在山寨之中难以捕获，即使原计划追捕一个数百人规模的山寨盗贼团伙，被派去的官兵也往往会被贿赂,团伙一取得情报就逃之夭夭。[84]建炎三年(1129),胡铨及第后任吉州军事判官归乡组织义勇军时，这样混沌的情况仍未改变。[85]加之，遭金军追堵的隆祐太后逃往临安途中经停吉州、赣州，进一步加剧了当地的混乱局面。

关于隆祐太后孟氏（1073—1131），前文稍有提及，但为方便论述，此处也捎带介绍。隆祐太后可谓命途多舛的女性。她受英宗皇后高氏（神宗之母，宣仁皇太后）、神宗皇后向氏（钦圣皇太后）的爱重，元祐七年（1092）五月成为哲宗的皇后。然而宰相章惇阴附于哲宗的宠妃刘氏，又与宦官郝随合谋，于绍圣三年（1096）九月起疑狱欲废孟后，构陷其在宫中行符水之事。废孟后案的背后，隐藏着章惇将不支持新法的宣仁太后拉下马的意图。哲宗驾崩，徽宗即位，受钦圣皇太后之意，孟氏短暂重夺皇后待遇，被尊为元祐太后。蔡京掌权后，因郝随的策略，孟氏再次被剥夺后位。多亏此次废后，在靖康之变以徽宗、钦宗为首的宗室、皇族和高官皆被金军掳至北方时，孟

---

84 胡铨《胡澹庵先生文集》卷一一《与吉守李宝文》:“三数年来,盗贼四起。甚者至杀令破县,而贼夫贪心未及畔岸，又欲破州。其弊正起于山民之寨，寨不平，寇不可止。何则？吉与虔为接境,吉之寇大抵悉自虔而起,(中略) 一乡之恶少,尽束于砦魁之权,州县之刻木,尽饵于砦魁之赂。有一小忿，则群魁相挺，环视而起。名为复仇，其渐遂至剽掠，又其渐遂为寇盗。官租公赋，连年不输，小有追捕，则据寨恃险，敢与州县抗衡，有司不平，闻遣官军讨伐，而刻木得贿，先为之耳目矣。”据万历《吉安府志》卷三《秩官表》，两宋李姓吉州知事有绍兴年初的李璆、绍兴五年上任的李猕逊，但不清楚哪一位是胡铨寄信对象。

85 胡铨《胡澹庵先生文集》卷一四《与龚实之》:“某侧闻，江西有萑蒲之警，民之思参政者，若周人之思召公焉。某四十年前，摄庐陵倅，颇悉盗情。”

氏幸免于难。在那之后，高宗为提升自己新建立的南宋王朝的权威，将元祐皇后接到临安。也因此，孟氏抵达临安后受到高宗的优待，绍兴元年（1131）四月在高宗的照看下去世，终年五十九岁。被称作元祐皇后、元祐太后的孟氏之所以被改称为隆祐太后，是为避其祖父孟元的讳，而隆祐的称号得名于她在建炎元年（1127）被册封皇太后时居住的宫殿名。[86]

说回隆祐太后途径江西的过程。高宗即位后，逃离金军追捕而抵达建康，欲与太后一行会合。此时金军跨越长江追了过来，高宗不得不继续南下，而太后一行带着非军事相关的官僚、宫廷人员经江西南下。建炎三年（1129）十一月辛酉（十七日），一行人经由洪州（今江西省南昌市）抵达吉州庐陵县。听闻金军追到庐陵，他们又慌张南下至吉州太和县，自吉州万安县起弃船走陆路继续南下。从庐陵南下的途中，许多宫人、财宝遗失，一些士兵也沦为盗贼，最终护卫不足百人，好不容易才抵达虔州（赣州）。此后他们经历了些许波折，建炎四年（1130）八月抵达临安。[87]

关于江西南部的混乱局面，《宋史》卷二四三《隆祐太后传》中记载，在虔州，士兵的军饷只是一些品质低劣的铜钱，购物

86　以上对于隆祐太后的论述依据《宋史》卷二四三《后妃下 · 哲宗昭慈圣献孟皇后传》和《皇宋十朝纲要》卷一一“昭慈圣献皇后孟氏”项。秦玲子发表过从皇后的帝嗣决定权探讨宋代皇后作用的文章，其中论及桥接北宋向南宋皇权过渡的隆祐太后（《宋代の后と帝嗣決定権》，《柳田節子先生古稀記念：中国の伝統社会と家族》，汲古書院，1993年）。另外，关于宋代皇后、皇太后的“母权”，木下铁矢在《朱子学の位置》（知泉書馆，2007年）第二章《「母権」の現実》论述其大略，并提出富有启发和意义的观点。

87　《要录》卷二九“建炎三年十一月辛酉”条、“建炎三年十一月丁卯”条；卷三六“建炎四年八月庚辰”条。

时经常被拒收，从而引发与民众的争执，演变成动乱。从与本章的关系而言，隆祐太后一行由江西南下，经洪州至吉州、经吉州至虔州时发生的混乱与纷争值得讨论。据史料记载，隆祐太后一行自洪州出发开始南下时，以杜彦、杨皋为首的护卫军发动叛乱，袭击抚州崇仁县，逼近吉州永丰县。县尉和宗室出身的知事在与叛军战斗的过程中战死。[88] 简而言之，战乱、混乱在赣江流域扩散开来。

如前所述，在这个混乱时期，胡铨为了侧面支援隆祐太后逃难，受抚州知事张循之托，任吉州军事判官，在乡里组织义勇军。据杨万里所著《行状》，此时吉州“群盗四起”。当地的守备负责人张中彦建议在派遣武将赵之仪擒拿盗贼时，以斥候暗中夜袭，但胡铨强烈反对，认为会将被扣押的民众卷入其中。次日，贼人觉察到官兵动向后遁走，被扣押的民众平安得救。这里并没有记下乡人对胡铨积极防御乡土的评价，但想必其在危难关头的行动一定深深印在人们的记忆之中。这段活动不久后，胡铨因父亲过世而卸任归乡，根据《行状》记录，这时他随萧楚学习，深入思考国家治乱的根源（“冥搜治乱安危根株”），也未接受服丧期结束后的任官推荐。这或许揭示胡铨也打算从乡土防御中寻求自己的出路。另外，这个时期胡氏一族中对乡土防御出力的不止胡铨一人。胡铨的族叔胡登臣为守卫乡村，把族人和当地住民组织在一起，致力解决因战乱而导致的粮食不足问题，并援助生活有难的族人、姻亲、友人、知己。对于这样的行动，当地人感激于心，胡登臣死后，不管与他是否熟识，

88　周必大《文忠集》卷六〇《永丰县旌忠庙碑》。

百姓都感激流涕，受过照顾的人更是赶去吊唁，为其去世惋惜。[89]

不难想象，在北宋末南宋初政治、社会动荡的情况下，胡氏一族为乡里做出的努力，深刻地记在民众心中，这样的举动对该族在此地区确立威信发挥了巨大效用。胡氏一族之所以在北宋末南宋初被视作当地显族，想必与其在地域防御中起到的作用有关。

小 结

本章主要以一族中的名人胡铨为中心，考察了吉州的胡氏一族。在吉州，作为及第者辈出的显族，胡氏一族大致分为"黄漕之胡"（"太和南城之胡"）和"值夏之胡"，而胡铨属于以庐陵县为主要活动区域的"值夏之胡"。该族从五代十国时代开始从金陵移至吉州，首位及第者是北宋末宣和三年（1121）进士的胡份。之后，胡份的哥哥胡駸于宣和六年、胡铨于南宋建炎二年（1128）、胡铨的表兄弟胡镐于绍兴十五年（1145）相继登科。仿佛是保持步调一致，此时期族中有许多子弟在州学学习，而且该族与吉州大部分显族结成姻亲关系，于是胡氏一族在吉州的显族之中有了一席之地。另外，许多族人都以春秋学为中心从事学问，侧面增强了该族在吉州的威望。再有，在北宋末

89　胡铨《胡澹庵先生文集》卷三〇《十九叔墓志铭》："初，所居里颇殷实，寇窥觋。至建炎庚戌春，乘罅倍道进。君发乡党家属亟行，（中略）比岁兵革蜂午，谷贵艰食，君勇于市义，族姻朋旧不自存者，必我也始克衣食嫁娶丧葬。至寡弱困于鱼敚，又经理其家。及君亡，识不识皆出涕，尝德君者至缞临甚哀。"

南宋初政治、社会混乱时期，族中有数人为乡土防御做出贡献，而这对该族在乡里社会中树立威望产生了巨大的效用。然而，从万历《吉安府志》卷五《选举表》来看，绍兴十五年（1145）胡镐及第之后，虽然确实还有胡姓及第者出现，嘉定四年（1211）及第的胡朹可能是其族人，但其他及第者就无法确认是否来自“值夏之胡”一族。到了元代，完全没有胡姓及第者。就算到了明代，至《选举表》记录的万历十年（1582）止，两百多年中胡姓及第者也仅有十七人。可以说在胡铨、胡镐以后，即南宋中期后，胡氏一族的进士人数有急剧减少的趋势。要之，北宋末南宋初政治、社会动荡稳定后，一族的进士也随之变少，该族的威望随之下滑。

那么，如此衰退的原因究竟为何？或许最大的原因是，在“值夏之胡”一族确立作为显族的威望及存续中，胡铨个人发挥了关键性作用。对于宗族的组织化和经营，个人自然会产生巨大影响，范仲淹对范氏义庄的创设、运营产生的重要作用就是典型案例。[90] 对于“值夏之胡”而言，胡铨在宗族祭祀、提振后辈学术以及乡土防御这些确立一族显族化和地域威望的事业中，发挥了决定性作用。但在范氏义庄的维持中，上至范仲淹的孩子范纯仁、范纯礼，下至南宋后的子孙范之柔，都相继承担责任，而胡氏一族的情况与之大不相同。可以认为，这样有着独特个

90 关于范氏义庄的研究，自大正时期田中萃一郎展开现代式研究以来（《義荘の研究》，《三田学会雜誌》第 11 卷第 12 号，1917 年），积累了许多成果。特别是远藤隆俊氏自发表《范氏義荘の諸位·掌管人·文正位について：宋代における宗族結合の特質》（《集刊東洋学》第 60 号，1988 年）以来，积极推进相关研究。另有拙文《宋代蘇州の地域社会と范氏義荘》，《名古屋大学東洋史研究報告》第 31 号，2007 年。

性且对宗族存续抱有强烈志向的人才死亡后，无人继承其角色，则一族便会失去核心，只能逐渐走向衰退。要言之，“值夏之胡”一族是著名的个人对宗族盛衰产生决定性影响的典型案例。

若是如此，那么胡氏以外的吉州显族又是什么样的情况呢？据万历《吉安府志》的《选举表》，两宋时期与胡氏一族同样进士辈出的欧阳氏，前揭拙著已有提及。[91] 欧阳氏一族在北宋时期出了欧阳修，在南宋也出了以欧阳守道（1209—？）为首的其他及第者。特别是欧阳守道，对宗族的应有状态问题抱有强烈兴趣，还对并未定居家乡的欧阳修展露出了批判态度。兼之，欧阳氏一族的进士横跨元、明、清从未间断。那么胡氏与欧阳氏两族的差异又是从何而来？虽说一族中名人的存在与否相当重要，但是否仅仅是这个原因？单单分析这两个宗族显然无法得出结论。除了此两族之外，其他吉州宗族也有必要纳入考察。那么接下来，笔者会继续选取吉州的其他宗族进行分析。

91　前揭拙著《欧陽脩：その生涯と宗族》第二章《宋代吉州の欧陽氏一族》、第九章《欧陽脩における族譜編纂の意義》。

第三章

宋代吉州的周氏一族——以周必大为中心

引 言

前一章笔者选取了活跃于高宗、孝宗朝的吉州士人胡铨及其一族为研究对象。本章则将对较胡铨年轻一代的周必大（1126—1204）及其家族进行探讨。周必大曾在孝宗朝末期任宰相，是一位在政界十分活跃的人物。另一方面，晚年作为乡土先达的他，又与同乡的孙谦益、曾三异一道编修了唐宋八大家之一的欧阳修的文集，使之成为现在的面貌，并留名后世。[1] 关于周必大，平田茂树曾以其存世的日记为线索，解析孝宗朝

1 《欧阳文忠公集》一百五十三卷及附录五卷的编修工作，似乎是在光宗绍熙二年（1191）至宁宗庆元二年（1196）期间集中进行。编修的过程见《欧阳文忠公集》末尾所载周必大的跋文（周必大《文忠集》卷五二题为《欧阳文忠公集后序》）。关于《欧阳文忠公集》的编纂问题，详见东英寿《欧陽脩新発現書簡九十六編》（研文出版，2013 年）、《周必大の『欧陽文忠公集』編纂について》、《范仲淹の神道碑銘をめぐる周必大と朱熹の論争：欧陽脩新発現書簡に着目して》。后两篇文章收入氏编《宋人文集の編纂と伝承》，中国書店，2018 年。

的政治决策过程和政治构造。周莲弟重点探讨了周必大文集《文忠集》内各篇文章的写作时间。近年，邹锦良发表了以周必大的一生及其思想为中心的深厚之著。[2] 但仅就管窥，目前未有讨论周必大一族与地域社会关系问题的具体论著，则本章的尝试并非无意义吧。下文将以周氏一族为题，探讨在北宋末南宋初政治社会混乱的大环境下，吉州士族如何存续。

一、周必大小传

言及宋代吉州周氏一族之前，笔者想简要介绍一下对该族之团结影响巨大的周必大本人及他家族的动向。关于周必大的事迹，首要应提及的是其长子周纶（1156—？）所作的《周益国文忠公年谱》吧。此年谱详细记载了周必大被授予官职时的“制词”，但与“制词”相比，事迹的记述过于简略。[3] 接着要提的有用史料，是李壁（1159—1222）所作的《行状》（《四库全书》本《文忠集》附录卷二收录的《行状》末尾处记作“李壁”），以及楼钥的（1137—1213）《神道碑铭》《忠文耆德之碑》。[4] 上

2 平田茂树《周必大『思陵録』·『奉詔録』から見た南宋時期の政治構造》，大阪市立大学大学院文学研究科紀要《人文研究》第 55 卷，2004 年，收录于氏著《宋代政治構造研究》，汲古書院，2012 年；周莲弟《周必大〈文忠集〉研究》（香港大学中文系《東方文化》第 38 卷第 1、2 期，2005 年。此外有关周必大的论文，还有谷敏《周必大对小说与正史的态度：也谈“范仲淹神道碑”的删文问题》（《文献》2007 年第 3 期）等，专著则有邹锦良《周必大生平与思想研究》（江西人民出版社，2013 年）。

3 《周益国文忠公年谱》载于《四库全书》本《文忠集》卷首，吴洪泽、尹波主编《宋人年谱丛刊》（四川大学出版社，2003 年）第 9 册也有刊载，可作参照。

4 这些文章都作为附录载于《文忠集》：《行状》（《文忠集》附录卷二）、《宋故少傅观文殿

述各篇长文详细记述了周必大的事迹。李壁之所以执笔《行状》，不仅是因为他的父亲李焘与周必大交友甚深，还因其兄弟受教于周必大。[5]而周必大在李壁幼年时便就对他寄予厚望，曾对李焘说“此谪仙才也”。[6]众所周知，李焘是著名的《续资治通鉴长编》的编纂者，而李壁是他的第六子。楼钥作《神道碑铭》，据碑铭中所言是受周纶所托，且他熟悉周必大晚年情况而难以拒绝。《忠文耆德之碑》则是纪念宁宗受周纶请求，为嘉定元年（1208）周必大墓前所立石碑题字而作。楼钥自述是因为执笔了《神道碑铭》的关系，或因如此，内容上大致是《神道碑铭》的简略版本。除上述三篇外，《宋史》卷三九一、《南宋书》卷四〇二的本传中也记述了周必大事迹。此处特别需要提到的则是在传世文集中未被刊载，因此王德毅《宋人传记数据索引》（台北：鼎文书局，1977年）也未收录的周必大墓志。从内容上看，此墓志是周纶在埋葬周必大之时所作，1982年出土于江西省吉安市，现藏吉安市博物馆。不过其内容是四十五行、每行仅二十五字的短文，主要罗列了周必大所任官职，还因磨损而有三五个字无法辨识。[7]最后必须要提及近年对这些史（资）料进

大学士致仕益国公食邑一万五千六百户食实封五千八百户赠太师谥文忠周公神道碑》(《文忠集》附录卷四)、《忠文耆德之碑》(《文忠集》附录卷五)。

5 《文忠集》附录卷二《行状》最末尾处有“璧（壁）之先君文简辱交于公，同德比谊，独相知心。仲兄著作、季兄贤良皆从公游，蒙待以国士，而璧（壁）自幼亦荷公期予甚过”，由此可知周必大与李焘父子的关系。

6 《宋史》卷三九八《李壁传》:“壁少英悟，日诵万余言，属辞精博，周必大见其父，异之曰：‘此谪仙才也。’”

7 题为《宋故左丞相少傅赠太师益国公墓志》的周必大墓志载于《文史》第28辑（1987年）、陈柏泉编著《江西出土墓志选编》（江西教育出版社，1991年）、高立人主编《庐陵古碑录》（江西人民出版社，2007年，第8—9页）等。《庐陵古碑录》在此墓志后还载有墓地的墓券。

行了详细检讨的李仁生、丁功谊《周必大年谱》(江西人民出版社，2014 年)，目前为止，还没有比此更优质的年谱。此年谱附录处罗列了周必大的重要著作及生平大事，还重新刊载了《庐陵古碑录》(江西人民出版社，2007 年)中的周必大墓志铭和墓券。

前言部分稍显冗长，赶紧将目光回到周必大生平上。系年基本上依据周纶《年谱》和李仁生、丁功谊《周必大年谱》，事迹则据《行状》《神道碑铭》和李仁生、丁功谊《周必大年谱》，并适当参考其他史料简要回顾周必大的一生。据《行状》及两《年谱》，靖康元年(1126)七月十五日(公历 8 月 12 日)巳时(上午 10 时左右)周必大在苏州知事官邸出生。父亲周利建此时正同妻子王氏一道留在岳父王靓任知事的苏州。此年父亲周利建三十五岁，母亲王氏二十五岁。王氏十七岁时便嫁给了刚通过科举考试的利建，所以他是婚后第八年的孩子。[8] 周必大有个大六岁的姐姐和一个不知长几岁的哥哥平叟，但平叟早夭。之后周必大还有一个小两岁的弟弟必强、一个与必强差不多大的妹妹。[9]

众所周知，周必大出生的靖康元年，宋朝正面临着极大的

作为《宋人传记资料索引》补编的、李国玲编《宋人传记资料索引补编》(四川大学出版社，1994 年，第 1 册第 641 页)中，也收录了此篇墓志。

8 《文忠集》卷一九《先太师潭州益阳县清修寺留题记》记靖康二年(1127)周利建三十六岁，《文忠集》卷三六《先夫人王氏墓志》记母亲王氏绍兴八年(1138)去世，享年三十七岁，由此推算出二人年纪。王氏出嫁时的年龄见《先夫人王氏墓志》。王氏的生卒年在《文忠集》卷一八二《记先夫人损寿》中有明确记载，即崇宁元年(1102)生，绍兴八年(1138)逝世。

9 周必大的兄弟姊妹及年龄差，见周必大为母亲王氏所作的墓志铭(前揭《先夫人王氏墓志》:“先君即世，先夫人奉大母硕人居吉，于是伯姊生十年，某甫四岁，亡弟岁未周。”)。据此墓志铭，父亲周利建建炎三年(1129)逝世时，妹妹还未出生，应是遗腹子在该年或翌年出生。《宋元学案》卷三五《陈邹诸儒学案·刘氏门人》，列举周必大的弟弟周必刚，但据《先夫人王氏墓志》所记其子女五人，很难认为周必大妹妹之后另有弟弟。据《宋元学案》，周必刚三十三岁去世，则他或许就是同样年纪逝世的周必强。

危机。此年八月上旬金军南下，闰十一月初抵达开封，一番激战后，十二月钦宗向金军递呈降表，翌年即靖康二年（1127）四月，以徽宗、钦宗为首的皇族及朝廷主要官僚共四百七十余人被金军俘获，北宋灭亡。面对如此事态，五月，钦宗的弟弟康王赵构于南京应天府继位并改元建炎，南宋成立。[10] 关于家族在此时遭遇的劫难，周必大未过多描述，因此我们难知其详。但从安葬母亲王氏之乳母孟氏时所作的文章中，我们还是窥探到建炎二年(1128)、三年一家人辗转于战火中的情形。[11] 据两《年谱》所记,建炎二年,祖父周诜调任吉州通判,周氏由此举家“归省”庐陵。[12]

建炎三年，一家人遭遇了不幸。这一年周必大的父亲与结束了吉州通判任期的祖父一道赶赴扬州行在所，然而途中父亲不幸离世，享年三十八岁。此时姐姐十岁，周必大四岁，弟弟周必强（或作必彊）未满一岁。在盗贼横行的乱世中，母亲王氏只得命下人采橡木果、挖野菜喂养三个孩子和婆婆张氏。[13] 更不幸的是，绍兴六年（1136），王氏生母宋氏造访庐陵，婆婆张

10　诸多论著都提到此时的经纬，较为详细的有何忠礼《宋代政治史》（浙江大学出版社，2007 年）第九章第二节《“靖康之变”和北宋灭亡》、第十章第一节《南宋的建立》。关于北宋灭亡与南宋政权确立的经过，寺地遵《南宋初期政治史研究》（溪水社，1988 年）做了精心回顾。

11　《文忠集》卷三六《孟媪葬记》：“戊申、己酉岁，江浙大乱，吾家转侧兵火中。”

12　根据《行状》《神道碑》,移居吉州始于周诜在宣和年间任吉州通判时。若是如此,两《年谱》记周诜在建炎二年任吉州通判就不是首次担任。两《年谱》也称他建炎二年“归省”庐陵，则周氏一族在此之前应该就已移居庐陵了。

13　《文忠集》卷三六《先夫人王氏墓志》：“先君即世，先夫人奉大母硕人居吉，于是伯姊生十年，某甫四岁，亡弟未周。遭世多艰，虏惊盗剽，转徙乏食，课婢采橡实蔬苗供养大母，次给尊幼必均，宁己之馁，如是者连月。”

氏便让王氏带着孩子回宋氏居住的信州上饶县（今江西省上饶市）。然而必大兄弟姊妹到了信州不久，绍兴七年（1137）宋夫人去世，王氏沉浸在丧母的悲痛中患上重病。每日仅吃一餐粗食，且昼赴墓地、夜诵佛经的生活消耗掉了体力，她于绍兴八年（1138）正月病逝，享年三十七岁。[14] 此时赴任广东的伯父周利见恰好路过上饶，便将周必大兄弟姊妹带回了庐陵。想必此后他们也一直是受到伯父的照顾，因为两《年谱》中都记录有绍兴十年、绍兴十七年伯父在处理公务时带周必大同行。另外在周利见妻子尚氏的墓志铭中，也有王氏去世后周必大兄弟姊妹被伯父夫妻抚养的记述。[15] 顺带说，据两《年谱》所记，周必大祖母张氏于绍兴九年去世，一年后与祖父周诜（卒年不详）一道埋葬于吉州庐陵县郊。

母亲王氏对周必大的教育问题十分重视。滞留信州期间，她让孩子求学于陈持（或陈持之）门下，也常常陪伴儿子背诵课文至深夜。[16] 后来（隆兴元年，1163 年）周必大从临安归乡

---

14 《文忠集》卷一八二《记先太师先夫人寿数偶同》："靖康元年，以显谟阁待制知平江府，卒。外祖母盖宋元宪之孙也。先妣早寡，事姑嫜尽孝，博通经史，亲教二子于孩提，且择良师友与之处。既归宁，而外祖卒，号慕切至，日惟一蔬食，夜诵佛书，逾年而卒，亦三十八。"如引文最后部分所示，此文称母亲王氏享年三十八岁。但是紧接其后的《记先夫人损寿》、前揭卷三六《先夫人王氏墓志》记其享年三十七岁。关于此处矛盾，李仁生、丁功谊《年谱》、前揭邹锦良《周必大生平与思想研究》（第 67 页）皆未谈及。此处据《记先夫人损寿》开头"先夫人生于崇宁壬午，而以绍兴戊午弃世"，采纳三十七之说。

15 《文忠集》卷三六《伯母安人尚氏墓志铭》："粤自南渡，遭家多难，遗孤满目，伯父收集教育，俸入或不能给。夫人以约为盈，怜抚备至。凡出入吾家者，莫能辨其子姓戚疏也。"

16 《文忠集》卷三六《先夫人王氏墓志》："先夫人躬督诵书，至夜分未辨色，则以杖警于榻，使卧而覆之，又教以属对赋诗。已而曰：'举业非吾习也。'为择汴人陈先生，特使从之。"楼钥《神道碑》："幼孤，归信州外家，从汴人陈持之学。太夫人躬督诵书，率至夜分。"关于此时老师的名字，两《年谱》和《行状》记作"陈持"，《神道碑》记作陈持之（《先

时曾逗留信州，特意造访老师家中，慰问其遗孀詹氏。[17] 王氏去世后，回到家乡的周必大在“家塾”与从兄弟周必正一起学习，又与弟弟周必强一同到乡里的村塾上学。[18] 他记忆力超群又十分刻苦，渐渐在文章上显露才能。[19]

绍兴二十一年（1151），二十六岁的周必大及第，初入官场，被授左廸功郎（从九品）的官位和徽州（今安徽省歙县）司户参军的差遣。[20] 同年，他娶了祖籍江苏昆山县（今江苏省昆山市）王葆的女儿为妻（两《年谱》）。此时周必大二十六岁、王氏十七岁。据两《年谱》记述，实际上两人在绍兴二十三年才一起生活。[21]

夫人王氏墓志铭》仅“汴人陈先生”）。李仁生、丁功谊《年谱》绍兴六年的按语引《文忠集》卷一六五《归庐陵日记》“隆兴元年五月丁未”条“予顷在此，从陈彦国先生学”（《四库全书》本，叶 13a），认为陈持字彦国（第 39 页）。

17 《文忠集》卷一六五《归庐陵日记》“隆兴元年五月己酉”条（《四库全书》本，叶 13b）。

18 陆游《渭南文集》卷三八《监丞周公墓志铭》：“公讳必正，字子中。（中略）公与从父弟丞相益公讳必大，成童俱入家塾，学行修立，俱以世科自期。”《文忠集》卷三一《右廸功郎致仕刘公若川墓志铭》：“隆兴元年十二月一日，庐陵乡先生刘公卒，（中略）某之兄弟，昔以童子受业公门。”据《文忠集》卷一六五《归庐陵日记》“隆兴元年六月己卯”条（《四库全书》本，叶 24b），周必大抵达赣州时，曾到幼年老师李洪的家拜访，因此周必大回到庐陵后，求学的老师并非只有刘若川一人。不过无从得知是周必大去赣州学习，还是李洪来到庐陵教学。如后文所述，伯父周利见在赣州去世，或许周氏一族在赣州也有生活根基。

19 《神道碑铭》：“公记诵绝人，徒手入举场，有问者应如响。文又工致，遂名荐书。”《行状》：“公敏慧夙成，刻苦自砺，出语缀文，见者惊异。”

20 《宋史》卷三九一《周必大传》称其绍兴二十年及第，但当年并无科举考试（马端临《文献通考》卷三一《选举考五》、荒木敏一《宋代科挙制度研究》［東洋史研究会，1969 年］《附篇　宋代科挙登第者数及び狀元名表》），据《年谱》《行状》《神道碑铭》《墓志铭》，应以绍兴二十一年为是。傅璇琮主编《宋登科记考》自然也将及第时间系于绍兴二十一年（上册，第 808 页）。以下除非另有说明，官位的品级参照龚延明《宋代官制辞典》（中华书局，1997 年）。

21 《文忠集》卷七六《益国夫人墓志铭》有“亡妻王氏，世为平江府昆山县人。（中略）年十九归于我”。不过据《文忠集》卷九〇《左朝请大夫王公葆墓志铭》，王葆本贯虽是苏州昆山县，但担任常州宜兴县知事时喜爱当地自然环境，移居至此。如后文所述，乾道婚后未马上一起生活，应该是因为母亲王氏去世后，一直抚养周必大兄弟姊妹的伯父周利见在绍兴二十一年春于虔州去世，翌年十一月伯母尚氏也病逝。[22]而且周必大逗留的虔州出现以士兵齐述为首的叛变，他便被临时任命为虔州雩都县（今江西省于都县）的临时县尉处理此事。[23]

绍兴二十六年（1156），长子周纶刚出生，周必大的仕途就迎来了新突破，翌年他通过南宋时进入高级官僚队伍必经的“登龙门”考试博学宏词科。这个结果也是岳父王葆一直期待的。[24]三十二岁的周必大在考试通过后任建康府学教授，绍兴三十年二月任太学录（最高学府太学的学监），踏上了中央政治的舞台。同年九月，他通过馆职考试成为秘书省正字，始登发迹之途。不过这一年八月十日，弟弟周必强病逝（两《年谱》），享年三十三岁，妹妹大致也是在此时期去世。[25]

绍兴三十二年五月，周必大被任命为监察御史。同年六月，高宗退位成为太上皇，小周必大一岁的孝宗（赵眘）即位。孝宗即位前似乎就十分欣赏周必大的文章，即位后命其呈上

三年，王葆在宜兴家中去世，周必大曾往吊唁。

22 《文忠集》卷三六《伯母安人尚氏墓志铭》：“辛未春（引用者注：绍兴二十一年），伯父即世于虔也。贫无甔石，夫人殊不介念，而益励子侄以学，使无忘前人之志。（中略）俄以疾终于庐陵，绍兴壬申十一月癸丑也，享年五十有五。”

23 齐述之乱的经过，见李心传《要录》卷一六三“绍兴二十二年七月丁巳”条，《宋史》卷四〇二《陈敏传》等也有记载。担任权赣州雩都县尉之事，见两《年谱》“绍兴二十二年”条。

24 关于博学宏词科，可参照中岛敏编《宋史選挙志訳注（一）》，東洋文庫，1991年，第320、321页；邹锦良在前揭《周必大生平与思想研究》中提及王葆曾多次建议周必大参加博学宏词科考试（第79页）。

25 《文忠集》卷三八《余杭祭十一妹》：“吾妹姿相丰硕，沈厚寡言，以世法论之，意其寿且福也，奈何年未三十而遽夭乎！”周利建的遗腹女、周必大的妹妹未满三十岁逝世，则或许也在此前后去世。

新作。《神道碑》将之记作“此眷注之始”。结果他八月才任起居郎（记录皇帝言行的职事官），九月就升任给事中兼中书舍人，负责起草诏敕。

然而周必大得到恩宠的时间并不长。孝宗即位后开启了侧近政治，将曾觌、龙大渊等武臣安排在身边并予以重用，[26]周必大对此表示反对，拒绝签署任命二人新职务的起草文书，因此离开了都城。这是隆兴元年（1163）三月的事情。此时周必大被任命为祠禄官，主管台州崇道观，因无须赴任就趁机归乡庐陵。自都城回乡的旅程以船行为中心，途中探亲访友、参观名胜古迹，稍稍花了些时间，回到庐陵县永和镇时已是六月下旬（二十三日）。三月末离开朝廷，四月初从都城实际出发，旅程耗费近三个月，周必大将此次旅程过程记录下来，著成《归庐陵日记》。[27]截至乾道六年（1170）被任命为福建路提点刑狱事的七年间，除了乾道三年（1167）去常州宜兴县（今江苏省宜兴县）参加

26　关于孝宗朝的这一政治特色，可参照安倍直之《南宋孝宗朝の皇帝側近官》，《集刊東洋学》第 88 号，2002 年；藤本猛《武臣の清要：南宋孝宗朝の政治状況と閤門舍人》，《東洋史研究》第 63 卷第 1 号，2004 年，收于氏著《風流天子と「君主独裁制」：北宋徽宗朝政治史の研究》，京都大学学術出版会，2014 年。不过平田茂树认为，以武臣为中心的侧近政治并非贯穿整个孝宗朝的特色，至少在孝宗朝后期，政治就过渡为以宰执为中心的合议体制（前揭平田茂树《周必大『思陵錄』·『奉詔錄』から見た南宋時期の政治構造》）。小林晃以上述三人的议论为基础，论述孝宗朝之后的光宗、宁宗两朝，特别是到宁宗朝韩侂胄专权统治确立的政治过程、政治构造（《南宋中期における韓侂胄專權統治の確立過程：寧宗即位（1194 年）直後の政治抗争を中心として》，《史学雜誌》第 115 编第 8 号，2006 年）。与孝宗朝的政治特色相关，崔英超《宰相群体与孝宗朝政治》（暨南大学出版社，2014 年）以宰相群体为焦点，进而与高宗朝对比研究。此书的内容和特点，参见拙评（《東海史学》第 50 号，2016 年）。

27　此日记收录于《文忠集》卷一六五。关于周必大下野的情况，以及回庐陵之日程的相关史料，参见前揭李仁生、丁功谊《年谱》“隆兴元年”条（第 82—88 页）。

了岳父葬礼以外，周必大在家乡过着悠闲的生活。在此期间，乾道二年三月嫁给了尚大伸（1117—1178）的姐姐去世，享年四十七岁。这位姐姐十六岁出嫁，三十余年里和尚大伸一起育有五男四女。三十八九岁时患病（病名不明），病症时常会出现剧烈反应，但家事也未委托他人。[28] 姐姐去世后，周必大已无亲兄弟姊妹在世。

乾道六年六月，周必大被任命为福建路提点刑狱事，还未赴任，七月又被任命为秘书少监兼直学士院而回到中央，再次负责起草诏敕。乾道七年五月，他兼权兵部侍郎，七月任权礼部侍郎，九月又兼任侍讲等，在孝宗身边任职。周必大向皇上提出了应重视侍从，将他们视作未来的重臣候补，以及增强作为天子耳目的台谏的机能等四项建议。乾道八年正月，周必大兼任中书舍人，但二月就因与孝宗的人事决定意见相左而再次离开中央，六月二十二日回到了吉州庐陵县新居。周必大再次回到中央是在淳熙二年（1175）。此年正月二十三日，周必大离开吉州，三月十九日抵达行在所，接着便担任敷文阁待制兼侍讲，六月兼权兵部侍郎，闰九月五日又被正式任命为兵部侍郎（从三品）。此时，孝宗赞扬周必大道："卿不迎合，无附丽，朕所倚重。"（《行状》）可见孝宗看中了他独立不羁的傲骨而予以重用。此时还有一件轶事：孝宗喜好马球，几乎每日驾临练习场。周必大对此表示："固知陛下不忘阅武，然太祖二百年天下，属在圣躬，愿自爱。"孝宗回道："卿言甚忠。得非虞衔橛之变乎？

---

28 《文忠集》卷三六《亡姊尚氏夫人墓志》。《文忠集》卷三四《武昌签判尚宗簿大伸墓志铭》即姐夫尚大伸墓志铭则记为四男三女。长女和次女所嫁夫家与其姊墓志铭一致，儿子的名字、人数均不一致。或许其姊墓志所载的是儿子的小名。

正以仇耻未雪，不欲自逸尔。”(《宋史》列传、《行状》“淳熙三年”条）虽然孝宗似乎最终并未听取逆耳忠言，但此事展现出周必大的傲骨形象。

淳熙四年五月十八日，周必大任翰林学士，淳熙七年五月十七日任参知政事，侧身执掌国政的重臣行列。五十五岁就任参知政事的周必大，即使是细微之事，似乎也都会在深思熟虑后才提出意见。这源于他对秦桧专权的高宗朝时期，参知政事等执政官员因为忌惮宰相权威而不敢提出异议的反思。[29] 淳熙九年九月二日，周必大任知枢密院事，淳熙十一年六月三日升任枢密使，掌军政。周必大在就任知枢密院事时曾谦逊地说，“臣本以文墨受知，岂能晓畅军事，误蒙任使，不敢不勉”(《神道碑铭》。《行状》“淳熙十年”条也有类似记述,但字句稍有不同),但实际上，他不仅对于对金作战军队的前线配置有自己的想法，在前线将军的考课上也能不夹带私情地创设新办法，并最终取得了一定的成果。[30]

周必大在淳熙十四年二月十五日任右丞相，淳熙十六年正月八日转任左丞相，成为孝宗朝最末期执掌国政之人。孝宗起初担心瘦骨嶙峋的周必大无法承担宰相的重任，但贴身宦官说

29　此事也载于《行状》《神道碑铭》,但篇幅稍长,这里引简洁的《宋史》卷三九一《周必大传》:“除参知政事，上曰:‘执政于宰相，固当和而不同。前此宰相议事，执政更无语，何也？’必大曰:‘大臣自应互相可否。自秦桧当国，执政不敢措一辞，后遂以为当然。陛下虚心无我，大臣乃欲自是乎？惟小事不敢有隐，则大事何由蔽欺。’”

30　《宋史》卷三九一《周必大传》:“拜枢密使。(中略）上诸军升差籍，时点召一二察能否，主帅悚激，无敢容私。创诸军点试法，其在外解发而亲阅之。池州李忠孝，自言正将二人不能开弓，乞罢军。上曰:‘此枢密使措置之效也。’”

画像里的司马光也同样瘦削，打消了孝宗的顾虑。[31]周必大任宰相时已六十二岁，此时的政治格局开始了风雨骤变。淳熙十四年九月察觉身体不适的高宗，于十月八日驾崩，享年八十一岁。葬礼于淳熙十五年（1188）年三月结束。十一月，孝宗以为高宗服丧且每日要前往德寿宫参见高宗遗孀吴氏为由，向周必大表达了退位的想法。淳熙十六年二月一日，孝宗在二府（中书省与枢密院）正式宣布退位，翌日其三子赵惇即位，是为光宗。周必大以皇上更迭为由请求卸任，且谏臣弹劾他任宰相时行为不公。于是在绍熙元年（1190）十月，周必大被任命为隆兴府（今江西省南昌市）知事。[32]他辞退了此次任命，但在翌年八月六日获任潭州（今湖南省长沙市）知事而离开中央。顺带说，绍熙元年三月二日，周纶的儿子颙（或作显）出生了。[33]

此后，绍熙四年十二月周必大又被任命为隆兴府知事，他再次辞官，希望以祠禄官的身份归乡。绍熙五年正月八日以后，他在家乡过起了实质上的隐居生活。同年，中央发生政变，六月九日孝宗驾崩（享年六十八岁），光宗因病无法主持葬礼，七

---

31 罗大经《鹤林玉露》甲编卷五《扈载》，“近时周益公长身瘦面，状若野鹤，在翰苑多年。寿皇一日燕居，叹曰：‘好一个宰相，但恐福薄耳。’盖疑其相也。一老珰在旁徐奏曰：‘官家所叹岂非周必大乎？’上曰：‘尔何知？’曰：‘臣见所画司马光像，亦如必大清癯。’上为之一笑。未几，随登庸，为太平宰相，与闻揖逊之盛”。

32 两《年谱》将任隆兴府知事系于绍熙元年十月，徐自明《宋宰辅编年录》记为同年五月。此处遵以官方记录为依据的《宋宰辅编年录》（徐自明撰、王瑞来校补《宋宰辅编年录校补》卷一九“光宗淳熙十六年五月丙申”条，中华书局，1986年）。高宗因病驾崩，孝宗禅位光宗的经过，以及周必大被贬离中央的情况，详见前揭邹锦良《周必大生平与思想研究》（第114—121页）。关于当时在中央兴起的道学派的动向与联合，见前揭崔英超《宰相群体与孝宗朝政治》（第41—44页）。

33 《年谱》《行状》《神道碑铭》皆作“颙”，而周必大夫人墓志铭（《文忠集》卷七六《益国夫人墓志铭》）中作“显”。

月五日被命让位给次子宁宗。翌年即庆元元年（1195），周必大已年满七十，再三向中央表达自己的致仕愿望，并终于在七月七日实现。翌年，从绍熙二年（1191）开始编撰的《欧阳文忠公集》（后文还会提及）完成。此后，周必大便一直在乡里闲适安然地生活，嘉泰四年（1204）年十月一日逝世，享年七十九岁，谥号“文忠”。同年十二月八日，周必大被埋葬在夫人王氏长眠的吉州庐陵县儒林乡斗冈。此处稍作补充，夫人王氏先周必大一年，即于嘉泰三年十月十七日逝世，享年六十九岁。

二、周氏一族与科举、姻戚

如前章述，两宋时期，包括吉州在内的江南西路诞生的进士人数居全国第三，而这其中又以吉州为最。贾志扬曾据明清时期地方志考察两宋各州（府、军）的进士人数并制成图表，显示吉州进士有 909 人。放眼全国，此数目也属前列，在 220 个州（府、军）中位列第七。[34] 这也是吉州被称为“士乡”的原因吧。[35] 周必大宅邸所在的永和镇，在元末乱世被破坏殆尽以前

34　贾志扬的《棘闱》附录三。

35　《文忠集》卷四八《跋戊午岁吉州举人期集小录》：“选士于里，登名天府，为之首者期集同举之人，礼也。庐陵号士乡，故此礼尤盛，而今岁特盛焉。”此处所说的“庐陵”并非特指庐陵县，而是如标题所示，指治在庐陵县的吉州。何安娜也指出，宋元时期的士人不管来自哪个县，都经常自称“庐陵”出生。要言之，庐陵也可以表示吉州全体（Anne Gerritsen, *Ji'an Literati and the Local in Song-Yuan-Ming China*, Brill N.V., Leiden, Netherlands, 2007, p. 116）。

是个窑业发达的地区，[36] 士人也多居住于此。[37]

那么周氏一族在两宋时期究竟诞生了多少位进士呢？贾志扬依据万历《吉安府志》卷五《选举表》汇总出各氏族的及第人数，由多至少分别是：刘氏 128 人，萧氏 60 人，李氏 58 人，曾氏 57 人，彭氏 49 人，王氏 39 人，罗氏 35 人，胡氏 29 人，欧阳氏 29 人，周氏 26 人……周氏的进士人数仅占 909 人中的 2.86%。要之，周氏进士在整个吉州内并不十分突出。另外我们也无法确认，万历《吉安府志》中的周姓进士是否都是周必大的同族。因为周必大一族并非自宋建国之始便居住在吉州，据《行状》《神道碑铭》记述，该族迁居至吉州的原因是祖父周诜就任吉州通判，因此，至少可以肯定宣和以前及第的周中和（天圣二年）、周叡（元丰八年）、周师道（政和二年）与周必大并非同族。[38]

然而仅据《行状》《神道碑铭》，周必大的先祖只能追溯至其曾祖父一代。曾祖父周衎曾任朝奉郎（正七品），虽不知是否中举，但也是作为官僚出仕了。周必大在别处记录说，祖父周诜是元符三年（1100）的进士，建中靖国元年（1101）与夫人潘氏一道赴任地忻州（今山西省忻县），虽无其他旁证，但他祖

36　Anne Gerritsen, *ibid*, pp. 21-22. 许怀林《江西通史 5（北宋卷）》，江西人民出版社，2008 年，第 122—125 页；《江西通史 6（南宋卷）》，江西人民出版社，2009 年，第 223—225 页。

37　例如《文忠集》卷三二《乡贡进士欧阳耿仲弇墓志铭》有“欧阳氏族望庐陵，而家于永和镇者，尤以儒称”；胡铨《胡澹庵先生文集》卷二六《欧阳先生墓志铭》称“欧阳之居永和者，登第踵武，而贡于太常者相望也。乡曲号为儒材名族”。

38　然而姚勉《雪坡集》卷五〇《万安周贡士墓志铭》有“万安周君公弼亮甫，（中略）维周氏在庐陵，与平园益国公同系，后徙万安。高祖叡，擢元丰第，终万载令”，记述周叡与周必大同族。然而周必大祖父周诜移居吉州庐陵，当在北宋末期，因此姚勉的记述可信度存疑。

父可能是科举及第的官员。[39] 父亲周利建与伯父周利见都是政和八年（1118，此年十一月改元重和）的进士。[40] 如前所述，周必大于绍兴二十一年（1151）二十六岁时及第。不过与周必大同代（行辈）的弟弟周必强，以及伯父的几个孩子周必达、周必端、周必正、周必先似乎都未通过科举考试。关于周必大的儿子周纶，两《年谱》皆有他任官的记录，但各种史料中未提及他是否中举，所以他或许是受周必大恩荫出仕的。另外，查看万历《吉安府志》卷五《选举表》可以发现，嘉定元年（1208）的周必贤、嘉定七年的周必从，与周必大同为"必"字辈。两人也都出生于庐陵县，很可能与周必大同族，但因为没有确凿的史料证据，所以依旧无法断定。

如此一来，周必大族中可以确定及第的仅有祖父、父亲、伯父和周必大四人。至于同族进士寥寥无几的原因，首先是与周必大同辈的族人相继早逝，参加科举的人十分稀少。如前节所述，周必大父亲周利建三十七岁病逝，周必大唯一的弟弟周必强也在绍兴三十年三十三岁英年早逝，膝下无子。弟弟去世后，周必大还为他家从同族那里过继来一养子以续香火。[41] 兄弟姊妹

39 《文忠集》卷一五《跋初寮王左丞赠曾祖诗及竹林泉赋》有"大父太师与初寮先生，同为元符庚辰进士。大父任忻州法曹"；卷四六《题祖妣秦国潘夫人书》有"祖妣秦国潘夫人，从祖父初任忻州司法时"云云。然而无论是在前揭万历《吉安府志》卷五《选举表二》，还是傅璇琮主编《宋登科记考》元符三年进士一览，都未见周诜之名。

40 《文忠集》卷七二《谭宜义孚先墓志铭》："昔我先太师秦国公暨我伯父金紫光禄大夫，与君伯父朝奉郎赠中大夫讳观光，同登政和八年进士第。"前揭万历《吉安府志》卷五《选举表二》中未见二人之名，傅璇琮主编《宋登科记考》政和八年项仅见周利建，不见伯父周利见（上册，第 594 页）。

41 《文忠集》卷三一《子柔墓志铭》："亡弟子柔，仁而刚，敬而和，敏而笃学。幼事母孝，长从兄顺，与人交忠信廉逊，其存心主于厚而自期甚远，（中略）皆曰，是必贵且寿，

中唯一长命的周必大，也只有周纶一子，而从《行状》《神道碑铭》来看，周纶孩子中也仅有周颢一个男孩。[42] 周必大虽然主张大臣家况存续与否与国家兴亡息息相关，[43] 但自己却子嗣甚少，可说是无法将这项主张付诸实践。

乾道九年（1173）六月，一名年轻女性悄然离世，年仅二十。一个多月后，周必大将之厚葬于庐陵郊外。据他所述，这位名叫"芸香"的女性，是自己从行在所带来给弟弟周必强做"侍妾"的。然而这位孙姓女性来到庐陵是死前一年的乾道八年，此时周必强已仙逝逾十二年，则这一事实与孙氏是周必强"侍妾"的记述明显矛盾。细观各项原委，或许孙氏实际上是周必大的侧室。李仁生、丁功谊《周必大年谱》也将她的身份记为周必大的妾。周必大如此记述，想来是担心贤夫人王氏嫉妒而故意隐瞒实情吧。孙氏未育有子女，年纪轻轻便香消玉殒。[44]

然年止三十三，（中略）君名必强，子柔字也。娶济南韩氏，无子。予既求宗姓继续其祀（后略）。"

42 前揭李仁生、丁功谊《年谱》引民国《白沙周社南渡周氏族谱》，称周纶有周颢、周籲、周颋三子（第 25 页），并据此制作谱系图（第 26 页），但笔者未见此族谱。据《中国家谱综合目录》（中华书局，1997 年）也未能确认该族谱所在。

43 《文忠集》卷一八六《江阴李教授沐》："古者公卿大夫之家，其夫兄既植德累功于前，其子孙复增修积美于后，传祀数百不陨其名，是之谓世臣巨室。及其季也，荜门圭宝之人暴登贵仕，而公侯子孙往往降在皂隶，国之兴替，常于是乎。"

44 《文忠集》卷三六《芸香志》："周子充之侍妾曰芸香，姓孙氏，钱塘人。（中略）予于行在所，时年十七。后二年，从予归庐陵。明年六月一日病死，为买地州南二十里圣居山，葬用七月十八日，实乾道九年。"关于孙氏逝世，李仁生、丁功谊《年谱》记作："六月初一壬戌朔，小妾孙芸香去世，安葬于吉州南面的圣居山。"（第 139 页）关于周必大正室妒忌，《说郛》卷二八引用宋陈直《韦居听舆·夫人妒》："周益国夫人妒。有媵妾，公盼之，夫人縻之庭。公过之，当暑，媵以渴告，公以熟水酌之。夫人窥于屏曰：'好个相公，为婢取水。'公笑曰：'独不见建义井者乎？'"可见夫人嫉妒的程度之深。至于其贤，则见《文那么哪些氏族曾与周氏一族结有姻戚关系呢？下页的谱系图记录了周必大一族的谱系以及可知范围内各位夫人的姓氏。若能确认孩子是哪位夫人所生，则将孩子姓名记在夫妻两人名字下方；若是无法确认孩子是哪位夫人所生，则将孩子姓名记录在父亲名字下方。先看周必大直系。据《行状》《神道碑铭》等记，曾祖父周衎夫人为郭氏；祖父周诜夫人为潘氏、李氏、张氏三人，出生地及父祖姓名均不详。[45] 关于周利建和周必大父子的夫人，前面已有论及。周利建的夫人王氏，是祖籍相州安阳县（今河南省安阳市）的王靓之女。周必大妻子王氏，是祖籍平江府昆山县（今江苏省昆山市）的王葆之女，王葆晚年移居常州宜兴县（今江苏省宜兴县）。接着是周必大兄弟姊妹的婚姻关系。弟弟周必强的妻子韩氏出生于济南（今山东省济南市），父亲姓名不详。[46] 韩氏成为寡妇后似乎居住于赣州宁都县（今江西省宁都县），因为隆兴元年（1163）六月二日，周必大自临安曾赴此慰问。[47] 周必大的姐姐如前节所述，嫁给了尚大伸，尚氏一族祖籍在相州安阳县。但尚大伸死后葬于庐陵县境内，由此看来，至少在北宋末南宋初的这段混乱时期，尚氏有部分族人移居至江南生活。[48]

再看伯父的家系。周必大姐姐的墓志铭中提及其丈夫尚大

忠集》卷七六《益国夫人墓志铭》、杨万里《诚斋集》卷一〇二《祭益国夫人王氏文》。

45　李壁的《行状》记曾祖父夫人是潘氏、李氏、张氏，但如《文忠集》卷三九《初除参政赠三代东宫三少告庙祝文》所示，三人显然是祖父的夫人。《行状》本就欠缺对祖父的记述。

46　参照本章脚注 41。

47　《文忠集》卷一六五《归庐陵日记》“隆兴元年六月辛酉”条：“巳时，至宁都县，与大弟、姊别十年矣。追怀子柔，相向而恸。”

48　尚大伸祖籍和埋葬地见《文忠集》卷三四《武昌签判尚宗薄大伸墓志铭》。

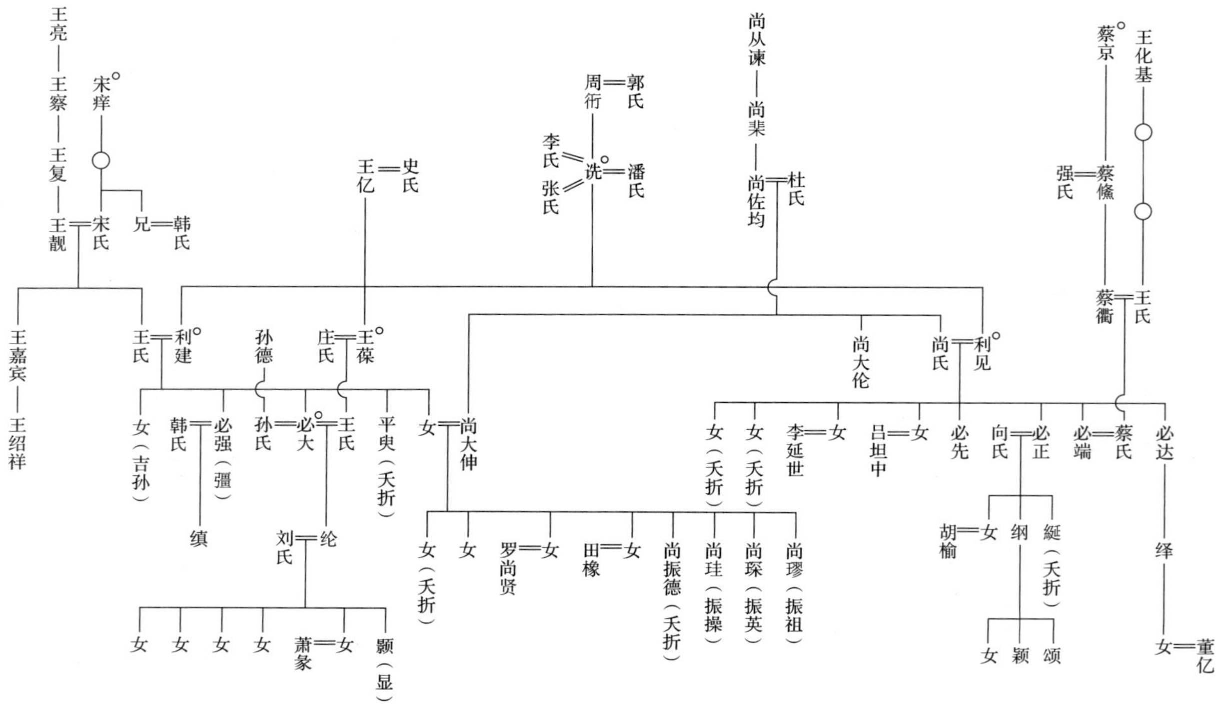
王亮—王察—王复—王靓
宋痒
王靓＝宋氏
兄＝韩氏
王嘉宾—王绍祥
王＝史氏
王亿
周衍＝郭氏
李氏＝洗＝潘氏
张氏
尚从谏—尚棐—尚佐均＝杜氏
王化基
蔡京
强氏＝蔡儵
蔡衢＝王氏
王氏＝利建
孙德
庄氏＝王葆
尚大伦
尚氏＝利见
女（吉孙）
韩氏＝必强（彊）
镇
孙氏＝必大＝王氏
刘氏＝纶
女
女
女
女
萧象＝女
颢（显）
平曳（夭折）
女＝尚大伸
女（夭折）
女
罗尚贤＝女
田椽＝女
尚振德（夭折）
尚珪（振操）
尚琛（振英）
尚璆（振祖）
女（夭折）
女（夭折）
李延世＝女
吕坦中＝女
必先
向氏＝必正
胡榆＝女
纲
綎（夭折）
女
颖
颂
必端＝蔡氏
必达
绎
女＝董亿

吉州周氏一族家系图

伸时称，“惟吾家与安阳尚氏，旧为婚姻”，[49] 但文中的尚氏（一族）还应涵盖伯父周利见的夫人。也就是说周必大的姐姐，嫁给了伯母的兄弟。站在周必大姐姐的角度，伯父的妻子尚氏是自己的伯母，而自己的丈夫尚大伸则是伯母的弟弟。虽然伯母与丈夫是姐弟关系，但两人相差十九岁。尚氏和周利见育有必达、必端、必正、必先四子以及四女。长女嫁吕坦中，次女嫁李延世。这两位女婿都是为官的士人，但出生地及事迹皆不详。[50] 四个儿子中，仅周必正一人有相关记述。他比周必大年长一岁，宣和七年（1125）出生。如前所述，幼时他曾同周必大一起在“家塾”学习，但最终未及第。之后受祖父周诜的恩荫获得官职，同乡的杨万里曾评价他“敏于吏事”。[51] 周必正的妻子向氏，乃真宗朝宰相向敏中五世孙女。敏中的曾孙女是神宗的皇后，所以周必正的妻子可谓出身名门。[52] 向敏中祖籍开封，一族在靖康之变后应移居到了南宋领土内，但不清楚必正妻子所在的这一支系当时居住

49 《文忠集》卷三六《亡姊尚氏夫人墓志铭》：“惟吾家与安阳尚氏，旧为婚姻。”

50 《文忠集》卷三六《伯母安人尚氏墓志铭》。关于这位尚氏，《文忠集》卷三四《武昌签判尚宗薄大伸墓志铭》中有“惟吾伯母，实公之娣”（据《四库全书》本《文忠集》），称她是尚大伸的妹妹，然而对照两者的墓志铭可以发现，尚大伸生于徽宗政和七年（1117），尚氏生于哲宗元符元年（1098），显然是比尚大伸年长十九岁的姐姐。

51 陆游《渭南文集》卷三八《监丞周公墓志铭》：“公讳必正，字子中。（中略）公乃不偶，始以祖遗泽，补将仕郎，易廸功郎，监潭州南狱庙。”淳熙十二年（1185）杨万里应丞相王淮之请作《淳熙荐士录》，周必正也名列其中，其评语是“工于古文，敏于吏事。临疑应变，好谋而成”（《诚斋集》卷一一三）。

52 陆游《渭南文集》卷三八《监丞周公墓志铭》：“公讳必正，字子中。（中略）娶向氏，文简公五世孙。”关于神宗的皇后向氏，《宋史》卷二四三《后妃传下》：“神宗钦圣宪肃向皇后，河内人，故宰相敏中曾孙也。”哲宗死后，神宗皇后向氏对拥立徽宗起到很大作用，关于这点参见秦玲子《宋代の后と皇嗣决定権》（《柳田節子先生古稀記念　中国の伝統社会と家族》，汲古書院，1993 年）。木下铁矢《「母権」の現実》（《朱子学の位置》，知泉書館，2007 年）以宋代为中心从长时段的中国史考察以决定帝嗣为代表的母权作用。

何处。周必正的哥哥周必端的事迹不明，但可以确认其妻子是蔡氏。蔡氏的曾祖父是徽宗朝镇压旧法党并作《元祐党籍碑》的蔡京，家族在父亲蔡衢时期移居至吉州北边的袁州（今江西省宜春市）。[53] 周利见长子（必达）的孙女嫁给了吉州永丰县（今江西省永丰县）的董亿（1171—1202）。[54] 此外，出生于福州侯官县（今福建省福州市）的江文叔（1128—1194）曾随父亲赴任赣州宁都，也与周必大一族结有姻戚关系，[55] 明州奉化县（今浙江省宁波市奉化区）的祖叔父周忱之女，似乎嫁给一位姓黄的男性。[56]

如上，虽说周必大一族自北宋末南宋初，三代皆有科举及第者，但此后因为子孙不多，登科传统中断，持续恩荫出仕。在婚姻对象上，周必大先祖的夫人祖籍多是郑州（今河南省郑州市）附近的相州或是江南的苏州（平江府），吉州县内或附近的较少。即是说，周必大一族对于通过姻戚关系与在地氏族结成某种关系网之事并不热心。不过，周必大姐姐和丈夫尚大伸死后埋葬庐陵县，由此推测他们应该在庐陵县生活过。再考虑到周利见孙女嫁给了永丰县董氏，则或许周氏一族经过一段时间后，才与吉州在地的氏族构建了一定的婚姻关系。周必大的前后几代还处于过渡时期中。

53 《文忠集》卷三一《蔡子亨墓志铭》记录了绍兴十六年（1146）周利见路过袁州，欣赏蔡家家风，并想与蔡家联姻的经过。从文脉看，当时蔡衢应该居住在袁州。

54 《文忠集》卷七五《登仕郎董君亿墓志铭》："妻周氏，予堂兄袁州使君讳必达之孙，其父绎也。"

55 《文忠集》卷七二《广南提学市舶江公文叔墓志铭》："昔君侍父尉赣之宁都，与予兄弟倾盖如故。自是熟君文行，阅四十年，情谊日亲，而君介弟立叔再婿予家。"

56 《文忠集》卷一七〇《乾道庚寅奉事录》"乾道六年六月乙亥"条："递中收王致君正言书，转致四明六十九姑书，姑盖族叔祖忱之女，乙丑生，嫁黄氏，丁亥秋丧父。"

三、周氏一族的宗族活动

本书反复提到，北宋末南宋初时的吉州是一个在治安上存在一定问题的区域。其根本原因是当时宋朝政治局面的整体性混乱，但就吉州而言，很大程度上还受到南边赣州的局势所左右。盗贼袭击吉州后，往往藏身于赣州山寨中以躲避官兵追捕。[57]如第一节所述，周必大及第翌年，即绍兴二十二年（1152）秋，士兵齐述在赣州叛变，周必大也被迫要处理此事。在如此乱世中，宗族存续的关键是一族的团结，更何况周必大一族还是北宋末年才移居至吉州的“新人”。对于该族来说，齐心协力更是至关重要。

那么周氏一族的宗族活动情况究竟如何呢？首先，北宋末，在周利见、周利建两兄弟及第的政和八年（1118），周氏一族仍居住在郑州，一族“内外百口”。[58]据说在11世纪中叶，创设于苏州的著名范氏义庄，最初包含族员九十人，在其他宋代史料中也可看到宗族集结最多也就是数百人的程度。[59]因此，百人

57　黄志繁《“贼”“民”之间：12—18世纪赣南地域社会》第二章《烟瘴之地、土豪与王朝变迁》，生活·读书·新知三联书店，2006年；本书前章《宋代吉州的胡氏一族》。

58　据《文忠集》卷三六《伯母安人尚氏墓志铭》，周利见在太学上舍取得优异成绩时，尚氏恰好成年，两人结为夫妻。之后“周氏为郑巨族，于曾祖父中奉、大父大中皆无恙，内外百口”，此中所记族员数正显示出此族郑州时期的情况。

59　范氏义庄创设时期的族员数，见钱公辅《义田记》（收录于《范文正公集》）。关于两宋时期范氏一族的规模，近藤秀树《范氏義莊の変遷》（《東洋史研究》第21卷第4号，1963年）、远藤隆俊《范氏義莊の諸位·掌管人·文正位について：宋代における宗族結合の特質》（《集刊東洋学》第60号，1988年）中皆有论及。关于宋代普遍的宗族规模，见笔者对柏文莉著作（《权力关系：宋代中国的家族、地位与国家》）的书评（《名古屋大学東洋史研究報告》第27号，2003年）。

这个数字未必不能说是郑州“巨族”。且“内外百口”中虽然肯定包含姻亲在内，但其中周氏一族的人数也不是少数。

很难想象包括姻亲在内的“百口”，在移居至吉州后原封不动地维持下去。但需要注意的是，南宋中期，该族聚居于吉州永和镇并过上了同居共食的生活（“共爨”），[60] 则经历了一段时间后该族的规模或许有所恢复。这是周氏一族全体成员的共同努力。接下来，我们就来看一看他们努力的轨迹。

首先确认周氏一族是否拥有共同族墓。如前节所述，在周必大祖父周诜的时期，家族移居吉州。因此，周必大曾说：“周氏世郑人，徙吉三世矣。”[61] 此次变动也包含了周诜在内的族人埋葬地的变更。[62] 据《年谱》记载，绍兴二十年（1150）正月，周诜同夫人张氏被葬于吉州庐陵县膏泽乡金凤山。这个地点或许可以视为周氏一族埋葬地的起始点。

不过，周诜以后的周氏一族并非全部葬于吉州。至少建炎三年（1129）去世的父亲周利建、绍兴八年（1138）病逝的母亲王氏都暂时葬于信州上饶县的茶山。乾道二年（1166）十一月，母亲王氏改葬在吉州庐陵县。虽没有明确记载，但父亲周利建大概也一并改葬在吉州庐陵县。[63] 从母亲王氏的墓志铭中看，此

60 陆游《渭南文集》卷三八《监丞周公墓志铭》关于南宋中期的情况，记有“筑第于永和镇，聚族共爨”。

61 《文忠集》卷三一《子柔墓志铭》。

62 《文忠集》卷三九《茶山告启殡祝文》有“惟祖父栖神庐陵，子孙家焉”，则周氏一族似乎是因祖父周诜葬于庐陵才在当地定居。

63 关于父亲周利建的埋葬地，《文忠集》卷三九《信州茶山初赠焚黄祝文》有“嗟乎，某不孝之罪，上通于天，一去松楸，十二年于兹矣。禄不及养，仕则何心？其所以迟迟不去者，徒以先公早世，未通闺籍，而母氏之邑封未启也”。关于母亲临时埋葬再改葬吉州的过程，见《文忠集》卷三六《先夫人王氏墓志》。

处埋葬地离祖父的墓地很近。[64]再举一些能够明确埋葬地的例子。伯父周利见和伯母尚氏葬于吉州庐陵县膏泽乡金凤山，[65]周必大姐姐葬于吉州庐陵县膏泽乡珠禾，姐夫尚大伸葬于“吉州庐陵县某乡之原”。虽然没有明确记录，但因为是夫妇，尚大伸应该与周必大姐姐葬在同一地点。[66]弟弟周必强在绍兴三十年(1160)病逝，亲人遵其遗言对遗体进行了火化，遗骨在乾道二年母亲下葬时被埋在母亲墓旁。[67]被认为是周必大妾室的孙氏，同样葬在吉州南部的圣居山上。[68]年仅十三岁便病逝的周必大孙女，也就是周纶的女儿，也葬在周必大夫妇墓地所在的吉州庐陵县儒林乡斗冈。[69]最后，周必大从兄弟周必正，也就是周利见、尚氏夫妇的第三子，同其夫人尚氏一同葬在吉州庐陵县膏泽乡金凤山“大墓”的东侧。[70]

64　关于王氏改葬一事，《文忠集》卷三六《先夫人王氏墓志》有“十二月壬申，达于吉，顾视先茔兆域相迩，不可以祔，别卜地于夹河二里间，惟长冈之麓”。

65　《文忠集》卷三六《伯母安人尚氏墓志铭》：“举夫人之柩，祔葬于吉州庐陵县膏泽金凤山伯父之茔。”

66　关于其姊，参见《文忠集》卷三六《亡姊尚氏夫人墓志》。关于其夫尚大伸，参照《文忠集》卷三四《武昌签判尚宗簿大伸墓志铭》。

67　关于周必强火葬，《文忠集》卷三八《祭子柔弟文》有“昔吾弟之病革，命火化而投诸清冷之渊，我知之矣，虑以遗骨累兄也”，知其遗言火葬以免运送遗体回乡辛苦。关于周必强的埋葬地，《文忠集》卷三一《子柔墓志铭》：“当乾道丙戌十二月二十八日，予自上饶改葬先夫人于吉州庐陵县膏泽乡长冈之麓，乃祔君柩于兆域后五十步，成君志也。”

68　《文忠集》卷三六《芸香志》：“明年六月一日病死，为买地州南二十里圣居山。”另可参照李仁生、丁功谊《年谱》“乾道九年”条（第139页）。

69　关于孙女埋葬，《文忠集》卷七六《村女圹志》有“卜以甲子三月甲申，葬于庐陵县儒林乡斗冈之原”，关于周必大夫妻，则见《行状》《神道碑铭》，例如《神道碑铭》记有“初益国夫人葬庐陵县斗冈之原，十二月丙申，奉公之丧合焉”。

70　陆游《渭南文集》卷三八《监丞周公墓志铭》：“恭人之殁也，葬庐陵县膏泽乡金凤山，祔大墓之东。至是乃以十二月庚申，奉公柩合葬焉。”

这些位于庐陵县的墓地并不完全集中在同一个地方，所以不能认定一族拥有共同族墓。但从上述记述可知，周氏一族的墓地基本位于以吉州庐陵县膏泽乡金凤山为中心的邻近区域。金凤山距离周必大居住的永和镇也不远。据《归庐陵日记》，周必大在隆兴元年（1163）六月壬午（二十三日，公历7月25日）抵达永和镇，同日清晨乘舟在赣江东岸下船后登上“凤山”祭祖扫墓，午后返回居所。[71]虽说需要坐船，但两地之间短时间即可抵达。

《文忠集》卷三九收录了周必大到庐陵“凤山”和“长冈”扫墓时写的十七篇“焚黄文”。像这样的活动，无论是周必大亲自前往还是委托他人代替，都一定有相当数量的该族成员同行。伊佩霞曾指出，在宋代，扫墓有着增强宗族凝聚力的作用，[72]不难想象周氏一族的情况也是如此。

《文忠集》卷三九中除“焚黄文”外，还有以“告庙文”“谢家庙”为题、向供奉在家庙中的祖先进行汇报的文书，总共十八篇。内容多是报告周必大升官或是祖先获得赠官等消息。此外《文忠集》卷九〇也有以“祝文”为题的两篇文章，内容分别是周必大代替族兄弟周必达向祖先报告周必正结婚一事，

---

71 《文忠集》卷一六五《归庐陵日记》(《四库全书》本，第25页a、b)：“壬午，早移舟东岸，登凤山拜坟。遂过方广，与吕氏姊及兄弟会，哭子柔攒堂。饭终，归永和本觉寓居。”民国《庐陵县志》卷一下《疆域志·山川》“金凤山，在城南二十里永和市东，形似凤故名。相传昔时有金鸡飞鸣其上”，记述了金凤山得名的原因。

72 Patricia B. Ebrey, “Early Stages of Descent Group Organization,” ed. Patricia B. Ebrey & James L. Watson, *Kinship Organization in Late Imperial China 1000-1940*, California U.P., pp. 20-29. 中岛乐章进一步展开伊佩霞的观点，认为宋元时期同族结合以扫墓、墓上的石刻族谱，以及墓地附属的墓田为中心落实（《元朝統治と宗族形成：東南山間部の墳墓問題をめぐって》，井上徹、遠藤隆俊编《宋—明宗族の研究》，汲古書院，2005年）。

以及周利见和尚氏夫妻获得赠官一事。总之，家庙作为向祖先报告宗族重大事件的场所，构成了宗族精神生活的中心。这样以祭祀祖先为目的而建立起来的场所，在宋以后一般被称为祠堂或家庙（北宋时期则多称作影堂）。正如既有研究所说，这种设施是宋代以后组织化不断增强的宗族之特色。[73] 虽然建立时间不详，但需要特别强调的是，周氏一族确实拥有对宗族团结有着重要作用的家庙（功德寺）。顺带说，虽然详细面貌无法考证，但该族也建有功德寺。[74] 功德寺也叫功德坟寺或者单纯称作坟寺，属菩提寺的一种。在宋代，宰执等高官被允许建造功德寺，国家也赋予了其免役等特权。既往的研究指出，这种坟寺和墓地、家庙一样，是一种团结宗族的媒介。周必大曾任宰相，自然获允建造这种功德寺（坟寺）。[75]

73　探讨宋代以后祠堂、家庙作用的研究较多，此处列举几个代表性的研究：牧野巽《宗祠とその発達》，《牧野巽著作集》第 2 卷，お茶の水書房，1980 年；王善军《宋代宗族和宗族制度研究》第四项《宗族祭祀》，河北教育出版社，2000 年；拙著《欧陽脩：その生涯と宗族》第十章《北宋中期における宗族の再認識について》，創文社，2000 年；吾妻重二《宋代思想の研究：儒教 · 道教 · 仏教をめぐる考察》第一部第四章《近世宗族研究における問題点——祠堂 · 始祖祭祀 · 大家族主義》，関西大学出版部，2009 年；冯尔康等编《中国宗族社会》第三章第二节《庙制不立与祠堂的设置》，浙江人民出版社，1994 年（修订版改题为《中国宗族史》，上海古籍出版社，2009 年）；冯尔康《中国古代的宗族和祠堂》第三章《宗族的祠堂祭祖》（小林义广日译《中国の宗族と祖先祭祀》第三章《宗族と祠堂祭祀》，風響社，2017 年），商务印书馆，2013 年。另外，远藤隆俊近年的论文中指出，宋元时期的祖先祭祀逐渐从坟寺转移到祠堂（《墳寺から祠堂へ：宋元士大夫の墳墓と祖先祭祀》，《東北大学東洋史論集》第 10 辑，2007 年）。

74　《文忠集》卷七六《村女圹志》有“平园老叟周某孙女村娘，（中略）以绍熙甲寅五月一日，病没于吉州旧居东山堂，权殡功德寺”，可确认功德寺的存在。

75　关于此问题的研究，较早有竺沙雅章《宋代墳寺考》，《東洋学報》第 61 卷第 1、2 号，1979 年，亦收录于氏著《中国仏教社会史研究》，同朋舍，1982 年；近年中岛乐章《元朝統治と宗族形成：東南山間部の墳墓問題をめぐって》、远藤隆俊《墳寺から祠堂へ：宋元士大夫の墳墓と祖先祭祀》均有涉及，此外也可参照魏峰《宋代迁徙官僚家族研究》

从墓地、家庙的设立中，我们可以看到周氏一族对祖先祭祀事务上的努力。当然这些努力不是移居到吉州才开始的，而是延续郑州时的传统。周利见妻子尚氏的墓志铭中称，郑州周氏一族墓地附近的土地是用尚氏嫁妆购买的。[76]但周氏一族初到吉州是在北宋末南宋初政治、社会极度混乱的时期，相比于墓地、家庙，一族的延续更为重要。周利见夫妻先是收养了周必大兄弟姐妹等遗孤，为了家族能够再次繁荣，似乎也致力于子弟教育。这一点清楚体现周必大与从兄弟周必正一起上的家塾上。[77]墓地、家庙的建立，是社会安定及一族生活平稳后逐次进行的。周诜与夫人张氏一起在绍兴二十年（1150）正式下葬，最大的原因是前一年张氏去世，但这也一定与社会及该族生活的逐步安定密切关联。在周利见夫妇之后，承担起复兴周氏一族重任的，自然是官至宰相的周必大。《行状》“抚族姻有恩意，官同姓者六，异姓者五”，《神道碑铭》“孝友淳笃，事从兄如诸父。公自奉甚约，绝声色之娱，周恤族姻”，都清晰地展现了这个情况。关于家庙，因为现存的“告文”“祝文”是隆兴二年（1164）以后的文章，所以家庙的设立应迟于墓地。此时周必大刚刚及第，肩负着一族的期待开始踏入官场，很可能深度参与了家庙的设置吧。

（上海古籍出版社，2009 年）第四章第一节《迁徙家族与地方的冲突》。

76 《文忠集》卷三六《伯母安人尚氏墓志铭》：“初，祖茔之侧有腴田焉。其主将售之，大中欲谋而未有力。夫人适大归，密闻其议，启伯父曰：‘吾奁具可出也。近垅之地，顾可使他姓得耶？’伯父以告，大中大悦，其田遂归于我。”

77 《文忠集》卷三六《伯母安人尚氏墓志铭》：“粤自南渡，遭家多难，遗孤满目，伯父收集教育。（中略）辛未春，伯父即世于虔也，贫无甔石，夫人殊不介念，而益励子侄以学，使无忘前人之志。家有故笏，盖曾高时物，其后继世擢第，转以相授。”关于“家塾”，陆游《渭南文集》卷三八《监丞周公墓志铭》有“公与从父弟丞相益公讳必大，成童俱入家塾”。

四、地域社会中周必大的交友关系

像周氏一族这样，为了能在移居地继续生存下去，宗族需要在事关地域社会整体利害的事情上发挥作用，宗族的领袖也必须要在地域社会中构建起人际关系网。然而，从现存史料上，还未看到周氏一族在地域社会整体利害中做出的贡献。因此本节介绍以周氏领袖周必大为中心的交友关系也即人际关系网。如前所述，庐陵县永和镇被称为“士乡”，士人、士大夫多居住于此。那么其中周必大的交友关系又是如何？

首先是基于师生关系的交友。如第一节所述，周必大幼年短暂居住信州时随陈持学习。十三岁时母亲王氏逝世，周必大返回庐陵与弟弟周必强一起随刘若川学习。刘若川九十一年的人生中，大部分时间都以在乡里教育后辈谋生，培养了诸多人才。后来周必大受刘若川的门生所托为刘撰写了墓志铭，由此可窥周必大与其门生之间有往来。[78]

其次，周必大与南宋时期庐陵出生的名人胡铨、杨万里、王庭珪也有往来。王庭珪是政和八年（1118）进士，不到五十岁便致仕还乡，九十三岁的人生中有近半个世纪都是在庐陵度过。由于父亲、伯父和王庭珪是同榜进士，周必大也与王庭珪相识。[79]虽然周必大在孝宗朝最末期当上宰相，登上仕途巅峰，

---

78 《文忠集》卷三一《右迪功郎致仕刘公若川墓志铭》：“隆兴元年十二月一日，庐陵乡先生刘公卒，州学教授师生员哭其家甚哀。郡人皆叹曰：‘善人死矣！’于是门生乡贡进士田亮功，会萃遗事，属某为之铭。某之兄弟，昔以童子受业公门，其何以辞？”被称为“乡先生”的刘若川曾是周必大的老师，见《宋元学案》卷三五《陈邹诸儒学案》“刘若川”项。

79 以上内容见《文忠集》卷二九《左承奉郎直敷文阁主管台州崇道观王公庭珪行状》：“子頔卜以十年正月丙午，葬公本县清化乡长赋之原。使来速行状，将求铭于胡公。惟昔伯

但正如第一节所述，就算是任官，在隆兴元年至乾道六年的七年间、乾道八年至淳熙二年的三年间、绍熙四年直至嘉泰四年逝世的十一年间，总共二十一年的时间，周必大都居住在乡里。这段时间为他与扎根在地域上的士人、士大夫们建立关系提供了充足的时间。

正如六朝时期俗语“百万买宅，千万买邻”[80]所说，中国自古就认为除了家人、亲戚外，保持邻里间的友好关系也十分重要。邻里关系恶化，家人甚至家族的生活也会受到威胁。从史料中，我们也可以窥探出周必大和近邻的交往情况。如王伯刍（1123—1201）与周必大有三十多年的交情，晚年还成了邻居。他并未及第，一生在读书与著述中度过。[81]另外，周必大还有一位叫罗长卿的友人，两人居所相近，时常交心对酌。[82]罗氏是出过《鹤林玉露》的作者罗大经，以及诸多进士的吉州名门，罗长卿或许也是此族之人。说到罗姓，周必大还有一位出生于吉州北部永丰县的友人，名叫罗永年，他的长子在诗文方面颇有才能，却因太过刻苦而伤了身，最终殒命。[83]

从与罗氏一族的关系来看，周必大还与娶了罗无竞之女的

父暨先君与公，同为政和戊戌进士，故知公详。”

80 《南史》卷五六《吕僧珍传》。宋代人已经充分认识到邻里关系在日常生活中的重要性。如南宋应俊《琴堂谕俗编》卷上《恤邻里》阐释构筑邻里友好关系的必要性，参照拙译注著《宋代地方官の民衆善導論:『琴堂諭俗編』訳註》，知泉書館，2009年，第43—51页。

81 《文忠集》卷七三《率斋王居士伯趋墓志铭》：“予识君三十年，晚幸切邻。”

82 《文忠集》卷三八《祭罗长卿文》：“昔我卜居，十里相望。每到君家，必罗酒浆。欢呼竟夕，交举罚觥。君又善戏，谑而不伤。分虽朋友，心则弟兄。”

83 《文忠集》卷四七《题罗炜诗稿》：“友人永丰罗永年长子炜，天才隽敏，而苦于学，遂至陨生。”

胡季怀（1123—1170）往来频繁。[84]《文忠集》卷一六六中收录了《闲居录》一文。周必大出仕后，曾于隆兴元年至乾道六年长期在村中停留，此文即是他在隆兴元年七月至乾道二年九月近三年间的行动日记。作为同样从吉州走出来的士人，胡季怀的名字与周必大族兄弟周必正的名字一样，多次出现在此日记中。胡季怀是胡铨的族侄，科举失败后一直居乡著述、教导晚辈后生。他和归乡的周必大、同乡士人刘子澄一起，探访了以永和镇为中心的吉州各地名胜。[85]顺道说，族兄弟周必正在文中被称作“七兄”，这表明他在宗族内同辈中排行老七。[86]《归庐陵日记》（《文忠集》卷一六五）记述，周必大在隆兴元年（1163）六月壬午（二十四日）抵达永和镇时，周必正前一天即辛巳（二十三日）便到庐陵县南边的太和县迎接。或许是因为年龄相仿，两人自年少起就是族内最亲近的。[87]

周必大的活动范围也包括吉州治所的所在地庐陵县城。譬如他在隆兴元年及第后第一次归乡时，数次到庐陵县城，与在那里居住的士人、士大夫成了忘年之交。[88]根据《闲居录》的记

84　胡铨《胡澹庵先生文集》卷二八《季怀侄墓志》。后文关于胡季怀的叙述，如无特别说明均以此墓志为依据。

85　关于与周必大、胡季怀一道同行的刘子澄，据现存史料无法得知更具体的情况。《宋人传记资料索引》（第5册，第3919页）虽有泰和县出生同名同姓之人，但此人于嘉定十三年（1220）及第，应比周必大、胡季怀年轻许多。从周必大在《闲居录》中称其为“刘子澄先生”来看，若认为是同一人稍显违和。

86　周必正是“七兄”，可据《文忠集》卷九〇《七兄亲迎归庙见祝文》得知。换言之，题中的“七兄”即隆兴二年（1164）与尚氏结婚的周必正。

87　罗大经《鹤林玉露》乙编卷六《兄弟偈》“近时有周益公以太傅退休，其兄乘成先生以将作监丞退休，年皆八十，诗酒相娱者终其身”，引文中“乘成先生”乃周必生。

88　《文忠集》卷七三《廸功郎辰州叙浦张主簿履墓志铭》：“隆兴癸未夏，予解掖垣，奉祠归庐陵之永和镇，间入城，诸寓公往往忘年相礼。”此处言“寓公”，是为区别于本土士人、

述，县城的友人不仅有黄庭坚的侄子、通判黄塈，还有永和镇监镇陈士章等在职官僚。虽说此时的周必大已是致仕还乡的状态，但考虑到他是曾蜚声官场的大人物，拥有这样的交友圈也是自然。

周必大地方交际的成果之一，便是完成了《欧阳文忠公集》的编纂。据周必大所写的跋文可知，[89]《欧阳文忠公集》在绍熙二年（1191）春正式开始动笔，于庆元二年（1196）完成，其间得到"郡人"孙谦益、"乡贡进士"曾三异、承直郎丁朝佐的帮助。另据通行本《欧阳文忠公集》收录的吉州同乡胡柯所作《欧阳文忠公年谱》的《后序》，孙谦益、曾三异是庐陵人。[90]虽然因史料不足而无法进行论证，但同样在《欧阳文忠公集》的编纂活动上出力的丁朝佐也很可能出生于庐陵。总之，周必大的《欧阳文忠公集》是在同乡士人的帮助下完成的。顺道说，周必大在《文忠集》中称曾三异为"友人"，由此也可窥见曾三异凭借学识得到了周必大的信赖。[91]

稍作赘述，比较欧阳修《欧阳文忠公集》和周必大《文忠集》中收录的《行状》《墓志铭》《神道碑铭》可以发现，欧阳修书写碑的对象是各地人士，而周必大更多为吉州的同乡人书

士大人，而指代在任地定居的官僚（参照前揭魏峰《宋代迁徙官僚家族研究》，第 33 页）。周必大的交友对象，不应局限于这些移居的士人、士大夫（"寓公"），还应该包括本土士人、士大夫。

89 参照本章脚注 1。

90 胡柯的后序载于《文忠集》卷五二，题为《欧阳文忠公年谱后序》，或为周必大所作。

91 如《文忠集》卷五一《跋曾无疑所藏黄鲁直晚年帖》"右友人曾无疑所藏太史黄公帖"。文中"无疑"乃曾三异的字。关于《欧阳文忠公集》的编修协助者，参见东英寿《周必大の『欧陽文忠公集』編纂について》（第 208—211 页）。

写。抛开欧阳修并非在家乡出生长大这一点，我们能够从这两位同样在中央立身出仕的人物身上，[92]感受到北宋士大夫和南宋士大夫之间的差异。

总之，周必大在庐陵县永和镇定居，与邻近的士人、士大夫往来，并时常前往庐陵县城与那里的士人、士大夫以及在当地任职官僚们进行交流。这些行为无论是有意识还是无意识，都为新到庐陵的周氏一族在当地扩大知名度发挥了作用。

小 结

北宋末年，周氏一族从北方郑州移居吉州庐陵。周必大的祖父周诜以赴任吉州通判为由来到庐陵，最终与妻子一同被葬于此。此后该族在吉州定居，族人的墓地围绕在周诜夫妇坟茔周围，还建造了祭祀祖先用的家庙。这是以墓地、家庙为中心的祖先祭祀为轴心来团结本族成员。族中名人周必大在乡村中的交友活动，也为一族的存续提供了一些积极性影响。因为周必大曾担任宰相这样的中央高官，其政治上的威信提高了该族在地域社会中的存在感。

然而，在一族的繁荣和存续的背后依旧存在一些阴影。在祖父、父亲、伯父及第后，这一传统没能得到延续，到了周必大这一代，同辈中除他以外没有其他及第者。究其原因，主要是因为他的父亲周利建、弟弟周必强都在三十多岁早逝，且如

92　参照前揭拙著《欧陽脩：その生涯と宗族》第一章《欧陽脩小伝》。

周必强无子嗣所象征的那样，族中子孙稀少。管见所及，周必大膝下仅有周纶一子，仅据《行状》《神道碑铭》所示，周纶也仅有周颙一子。在此状况下，虽然周利见夫妇、周必大母亲王氏在北宋末南宋初这段时期都对后代教育上心，但可以说接受教育的主体寥寥无几。因此，就算在宗族团结上煞费苦心，此族也因子嗣稀少而难掩颓势。参看万历《吉安府志》卷五《选举表》发现，到万历年间为止，出生于庐陵的周姓进士并不多，且这些很难判断就属于周必大一族。

〔附记〕本文发表后，邹锦良题为《周必大生平与思想研究》（江西人民出版社，2013 年）的论著出版。此书是一本关于周必大生涯、政治及思想的综合性研究，内容与本章主旨、观点有不同之处，但未到改写此文的程度，因此本书仅在相关注释中引用。

第四章

杨万里的家族与地域社会

引 言

杨万里（1127—1206）主要活跃于南宋全盛期的孝宗、光宗时代，并作为南宋时期代表诗人之一留名青史。吉川幸次郎的《宋诗概说》（中国诗人選集二集，岩波書店，1962 年）是准确概述了宋诗特点的经典名作，如其中“陆游是最著名的大家，而范成大、杨万里与其齐名，被并称为‘范陆’或‘杨陆’”（第 190 页）所示，杨万里是与陆游、范成大齐名的南宋代表诗人，他们活跃于 12 世纪后半期至 13 世纪初期的宋诗第二个巅峰时期。[1] 三人出生年代相近，[2] 又多以互赠诗文的形式

1　吉川幸次郎《宋詩概說》称，若将北宋时期，王安石、苏轼、黄庭坚活跃的 11 世纪后半期以后视作宋诗的顶峰（第 112、127、163、164 页），则“宋诗在 12 世纪末 13 世纪初，到达了第二次顶峰”（第 190 页），并举陆游、范成大、杨万里作为代表南宋时期顶峰的诗人。

2　王德毅《宋人传记数据索引》“陆游”（1125—1209，第 3 册，第 2653 页）、“范成大”（1126—1193，第 3 册，第 1655 页）。

互动往来。其中杨万里的诗歌用语自由，虽多掺杂俗语但不落“俗”，仍可称“雅”。[3]

仅从这种方面来看，过去关于杨万里的研究多关注其诗人的一面，探讨其诗歌特点或是文学史上的地位，具有充分的意义。但除了诗人身份之外，如位列《宋史》卷四三三《儒林传》、晚年耗费十七年完成《易经》注释[4]所清楚显示，他还拥有浓厚的儒学家的一面。作为地方官，他取得了一些政绩，对地方政治也有一定的见解；居庙堂之高时，他也秉持刚正不阿的政治态度，并将之贯彻终生。另一方面，对于骨肉和姻戚，他爱护有加、照顾周全，一生致力于家族的存续，从未懈怠。总之，杨万里留下来的人生轨迹丰富多彩，并非仅就诗人侧面就可以把握。

本章选取有着多重身份的杨万里作为研究对象，特别关注他为家族存续做出的努力，以及与此相关的他与晚年所处的乡村社会间的关系以推进考察。如各章所示，这是因为本书想要在留意该人物的家族存续战略之下，探究南宋吉州士大夫、士人与地域社会间的关系。所以此处也从这样的观点，研究南宋

---

3 据前揭吉川幸次郎《宋詩概說》，杨万里的诗用语自由且多参杂俗语（第 214 页），但吉川未给出例证。不过这恐怕是承袭罗大经《鹤林玉露》丙编卷三《以俗为雅》等的记述。关于杨万里的诗研究众多，一一举例或恐烦琐，此处仅举近年浅见洋二意味深长的文章《楊万里と「詩債」》（《日本宋代文学学会報》第 1 集，2015 年）。浅见氏以唐宋时期诗文应酬、赠答中表达借的意识的“诗债”概念为线索，论证杨万里的诗歌在自然界与诗人的关系上重视此概念。

4 《四库全书总目提要》卷三《经部 · 易类三》中有“诚斋易传二十卷”，并称“理宗嘉熙元年，尝给札写藏秘阁，其子长孺进状，称自草创至脱稿，阅十有七年而后成，亦可谓尽平生之精力矣”。如辛更儒《诚斋先生杨万里年谱》（《杨万里集笺校》第 10 册，中华书局，2007 年，第 5263 页）所言，此十七年的叙述应该是依据《诚斋集》卷六七《答袁机仲寄示易解书》“注六十四卦，自戊辰发功，至己未毕务”（《杨万里集笺校》第 6 册，第 2869 页）。“己未”乃庆元五年（1199），此时杨万里七十三岁。

时期吉州代表性士大夫之一的杨万里。

关于杨万里的家族（亲戚、姻亲），陈义成有《杨万里家世考》一文，[5]主要以杨万里的《诚斋集》、胡铨的《杨君文卿墓志铭》（《胡澹庵先生文集》卷一五）为主要史料，逐一解答该族自何时、哪位祖先开始移居吉水，其家人和后裔有谁，先祖可以追溯到哪一代，族中有什么族人，与怎样的氏族有过婚姻关系。本文与陈氏使用同样的史料，一些内容在陈氏的文章也有触及，但不同的是，本文着重关注杨万里及其一族与地域社会的关系、一族的存续努力，而这些问题在陈氏的文章中未被特别关注。由此看来，本章的讨论或许也拥有一定的价值。

一、杨万里小传

杨万里如何谋求自己的家族、氏族的存续，又对地域社会寄予了怎样的关心呢？在探讨这些问题之前，且为了对其生活的时代有一定了解，我们有必要简要回顾他的一生。

如《序》中所述，《宋史》卷四三三《儒林传三》有杨万里的本传。此外，长子杨长孺写有题为《宋故宝谟阁学士通奉大夫庐陵郡开国侯赠光禄大夫诚斋杨公墓志》（后文略称为《诚斋墓志》）的传记。[6]查阅王德毅《中国历代名人年谱总目》（华世

5　陈义成《杨万里家世考》，《逢甲学报》第21期，1988年。

6　墓志似乎原载于乾隆五十九年（1794）刻本《诚斋集》（常见的《四部丛刊》本无），现收录于辛更儒《杨万里集笺校》（中华书局，2007年）第10册附录四《有关传记资料及纪念文》，可做参照。

出版社，1979年，第73页)，可以发现有六种年谱可供参照。[7]其中，清代邹树荣所作《杨文节公年谱》收录在《宋人年谱丛刊》(四川大学出版社，2003年)(后文略称为“邹氏《年谱》”)，容易获取。此外，现在还有一份《中国历代名人年谱总目》中未收录但很重要的年谱，即辛更儒《诚斋先生杨万里年谱》(后文略称为“辛氏《年谱》”)。辛更儒对《诚斋集》做了细致的注释和校订，出版了题为《杨万里集笺校》的浩瀚巨著。同时，他搜罗《诚斋集》以及其他关联史料，完成此份年谱作为附录，且一一列示论断依据。可以说，这是目前为止记述最翔实可信的年谱。不过，辛氏《年谱》在编年上有些许问题，也有一些误排，加之不怎么关注杨万里子孙的动向，所以没有这种问题的邹氏《年谱》也仍有充分的利用价值吧。另外，阅览《杨万里集笺校》各诗文下的笺证可知，辛氏常常利用清人杨振鳞的《杨氏人文纪略》及《湴塘忠节杨氏总谱》(清光绪二十五年刻本)作为典据。从笺证考证的内容上判断，它们也是与杨万里生涯有关的有用史料，但前者未收入《中国丛书综录》(上海古籍出版社，1983年)，后者也不见于《中国家谱综合目录》(中华书局，1997年)，皆所在不详，难以获取。所以文中引用这二者的相关记述时，皆是从《杨万里集笺校》中转引，还请知悉。最后，

7　邹树荣《杨文节公年谱》，南昌邹氏一粟园丛书本，1922年；储皖峰《杨万里的生卒年月》，《国学季刊》第5卷第3期，1935年；崔骥《杨万里年谱简编草稿》，《江西教育》第19期，1936年；夏敬观《杨诚斋年谱》，商务印书馆，国学丛书《杨诚斋诗》附录，1940年；胡明珽《杨万里先生年谱》，《大陆杂志》第39卷第7、8期，1976年；刘桂鸿《杨万里年谱及其诗》，台湾大学中文研究所硕士论文，1969年。前揭《宋人传记数据索引》“杨万里”项(第4册，第3188页)还附有《杨万里范成大研究资料汇编》(明伦出版社，1970年)。

有关杨万里的史料，则要介绍同样出生于吉州吉水县的罗大经《鹤林玉露》。罗大经生于宁宗庆元初期（1195年前后），殁于理宗淳祐末年（1252年前后），但十来岁时见过杨万里，或许也是因为这个原因，《鹤林玉露》中记录了许多杨万里及其家族的轶事，对本文也有参考价值。[8]

引言稍显冗长了。接下来本文适当利用上述史料，简单回顾杨万里的一生。据杨长孺《诚斋墓志》，杨万里生于建炎元年（1127）九月二十二日（公历10月29日）子时（夜里12点左右）出生，字廷秀，祖籍吉州吉水县。同乡的周必大及苏州人范成大靖康元年（1126）出生，长他一岁；陆游宣和七年（1125）出生，长他两岁。几人年龄相仿，此后也关系亲近。同乡的胡铨生于徽宗崇宁元年（1102），是比杨万里年长二十五岁的先达。

杨万里的父亲叫杨芾，生母是毛氏。杨芾与毛氏在杨万里后还生有一子，但因夭折而不知名字。毛氏逝世后，杨芾娶罗氏为继室，两人诞下的子女似乎也都早夭，因此杨芾的孩子中只有杨万里成年。[9]杨芾生于绍圣三年（1096），三十二岁时有杨万里，毛氏当时的年龄不详。杨芾孝顺父母的事迹十分出名，在《宋史》卷四五六《孝义传》（中华书局，排印本，第三十八册，第13411页）和胡铨的《杨君文卿墓志铭》中都有记述。两文

---

8 罗大经的生卒年参见中华书局排印本《鹤林玉露》（1983年）的《点校说明》及附录一《罗大经生平事迹考》（皆出自王瑞来之手）。关于罗大经与杨万里的会面的记述，见《鹤林玉露》乙编卷四《月下传杯诗》“余年十许岁时，侍家君竹谷老人谒诚斋，亲闻诚斋诵此诗”。

9 胡铨《胡澹庵先生文集》卷二五《杨君文卿墓志铭》有“元配毛氏，生二子，长万里也，次早夭。今夫人罗氏。孙男三人”云云。辛氏《年谱》“杨芾”项（《杨万里集笺校》第10册，第5155页）引《湴塘延宗公派总图》“生三子，二夭”，因此杨芾和罗氏间也生有一子，但最终夭折。

字句有些出入，但大致上讲述的都是下述逸闻：杨芾每次去市场都要买酒肉给父母。绍兴五年（1135），饥荒席卷吉水县一带，米价飞涨。他变卖衣物到邻县买米，归途遇到盗贼，要被以武力夺米时，他恸哭地说："我为了七十多岁的父母出来买米背负至此，已经三天未进食，请你们可怜我，放我一条生路。"于是他被释放了。（关于此事的结果，《宋史》列传称盗贼被杨文卿的话感动而放走了他。《杨君文卿墓志铭》称即便如此，盗贼还是抢走了一半的大米。）

话题回到绍兴三年。此年杨万里七岁，生母毛氏病逝。据辛氏《年谱》，这一年杨万里开始接受父亲的启蒙教育。胡铨《杨君文卿墓志铭》里记述杨芾在家乡以教育儿童为业，由此看来，杨万里可能是与同龄人一起开始学习。绍兴十年，杨万里十四岁，师从同乡的高守道。绍兴十三年，十七岁的杨万里又赴吉州安福县跟随王庭珪学习。绍兴十七年，二十一岁的杨万里师从福安县的刘安世（1100—1167）和刘廷直（1100—1160）。[10] 据辛氏《年谱》，此年杨万里首次参加乡试但落榜。同年，后来成为他内侄的罗全略（1128—1175）同样在乡试中名落孙山。杨万里在乡试结束后的归途中因病危笃，同行之人几乎都弃而不顾，只有罗全略留下来为他寻医，还废寝忘食地看护。多亏了

10 师从刘安世的年份，辛氏《年谱》记为绍兴十六年（1146），邹氏《年谱》记为绍兴十七年（1147），但都说是杨万里二十一岁时。如辛氏《年谱》也引用的《诚斋集》卷七七《送刘景明游长沙序》（景明是刘俊的字）"始予生二十有一，自吉水而之安成，拜今雩都大夫刘先生为师，而友于刘子彦纯"，杨万里确实在二十一岁时师从刘安世。那么杨万里二十一岁就不是绍兴十六年，而是绍兴十七年。关于师从刘廷直一事，《诚斋集》卷七三《浩斋记》有"某自少懵学，先奉直令求师于安福，拜清纯先生刘公为师。而卢溪王先生及浩斋先生，俱以国士知我，浩斋又馆我"。文中的"浩斋先生"即刘廷直。

他，杨万里仅十五日就痊愈了。[11]顺带说，他的老师刘安世在此年通过乡试，翌年成为进士。[12]杨万里在后来的绍兴二十年通过乡试，但在翌年的省试中落榜。因此，绍兴二十三年，他另师从祖籍吉州庐陵县的高宗朝中书舍人刘才邵（1086—1158）。大概确有成效，同年杨万里通过乡试，并且在翌年的绍兴二十四年进士丙科及第，此时二十八岁。同科的状元是张孝祥，及第名单中还有秦桧的孙子秦埙以及范成大、虞允文（孝宗朝丞相）等，杨万里的叔父杨辅世也名列其中。后来因为不法行为被朱熹弹劾的唐仲友也在此之中。[13]

科举及第同年，杨万里被任命为毗邻吉州南部的赣州司户参军。这是职掌赋税和仓库管理的地方下级官职，因为“待阙”，实际赴任是在绍兴二十六年（1156）三十岁的时候，此前他似乎一直在家乡待命。据辛氏《年谱》，此间他与后文也要提到的同乡罗氏成婚。这是他二十九岁时的事情。任赣州司户参军的两年中，杨万里和父亲杨芾与张九成（1092—1159）、胡铨有过往来。长男杨长孺（乳名为仁寿或寿豈）也在此期间出生。[14]

11　辛氏《年谱》“绍兴十七年”条。此条引《诚斋集》卷一二七《罗仲谋墓志铭》“予于仲谋至亲，初同举于乡，既闻罢而归”为依据。《杨万里集笺校》卷一二七《罗仲谋墓志铭》中关于此处的“笺证六”（第9册，第4927页），依据杨万里绍兴二十年通过乡试，判断这次落第是绍兴十七年的乡试。笺证中“是年诚斋二十一岁”的描述，与同氏《年谱》绍兴十七年二十二岁的记述矛盾。此外，《罗仲谋墓志铭》记述了乡试落第后患疾之事。

12　王庭珪《卢溪文集》卷四五《故左朝奉郎刘公墓志铭》。傅璇琮主编《宋登科记考》（江苏教育出版社，2009年）“绍兴十八年”项（上册，第796页）。《宋登科记考》将他记为“福州安福县人”，当然正确的是“吉州安福县人”。

13　前揭傅璇琮主编《宋登科记考》“绍兴二十四年”项（上册，第833页）。淳熙九年（1182）朱熹弹劾唐仲友一事，与朱熹相关的论述多有涉及，此处仅举网罗此次弹劾相关史料的束景南《朱熹年谱长编》卷上（华东师范大学出版社，2001年，第735—740页）。

14　辛氏《年谱》根据庆元三年（1197）杨万里在写给周必大的书信（《诚斋集》卷一〇五《答

绍兴二十八年（1158），杨万里结束赣州司户参军的任期并归乡，到吉水南溪定居。此处是他后半生的居所。

绍兴二十九年杨万里三十三岁，作为县丞（知县的副官）到永州零陵县（今湖南省零陵县）赴任。这一年次子杨次公（乳名寿俊）出生。同一时间，对金主战派的张浚（1097—1164）被主和派的秦桧排挤，蛰居永州。[15] 对这位主战派的名士，杨万里曾多次谦恭求见，并终于在绍兴三十年如愿。此时已是高龄的张浚，教授给他“诚心诚意”的重要性。对此心存感激的杨万里在书斋里题下“诚斋”二字，此后以“诚斋”为号，终生敬重张浚。此时他还与胡铨会面，后来作为“门人”为胡铨写下了行状。[16]

孝宗隆兴元年（1163）春，三十七岁的杨万里结束了零陵丞的任期而归乡。此时，为了筹办一门（约十二人）所需的粮食，他购置了一些土地（辛氏《年谱》）。翌年八月四日，父亲杨芾去世，

周丞相》）提到三十九岁的次子杨次公患病，推断杨次公生于绍兴二十九年（1159），也因此杨长孺应该生于绍兴二十七年（《杨万里集笺校》第10册，第5174页）。此推论稍显牵强，但杨长孺应当在绍兴二十七年前后出生。

15 张浚被贬永州见《宋史》卷三六一《张浚传》，崔英超《宰相群体与南宋孝宗朝政治》（暨南大学出版社，2014年，第214页）从与此时期政治形势的关系，论及张浚此时的左迁。寺地遵描绘了以绍兴十八年为界，秦桧由过去对士人阶层的融和转为强化独裁的姿态（氏著《南宋初期政治史研究》第十一章《秦檜專制の進行過程》，溪水社，1998年）。

16 《诚斋集》卷一〇〇《跋张魏公答忠简胡公书十二纸》：“此帖十二纸，皆紫岩先生魏国忠献张公答澹庵先生忠简胡公手书也。绍兴季年，紫岩谪居于永，澹庵谪居于衡，二先生皆年六十矣。此书还往，无一语不相勉以天人之学，无一念不相忧以国家之虑也。万里时丞零陵，一日并得二师。”《诚斋集》卷一一八《宋故资政殿学士朝议大夫致仕庐陵郡开国侯食邑一千五百户食实封一百户赐紫金鱼袋赠通义大夫胡公行状》：“万里与公同郡，且尝从学。公将窆，万里以系官岭表，不得筑室于场。澥走书二千里，以公犹子承务郎致仕昌龄所述公之言行，诡万里论次，将乞铭于参政周公。万里敬恸哭而书之，谨状。淳熙七年九月日，门人朝奉郎提举广南东路常平茶盐公事杨万里状。”

享年六十九岁。[17] 自此直至乾道六年（1170）初夏赴任隆兴府奉新县（今江西省奉新县）知事，杨万里基本都在家乡服丧。其间，他在乾道二年秋拜访了潭州（今湖南省长沙市）的张栻（1133—1180，张浚之子，南宋代表思想家，号南轩），还带去了自己的时事论《千虑策》。张栻阅读后激励他称要将此策上呈给高官陈俊卿（1113—1186）。乾道三年春，杨万里前往行在所临安向陈俊卿、虞允文等高官呈递了这篇文章并受到极力称赞。这成为杨万里得以在中央活跃的契机。

乾道六年初夏，杨万里四十四岁之际，作为知事前往隆兴府奉新县，在征税上取得成效。不过此段任期极短。因《千虑策》而受到高官注目的杨万里，在陈俊卿、虞允文两位宰相的推荐下于此年十一月作为国子博士（从八品）被召入中央，翌年七月升任太常博士（正八品），乾道八年春任省试的考官。同年，叔父杨辅世去世，享年五十岁。[18] 四十八岁的杨万里于淳熙元年（1174）正月，以继母年老为由，带着漳州（今福建省漳州市）知事的官职离开中央，但实际上因待阙一直居住在家乡。同年，长子杨长孺通过乡试（据邹氏《年谱》，翌年的省试未及第，此后也未能中举）。淳熙二年六月，杨万里改任常州（今江苏省常州市）知事并于淳熙四年四月赴任，任期至淳熙六年正月止。淳熙六年秋，三子杨寿佺病逝。他去世时仅有乳名，享

17　胡铨《胡澹庵先生文集》卷二五《杨君文卿墓志铭》。

18　辛更儒在《诚斋集》卷一〇一题为《祭九叔知县文》的杨辅世祭文的“笺证二”，认为杨辅世于乾道六年去世（《杨万里集笺校》第7册，第3834页），但未给出依据。李裕民《宋人生卒行年考》（中华书局，2010年）根据《诚斋集》卷七九《达斋先生文集序》等数篇杨万里的文章，认为杨辅世生于徽宗宣和三年（1121），卒于孝宗乾道六年（1170）（第303、304页）。

年不明，辛氏《年谱》推定是十五六岁。[19]同年，杨万里被任命为广东提举，淳熙七年正月携杨长孺、杨次公赴任（邹氏《年谱》）。淳熙八年（1181）二月，杨万里五十五岁时兼任广东提点刑狱，在镇压于福建作乱的沈师集团中取得功绩。镇压活动数月后的淳熙九年五月，继母罗氏去世，享年八十一岁。[20]淳熙十年杨万里五十七岁之际，幼子杨幼舆（乳名寿昌）出生。

淳熙十一年，杨万里服丧期满，十一月作为吏部员外郎（正七品）出仕中央，翌年五月任吏部郎中（从六品）。此时，福建福州及周边地区发生了大地震，孝宗因此自然灾害命大臣指出自己的"时政阙失"，杨万里应诏列举出了十条政治问题。八月，他兼任东宫侍读，担任教导后来的光宗赵惇的事务。在赵惇正式成为皇太子的淳熙十三年，杨万里得到了他亲笔题写的"诚斋"二字匾额。此外，在淳熙十二年，他应宰相王淮之请，荐举了朱熹和因《通鉴纪事本末》闻名的袁枢（1131—1205）等六十位人才。此名册即《淳熙荐士录》（收录于《诚斋集》卷一一四）。

淳熙十四年十月，高宗驾崩。翌年三月陵墓（永思陵）竣工后，关于高宗宗庙的功臣祔祀问题出现了争议。主持定夺人选的翰林学士洪迈主张以吕颐浩、赵鼎、韩世忠、张俊从祀，与孝宗的意见一致。对此，杨万里强烈主张自己一向敬重的张浚也应

19 《杨万里集笺校》第10册，第5205页。

20 邹氏、辛氏《年谱》均未记录罗氏享年，但根据《诚斋集》卷一二九《太令人方氏墓志铭》"淳熙七年，（中略）余母年七十有九。（中略）后三年，余母即世"，罗氏享年八十一岁。罗氏的死亡时间，邹氏《年谱》记为淳熙九年七月，辛氏《年谱》记为淳熙九年五月。邹树荣没有给出依据，此处遵从据《诚斋集》卷一九所载两首言及除丧的诗歌逆推罗氏死亡年月的辛氏《年谱》说法（《杨万里集笺校》第10册，第5210页）。

祔祀，被孝宗批评“浮薄”[21]，最终未准。四月，杨万里被任命为筠州（今江西省高安县）知事离开中央，此时已六十二岁。淳熙十六年二月一日，孝宗禅位光宗。随着光宗即位，曾是侍读的杨万里在同年四月，自筠州知事升任至朝散大夫（从六品），六月升朝议大夫（正六品），八月被召还京，十月任秘书监（正四品），十一月被任命为接伴金国贺正旦使（负责接待前来庆贺正月的金国使节）。

翌年即绍熙元年（1190）正月，长男杨长孺作为主簿（职掌一县钱粮出纳）前往父亲杨万里曾经任职过的永州零陵县（今湖南省零陵县）。八月，杨万里完成了《孝宗日历》的编纂。按照惯例，序文应该由他来写，但被委任给他人。因此，杨万里以自己“失职”为由请求外任，十一月作为江东转运副使离开中央，此后再未返回。绍熙三年八月之后，他请求任祠禄官而不任实职，宁宗朝庆元二年（1196）六月奏请致仕。经过多次请求，杨万里终于在庆元四年三月十七日七十二岁之际得以致仕。

乡里生活从他辞免赣州知事、请职祠禄官的绍熙三年八月中旬开始，与庆元元年七月致仕的同乡周必大也有了深入交流。[22]庆元五年七十三岁时，杨万里完成了耗时十七载的《易传》

21　罗大经《鹤林玉露》乙编卷一《高宗配享》：“高庙配享，洪容斋在翰苑，以吕颐浩、赵鼎、韩世忠、张俊四人为请。盖文武各用两人，出于孝宗圣意也，遂令侍从议。（中略）杨诚斋时为秘书少监，上书争之。（中略）上忽谕大臣曰：‘吕颐浩等配享，正合公论，更不须议。洪迈固是轻率，杨万里亦未免浮薄。’”

22　周必大的事迹在前章《宋代吉州的周氏一族》有简要记述，详见邹锦良《周必大生平与思想研究》（江西人民出版社，2013 年），李仁生、丁功谊《周必大年谱》（江西人民出版社，2014 年）。

二十卷。翌年幼子杨幼舆任官，此时的杨万里应该能安享晚年了。

然而南宋的混乱时局却让他迎来了悲惨的临终时光。在宁宗接替光宗时有“定策之功”的外戚韩侂胄，不久将政敌赵汝愚赶下台。与之相关，他发动了排斥同赵汝愚共生死的朱熹等道学派的“庆元党禁”。此事的开端是庆元元年（1195）六月六日右正言刘德秀上奏，主张应辨别“口道先王语”之辈的真伪。这显然是在刻意指控朱熹一派。接着在庆元二年二月，科举考试禁止使用道学派的言论，庆元三年二月，道学派不得被授予京中职务。在压制道学派的同时，韩侂胄为巩固自身的政治基础，发动了对金战争。此次作战自开禧二年（1206）五月七日的伐金之诏开启，因此一般称作“开禧用兵”。[23]

说起来，在“开禧用兵”前些年的嘉泰元年（1201），韩侂胄在临安郊外建了名为“南园”的庭园，以官职为诱饵让因文人身份享有盛名的杨万里作《南园记》。杨万里以“官可弃，记不可作”回绝，激怒了韩侂胄。最终陆游写成这篇《南园记》，也因此晚节不保，遭到同时代及后世士大夫的批判。[24]

关于“开禧用兵”到杨万里去世这段时间的状况，由辛氏《年谱》也引用的《宋史》本传，及杨长孺请赐杨万里谥号的文章（《诚斋集》卷一三三《谥文节公告议》）可知。随着韩侂胄强化专权，杨万里的不满日益增强，因“忧愤”而多疾。正因

23　至“开禧用兵”的情形及其结果，详见衣川强《『開禧用兵』をめぐって》，初刊《東洋史研究》第36卷第3号，1977年，收入氏著《宋代官僚社会史研究》（汲古書院，2006年）时改题为《『開禧用兵』と韓侂冑政権》。

24　关于“晚节”问题，从拥护陆游的立场展开论述的，有耿硕宇《陸游·陸詩に関する:「閑適」説と「憤激」説をめぐって》（日本僑報社，2005年）第四章《陸游の人格から見た「閑適」説と「憤激」説》。

如此，家人考虑到杨万里的健康以及他“忧国爱君”的情愫，在战争开始后对他刻意不提。此时期，杨万里患上了消化器官的疾病“脏毒之疾”（伴有便血的肠道疾病）、糖尿病以及排尿困难的“淋疾”，健康恶化。[25] 不料此时一位名叫杨士元的族人从吉州庐陵回到吉水，拜访杨万里时偶然说起了“开禧用兵”。听闻此事，杨万里失声痛哭并且绝食，当夜未眠，写下八十四字。他在其中愤怒地控诉韩侂胄不仅不把宁宗放在眼里，还给国家和民众带来了巨大灾难。将此信封缄后，杨万里掷笔伏桌而亡，据说此事发生在开禧二年五月八日（公历 6 月 15 日）午时（12 时左右），享年八十岁。同年十一月七日，依据本人的意愿，他被埋葬在离家八百步外的不远处。辞世八年后的嘉定六年（1214）十二月，杨万里被赐“文节”谥号。

二、杨万里一族、姻戚及生活信条

杨万里的祖先可追溯到哪？他们又是从何时起居住在吉州吉水县？在杨存（杨万里相当于是杨存的曾侄孙）的《墓表》

25 《诚斋集》卷一〇四《贺周丞相年》：“踏冻还家，脏毒之疾大作，下血数升，薾然惫且病矣。”（据辛更儒的笺证，此书简为庆元二年作［《杨万里集笺校》第 7 册，第 3901 页］）《诚斋集》卷七〇《辞免召赴行在奏状》：“伏念臣齿几八十，灾亦频年。伏自去秋，偶婴淋疾。”《诚斋集》卷九七《淋疾祈祷青词》：“伏念臣年几八秩，病已再秋。（中略）虽备古来刀锯鼎镬之刑，未足喻此疾痛惨憺之状。三医并手，百药罔功。”“脏毒之疾”“淋疾”的病症及现代医学的病名，依据西山英雄《漢方医语辞典》（創元社，1958 年）。关于杨万里的疾病，烦请参见拙稿《杨万里の生平と疾病》（《名古屋大学東洋史研究報告》第 43 号，2019 年）。

中，杨万里记述了本族的谱系。[26]本文就先依据此文追溯。文中说，杨氏源自春秋时期的晋武公，其分支的羊舌氏中，被封于杨的一支后来成为杨氏。这段内容和《新唐书》卷七一下的《宰相世系表》中的记述一致。然而这种记述是多数姓氏将源流追溯至春秋战国时期的常用套句，可信度不高。在西汉初年被封为赤泉候的杨喜，其子孙中在东汉安帝时期活跃的杨震，在唐朝穆宗、敬宗、文宗时期活跃的杨虞卿都被列入先祖之列，但这同样与《新唐书·宰相世系表》的记述重合，或有摘抄的可能。

尽管如此，《墓表》中也包含了一些《新唐书·宰相世系表》中没有的内容。如杨虞卿之孙杨承休在天祐元年（904）作为使节前往吴越时，因杨行密独立建政而未能归京，最终定居江南，六世孙杨辂因仕于南唐而迁居至庐陵（即吉州）。此记述是《墓表》独有的。如果记述属实，可认为吉州的杨氏一族在唐末、五代时期落户于此。[27]从宋代出生于江西的新兴官僚的家族大部分都是唐末、五代时期移住到江西来看，[28]杨氏一族可能也同样如此。

那么吉州的杨氏一族是从宋代的何时起人才辈出？杨万里在乾道五年（1169）八月六日曾为族人杨杞的文集写序，在开头有这样的表达："吾族杨氏，自国初至于今，以文学登甲乙者，凡十有一人。"杨杞（鳣堂先生）是政和二年（1112）进士。[29]

---

26 《诚斋集》卷一二二《中奉大夫通判洪州杨公墓表》。杨存去往科场途中的怪诞体验未见于墓表但见于方志，如万历《吉安府志》卷三一《遗事·杨存传》。

27 前揭陈义成《杨万里家世考》也有相同见解（第29—43页）。

28 青山定雄《五代宋に於ける江西の新興官僚》，《和田博士還暦記念　東洋史論叢》，講談社，1951年。

29 《诚斋集》卷七八《鳣堂先生杨公文集序》："吾族杨氏，自国初至于今，以文学登甲乙者，凡十有一人。"杨杞及第的年次参见辛更儒对《鳣堂先生杨公文集序》这一题目的笺证（《杨除杨杞外，序文提及的人物中有三位明确及第，即杨杞的族兄政和五年进士杨邦乂（忠襄公）、元丰八年（1085）进士杨存（中奉公），以及大中祥符八年（1015）进士杨丕（屯田公）（万历《吉安府志》卷五《选举表》）。序文以外，《诚斋集》卷一一五《诗话》中提到杨氏一族工于诗文，并举四人为例，其中两人在上文已经出现，另外两人是杨朴（杨杞的兄弟）、杨辅世。杨朴在徽宗朝几度乡试成功，但最终未能中进士。杨辅世则如前述，与杨万里同在绍兴二十四年（1154）及第。[30] 且记作庆元六年（1200）五月的文章中，可以查到一族中同年及第者的杨辅世和杨万里是"叔侄"关系，而另一对同年合格的杨炎正（杨邦乂之孙）和杨梦信则是"从兄弟"关系。[31] 此四人皆是南宋的进士。这样看来，虽然事例不够充分，但不算真宗大中祥符年间杨丕及第，从元丰八年杨存及第开始，北宋末南宋初的吉州杨氏一族确实人才辈出，且自北宋晚期以来，该族作为士大夫阶层发展兴盛。这一点从万历《吉安府志》卷五《选举表》中记载的杨氏一族及第者人数中也可得到旁证。当然，表中杨姓进士自然不能说全都与杨万里同族，但姑且可作为参考。表中共记载了二十三名两宋时期的杨姓人物，北宋十名、南宋十三名。北宋进士中，

万里集笺校》第 6 册，第 3189 页）。

30 《诗话》："吾族前辈，讳存字正叟，讳朴字元素，讳杞字元卿，讳辅世字昌英，皆能诗。"关于此中进士的信息，杨存、杨朴、杨杞见于辛更儒《杨万里集笺校》第 8 册第 4363 页"笺证"，杨辅世见《杨万里集笺校》第 1 册第 131 页"笺证"。

31 《诚斋集》卷七六《静庵记》："宋中兴以来，自高宗及孝宗及太上及今上，四圣御极，七十有四祀。（中略）惟我大江之西，有一族而叔侄同年者，一时艳之，以为盛事，若予与故叔父麻阳令讳辅世是也。有一家从兄弟同年者，若予族叔祖忠襄公之二孙曰炎正、曰梦信是也。"

元丰二年（1079）以后有八人。或许可以说，杨氏一族的这种趋势，与南宋吉州涌现出胡铨、周必大等名人之氏族是一致的。[32]

接着讨论杨氏一族自何时起定居吉水县。虽然是比较后来的纪录，但出生于吉水、明朝永乐帝时期的翰林学士解缙（1369—1415）为吉安府（吉州在元代元贞之初，即1295年起改称吉安）太和县杨氏一族的族谱写序时称："吉水杨庄、湴塘，自侍郎长子锐、次子鋋，始迁居其地。"[33] 杨鋋在前述胡铨的《杨君文卿墓志铭》中是杨芾八世祖，相当于杨万里的直系先祖。如此看来，杨氏一族应该是在五代南唐时期移住到吉水县的。解缙接着说，到明初为止，及第者有杨庄的杨丕、杨邦乂等九名，湴塘的杨存、杨杞、杨辅世、杨万里四名。据光绪《吉水县志》卷三《地理志》中记载，杨庄和湴塘同样邻近五十六都，所以二者自宋代以来应该皆属吉水县同水乡。从光绪《吉水县志》的《吉水县疆域形势图》来看，南北贯穿江西的赣江流至吉水县，西岸即为同水乡，并且五十六都沿山一侧可见"杨家庄铺"的文字。按同为吉水县出生，比解缙晚出生一个半世纪的罗洪先（1504—1564）所说，即便同样是吉水县的杨氏，若不是杨庄、湴塘出生，也无法拥有该族的权势。[34] 近年，常建华在关于明代

32 参照本书第二章《宋代吉州的胡氏一族》、第三章《宋代吉州的周氏一族》。

33 解缙《文毅集》卷八《泰和杨氏族谱序》（此文又收录于《杨万里集笺校》附录四《有关传记资料及纪念文》，第10册，第5358页）。张艺曦引用包括此文在内的解缙的记述，论述南宋末年至今吉水杨氏一族的谱系及学问传统（《经学、书院与家族：南宋末到明初江西吉水的学术发展》，《新史学》第23卷第4期，2012年，第19—21页）。

34 罗洪先《念庵文集》卷一二《庐陵杨氏重修大同谱序》："庐陵诸族多自吉水湴塘、杨庄徙。杨庄以忠襄名，湴塘以文节名。诸族有不自湴塘、杨庄徙者，虽在吉水不得称雄长于诸邑。"此文也收录于《杨万里集笺校》附录四《有关传记资料及纪念文》，第10册，第5361页。

吉安府宗族的论文中也指出湴塘杨氏一族乃明代江西大族。[35]总而言之，从以上记述来看，至少可以确定宋代以降吉水县的杨氏一族曾有杨庄和湴塘两个支系。

时代往后推移得太多，再把话题回归宋代。解缙记述杨万里的居所在湴塘这一点，也可以从之前提到的杨长孺所作杨万里墓志开头部分“先君讳万里，字廷秀，姓杨氏，吉州吉水县同水乡新嘉里人，居湴塘”得到确认。[36]另一方面，杨万里曾说：“某生于南溪，长于南山，既冠而学于安福。”[37]那么这里所提到的出生及晚年居住的南溪、年少成长的南山，和湴塘有什么样的关系呢？首先，南溪位于吉水县城西北五十里（约 27.6 公里），紧挨着湴塘，名字源于注入赣江的支流南溪，距离吉州治所庐陵县城六七十里（33.12~38.7 公里）。[38]南山似乎也是湴塘的一处地方。[39]由此可知，南山和南溪应该都属湴塘。按杨万里自己的记述，南溪似是远离“城邑”“墟市”（定期市集）的充满田园风光的地方。[40]

---

35 常建华《江西吉安府的宗族祠庙祭祖》，《明代宗族组织化研究》上，故宫出版社，2012 年，第 180 页。

36 周必大《文忠集》卷四八《跋杨廷秀赠族人复字道卿诗》中也有“诚斋家吉水之湴塘”。

37 《诚斋集》卷七九《达斋先生文集序》。

38 辛更儒对《诚斋集》卷二《晚春行田南原》题名笺注：“南原，诚斋所居，在吉水县西北五十里朝元山南溪，因名其地南原。”，见《杨万里集笺校》第 1 册，第 109 页。光绪《吉水县志》卷五《地理志》：“南溪在县西北五十里同水乡，东流二十里，出柘口入赣江。”《诚斋集》卷一〇四《又与总领张郎中》（寄给张宛的第二书简）中也有“某庐陵村居，去城六七十里”。

39 光绪《吉水县志》卷八《地理志》记“南麓斋，在同水乡六十二都，湴塘南山下，宋末杨叔芳建，明解缙、金幼孜记”，可知南山在湴塘中。

40 《诚斋集》卷八〇《西溪先生和陶诗序》有“余山墅远城邑，复不近墟市”，《诚斋集》卷七《晚步南溪弄水》有“吾庐在南溪，溪北北山半。山空谁肯邻？影静鹤为伴。万松当篱落，从前述胡铨所作《杨文卿墓志铭》即杨万里父亲杨芾的墓志铭中“父讳格非，字元忠，（中略）则隐吉水南溪”可知，他家至少从祖父杨格非时期起就已居住南溪。据此墓志铭还可知，杨万里往前四代的高祖是杨堪（字不明），曾祖父是杨（希）开（字先之），祖父是杨格非（字元忠），父亲是杨芾（字文卿）。杨堪至杨芾皆未出仕。不过杨万里称：“粤若我家，儒学经训，实肇允于我祖。惟我祖经明行修，师授学者，閟于丘园，不显其光。”[41]那么从祖父杨格非那代起，他们家就以学问为生业。据胡铨《杨君文卿墓志铭》，杨格非的儿子杨芾，也即杨万里的父亲，也精通《易》学，在盛行三舍法的北宋末曾想借此求官，但失败且无田产，最终以教学为生，致力于晚辈教育（“家无田，授徒以养，暇则教子”）。

如前所述，杨万里生于南溪，在那里度过幼年时光（具体时长不明）。离开南溪后，举家迁至湴塘南山。绍兴二十四年（1154）及第后，杨万里曾回到南溪，但因离开已有年月，遇到的亲戚、附近居民都不认识，曾经的居所已杂草丛生，幼年时垂钓玩耍的地方也位置难寻，对此他很是沮丧。正在此时，忽闻有人呼唤杨万里的字（廷秀），并说：“与吾白首竹林，吾乐也。”于是杨万里决意归乡，而说话的这个人正是叔父杨辅世。实际上杨万里真正回到南溪建屋居住，是此事发生的四年后。绍兴

千岩上几案。花草岂厌多，不多亦堪玩。一丘万事足，半点无外羡”。

41 《诚斋集》卷一〇三《回赠先祖焚黄承务郎文》：“粤若我家，儒学经训，实肇允于我祖。惟我祖经明修行，师授学者，閟于丘园，不显其光。”对此文标题，辛更儒笺证“题，此诚斋祖父杨元中，因大礼得赠承务郎，遂作此焚黄告文”，明确指出是为祖父杨格非（字元忠）书写的焚黄文（《杨万里集笺校》第7册，第3886页）。

二十八年，杨万里任赣州司户参军期满，终于得以在杨辅世家附近定居。[42]在南溪，他不仅与邻近的杨辅世有往来，因亲戚也多居住于此，所以和一族子弟也来往甚密。[43]

杨氏的大部分姻戚似乎也都居住在相互往来的范围内。最值得一提的莫过于数代通婚的罗氏一族。首先，杨万里的夫人出生于吉水县南邻的庐陵县，是士人罗绋（绂，字天文）之女。罗绋居住在庐陵县印冈（印山），故被称为“印山先生”。据说杨万里为求罗绋墨迹，数次前往印山。[44]杨万里在定下两家子弟婚约的回函中提到“两家居五里之间，相闻鸡犬；一日结百世之好，如鼓瑟琴”，强调两家居所距离极近。[45]可以说，两家人

42 《诚斋集》卷七九《达斋先生文集序》：“甲戌，再同举于礼部，遂同年策第。某于是始一至南溪，谒族亲邻曲，盖有不相识者。问故居，则尽为藜藿矣。问童子钓游之地，则茫然不可寻矣。达斋悯然，字谓某曰：‘廷秀乎！子吾乡廷秀，非异县廷秀也。子归乎！与吾白首竹林，吾乐也。’于是某始有归志。后四年，某自赣州掾辞满，乃归南溪，卜筑于达斋之西。”当时上梁仪式的祝文《南溪上梁文》载于《诚斋集》卷一〇三。

43 《诚斋集》卷一〇一《祭九叔知县文》“呜呼，惟我与公，岂如他人。族则小疏，情则至亲。名则二人，实则一身。（中略）我少也贱，无庐于乡。流离之悲，我岂无肠？（中略）卜邻接屋，此心畴知。竹林之游，老以为期”，讲述与乾道六年（1170）去世的杨辅世之间的交往，也谈及与近邻的往来。《诚斋集》卷二《和元举叔见谢载酒之韵二首》“雪久自消犹半在，雨来正密更无休。硬黄字里真添瘦，重碧杯中且避愁。南溪溪北北山边，风月公何得独专？挈榼惭无桑落酒，赠诗如得汉阴鳊”，以南溪雪霁为背景描绘当时的情景，根据辛更儒笺证，这里以南溪为背景唱和的“元举”，是杨万里曾叔祖的孙辈（《杨万里集笺校》第1册，第128页）。由此可见杨万里和族人在南溪互赠诗文的姿态。与居住在南溪的族人杨彦通间的往来，《诚斋集》卷二《族叔祖彦通所居，宛在水中央，名之曰小蓬莱，为作长句》的长题诗文有“侬爱南溪不减公，南溪见公却疏侬。为侬只作一两曲，为公绕尽云边屋。屋后有竹前有花，断桥才整已半斜。（中略）蓬莱不大亦不小，作诗示公公一笑”，可窥二人亲密的交流。

44 《诚斋集》卷一〇〇《跋罗天文墨迹》有“予妇翁印山先生罗公天文送士人曾千里序也。予往来印山，求公之文章字画而不得”。《宋史》没为罗绋立传，但民国《庐陵县志》卷一九下《耆献志》中有其简要传记。

45 《诚斋集》卷五三《答罗氏定亲启》。

住在日常可频繁交往的距离内。这两族的婚姻关系，仅在常见史料中就能列举数例。比如杨万里的曾祖父杨（希）开、祖父杨格非、父亲杨芾三人的妻子皆是罗氏（杨芾的是续弦）。杨万里第四子杨幼舆的妻子是罗氏，长子杨长孺的儿子杨泰伯娶罗绋玄孙女为妻，与杨万里交往甚深的叔父杨辅世之子杨奎后来和罗绋的曾孙女定下婚约。[46]在成为罗绋的女婿后，杨万里与毛惠直结成姻亲关系。毛惠直也是吉水人，[47]虽没有确切证据，但他很可能与杨万里生母毛氏有一定的亲缘关系。

虽不是罗氏这样的近邻，但杨氏一族也与住在吉水、庐陵这样吉州州内的氏族结下姻戚关系。举几个例子。吉水县的萧氏乃吉州具有代表性的大族，杨万里曾说本族与其世代结为姻戚。[48]杨万里的两个侄孙女，与他的老师王庭珪的两个孙子结成婚约，[49]而王庭珪是吉州安福人。杨万里的长女（季蘩）的丈夫刘价、三女（季藻）的丈夫刘亿，皆是安福刘承弼（字彦纯）

---

46 杨（希）开、杨格非、杨芾妻子皆娶罗氏女，见辛氏《年谱》(《杨万里集笺校》第10册，第5156页)。杨幼舆之妻见《杨万里集笺校》附录四《有关传记资料及纪念文》引《忠节杨氏总谱杨万里杨长孺等传》(第10册，第5356页)；杨泰伯之妻见《诚斋集》卷六一《罗氏定亲启》辛更儒笺证(《杨万里集笺校》第5册，第2652页)；杨奎之妻见《诚斋集》卷一二九《罗价卿墓志铭》。

47 《诚斋集》卷一二八《郁林教授毛嵩老墓志铭》："嵩老毛氏，讳惠直。其先三衢人，八世祖侍御公为吉州太守，道出吉水之龙城，爱其佳山水。官满，遂家焉。(中略)初配张氏。继室罗氏，庐陵名儒天文之女。"

48 《诚斋集》卷一二六《萧希韩母彭氏墓志铭》有"(萧)彦绩讳唐卿，其宗贵而大"，《诚斋集》卷一〇〇《跋彭道原诗》有"吾族与萧氏，世姻也"。对后条内容，辛更孺笺证："杨氏与萧氏世姻，吉水白沙萧氏始祖霁，为吴门下侍郎杨辂之婿，而霁之七世孙许之子特起，复娶诚斋之姑，见本书卷一二八《萧岳英墓志铭》及本卷跋《萧侍御廷诚真书》，故曰世姻。"(《杨万里集笺校》第7册，第3813页)

49 《诚斋集》卷五二《回王敷文民瞻家定亲启》有"云何犹子之二女，得配执事之两孙"。王敷文民瞻是王庭珪。

之子。这是因为杨万里和刘承弼曾共同在刘安世门下学习的缘故吧[50]。二女（季蕴）的丈夫王徽、五女（季菽）的丈夫王潜出生地不明。四女（季蘋）丈夫陈经在《诚斋集》中几度出现，帮助杨万里处理个人事务，还在杨万里手肘疼痛无法执笔时为其代笔，是几个女婿中与他最亲近的。陈经出生于吉州北边临江军新淦县，是绍熙元年（1190）进士。[51]总之，以杨万里为代表的湴塘杨氏，基本都是与以吉水为中心的邻近州县出生者结成婚姻。长子杨长孺与温州永嘉县出生的吴氏结婚属于例外，但那时因为杨万里与吴氏的父亲吴公叔是同僚，担任筠州知事时吴氏的兄长吴璪又是部下，工作能力获得称赞。[52]

一族及姻戚居住得如此之近，则杨氏一族自然有作为宗族的活动，但管窥所及，没有史料直接展现这一点。《诚斋集》中

50 《诚斋集》卷一三一《节妇刘氏墓志铭》："予亡友安福西溪先生刘君彦纯，育德丘园，遁光閟芬。（中略）予与西溪先生友且亲，非予铭之而谁也？"对于"予与西溪先生友且亲"，辛更孺鉴证引杨长孺《杨万里墓志铭》"诚斋长女季蘩嫁进士刘价，三女季藻，嫁进士刘亿"，皆刘承弼（字彦纯）的孩子，因此称"亲"（《杨万里集笺校》第9册，第5058页，笺校六）。《诚斋集》卷七四《远明楼记》"后十年，予宦江东。予之倩安福刘价以书来"，提到女婿刘价。

51 《诚斋集》卷一一一《答万安赵宰》有"旧苦臂痛，偶三子皆之官，无分劳者，罢于书问。旧疾复作，不能执笔，敬请女婿陈丞代书"，可知陈经曾为之代笔。陈经在《诚斋集》数度出现，见卷一一〇《与权运使》"女夫子修职郎泰宁县丞陈经，瞻于学问，工于词章，临民廉惠，遇事勤敏。蚤年登庚戌科第"，卷八三《周子益训蒙省题诗序》"吾倩陈履常，示予以其友周子益训蒙之编"等。关于陈经的出生地，参见前揭傅璇琮主编《宋登科记考》下绍熙元年"陈经"项（第1121页）。

52 《诚斋集》卷一〇五《与福州安抚叶枢密》有"大儿长孺之妻兄、承直郎澧州推官永嘉吴璪，（中略）其父公叔与某一再同官，事契甚厚。而某假守高安之日，此郎为户掾，极赖其助"，同卷《与郑枢使》有"大儿长孺之妻兄、承直郎澧州推官吴璪，公叔监丞之子也。（中略）某更假守高安，此郎为户掾，甚得其助，首以京削荐之。未几，某再入道山，遂令长孺娶其女弟"。吴璪的家系参见《诚斋集》卷一〇八《与江陵范侍郎》："大儿长孺，有妻兄澧州推官吴承直璪，建炎尚书表臣之孙，隆兴监丞松年之子也。"

有七篇向祖宗灵位禀告先祖赠官，或是吊慰生母（毛氏）之灵等的焚黄文。[53]“焚黄文”（焚烧黄文）这一行为本身，如《诚斋集》卷一〇四《焚黄文（第四）》中“燧之以告先茔”所述，是在墓前焚烧。不过如《辞源》（1982年版，第1928页）中所解释的，也有将告文写在黄纸上，在家庙中向先祖禀告后再焚烧的，或者告庙之后再到墓前焚烧。如果是后者，那么当时一族应该设有在屋内供奉祖先的“龛”或独立于住宅的“祠堂”。常建华引用元代揭傒斯的文章指出，湴塘杨氏在元代时曾在杨万里旧宅之上建造祠堂，[54]则此时即便是告庙大概也仅有“龛”。无论是墓前还是“龛”前，总之从《诚斋集》所收焚黄文可知当时有聚集一族的祭祀活动，由此也可以在某种程度上推测出，该族以祖先祭祀为核心团结族人。

本节最末笔者想探讨一下杨氏一族的生活态度或者说生活信条。讨论之前，首先需要明确一下杨芾以后子孙辈的情况。杨芾应该有二子，但如《小传》中所述，最终长大成人的只有杨万里。据《杨文卿墓志铭》和《诚斋墓志》等，杨万里膝下有儿子长孺（幼名寿岂）、次公（幼名寿俊）、寿昌（似为幼名）、幼舆（幼名不详）四人，女儿季蘩、季蕴、季藻、季蘋、季菽五人，其中三子寿昌早夭。从现存史料看，杨万里的孩子都没有顺利通过科举考试，但也全员入仕为官，应是有赖于杨万里恩荫。

53 《诚斋集》卷一〇三《焚黄祝文》（同名文章四篇）、《回赠先祖焚黄承务郎文》、《先考焚黄进赠通义大夫》、《先通奉焚黄文》。伊佩霞指出宋代的宗族尚未发展至有共同族产等的高级阶段，而是以先祖祭祀为中心团结在一起（Patricia B.Ebrey, “Early Stages of Descent Group Organization.” ed.Patricia B.Ebrey & James L.Watson, *Kinship Organization in Late Imperial China 1000-1940*. California U.P.1986, p. 27）。

54 前揭常建华《江西吉安府的宗族祠庙祭祖》,《明代宗族组织化研究》上，第180—181页。

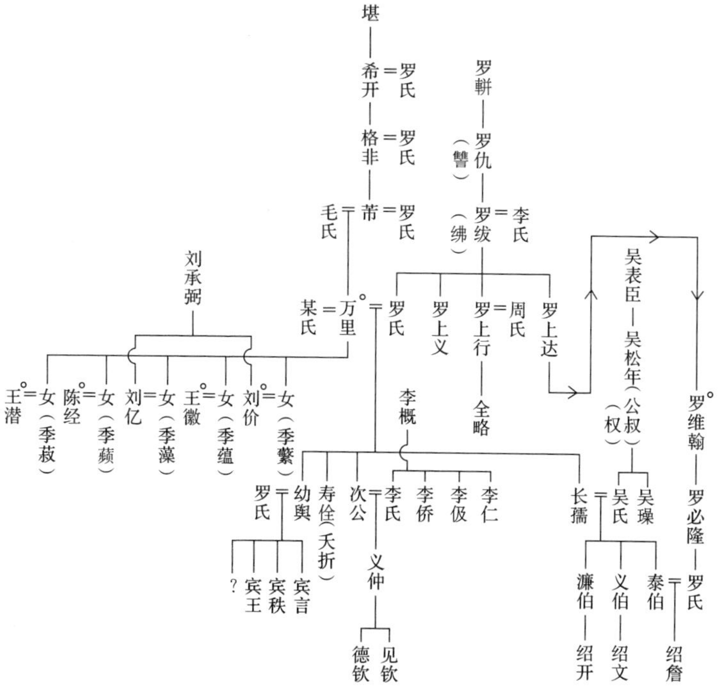

杨万里家系图

辛更儒以罗大经《鹤林玉露》丙编卷四《诚斋夫人》中“(罗氏)生四子三女”为据，断定杨万里的孩子中，两个女儿的母亲是姓氏不详的“妾”所生。[55]关于杨万里孙子和曾孙的情况，则可参考家系图（杨万里家系图、罗绋家系图），此处不作赘述。[56]

如前所述，杨万里的杨氏一族，自祖父杨格非一辈起就开

55　辛氏《年谱》“妻罗氏”和“妾某氏”项，《杨万里集笺校》第10册，第5156、5157页。

56　关于杨万里的孙子和曾孙，参见《杨万里集笺校》附录四所载《忠节杨氏总谱杨万里杨长孺等传》，第10册，第5354—5356页。

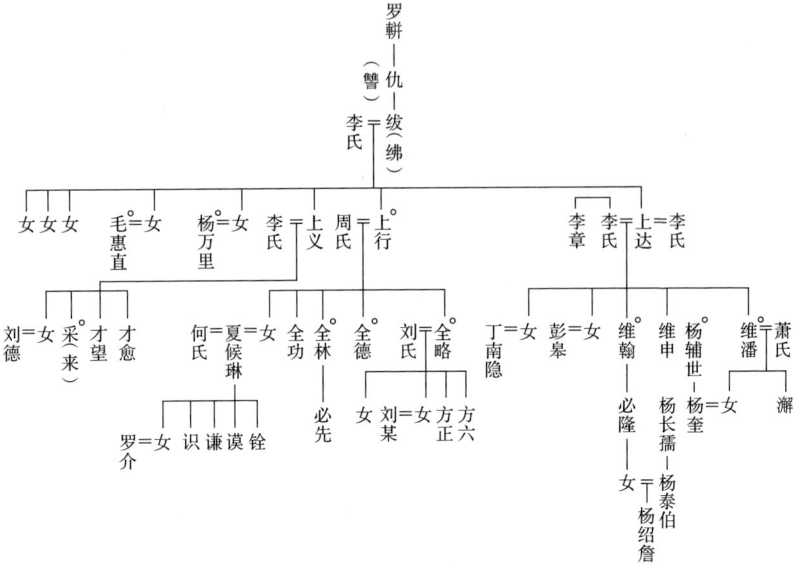

罗绋家系图

始以学问为生业。杨万里的父亲杨芾自然是家族中节俭生活的最典型代表。据胡铨《杨君文卿墓志铭》，虽然教师工作所得的“束脩”只有两万钱，但他仍忍饥耐寒以购书籍。[57]

生活如此贫困，大概是由于自杨万里祖父一辈起，家里都只靠学问为生。[58]但这样的生活方式也培养出了谨慎节制的家

57　前揭胡铨《杨君文卿墓志铭》：“公岁入束脩之资，以钱计者才二万，橐鬻太觳，忍饥寒以市书，积十年得数千卷。”北宋也有事例，叶烨指出单纯依靠讲学，尤其是小规模的讲学，难以维持生计（《北宋文人的经济生活》，百花洲文艺出版社，2008 年，第 19、20 页）。梁庚尧也认为，两宋时期仅仰仗家塾、私塾的收入，生活会十分困苦（《宋代科举社会》，台大出版中心，2015 年，第 170 页）。

58　《诚斋集》卷一一四《诗话》：“予先太中贫，尝作小茅屋三间，而未有门扉。”如辛更儒笺证提及，“先太中”指杨万里的父亲杨芾（《杨万里集笺校》第 8 册，第 4363 页）。

风。杨万里被任命为赣州司户参军、永州零陵县丞时，因等待前任离任而在家乡待阙，每次见到父亲杨芾都会被训导“俭则不贿”。[59]可能也是因为有如此教诲，在中央政界大放异彩的杨万里，也为了随时可以回归乡里而将必需品限定在一箱以内，并告诫家人勿买多余物品成为行李负担。[60]夫人罗氏也注重节俭，平时首饰只戴银饰而非金饰，所穿绢物也只是粗糙的绸绢。夫人在长子杨长孺做湖州知事时已是八十多岁高龄，但还是在官舍的庭院种植苎麻以供纺布制衣。在养育子女方面，所生的四男三女都是母乳喂养，从未雇佣奶娘。她曾言：“饥人之子，以哺吾子，是诚何心哉？”对雇佣奶娘一事，她是持批判态度的。[61]

杨万里夫妇的生活信条，在子女教育方面也有体现。庆元六年（1200），长孺被任命为隆兴府南昌县知事，赴任前杨万里教导他说，为官“廉”“恕”“公”“明”“勤”五点最为重要，特别要注意“廉”和“恕”。[62]杨长孺恪守“清廉”的事迹，在《宋史翼》卷二二的本传和罗大经《鹤林玉露》中都有记述。特别是《鹤林玉露》指出，杨长孺廉洁的品性是受到了母亲熏陶。[63]

---

59 前揭胡铨《杨君文卿墓志铭》：“绍兴甲戌，万里策进士第，调赣州户掾，再调永州零陵丞，皆侍公之官。每过庭，必曰：‘俭则不贿。’”

60 罗大经《鹤林玉露》乙篇卷一《住山僧》，“杨诚斋立朝时，计料自京还家之裹费，贮以一箧，钥而置之卧所。戒家人不许市一物，恐累归担，日日若促装者。”

61 罗大经《鹤林玉露》丙篇卷四《诚斋夫人》。

62 《诚斋集》卷九七《官箴》：“大儿长孺试邑南昌，辞行，问政于诚斋老人。告之曰：‘一曰廉，二曰恕，三曰公，四曰明，五曰勤。’因作官箴以遗之曰：吏道如砥，约法惟五。畴廉而残，畴墨而恕。兼二斯公，别无公处。三者备矣，我心匪通。兹谓不明，借谞为聪，夙夜惟勤，乃克有终。”杨长孺赴任南昌知事，参见前揭邹氏《年谱》“庆元六年”条，以及辛更儒对《官箴》题目的笺证。

63 陆心源《宋史翼》卷二二《循吏 · 杨长孺》：“杨长孺字子伯，别号东山潜夫，以荫补永州零陵主簿。（中略）累官至广东经略安抚使、知广州事。每对客曰：‘士大夫清廉，便杨万里的生活信条，在《家训》中也有明确展现。[64] 文章开头说“吾今老矣，虚度时光”，因此此文应是他晚年所作。杨万里如下说道：“寸田尺地，毋使抛荒。疏堕乃败家之源，勤劳是立身之本。大富由命，小富由勤。”此处他提出应该追求靠自己的努力达成的适度财富，因此勤劳是第一必要的。在此前提下，《家训》劝诫说，男女都应昼夜劳作，在供养家庭的同时也要重视税金的缴纳。并且警告说，若是懒散度日，很快就会陷入缺衣少食、抛售土地的境遇。最后文章称“万顷良田，坐食亦难保”，且“光阴迅速，一年又过一年。早宜竭力向前，庶免饥寒在后。吾今训汝莫效，因示后生，各宜体悉”。

《家训》中这些劝诫子女要勤于农事纺织的生活信条，与其说是士大夫，不如说更像是小农的生活态度。但这种顽强的意志，与前述在都城也不迷恋中央政界及其生活的态度是完全一致的。当然，因为是士大夫，他也会充分认识到学问的重要性。关于这方面的思考，杨万里在另一篇文章中如此探讨：世间被称为君子的人，如果失去了名门地位，就会依赖财富，如果再失去财富，就会依赖农田，若连农田也失去了，最后剩下的只有书籍。但是家族有兴有衰、土地与财产也有来有去，只有书籍是赶也

是七分人矣。’岭南群吏，独有长孺清白著于时。（中略）真德秀入对，宁宗问当今廉吏，德秀以长孺对。”《鹤林玉露》丙编卷四《诚斋夫人》：“东山帅五羊，以俸钱七千缗，代下户输租。其家采椽土阶，如田舍翁，三世无增饰。东山病且死，无衣衾，适广西帅赵季仁馈缬绢数端。东山曰：‘此贤者之赐也，衾材无忧矣。’（中略）诚斋、东山清介绝俗，固皆得之天资，而妇道母仪所助亦已多矣。”

64 《家训》未收录于《诚斋集》,《杨万里集笺校》载其于《湴塘忠节杨氏总谱》（附录二《补遗》，第10册，第5312页）。小论以《补遗》为据。

赶不走的东西，是维系家庭最重要的东西。他以此强调书籍的重要性，并进而强调了学问的重要性。[65] 他还认为务农与学习经典本不冲突，通过像打扫这样的体力劳动也能步入学问之道。[66] 父亲杨芾也是一边过着贫苦生活，一边坚持买书，十年间购书数千卷，并对孩子们说："是圣贤之心具焉，汝盍懋之！"[67]

三、杨万里与地方政治、交友关系

（一）杨万里与地方政治

杨万里一生都秉持着刚正不阿的政治态度。但另一方面，这种性格也常常被看作偏狭，《小传》提到的绍熙元年（1190）被调任江东转运副使一事，就能体现这一点。虽与《小传》的内容稍有重复，但此处还是重新明确一下。该年八月《孝宗日历》完成，杨万里以秘书监兼录院检讨官的身份参加了编纂工作。

---

65 《诚斋集》卷七一《一经堂记》："世之君子，门户失守而后以资，资又失守而后以田，田又失守而后以书。盖门户有寒有炎，而田与资有去来，逐之莫去、捐之莫取者，书也，三失而一不失者也。是故守家者，莫固于书。"

66 《杨万里集笺校》附录二《补遗 · 带经轩记》："杨子将辟轩于南溪之北涯，其地甚肥而美，可为畦以蔬，而朝夕挟书于斯。（中略）余曰：'不然。书者，吾事蔬者，所以寓吾意也。早夜孜孜，披阅古今，非徒为是譊譊者，而其志在乎尧、舜、禹、汤、文、武之事业，故谓之吾之事。然既藏必游息也，由是寓志于韭菘葵菊之间，而忘言于韭菘葵菊之外，非意也乎？虽事者本也，意则末矣，乌在乎其意也？然学道自洒扫应对进退，皆足入乎道，虽末也，无害其为本。"学问入门阶段先由扫洒或待人接物开始的路径，由朱熹在《小学》等处提出的广为人知的观点。

67 前揭胡铨《杨君文卿墓志铭》："公岁入束修之资，以钱计者才二万，橐鬻太觳，忍饥寒以市书，积十年得数千卷。谓其子：'是圣贤之心具焉，汝盍懋之！'"

按照惯例应由他撰写序文，但是此事却被委托给了别人。丢了面子的杨万里提出外调，并得到许可。此时，中书舍人倪思（1174—1220）写信劝说杨万里放弃外调的想法，且上奏刚即位的光宗，阐述将杨万里留在中央的必要性。在奏文中，他强调杨万里不仅有丰富的学识和文学才能，还有难能可贵的刚正而不妥协的品性，其主张虽不见得符合中庸之道，但对国家来说却大有裨益。倪思欣赏杨万里狭隘但正直的品格。但杨万里外调想法坚决，所以最终的结果也未能如倪思所愿。阅读围绕此事展开的一系列争论，杨万里的风貌跃然纸上。[68]《宋史》本传将杨万里的性格简单概括为“万里为人刚而偏”，即刚毅但有偏执的一面。但《宋史》还记述说，之后孝宗爱惜杨万里的才华，考虑要提拔他，并询问周必大是否可行，因周必大的否定而放弃。相较于杨万里，周必大以稳健的政治态度著称，或许在他看来，虽有同乡情谊，但杨万里这种狭隘的性格并不适合成为政治领袖。[69]

关于杨万里的政治见解，可从《诚斋集》收录的题作《千虑策》《上书》《轮对札子》《上奏文》等文章中看出。到了南宋，“轮对”使普通官僚有机会直接向皇帝提出意见而变得重要，[70]因此

68 此事详见周密《癸辛杂识》前集《荐杨诚斋》。此文开头有“绍兴庚戌十月”，但如点校者吴企明的注释，“绍兴”明显是“绍熙”之误（唐宋笔记丛刊，中华书局，1988年，第24页，注一）。辛氏《年谱》也引《癸辛杂识》这条记事（《杨万里集笺校》第10册，第5243、5244页）。

69 崔英超论述周必大的政治态度时使用“文懦”“孱懦”“柔弱”“迂阔”等感情色彩强烈的词语，对其相当否定，但并未给出判断的依据（前揭《宰相群体与南宋孝宗朝政治》，第190、205页）。

70 直接向皇帝详细呈报意见的机会，北宋时有“转对”，南宋则变为“轮对”。关于这一变化的过程和意义，参见藤本猛《風流天子と「君主独裁制」：北宋徽宗朝政治史の研究》

与孝宗的“轮对”(卷六九)中有许多特别值得关注的内容。另外，淳熙十二年（1185）五月，福建福州及周边地区发生了大地震，皇帝命官员对自己“时政阙失”提出意见，杨万里借此契机作成意见书,其中大部分内容见于《宋史》本传（全文见《诚斋集》卷六三）。乾道元年（1165）至乾道二年（1166），杨万里服丧期间完成了时事论《千虑策》，集中阐述了自己对整体政治局势的看法（《诚斋集》卷八八至九〇）。

这些文章无疑包含了了解杨万里政治见解的极其重要的内容。特别是乾道二年（1166）秋完成的《千虑策》十二篇，包括就君主的理想状态、国家现状、宰相论、将帅论、人才论、民政论等一窥杨万里经论的重要讨论。本章的目的并不是全面考察杨万里的政治理论，因此此处只想说明，以《千虑策》为代表的诸篇文章,在对应的时间点上,涉及对金外交及防御政策、皇帝的政治态度、应优先处理的国内政治问题等诸多问题。

本文想关注的，反而是杨万里通过各种文章中所展现的对中央政治，特别是对地方政治的关心。举一些具体事例论述。乾道八年（1172）六月左右，在与孝宗“轮对”时，杨万里提出了以下见解：皇帝的恩泽之所以不能惠及于民，是因为“监司”（负责各路监察的转运使、提点刑狱使、提举常平使、安抚使）和“守令”（知州和知县）不处理自然灾害，更有甚者，在发生自然灾害时还在剥削百姓。为防止此类事情的发生，应利用台谏等监督“监司”“守令”的行为。[71] 淳熙元年（1174），

（京都大学学術出版会，2014 年）第六章《宋代の輪対・輪対制度》。

71 《诚斋集》卷六九《壬辰轮对第一札子》。壬辰是乾道八年（1172），据辛更儒笺证，这个札子是该年六月前后所写（《杨万里集笺校》第 6 册，第 2909 页，笺证一）。其概略

自都城转任漳州知事的杨万里再“陛辞”（告别天子的致辞）时向孝宗建言：若想要地方出政绩，就要取缔贪官、奖励廉吏。[72] 淳熙十四年（1187）七月十三日，在关于应如何解决旱灾问题的上奏文中，杨万里提出了四条具体对策，[73] 分别是：灾害当下要减轻百姓实际租税负担的“宽州县”、严禁挪用常平仓储备粮的“核积藏”、对协助赈灾的“富民”实际褒奖的“信劝分之赏”、奖赏救济饥荒时有功的下级官僚的“赏救荒之官”。关于这些地方政策，在《千虑策》的《民政》上、中、下篇（《诚斋集》卷九〇）中也有论述。

这些政策并不是纯理念化、抽象化的，而是基于他对地方实际情况的深入洞察。这一点从前述淳熙十四年关于旱灾的奏文中就能看出。杨万里在叙述褒奖赈灾富民的必要性时，举了淳熙十一年家乡江西吉州发生旱灾一事为例。从该奏的内容来看，当时的知州赵师择（1148—1217）为寻求富民的帮助，曾向他们暗示了褒奖条件，于是钟姓富民提供了近万斛的粮食，但赵并未将此事报告朝廷，也没有对钟氏进行任何奖赏。杨万里认为，如果再这样做，此次（淳熙十四年）旱灾很难再得到富民的资助。在近些年的宋史研究中，“富民”得到重视。他们是包括商人、手工业者在内的拥有财力的地方社会杰出人士。守令在处理地方社会问题时，无论是向其寻求协助，还是予以

参见辛氏《年谱》“乾道八年六月”条。

72 《诚斋集》卷六九《得临漳陛辞第一札子》。此札是淳熙元年（1174）所作，参见《杨万里集笺校》（第6册，第2917页，笺证一）及辛氏《年谱》“淳熙元年”项（《杨万里集笺校》第10册，第5200页）。

73 《诚斋集》卷六二《旱暵应诏上疏（淳熙丁未七月十三日上）》。

打压，他们都是必须要留意的对象。[74] 杨万里之所以有如此言论，也是注意到了富民在地方秩序中起到的重要作用。

刚任地方官时暂且不论，随着对工作的逐步熟练，杨万里取得了一些实际成绩。《宋氏》本传中记载了两个例子。其一是乾道六年（1170），杨万里就任隆兴府奉新县（今江西省奉新县）知事时，对未缴纳租税的人，他并没有派遣胥吏前往乡村征缴，而是将他们的名字写榜张贴于市内，敦促其自主缴纳。从他写给张栻的书信来看，这并不是他最初的想法。因为他在信中反省了自己的疏漏：一开始在财政上只关注征收租税，并未考虑恩信于民，且听信胥吏导致疏远了民众。[75] 其二是淳熙八年（1181），前一年任提举广东常平茶盐公事，又兼任提点刑狱公事这一司法职务后，面对发于福建南部汀洲（今福建省长汀县）、势力波及至广州的盗贼沈师，杨万里挺身而出平定叛乱，又在潮州、惠州等与福建接壤地区建造营寨，以备叛乱和盗贼。

74 进入 21 世纪，中国大陆的研究者将“富民”作为构成宋代地域社会基本结构的重要因素加以关注。林文勋、谷更有《唐宋乡村社会力量与基层控制》，云南大学出版社，2005 年；谷更有《唐宋国家与乡村社会》，中国社会科学出版社，2006 年；廖寅《宋代两湖地区民间强势力量与地域秩序》，人民出版社，2011 年。近年康武刚发表论文介绍了中国大陆、中国台湾及日本学界以“富民”为中心关于“中间层”的研究现状（《宋代富民阶层研究综述》，《中国史研究动态》2015 年第 4 期）。在日本的研究者方面，大澤正昭使用“豪民”一词，探究这种“富民”的存在意义（《主張する〈愚民〉たち》，角川書店，1996 年；《女親分もいた》，上智大学史学科編《歴史家の窓辺》，ぎょうせい，2013 年；《唐末から宋初の基層社会と在地有力者：郷土防衛 · 復興とその後》，《上智史学》第 58 卷，2013 年；《南宋判語にみる在地有力者、豪民》，山本英史编《中国近世の規範と秩序》，東洋文庫，2014 年，另收录于氏著《南宋地方官の主張:『清明集』『袁氏世範』を読む》，汲古書院，2015 年）。赵师罴确实是在淳熙十一年任吉州知事，见万历《吉安府志》卷三《秩官表》。

75 《诚斋集》卷六五《与张严州敬夫书》，据《杨万里集笺校》第 6 册第 2784 页笺证一，此书简完成于乾道六年（1170）闰五月。

孝宗称赞身为文官却采取果敢的杨万里有“仁者之勇”。

深入关注地方政治这一点，从他写的人物评价中也可看出。《小传》中提到的《淳熙荐士录》是杨万里在淳熙十二年（1185）应丞相王淮之请，推荐以朱熹为首的六十名可用之才的名录。正如对石起宗所作的“立朝敢言，作郡有惠”的评价那样，杨万里明确地将地方官的政绩视作推荐理由之一，类似的评价在该名录中有二十二处，[76] 超过全体三分之一。据收录此文的《杨万里集笺注》卷一三三中辛更儒的卷首按语，最初向王淮提交名录时只有名单，这些评语是后加的。即便如此，我们也可以充分感受到杨万里重视地方政治的姿态。

那么他为什么会有这样既关注中央政治，又关心地方政治的多层次思考呢？首先，降至南宋，不仅是杨万里，很多士大夫在任官后，也在待阙、服丧时退居家乡。这一思考与此种状况有很大关系吧。在家乡逗留的时间越长，也会越熟悉那里的情况。从绍熙三年（1192）八月中旬拒绝调任赣州知事而回归故里，到开禧二年（1206）五月逝世的十四年间，杨万里一直在家乡吉州吉水县隐居。不管愿意不愿意，这当然培养了他从地方观察政治的视角。

从《诚斋集》来看，对于吉州当地情况的关注，除上述淳熙十一年（1184）的旱灾外还有一些记述。这些是隐居吉水后的文章，不过此处介绍一二。庆元六年（1200）至嘉泰元年（1201）间，吉州遭受严重旱灾，特别是吉水的灾情尤为严重。即便如此，

76 除石起宗外，《诚斋集》卷一一三《淳熙荐士录》列举的顺序是：霍箎、周必正、王公衮、莫漳、张默、孙逢吉、李诵、余绍祖、左昌时、胡思成、孙逢辰、李大理、曾三复、徐彻、赵彦恂、王濱、陈字、卢宜之、苏渭、郑陨、赵善佐。

吉州通判和吉水知事还是向民众征收“和籴”（政府强制购买粮食），民众生活由此陷入混乱。因此嘉泰元年（1201），杨万里向胡广总领提出请求，希望中止“和籴”。[77]对于这次吉州旱灾，由写给淮西总领韩亚卿的书信可知，他也向当事人吉州通判赵彦瑑提出了免除“和籴”的请求。在把握家乡灾情的基础上，杨万里向有关当局建言。不过，对于和籴（和市）会给民众带来极大危害的认识，在前述《千虑策》的《民政》篇中就以江西为例论述过，并非晚年才突然意识到。杨万里的视角，自壮年时期就基于地域社会。

（二）杨万里的交友关系

此处考察杨万里的交友关系。冈元司曾说，在社会流动性很高的宋代，士大夫、士人间的友情所具有的社会意义增强，[78]此看法为本文提供了重要启发。关于杨万里的交友，于北山以年龄为序列举了二十八位人物，文中以与杨万里相识的时间和相交的具体情况等为中心，对每位人物的简要履历和传记资料做了介绍。[79]由此可知，杨万里曾与朱熹、张栻、范成大、陆游、

77 《诚斋集》卷一一一《与湖广总领林郎中》。据《杨万里集笺校》第 8 册第 4249 页笺证一，此文完成于嘉泰元年（1201）。写给韩亚卿的书简题为《与淮西韩总领》，也收在此卷。韩亚卿至淮西总领所赴任的时期，参见《杨万里集笺校》第 8 册第 4253 页笺证一。写给赵彦瑑的委托书题为《答吉州赵倅》，亦收录在此卷。和籴的弊害在《千虑策》的《民政上》已有论及，杨万里应在相当早的阶段就开始关注其弊害。

78 冈元司《宋代沿海地域社会史研究》第八章《南宋期の地域社会における『友』》，汲古書院，2012 年。

79 于北山《杨万里交游考略》，《中华文史论丛》第 1 辑，1981 年。

尤袤等文人和思想家，张浚、虞允文、京镗等政府高官，以及王庭珪、胡铨、周必大等同乡来往，可见他交友广泛且多样。不过，于氏的论文就这些朋友整体上对杨万里的人生以及治学等有什么影响、各交友关系的重要程度、交友网络扩大的路径等，要言之对于杨万里交友关系的结构方面未做探讨。与此相关，譬如那些不是政界名人但在杨万里人生中应十分重要的人物，因在传记资料中无法追踪，该论文也将之排除在外。

查阅《诚斋集》，可以看到很多与“友”有关的事例。但是“友”似乎与单纯认识的“故人”不同。如杨万里二十七岁时，经友人郭克诚介绍认识了同乡曾栝（1136—1193）。当时曾栝只有十七八岁，杨万里震惊于他出色的口才而与之往来（定交），但曾栝也仅被归入“故人”之列。[80]“友”指的是能交心，且花费很多时间培养出关系的人。

无论是友人关系还是单纯的熟人，随着人的成长、活动范围的不断扩大，人际关系自然会变得广泛且复杂，杨万里也不例外。幼年时，杨万里从亲人之外的玩伴、同学开始构建起自己的人际关系网。如前所述，幼年杨万里在吉水县南溪时，很喜欢在自家附近钓鱼。那时恐怕不是他一人，而是跟朋友一起玩耍的。没有记录显示他们是谁，但幼年时期有一名叫作易公立的同学。[81]

---

80 和曾栝相识一事载于《诚斋集》卷一三〇《端溪主簿曾东老墓志铭》,《诚斋集》卷九八《跋赵大年小景》有“予故人曾禹任”（禹任是曾栝的字）。淳熙元年（1174）杨万里受命漳州知事，但因待阙返乡，曾栝前去迎接,《诚斋集》卷九八《跋浯溪晓月钱塘晚潮一轴》记有“故人曾禹任邀我”。

81 《诚斋集》卷三《和易公立投赠之句》有“日者论文各少年，中间岁月似风旋。老来书册惟生睡，里许生涯未苦贤”，怀念少年时代学习的情状。该学友应该是易公立。《杨万杨万里交友圈的扩大，发生在绍兴十七年（1147），二十一岁的他拜吉州安福县的刘士安为师。杨万里与同学刘承弼（字彦纯）、刘俊（或浚，字景明）、彭仲庄、李燧结下了终生友谊。几个年轻人皆出生于安福，而初到安福的杨万里因家境清寒感到自卑，在没有朋友的当下，刘承弼第一个与他交往。[82] 后来刘承弼和彭仲庄都在科举中落榜，最终退居家乡安福。[83] 第二节中提及，杨万里与刘承弼结成了亲家，他的大女儿和三女儿分别嫁给了刘承弼的两个儿子。[84] 淳熙三年（1176），杨万里在家乡待阙常州（今江苏省常州市）知事时，彭仲庄特地从安福赶来，替当地的藏书家游说，希望杨万里为该藏书家捐赠给寺庙的佛教书籍作“藏记”，两人有时还互相作诗相赠。[85] 与彭仲庄相识三十年后，杨万里开始了在家乡的隐居生活。他曾委托彭仲庄

里集笺校》第 1 册第 182 页笺证一：“易公立，应为诚斋少年学友，事历未详。”无法清楚易公立是怎样的人物。

82 《诚斋集》卷七一《水月亭记》：“始予之少也，贫且拙。拙故多不合，贫故寡与。以与者之寡，而不合者之多，故无友。年二十有一，乃始得友吾彦纯。彦纯之为人，非今之所谓为人者也。”

83 《诚斋集》卷二《中秋前两日别刘彦纯、彭仲庄于白马山下》。辛更儒对此题名的笺注（《杨万里集笺校》第 1 册，第 69、70 页）引周必大《文忠集》卷五二《刘彦纯和陶诗后序》、《诚斋集》卷七九《彭少初字序》，说明两人与杨万里的关系。从周必大《刘彦纯和陶诗后序》可见，刘承弼并未及第。彭仲庄的事迹不明（《杨万里集笺校》第 6 册第 3215 页笺证一），在傅璇琮主编《宋登科记考》中也未见其名，恐怕也并未及第。

84 参照本章脚注 50。

85 《诚斋集》卷七二《石泉寺经藏记》：“下泳萧民望，甚贤而喜士。尤嗜蓄书，（中略）今年友人彭仲庄来，民望寄声于予。”据《杨万里集笺校》第 6 册第 3019 页笺证二，该文作于淳熙三年（1176）。此时期和彭仲庄酬和的诗，有《诚斋集》卷七题作《和彭仲庄对牡丹止酒》的两首。根据本卷卷首辛更儒的按语，该卷收录淳熙二年（1175）夏到淳熙四年（1177）夏杨万里在吉州待阙常州知事时的作品。

教授族内子弟，可见关系之亲密。其子彭湛也与杨万里有往来。[86] 刘俊（浚）性格飒爽，身材高大，酒量好，文章也很不错，这些资质都令青年时期消沉的杨万里十分惊叹。他后来在乾道二年（1166）成为进士。[87] 李燧比杨万里大十岁左右，每当杨万里闭门在家写作遇到困境时，李燧就会敲窗访友，谈笑宽慰友人，但他似乎最终并未中举。[88] 安福时代的友谊是贯穿杨万里一生且从未间断的深刻情谊。

绍兴二十四年（1154），杨万里中举，但如于北山所言，一段时间后他才开始与同年及第的虞允文、范成大等人密切往来。与虞允文的交往始于上呈《千虑策》的乾道三年春。从《诚斋集》中看，同范成大的交往则是在淳熙五年（1178）开始的。关于杨万里与状元张孝祥的关系，于北山在该论文种并未专门讨论（其中提及了张孝祥的堂弟张孝伯）。绍兴二十四年（1154）及

---

86 《诚斋集》卷七九《彭少初字序》有“吾友安福学者彭仲庄，少同学且同志，中间合而离，离而合者三十年。余既归耕南溪，得仲庄为族人子弟师”。《诚斋集》卷七四《不欺堂记》有“吾友安福彭湛少初，重趼触热，走百有二十里，访予于南溪之上”。这里的彭湛是彭仲庄之子，参照《杨万里集笺校》第 6 册第 3082 页笺证二。

87 《诚斋集》卷七七《送刘景明游长沙序》：“始予生二十有一，自吉水而之安成，拜今雩都大夫公刘先生为师，而友于刘子彦纯。一日，彦纯与客过我。客年甚少，身伟且长，举酒百盏皆釂，叫呼大笑。坐上索纸笔，为古文辞诗章，百千言顷而就，飘然不可絷羁。予惊且奇，问之，则刘其姓，景明其字，亦刘先生之门弟也。”刘浚及第，见辛氏对题名的笺证一（《杨万里集笺校》第 6 册，第 3180 页），但傅璇琮主编《宋登科记考》乾道二年（1166）的名录中未见其名。

88 《诚斋集》卷七九《似剡老人正论序》：“吾友安福李与贤，自绍兴丁卯，与予同学于清纯先生之门。是时予少与贤十岁，与贤长身玉立，大冠如箕。喜滑稽，善谈笑。予每闭斋房叩稿简，刿心斫肺于文字间，若痴若迷，若惫若病，无以自拔此身于蠹鱼萤火之林。与贤剥啄竹户，一见则抵掌绝倒，如见何平叔、卫叔宝。予幽忧眵昏之病，不知积然去体也。”文中提到李燧晚年因儿子的缘故被授予官职及特奏名，但拒绝不就，因此他原本应没有及第。

第,以及隆兴二年（1164）在临安时,杨万里似乎与张孝祥碰面,但后者在乾道六年冬三十九岁时就英年早逝，所以两人的友谊时间并未持续太久。[89]管窥所及，现存史料无法确认他与其他同年进士是否有过密切往来。

绍兴二十九年至赴任永州零陵县（今湖南省零陵县）以后的交友关系，也是贯穿杨万里一生的。如《小传》中提及，杨万里任职零陵县县丞时，与蛰居当地的张浚相识。这是他在当地人际交往中的最大收获。从罗大经《鹤林玉露》看，二人的会面是由张浚的儿子张栻牵线的。[90]恐怕就如于北山所说，杨万里与张栻的往来也从此时开始。之后，杨万里一生尊重张栻，在其逝世后为其画像题“赞”,盛赞张栻的学问和政治才能（“名世之学,王佐之才”）。[91]朱熹与杨万里也是由张栻介绍认识的。[92]与尤袤（1127—1194）结为知己、互相谐谑，也多亏了张栻。[93]

---

89 《诚斋集》卷一题为《谒张安国》的律诗歌咏他与张孝安（字安国）的相遇。据《杨万里集笺校》第1册第43页笺证一，此时是隆兴二年（1164），张孝祥与杨万里同在临安任职。此笺证以《谒张安国》“也知旬月应颛面”为依据，论定隆兴二年这次是他们第二次会面。然而笺证推测他们初次会面是杨万里尚未赴任赣州司户参军之前（可能是在及第前后相遇），而这当在绍兴二十九年（1159）张孝祥被弹劾并辞去中书舍人以前，但这样时间间隔就太长了。并无杨万里在绍兴二十四年（1154）及第后留在临安的记载。

90 《鹤林玉露》甲编卷一《诚斋谒紫岩》:“杨诚斋为零陵丞，以弟子礼谒张魏公。时公以迁谪故，杜门谢客。南轩为之介绍，数月乃得见。”据《诚斋集》卷七二《怡斋记》，乾道二年（1166）杨万里前往长沙与张栻交流。杨万里和张栻的良好关系,参见罗大经《鹤林玉露》甲编卷六《南轩谏虞丞相》“南轩质责虞丞相并甫不当用张说,（中略）《语录》中载谏并甫事，无此数语。南轩亲与诚斋言之”。仅从文脉来看，并甫应是虞允文的字，但其字是彬甫（《宋史》卷三八三《虞允文传》）。

91 《诚斋集》卷九八《张钦夫画像赞》。

92 《诚斋集》卷一〇三《祭朱侍讲文》:“呜呼，我未识公，得之钦夫。”

93 《诚斋集》卷七九《益斋藏书序》:“予于朝迹最末至。故虽与天下之英俊并游，然阅三数月，识其面未遍也。（中略）一日除书下，迁大宗正丞尤公延之为秘书丞。吾友张钦总之，在担任零陵县丞的时代，他与唐人鉴（字德明）、萧东夫、邹定、刘琥等这些在当地拥有一定人脉的人物相熟并结为友人、知己，特别是与唐人鉴交往的内容，可从《诚斋集》卷一收录的诗中窥得一二。[94]

此后每到达一个新的任地，杨万里都会结识到许多知己或朋友，为节省篇幅，此处不做赘述。前文反复提及，杨万里在绍熙三年（1192）八月中旬退居乡里，真正开始了隐居生活，庆元四年（1198）三月致仕。其间，杨万里与庆元元年正月致仕的周必大开始频繁往来，二人间的诗文交流也很多。关于这点，相较辛氏《年谱》，邹氏《年谱》记述更为翔实。如前所述，杨万里还与老同学彭仲庄重新互动。可以说致仕以后，杨万里重启以乡里人士为中心的直接性人际网络，也频繁与同住家乡的

夫悦是除也，曰：'此真秘书矣。'予自是延之之贤，始愿交焉。然亦未始解钦夫之云之意也。既与延之还往且久，既同为尚书郎，论文讨古，则见延之于书靡不观，观书靡不记。至于字画之丛残，日月之穿漏，历历举之无竭，听之无疲也。余于是始解钦夫之意。"杨万里和尤袤是能够互相戏谑开玩笑的关系，见罗大经《鹤林玉露》丙编卷六《尤杨雅谑》。尤袤的出生年月，有宣和六年（1124）和靖康二年（1127）两说，吴洪泽根据《绍兴十八年同年小录》和《家谱》，采纳靖康二年说（《宋人年谱丛刊》第9册，四川大学出版社，2003年，第5941页）。本章也从吴氏说。

94 唐人鉴见《诚斋集》卷九八《张钦夫画像赞》辛更儒笺证一（《杨万里集笺校》第7册，第3739页）："张钦夫画像，张栻卒于淳熙七年。唐德明，诚斋绍兴三十二年在永州相识之友人，名人鉴。"与他的来往见于《诚斋集》卷一的几首诗。其履历参见《诚斋集》卷一辛更儒对《题唐德明秀才玉立斋》题名的笺证一（《杨万里集笺校》第1册，第39页）。关于萧东夫，《诚斋集》卷八一《千岩摘稿序》有"吾友萧东夫，余初识之于零陵"；关于邹定，见《诚斋集》卷一二六《邹应可墓志铭》"应可邹氏，讳定，应可其字也。豫章新吴人，（中略）予与应可皆江西人，且尝同僚于永州，欢甚"；关于刘琥，见《诚斋集》卷一一七《刘国礼传》"余故人刘琥，字国礼，武臣也。始余为永州零陵丞，国礼监户部赡军酒库。居相近，情相好也"。

族人交流。[95]

小 结

本章考察了在南宋最盛期的孝宗朝活跃的杨万里。他和陆游、范成大在同时期活跃，是与他们并称的诗人，不过本章不是从其诗人的一面，而是从家族存续战略、与地域社会的关系这一观点进行探讨。

杨万里的先祖在唐末五代时期定居吉水，从北宋末年起，族内及第者辈出。不过杨万里的直系先祖中，曾祖父杨（希）开、祖父杨格非、父亲杨芾皆未及第。绍兴二十四年（1154），杨万里成为家中第一位进士。至少从祖父辈开始，一家人就世代生活在吉水县南溪，以学问为生业。族人在附近生活，几代都互为姻亲的罗氏也是近邻，其他姻戚也多住在吉州州内。要言之，与杨万里亲近的族人的婚姻圈，集中在离吉水或吉州不远的地方。父亲杨芾以教书为生，家中贫寒，生活十分节俭。这反而培养了杨万里及其孩子清廉为官的作风，并造就了杨万里与普通农民无二的生活信条，某种程度上是件好事。这些从他晚年所作的《家训》中可清楚窥知。作为官僚的杨万里自然期待在中央活跃，但同时具有关注地方政治的两重志向。或者可以说，他有地方政治正是国家根干的认识倾向。他的交友、知己关系，

95　根据《杨万里集笺校》卷三八卷首辛更儒的按语，此卷收录杨万里在庆元二年（1196）冬至庆元五年（1199）间在吉水所作的诗。卷中题为《除夕留子上伯玉子西小酌》的律诗记录了与杨子西、杨伯玉等族人饮酒一事。

随活跃舞台扩大而展开，与陆游、范成大、朱熹这些南宋代表性士大夫来往密切，但主要还是集中在以吉水为中心的家乡以及吉州州内、江西路内。就像对永州县丞时代的密友邹定那样，"予与应可（邹定的字）皆江西人，且尝同僚于永州，欢甚"，[96] 同为江西人的同乡意识成为交往契机，或许也是这种意识的具体体现。与同乡人的交往并不局限于士人、士大夫，也涉及僧人。[97] 杨万里与庆元年间左迁庐陵的吕祖谦（号东莱，1137—1181）的弟弟吕祖俭（？—1196）也有交往，[98] 此时是杨万里隐居吉水的最后时光。像这样，杨万里从幼年起就与在家乡周边居住的亲人、姻戚建构起亲密关系，友人或知己的交往也以家乡为中心。考虑到他的人际关系，也就不难理解为何他的政治思考以地方社会为核心。这种思考出现在笔者已经讨论的王庭珪，以及此后将要论述的曾三异等几乎从未离开家乡的人身上，但如本章所言，在杨万里这样一位曾活跃在中央的士大夫身上也则引人注目。可以说南宋的士人、士大夫与北宋的士人、士大夫不同，拥有一种兼顾中央与地方的多元思考方式。从这个意义上说，罗大经《鹤林玉露》中的记述就十分有趣了：同乡尹直卿批评出生于吉州永丰县的欧阳修将父母埋葬在家乡，并在《吉州学记》(《欧阳文忠公集》居士集卷三九）中表示想在将来回到家乡，但最终却在颍州（今安徽省阜阳市）隐居，并

96 《诚斋集》卷一二六《邹应可墓志铭》。

97 《诚斋集》卷八〇《约斋南湖集序》有"初，予因里中浮屠德璘，谈循王之曾孙约斋子有能诗声，余固心慕之"，可见他通过乡里的僧侣得以认识宗室之人，因此自然也与牵线的僧侣有往来。

98 吕祖俭被贬至江西的年份及其理由，参见市来津由彦《朱熹門人集団の研究》(創文社，2002 年，第 399、400 页）。

赞扬了周必大致仕回乡的行为。[99] 这种批判与赞扬，在这种时代之下才对同时代的人具有很强的说服力吧。

那么这种志向性的差异是如何产生的呢？郝若贝解释称，王安石变法后的党争，致使向中央输送人才并通过联姻保持团结的“职业精英”退出历史舞台中央，而关心地域社会利弊的地方缙绅势力开始抬头。这种说法受到以欧美汉学界为中心的广泛认可。[100] 进入 21 世纪后，郝若贝的观点在欧美的中国史学界中得到进一步发扬，他们认为，与前后时代相比，南宋至明代中期是相对停滞的过渡期（宋元明过渡期论）。这一观点受到了欧美的中国史学界的赞同，而这个从南宋开始的过渡期，也被赋予了“地方化”之时代的意义。这种“地方化”被认为与朱子学说（道学）有很大关系。[101] 至少从南宋时期的现象来看，似乎确实如此，那么为何会出现这种现象？又是经过了怎样的

99 《鹤林玉露》甲编卷一《仕宦归故乡》：“欧阳公居永丰县之沙溪，其考崇公葬焉，所谓泷冈阡是也。厥后奉母郑夫人之丧归合葬，载青州石镌阡表。（中略）然公自葬郑夫人之后，不复归故乡。其作《吉州学记》云：‘幸余他日，因得归荣故乡。将见吉之士，皆道德明秀，而可为公卿。问于其俗，而婚丧饮食，皆中礼节。（中略）’虽有此言，而迄不践。乐颍昌山水，作《思颍》诗，退休竟卜居焉。前辈议其无回首敝庐、息间乔木之意。近时周益公归休，尹直卿以诗贺之云：‘六一先生薄吉州，归田去作颍昌游。我公不向螺江住，羞杀青原白鹭洲。’”

100 Robert Hartwell, “Demographic, Political, and Social Transformations of China, 750-1550,” *Harvard Journal of Asiatic Studies*, 42-2, 1982.

101 *Problematizing the Song-Yuan-Ming Transition,* Paul Jakov Smith and Richard von Glahn ed., *The Song-Yuan-Ming Transition in Chinese History,* Harvard U.P., 2003. 中岛乐章对该书进行了详细的介绍和批评（《中国—社会と文化》第 20 号，2005 年）。关于南宋时期的“地方化”，小岛毅在普及读物《中国の歴史（中国思想と宗教の奔流）》第 7 卷（講談社，2005 年）第六章《士大夫の精神》进行了讨论，近年的论文《思想史から見た宋代近世論》（渡边义浩编《中国史の時代区分の現在》，汲古書院，2015 年）也对此有涉及。

阶段与过程才发展至此呢？关于这些问题，至今尚未出现利用史料对之充分论证的文章。

笔者推测，此种现象与南宋以后守令等地方官以善导为目的，对治下百姓颁布的《谕俗文》等相通，且《谕俗文》的颁布与道学人士也有关系，但很多地方尚不构成深刻洞察。[102]“地方化”与整个南宋时代作为国家根基的乡村 = 地方社会未必安宁应该也密切相关。[103]这种状况起因于北宋末年靖康之变后持续的乡村社会混乱。包括这些问题在内，笔者将在接下来的章节继续探讨南宋的士人、士大夫更关注地方社会的理由。

102 拙稿《宋代の『諭俗文』》，宋代史研究会编《宋代の政治と社会》，汲古書院，1988 年；《宋代地方官と民衆：真德秀を中心として》，《研究論集》第 10 集，河合文化教育研究所，2012 年；拙译注《宋代地方官の民衆善導論》（知泉書館，2009 年）的《『琴堂諭俗編』解說》。

103 笔者以王庭珪、胡铨的事例为对象，从地域社会的观点论述南宋初期的混乱（本书第一章、第二章）。青木敦在近著中以南宋吉州为具体事例，指出秩序未必安定下来，并认为这种状态催生了地方官对民政的积极态度（《宋代民事法の世界》第九章《闘う民政官》，慶應義塾大学出版会，2014 年）。

第五章

吉水县的曾氏一族——以曾三异为中心

引 言

如《序章》所述，以今日江西省吉安市为中心的吉安地区之大部分，在整个宋代被称作吉州，元代元贞元年（1295）改称吉安路。此后的明清时期称吉安府，这一称呼就被沿用至今。[1]关于吉州（吉安）的地方志，现存最古老的当属万历《吉安府志》（万历十三年［1585］刻本），原书藏于日本（国立公文书馆）内阁文库，1991年书目文献出版社刊行影印本，使我们容易得见。其卷一一《风土志》有如下记述（叶2b—3a）：

> 故家世胄，族有谱、家有祠，岁时祭祀必以礼，长幼之节，疏不间亲，（中略）家范肃于刑律，乡评严于斧钺。

1 顾祖禹《读史方舆纪要》卷八七《吉安府》："宋仍曰吉州。亦曰庐陵郡。元至元十四年升吉州路，元贞初改吉安路。明朝洪武元年改曰吉安府。"

此处如实展现出明代吉安地区多古老家族，各宗族不仅编有族谱，祭祖活动、亲族交流也颇为繁盛，且各族的族规及人们的评判对地域社会秩序的维持产生实际效果的画面。这种如诗如画般的风俗描绘也可以说是地方志中常见的套话，但它对宗族以及与此相关的族谱、宗祠的提及，在某种程度上仍反映了明代该地区的实际状态。万历《吉安府志》中的这一记述，被同治《永新县志》卷四《地理志》“风俗”（永新县是吉安府西部的县）和光绪《江西通志》卷四八《风俗》“吉安府”等原文引用，作为展示该地区特质的事例反复出现。

那么该地区的古老家族，或者说由族谱、祠堂所象征的宗族组织，在历史上可以追溯至何时呢？先说结论，它至少可以追溯至宋代。出生于吉州庐陵县、活跃在南宋晚期至元朝初期的刘辰翁（1232—1297），在吉州永新县吴氏一族的族谱序文中写道:“吾州盛世大族相望,屋高下如画图。”[2] 此处的“盛世”，由文章内容描写南宋末年状况，以及作者的想法来看，[3] 可知不是元代而是南宋末年政治社会混乱前的吉州。那么可以说至南宋末年，宗族众多已经作为司空见惯的事物融入吉州的风景之中。宋代以后，苏洵的《苏氏族谱》和原籍吉州的欧阳修的《欧阳氏谱图》就被奉为近世谱之典范。[4] 实际上，出生于吉州庐陵县、理宗宝祐四年（1256）高中状元的文天祥称“族谱昉于欧阳，

2 刘辰翁《须溪集》卷六《吴氏族谱序》。

3 如本书第七章所论，刘辰翁在进入元代以后，仍坚持与元朝保持着一定的距离。

4 关于这一点，经典研究有牧野巽《明清族譜研究序説》,《牧野巽著作集》第3卷《近世中国宗族研究》，お茶の水書房，1980年；多贺秋五郎《中国宗譜の研究》，日本学术振兴会，1981年，第51、117页。井上彻《中国の近世譜》(《華と夷の間＝明代儒教化と宗族》，研文出版，2019年）等近年来研究也提及此点，此处不一一列举。

继之者不一而足”，[5] 将开宗明义的功绩归于欧阳修。可以说，吉州自北宋起就有了乐于编纂族谱的风气。

宋代的吉州也出了许多进士。贾志扬据明清时期地方志，将宋代进士按路、州分类后制表。据此可知，两宋时期包含吉州的江南西路有进士 3861 人，其中吉州在江南西路排第一，有 909 人，大幅领先第二名建昌军的 647 人。虽说江南西路的进士人数，与两宋时期进士人数最多的福建路（7144 人）、紧随其后的两浙东路（4858 人）相比仍有些少，但吉州的 909 人仍比整个荆湖南路（大致相当于现在的湖南省）的 664 人要多。[6]

吉州的进士到南宋之后开始激增。据贾志扬所作表格，两宋的 909 人中，北宋有 266 人、南宋有 643 人，南宋的进士是北宋的两倍以上。当地的士人对此也有察觉。活跃在北宋末南宋初、出生于吉州安福县的王庭珪在提及乡试这个科举考试最初阶段的文章中写道，一般来说吉州有 4000 人参加乡试，其中大概有 45 人通过乡试能去参加省试这个中央的考试，但孝宗乾道四年（1168），当地参加乡试的人数达 8000 人，其中有 68 人参加了省试。[7] 前面提到的文天祥也说过，在南宋末年，吉州是江西参加省试人数最多的地方。[8]

5　文天祥《文山先生全集》卷一〇《跋李氏谱》："族谱昉于欧阳，继之者不一而足。"

6　John W. Chaffee, *The Thorny Gates of Learning Sung China*, Cambridge U.P., 1985, appendix 3, pp.196-202.

7　王庭珪《卢溪文集》卷五〇《跋钱吏部燕举人诗》："庐陵多士之域，方升平时掉鞅于举场者四千人，拔其尤而充贡者才四十五人。厥后浸盛，而州郡多事，（中略）乾道四年戊子宾兴之秋，（中略）争锋而入棘围者至八千人，拔其尤而升者六十八人。"

8　文天祥《文山先生全集》卷九《吉州州学贡士庄记》："庐陵士甲江右，一科数路，资送四五百人。"

本章将以这种进士辈出、宗族组织也是常见风景的吉州吉水县曾氏一族为分析对象，尽可能阐明该族的面貌、经济基础、人际关系等状态，在此之上考察这一时代或他们作为当地士人的特点。笔者想特别是以生涯大部分时间在家乡度过、参加了众多文化活动的曾三异为中心，分析其交友关系、交友范围等以接近上述课题。

对于曾三异这个名字，若对欧阳修及其文集《欧阳文忠公集》的编纂等没有特别兴趣，即使是研究宋代的学者也会感到全然陌生。或因如此，管窥所及目前没有关于他的专论，仅有涉及《欧阳文忠公集》编纂的叙述中提及他的名字。[9] 尽管如此，如后文所述，曾氏一族中有曾三复、曾三聘这样的进士，被《宋史》立传的族人也不少，而曾三异也与非本地出生的名人有交往。换句话说，通过考察以曾三异为首的曾氏一族，也能揭示出南宋士人面貌之一端吧。因此，本章尽可能挖掘出掩盖在历史洪流之下的关于曾三异的史实，并尝试通过他的行动在时代中定位南宋地方士人的生存方式。

---

9 例如，东英寿《欧陽脩新発見書簡九十六篇：欧陽脩全集の研究》，研文出版，2013 年，第 10、31、108、128—133 页；东英寿《周必大の『欧陽文忠公集』編纂について》，氏编《宋人文集の编纂と伝承》，中国書店，2018 年；许怀林《江西通史 6（南宋卷）》，江西人民出版社，2009 年，第 266、267 页等。

一、吉州吉水县的曾氏一族

（一）曾氏一族的居住地

《序》中提到的刘辰翁批判性地记述了宋末元初族谱编纂的时代性风气，也即为给本族贴金，姓刘的就溯至汉王朝皇族、姓李的就追及唐王朝皇族这种强行将本族与历史名人、名族联系起来的假托风潮。[10] 曾姓之人也不免跟风。欧阳修在庆历六年（1046）夏天受弟子曾巩之托，为其祖父曾致尧作神道碑铭，在最后一部分提及委托创作神道碑铭的曾巩称，曾氏一族的祖先是孔子的弟子曾参。[11] 欧阳修对此似乎不怎么相信，在给曾巩的书简中对后者所述的曾氏一族谱系提出了质疑：虽然曾氏称王莽时期曾参的子孙为避战乱移住江西，但曾元（曾参的儿子）的曾孙曾乐在汉初有任官职、自曾乐至王莽时代仅有四代人等都有疑问。[12] 江西抚州出生的宋元著名文人吴澄（1249—1333）也继承了欧阳修的这一观点。[13] 尽管有这种批判，但曾姓之人依

10　第七章《刘辰翁的宗族与地域社会》。

11　《欧阳文忠公集》居士集卷二一《尚书户部郎中赠右谏议大夫曾公神道碑铭》："庆历六年夏，其孙巩称其父命以来请曰：'愿有述。'遂为之述，曰：维曾氏始出于鄫，（中略）其在鲁者，自别为曾氏。盖自鄫远出于禹，历商、周千有余岁，常微不显。及为曾氏，而蔵、参、元、西始有闻于后世。"

12　《欧阳文忠公集》居士集卷四七《与曾巩论氏族书》："如足下所示，云曾元之曾孙乐，为汉都乡侯，至四世孙据，遭王莽乱，始去都乡而家豫章。考于《史记》，皆不合。盖曾元去汉近二百年，自元至乐，似非曾孙，然亦当仕汉初。则据遭莽世，失侯而徙，盖又二百年，疑亦非四世。"

13　吴澄《吴文正公集》卷一八《金溪吴氏族谱序》："昔南丰曾氏《自序》溯汉都卿侯，上接子舆、子晳，欧阳公不以为是，岂非欲其传信也呼？"

旧愿意将曾参视作重要的祖先之一，因为曾三异的父亲曾敏行（1118—1175）依旧将本族的历史追溯到以孝行闻名的曾参及其子曾元、曾西。[14]

曾敏行在文中将曾姓分为四个著名的支系。据周必大接受此言辞之后所作文章中“本朝大江以南”，[15]这四支应指居住在长江以南的的四个支派，即居住于清源（福建路泉州晋江县）、南丰（江西路建昌军南丰县）、庐陵、赣州四地的族群。除了清源，其他三地都在江西路内。曾敏行称“而江西之曾，居庐陵尤多，散在诸邑”。在此之中，曾敏行一族居于吉水县，但坟地在吉州南邻的赣州宁都县，而这表明吉水和赣州族群间的交流（“予家在吉，吉水自为一族，（中略）予家有坟墓，在赣之宁都，疑与赣之族通”）。

吉水县的曾氏一族自何时定居当地？关于这个问题，曾敏行的行状在回溯曾祖父（曾孝先）以下先祖事迹之前，提及本族从袁州宜春县移住此地，“由是世为吉水人”，[16]则这至少是曾敏行的曾祖父以前的事情。曾敏行《独醒杂志》卷七记载五代十国时期“庐陵人”曾崇范向南唐献书（《知不足斋丛书》本），则该族可能自五代十国起便居住吉水县。不过此记载后，他又提到曾崇范以献书为契机移住金陵（今江苏省南京市），去世之后子孙又从金陵回到庐陵。胡铨所作曾敏逊（曾敏行的大哥）

14　曾敏行《独醒杂志》(《知不足斋丛书》本）卷七：“按《千姓篇》，曾氏望出庐陵，自孔门点、参、元、西之后，至汉才有尚书郎伟一人耳。”

15　周必大《文忠集》卷四七《题浮云居士曾达臣杂志后》。此跋文被放于《独醒杂志》附录所收的六篇跋文之首。

16　《独醒杂志》附录《浮云居士曾公行状》。

的墓志铭中称，其祖先为避五代战乱从金陵移居到吉水县。[17]但杨万里在给曾敏行堂侄（堂兄弟之子）曾机所写的墓志铭中说，该族是在五代十国战乱时从袁州宜春县搬到吉水的。[18]曾敏行也提及祖先是从袁州宜春县移居到吉水，所以该族不是直接从金陵移居到吉水的吧。总之，归纳这些记载后可以看到，最迟五代末北宋初该族就居住在吉水县域了。至和元年（1054）吉水分沙溪镇等地新设永丰县，[19]或许吉水曾氏一族在至和以后也有人居住在那里。

那么，曾三异所属的一支居住在吉水县什么地方呢？线索藏在与曾氏一族关系颇深的杨万里为曾三异末弟曾三英所写的“兰溪曾无媿”（无媿是曾三英的字）这句话中。[20]另外，在前揭曾机的墓志铭中，为曾敏行《独醒杂志》题跋的谢谔（1121—1194）任官之前曾在“庐陵兰溪曾氏”的“槐堂”中教导曾氏一族的后生。[21]曾氏一族后来应该也一直居住在兰溪。吉水出生的明代著名阳明学派思想家罗洪先，在为曾氏族谱所作的序文中，称兰溪曾氏乃名族，[22]清末的光绪《吉水县志》也记载曾氏

17　胡铨《胡澹庵先生文集》卷二五《德兴县尉曾修职墓志铭》：“公讳敏逊，积臣字（也）。其先金陵人，五季乱，避地至吉之吉水家焉。”

18　杨万里《诚斋集》卷一三一《静庵居士曾君墓志铭》：“其先金陵人，五季自宜春徙吉之吉水。”

19　《元丰九域志》卷六《江南西路 · 吉州永丰县》字间小注。

20　《诚斋集》卷八四《曾无媿南北边筹后序》。

21　《诚斋集》卷一三一《静庵居士曾君墓志铭》：“艮斋先生尚书清江谢公，未仕日，尝假馆于庐陵兰溪曾氏之槐堂，授徒讲学。”

22　罗洪先《念庵文集》卷一二《庐陵王田曾氏族谱序》：“江南之曾，大抵皆祖武城，而宗据其在吉水，则兰溪为名族。”

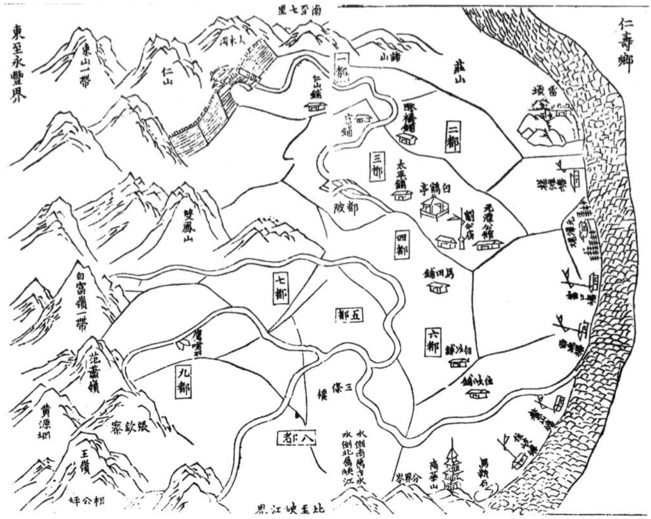

光绪《吉水县志》卷三《地理志》卷首地图

一族居住在兰溪。[23]

据光绪《吉水县志》卷三《地理志》，这里的兰溪位于仁寿乡第九都。为做参考，此处附上光绪《吉水县志》卷首的地图（见上图）。据此图，仁寿乡位于南北贯穿江西的大河赣江自临江府峡江县刚刚进入吉安府吉水县时的东岸，第九都又在仁寿乡东端，位于张钦塞、范萧岭这一山麓附近。仁寿乡第九都有一地叫“金牛”，附近有据传是汉代长沙王墓的丘陵。关于金牛、长沙王墓，曾敏行自己也记述说位于住处附近，[24] 由此可以确定，兰溪就是

23　光绪《吉水县志》卷三《地理志》“坊乡”仁寿乡第九都有“兰溪”，其下记有“永思曾氏”。其位置可参考同志卷首的《疆域形势图》。

24　《独醒杂志》（《知不足斋丛书》本）卷九：“余居之西背驿道，有地曰‘金牛驿’，意古之邮亭也。驿旁有长沙王墓，远望如邱阜。故老相传曰：‘此汉长沙王墓也。’长沙王在汉固多，

本章讨论的吉水县曾氏一族的居住场所。

（二）曾氏一族的人物与生计

曾三异将在下节单独讨论，此处先介绍其余族人履历及其生活样貌。下页附有以曾敏行为中心的曾氏一族谱系图，还请参考谱系图阅读下文。首先，据曾敏行《独醒杂志》，虽无法断定年代，但可知其祖先中有沉迷炼金术而殆尽家族财产的人。即便如此，关于这位祖先的记载称他经常派下人去集市采购炼金用的水银，由此推断他应该拥有相当的财富。[25] 除了这位时代不明的祖先外，吉水曾氏一族中多少可知具体事迹的，自曾三异的祖父曾光庭开始。虽然没有清楚记录他生平的行状、神道碑铭、墓志铭等史料，但从其妻刘氏的墓志铭、其子曾敏行的行状，以及曾敏行的笔记《独醒杂志》中的片段记述，能够在一定程度上明确其生平事迹。

首先，《独醒杂志》附录中有樊仁远写的曾敏行的行状（《浮云居士曾公行状》）。落款日期为淳熙三年（1176）十月。据文章末尾内容，樊仁远是因与曾敏行次子曾三聘的关系（赣州时期的同事），才撰写了这篇《行状》。根据行状可以判断，曾敏

特未知其为谁。”

25 《独醒杂志》（《知不足斋丛书》本）卷六：“世传烧炼点化之术，有干汞、死朱砂、雌雄黄、硫黄之法，因鏖为金银，诬诞欺人者甚多，然不可谓无此术。余族祖少尝好之，挟是伎者日至，卒不能得其传。资用以此而匮，而好之未厌也。一日，遣一仆入城市水银，道遇一客，亦旧尝至其家者。呼仆来前，问其主翁之无恙，且问所携何物，对曰：‘市水银归也。’客开壶，捻少土投之，笑遣仆曰：‘为我谢主翁，水银若容易干得，无处著钱矣。’仆归以告，族祖惘然。视壶中水银，则皆凝而为银矣。自是始悟，不复留意。”

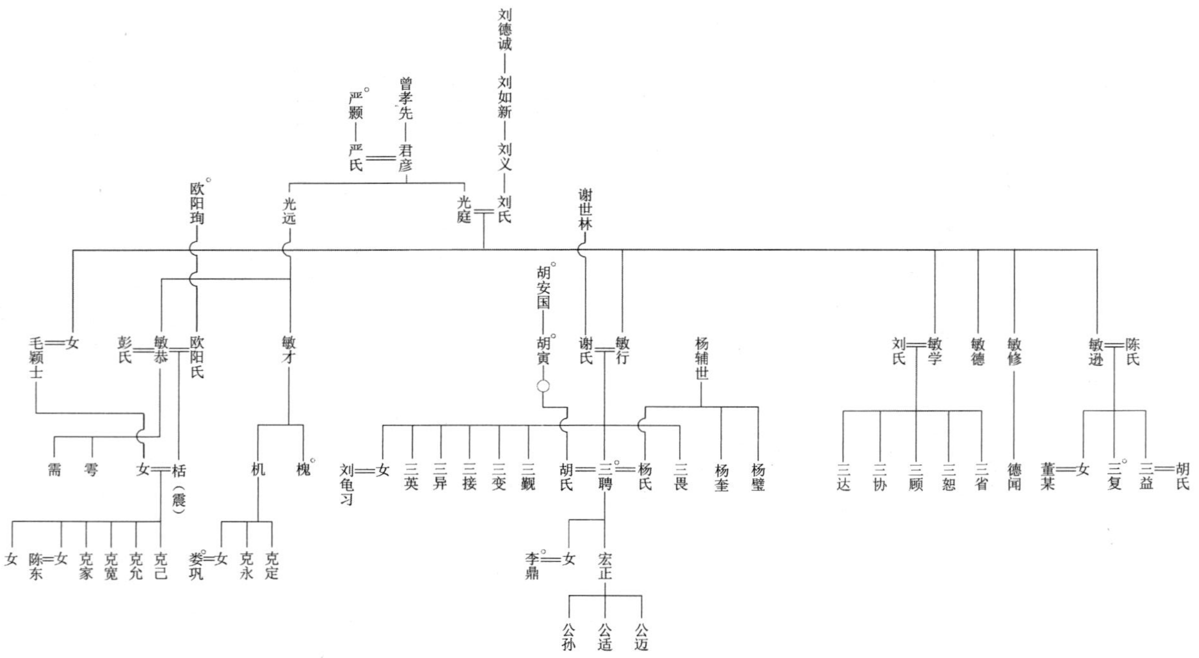

吉州吉水县曾氏一族谱系图

行的曾祖父为孝先（字纯臣），祖父为君彦（字仲求），父亲为曾光庭（字南卿）。文中称曾孝先、曾君彦“博学通经，为乡里儒先”，由此可以想象他们可能拥有土地，并终生治学及教育后人。其次，父亲曾光庭以右文林郎（从八品）的寄禄官释褐，后任永州零陵县（今湖南省零陵县）的县尉。曾光庭是否中举？网罗宋代中举者的傅璇琮编《宋登科记考》（江苏教育出版社，2009 年）中没有曾光庭的名字，管窥所及也没有其他显示其中举的史料，因此他大概没有及第。据《独醒杂志》，宣和年间（1119—1125）他曾在都城开封待过一段时间，[26] 且祖父曾孝先、父亲曾君彦等近亲未有任官之人存在。考虑到那是经由学校任官的三舍法实施的时代，或许他是通过三舍法获得官位。参看其他史料，在担任零陵县尉之前，他似乎还当过同属永州的东安县的主簿。[27] 就任零陵县尉，是在北宋最末期。[28]

说回行状的记述。曾光庭任零陵县尉时，靖康之变爆发，他征召零陵县的人民组成义勇兵（“靖康之难，零陵率民兵勤王”）。行状中没有更多详细事迹的记载，但据《独醒杂志》卷七的记述，他组织勤王兵后，赶赴当时的南京（今河南省商丘市）请求康王赵构即位。就这样，在众人的拥护下，庙号为高宗的

26 《独醒杂志》（《知不足斋丛书》本）卷五有“先君尝言，宣和间客京师时”。

27 《胡澹庵先生文集》卷二五《德兴县尉曾修职墓志铭》：“父曰光庭，宽厚长者，尝主东安簿，摄令零陵。”《独醒杂志》（《知不足斋丛书》本）卷七：“靖康改元冬十一月，金人渡河，（中略）时先君为永州东安簿，零陵令、丞不任事，郡守、贰以先君易之。”

28 《独醒杂志》（《知不足斋丛书》本）卷二：“范忠宣公谪永州，年七十余矣。（中略）先君官零陵时，与公之去，相望才二十余年。”据《宋史》卷三一四本传，范纯仁（范忠宣公）因与章惇对立而被左迁永州，徽宗即位后就被召回，离开了永州，因此范纯仁是在 1100 年离开的，那之后“二十余年”则是 12 世纪 20 年代。而据前注所引《独醒杂志》卷七，靖康元年（1126）冬天时，他就任永州东安县主簿。

南宋初代皇帝诞生。曾光庭辞退推举高宗即位而获得的赏赐，归任零陵。[29]靖康之变七年后，曾光庭告老还乡，建起了上文提到的“槐堂”并招致四方士人。同时他还购买农田，为本族筑牢经济基础，在歉收时还将收获到的粮食低价卖给邻里居民。[30]夫人刘氏是吉州北邻的临江军新淦县出生，乾道七年（1171）七月二十四日以九十三岁高龄逝世，颇为长寿。在丈夫于靖康之变的混乱期远离家乡时，她操持族中晚辈的教育；丈夫死后，她还用优厚待遇招揽良师到家塾中教育子孙，可以说是为了曾氏一族的教育费尽心力。[31]如此，吉水的曾氏一族延续自曾孝先以来献身学问、教育的传统，而曾光庭夫妻也为一族打下了坚实的经济基础。这些教育资本和经济资本，如后文所述，都被子孙们继承了下来。

曾光庭被认为是曾君彦的次子，[32]因此他至少有一个兄长。事实上，曾光庭也有个名叫曾光远的兄弟，但管见所及，无法

29 《独醒杂志》(《知不足斋丛书》本）卷七：“闻京城失守，蔡、亳有叛卒肆剽于道路，兵至是多引归，先君独与二三公勒兵趋南京。时光尧未即尊位，留守乃朱丞相胜非。其时官吏多逃散，朝班无几，共表劝进，乃筑坛于州治仪门外东南隅。上登坛受宝，北向痛哭，班立者无不感泣。越日，乃命勤王师罢归，官吏各推赏有差。先君谓是行也，勤劳有之，功效则无，岂忍受赏。既以兵归零陵，尚余犒赏银千两，悉上送官。”

30 《文忠集》卷三六《曾监酒母孺人刘氏墓志铭》：“比七年归。（中略）文林既倦游，筑大第桂峰之下，别开槐堂，招致游士。又以余力治园圃，燕亲宾。间遇岁欠，振廪平价，大庇一方。”

31 《文忠集》卷三六《曾监酒母孺人刘氏墓志铭》：“文林官湘中，当靖康之难，率零陵民兵勤王。夫人力修阃政，日以诗书课其子。（中略）文林没，益励诸子以学问。（中略）必厚重币延置家塾。尝曰：‘蓄田千亩，不如藏书一束。’故不吝金帛以求之，插架几万轴。”

32 关于《诚斋集》，有辛更儒细致注释的《杨万里集笺校》（中华书局，2007年），此书在卷一三〇《端溪主簿曾东老墓志铭》题目下的注（笺证〔一〕），引光绪《吉安府志》卷二七《曾三聘传》的按语（第9册，第5034页），其中称曾光庭是曾君彦的次子。

确定他是光庭的哥哥还是弟弟。曾光远膝下有敏才、敏恭两个孩子，长幼之序不明。敏才的孩子有槐、机，敏恭的孩子是栝。根据曾机、曾栝的墓志铭，曾敏才当过地方官，曾敏恭也曾在北宋末到都城的太学游学。另外，曾槐曾经求学于周必大和杨万里门下，曾机则在前文提到的曾光庭所建“槐堂”随谢谔学习，自幼就好学而废寝忘食（“夙呻占哔，夜诵申旦，请饪忘尝，请席忘床”）。这两人都参加过吉州的解试。曾栝自幼努力学习不懈，在父亲死后建成的“文友”“咏归”两个学堂里聘师，与弟弟（名字不明）一起勤学。据说那里藏书众多，他们终日遨游书海，学习天文地理、佛经道典。[33]可以说，曾氏族人都继承了书香门第的传统。

再把目光转向曾光庭的孩子。曾光庭和夫人刘氏育有五男一女，五男依次是敏逊、敏修、敏德、敏学、敏行。[34]其中可知部分事迹的，仅是拥有墓志铭的长子敏逊（？—1156）和拥有行状的幼子敏行（1118—1175）。曾敏逊（字积臣）自幼好学，南宋太学复建后，受友人之邀赴京游学。在那之后，虽不清楚过程，但他获得了官位，任饶州德兴县（今江西省德兴市）县尉的绍兴二十六年（1156）十二月七日去世，享年不明。他和

33　曾敏才与曾机的关系见《诚斋集》卷一三一《静庵居士曾君墓志铭》、曾敏恭与曾栝的关系见《诚斋集》卷一三〇《端溪主簿曾东老墓志铭》。关于曾槐，《诚斋集》卷一一二《答万安赵宰》辛更儒所做笺证〔二〕引雍正《广东通志》卷四四的如下记述，判明了他与曾机的关系（《杨万里集笺校》第 8 册，第 4240 页）：“曾槐字仲卿，番禺人。幼能属文，尝游周必大、杨万里之门，与弟机同举于乡，并登淳熙五年进士。”

34　《文忠集》卷三六《曾监酒母孺人刘氏墓志铭》。文中，曾敏学带着谢谔所写《行状》，前来请周必大写墓志铭。《杨万里集笺校》卷一二六在《曾正民妻刘氏墓志铭》题下的笺证称，曾正民是曾正臣之误，而曾正臣就是曾敏学，也即曾敏行的兄长（第 9 册，第 4898 页）。这与《曾监酒母孺人刘氏墓志铭》记录的兄弟长幼之序一致。

夫人陈氏（出生地不明）生下了三益、三复两子和一女。[35]

曾敏行是曾光庭最小的儿子，字达臣，号浮云居士。以下履历基本都是基于前面提到的《浮云居士曾公行状》。靖康之变时他九岁。父亲率领在零陵集结的勤王兵启程时，他向父亲说："愿自力，毋忧家。"听闻此话的曾光庭摸着他的头感叹道："惜汝尚幼，加以数年，当与俱矣。"随着年龄增长，他热爱学习又满腹经纶，但二十岁时患病而放弃科举考试，以苏轼的"治生不求富，读书不求官"（《苏东坡全集》卷一七《送千乘千能两侄还乡》）作为人生信条，过起了埋头纸堆的生活。他阅读范围广泛，涉及王朝制度到民间传承的各个类别。在此之中，他记录下偶尔见闻的事情，即《独醒杂志》。[36]此书在曾敏行死后，由次子曾三聘在家塾中刊刻出版（《独醒杂志》卷末的曾三聘跋文）。序文出自杨万里之手（收录于《诚斋集》卷八〇），其中称赞《独醒杂志》不仅记下自己有所耳闻之事，也是记有很多闻所未闻之事的有用书籍。不过《四库全书总目提要》卷一四一《子部・小说类》批判性地称，《独醒杂志》以记录北宋末南宋初的事件为主，并未充分考证（"盖以记录为主，不以考证为主也"）。说回曾敏行的生平。曾光庭死后，他一边照顾年迈老母，一边独自承担守墓职责（"邱垅百役，以身任之"），另外还做一些地方士人的行为，诸如援助邻近的穷苦之人，将病死街头的死者收殓还乡。晚年，他"龙溪"规划园囿、兴建楼阁。

35 《胡澹庵先生文集》卷二五《德兴县尉曾修职墓志铭》："岁在丙子十有二月七日，终于官舍之寝。（中略）公娶陈氏。男二人，三益、三复。女一人，适士人董某。"

36 虽然没有《独醒杂志》的全译本，但入矢义高《近世随笔集》（"中国古典文学大系"第55卷，平凡社，1971年）中摘译十一话，见第48—56页。

“龙溪”这个地方，明清时代位于吉水中南部，是吉水县城南边的中鹄乡第四十九都、第五十都的地名。[37]曾敏行一直过着这样充实的生活，于淳熙二年（1175）十月二十九日离世。据说在和亲戚聚餐时，他感悟到自己寿命将尽，当晚给孩子留下勉励学习的遗言后与世长辞，享年五十八岁。次年十二月，他被葬在晚年想去却一直没去成的临江军新淦县玉笥山。他与夫人谢氏（出生地不明）生下了三畏、三聘、三覿、三变、三接、三异、三英共七子以及一个女儿。

曾光庭的孙辈中，生平相对明了的是敏逊的儿子三复，敏行的儿子三聘、三异、三英四人。曾三异留作下节讨论，此处依次介绍其余三人。三人当中，三复、三聘在《宋史》卷四一五、卷四二二中分别有传，不过三复在中华书局《二十四史》排印本中仅有短短四行记述。根据该记述，曾三复字无玷，是乾道六年（1170）的进士。在本章研究的曾氏一族中，他与三聘一起，是少有的及第人士。然而乾道六年没有举行科举考试，所以他应该是前一年及第。前揭傅璇琮编《宋登科记考》也记载为乾道五年（下册，第960页）。同年及第者还有陆九渊的高徒杨简（1141—1226）。在历任几处地方官后，他因“气刚而克和，才敏而能”，被提拔为监察御史。[38]之后，他升至起居郎兼权刑部侍郎（从四品），但称病致仕。在两年多的监察御史任期中，

37　光绪《吉水县志》卷三《地理志》“坊乡”中四十九都、五十都出现了“龙溪”这个地名，且四十九都的龙溪在清末仍有曾氏一族居住，不过无法确定是否同族。

38　“气刚而克和，才敏而能”这一提拔理由，载于楼钥起草的诏敕上（《攻媿集》卷四一《监察御史曾三复太常少卿》）。该文还称“若其察事能审，敢言不阿，擢居礼乐之司，不以为吝，士亦以此竞劝。朕之用尔，盖此道也”，可见“敢言”也是他升任监察御史的原因。

他清廉公正、不偏不倚，因此离世后“士论惜之”。《宋会要辑稿》记载了几份他任中央官时的进言。其中让他名震朝廷的是，绍熙五年（1194）孝宗驾崩，入宗庙祭祀时，据天子七庙制应将哪位宗室祖先移出宗庙的进言。曾三复认为，太祖是王朝始祖，因此是“不祧之主”（永远不移出宗庙的神位），应把他的神位放在东向正位，将僖祖（太祖的高祖父赵朓）和宣祖（太祖的父亲赵弘殷）的神位移出宗庙。这是对北宋熙宁年间以来，以僖祖为始祖置于宗庙祭祀的中心，并将太祖移出宗庙之意见的强烈反对。当时的皇帝光宗听取曾三复的意见做出了定夺。[39]

曾三聘（1144—1210）除《宋史》列传外，还有出自理宗朝丞相游似之手的神道碑。该碑有些缺字，但从中还是能相对详细地了解其一生。[40] 单论任官经历，《宋史》列传的记录更得要点，因此以下关于其官历和政治事件的叙述主要参照《宋史》本传。曾三聘，字无逸，乾道二年（1166）进士，但位次是靠后的第五甲。[41] 观傅璇琮编《宋登科记考》，同年及第者还有倪

---

39 《宋会要辑稿》礼一五之六一“绍熙五年九月二十四日”条（上海古籍出版社，排印本，2014 年，第 2 册，第 874、875 页）。该意见的要点载于《宋史》卷一〇七《礼志十》“绍熙五年九月”条。另外，朱熹与曾三复持不同意见，认为僖祖是始祖，应是“不祧之主”（朱熹《晦庵先生朱文公集》卷六九《别定庙议图说》）。

40 谢启昆《粤西金石略》卷一二《忠节曾公神道碑铭》。该碑铭也收录于傅增湘《宋代蜀文辑存》卷七九。据谢启昆所写跋文看，神道碑铭刻于广西临桂县（今广西壮族自治区桂林市）龙隐岩上。其内容与《宋史》本传所记基本相同，但对比两文，可知文脉、内容繁简有异，碑铭的字数比《宋史》的多得多。

41 谢启昆在《忠节曾公神道碑铭》后面的跋文处，据碑文中“公年十六举于乡，又六年登进士第”，以曾三聘死亡年份反推其生年为绍兴十四年（1144），由此断定他在乾道元年（1165）及第，《宋史》本传记载的“乾道二年”有误。但乾道元年没有举行科举考试，谢启昆的推论从一开始就错了。傅璇琮编《宋登科记考》也称他是乾道二年及第。关于他获得了第五甲这样的不算突出的成绩，从《诚斋集》卷五〇《谢曾主簿启》曾三聘及

思（1174—1220）。作为反对权臣韩侂胄、史弥远而多次被左迁的铁骨官僚，倪思名留青史。曾三聘自赣州（今江西省赣州市）司户参军开启官僚生涯。他不满南宋第三位皇帝光宗对其父亲（孝宗）不闻不问的态度，批判对此事毫不关心的宰相留正（1129—1206），并上奏光宗称，对孝宗不闻不问会导致人心涣散、天下大乱，应前往重华宫询问孝宗的安康。孝宗死后，光宗因病无法主持葬礼，曾三聘强烈请求尽快选出光宗的后继者，并拥立光宗之子宁宗。在宁宗朝，因被权臣韩侂胄视作赵汝愚（致力于拥护宁宗上位的光宗朝出身宰相）的心腹，他受到了降等处分。韩侂胄伏诛后，被左迁的官员接连复权，但曾三聘未在其列，自己也没有主动要求复权。据神道碑铭的记述，他在嘉定三年（1210）十月十二日逝世，时年六十七岁。他的官历并不突出，但晋升时的推荐文中赞扬他精励治学。在这一点上，我们可以看到一些与曾三复以及后述的曾三异共通的曾氏一族的状态。[42] 话说回来，从神道碑看，他有两位夫人，先室为杨氏，继室为胡氏。膝下有宏正一子和一女，但不清楚两人的生母是哪位。

有文章记述了曾三聘晚年的乡村生活，此处简单介绍其内容。这是同治《新淦县志》卷一所载题为《冈南郊居记》的文章，也收录于《全宋文》卷六三六〇（第二八〇册）“曾三聘”项。

第后杨万里安慰道“虽五甲而无愠，忠矣何伤”，可以判明。

42　楼钥《攻媿集》卷三五《将作监主簿李大异、司农寺丞军器监主簿曾三聘太府寺丞》：“尔三聘笃学厉操，持论不苟。簿正两监，退然安之，并进厥官，各任以事。以才自见，今其时矣。”陈傅良《止斋先生文集》卷一四《奉议郎太府寺丞曾三聘除秘书郎》：“以尔力学自奋，持论不阿，忧国之心，如饥如渴。”

根据该文，曾三聘于绍熙五年（甲寅，1194）受贬官处分归乡时，在吉水县北邻的临江军新淦县郊外找到一块地，在那里建屋居住并整修园林、田地。据他自己说，“余多兄弟者，以口众，故先庐莫能容，各谋别筑”。他找到的地方距离老家吉水县兰溪不足百里，但一开始居住条件很差。因为是在小山坡下的低湿地，容易积水，此前没有人在这里种田，遑论建造房屋。担任郢县（今湖北省钟祥市）县尉时，他开挖水池，夯实地基，将此处改造成了适合居住的地方。住房完成之后，他又拿起锄头，在家东侧种下了桃、李、梅、杏、海棠等作为园林，在其东侧能看到小河的地方开垦田地。园林和田地加起来约有一百六十亩，完成这些时他五十八岁，正好是离世前十年左右。家附近有十几家农家，鸡犬相闻，听不到车马喧嚣，生活宁静祥和。他尽可能谢绝宾客，也不常写信，心情好的时候就拄着拐杖去附近散步，过着悠然自得的生活。

曾三聘的介绍稍有些多，接下来介绍曾三英。曾三英是曾敏行的七子，也是最小的儿子。隆庆《临江府志》卷一二《隐逸传》中有他的极其简要的传记，但仅凭这些自然无法了解他的履历。能一定程度上了解他一生的，是周必大、杨万里为他的十八篇《南北边筹》所作的《序》与《后序》。[43] 内容上杨万里的《后序》更为翔实。据这两篇序言，曾三英，字无媿（媿是愧的本字）。虽参加过科举考试但似乎并未及第，而是在家乡钻研学问。杨万里称之为“闭门下帷三十年”。但是曾三英并不是置世间于不顾，而是对南宋的政治和军事抱有特别强烈

43 《文忠集》卷五四《曾无愧三英南北边筹序》;《诚斋集》卷八四《曾无媿南北边筹后序》。

的危机感。出于这种危机感而写成的就是《南北边筹》。此书没有留存至今，但从《序》和《后序》的内容推测，该书的内容应该是引魏晋南北朝时期的南北攻防战为例，将焦点放在攻防的人物身上，以证现今的政策。[44] 前揭隆庆《临江府志》的《隐逸传》中也提到他还有一本题为《蒙史》的著作，但内容不明。

本节的最后来探究一下曾氏一族是否拥有族谱。宋代以来的所谓“近世宗族”为谋求一族的团结，拥有（记录一族谱系的）族谱、（祭祀一族祖先之设施的）祠堂、（用于提供救济穷困族人、祭祀和子弟教育之费用的）族产，[45] 特别是以系谱为主体的族谱，拥有唐代之前一般称作“谱牒”的古老历史，且吉州还是出现近世谱之典范的《欧阳氏谱图》的欧阳修的故乡。没有明显证据显示吉水的曾氏一族在宋代编撰有族谱，但周必大在《独醒杂志》的跋文中称，清源、南丰两族分别带着自己的族谱进行统合谱系的“通谱”，[46] 因此可能在某个时点上，吉州吉水的一

44　周必大的《序》：“高宗南渡之初，金人方强，未暇吊伐，士大夫日夜为防守江淮计。（中略）今临江曾君三英，复为《边筹》十八篇。南之攻北，其事有九：诸葛亮、纪瞻、褚裒、元温、刘裕、宋文帝、陈显达、沈庆之、吴明彻是也。北之图南，其事亦九：曾操、魏明帝、羊祜、苻坚、拓跋太武、孝文、元英、邢蛮、北齐是也。人为一论，论指一事，皆援昔以证今，因迹以求心，即成而究败，考古可谓勤，而用志可谓切矣。”

45　众多著述都认为当时宗族以这三点团结族人。稍微举例则有濑川昌久《中国人の村落と宗族》，弘文堂，1991 年，第 225 页；徐扬杰《中国家族制度史》，人民出版社，1992 年，第 20 页；冯尔康等编《中国宗族社会》，浙江人民出版社，1994 年，第 15、165—169 页等。然而伊佩霞认为，宋代宗族并没有达到拥有族产这样的组织高度，仍是处于通过祭祖来团结组织的低阶段（Patricia B. Ebrey, “Early Stages of Descent Group Organization,” ed., Patricia B. Ebrey & James L. Watson, *Kinship Organization in Late Imperial China 1000-1900*, California U.P., 1986, p.20）。

46　《文忠集》卷四七《题浮云居士曾达臣杂志后》有“姓氏书：曾氏望庐陵。本朝大江以南，

族也参加了“通谱”活动。此外，宋元文人吴澄写有吉州松江曾氏一族族谱的序文（《吴文正公集》卷一八《罗山曾氏族谱序》），则截至宋代末期，吉水曾氏一族拥有族谱的可能性是很高的。顺带说，翻阅中国内外族谱之综合目录《中国家谱综合目录》（中华书局，1997 年），可知吉州（明清时称吉安）曾氏有明嘉靖三十二年刻本、清嘉庆十一年刻本两种族谱，但笔者未见。日本方面，查阅多贺秋五郎《中国宗谱之研究》（1982 年）附录《日本公共机构现存宗谱目录》，也没找到吉州（吉安）曾氏的族谱。另外，美国犹他州盐湖城郊外的家谱图书馆藏有中国族谱（包括微缩胶卷文献），但现在互联网上公开的、能够看到的族谱中，也没有发现吉州曾氏的族谱。

二、曾三异的生平、学问

（一）曾三异的生平

《宋史》没有为曾三异立传，但周必大所写的《祭文》（《文忠集》附录卷一《免解进士曾三异乡贡进士曾三疑》）、明清时期的地方志（隆庆《临江府志》卷一二、康熙《江西通志》卷七三、光绪《吉水县志》卷三四）以及明人凌迪知的《万姓统谱》卷五七等都有他的简单传记。这些记述多少有些出入，但综合

清源、南丰两族皆出宰执侍从，尝通谱系”。这与《独醒杂志》中周必大的跋文字句稍有出入，但内容基本一致。

起来并结合同时代人的记述，能够一定程度还原他的一生。

曾三异，字无疑，是曾敏行的六子、曾三英的哥哥。年轻时他就工于诗歌，淳熙年间（1174—1189）乡试合格，但省试几度落榜，最终放弃科考，专心钻研学问。《万姓统谱》说他“少三举乡贡，当补官弗就，不治生产作业，著书满家”。自称“云巢先生”或许就在这种放弃科考退居乡里的时期。从《万姓统谱》的这段叙述中可以知道，他应该有不从事生产劳作也能生活的经济余裕。他在书斋高悬“仰高”的牌匾，过着遨游书海的生活。“仰高”的来源，因魏了翁（1178—1237）的《仰高堂记》（《鹤山先生大全集》卷四七）而众所周知，而它又出于《礼记·表记》援引《诗经·小雅·车辖》中的“高山仰止，景行行止”一句。不过魏了翁充分意识到这个典故出处，更认为《礼记·表记》引用此句后的“子曰”一句重要，即“乡道而行，中道而废，忘身之老也，不知年数之不足”，将“仰高”解释为朝着自己应该走的道路前进，不顾年龄和岁月地努力。另一方面，光绪《吉水县志》记述曾三异在兰溪附近建有“龙城书院”。[47] 从命名为“书院”来看，这应该是为家族及乡里子弟开设的教育设施，但没有其他相关记录，所以无法判断该书院的性质。曾三异在这样的读书生活中，不仅完成了《（宋）新旧官制通考》《新旧官制通释》等书，[48] 还尽力完成后述《欧阳文忠公集》的编集以及《五

47　光绪《吉水县志》卷二二《学校志》“书院”有“龙城书院在七都，宋曾三异建”。据卷首的《疆域形势图》，七都位于曾氏一族居住地仁寿乡第九都的正南方。

48　《宋史》卷二〇三《艺文志二》“职官类”有“曾三异，《宋新旧官制通考》十卷”（《新旧官制通释》中未载）。该书已不复存在，但其中的《同话录》《因话录》收录于《说郛》（可参考《京都大学人文科学研究所漢籍目録》《東京大学東洋文化研究所漢籍目録》《中国丛书综录》等）。从这两本书的现存内容来看，虽书名不同、字句稍有不一，但内容

代史记》的校订工作。

这种学问成就受到了赏识，虽具体时间不明，但到了一定年纪后，朝廷以“隐逸”为名招任他为秘阁校勘（宫廷图书校订职）一职。[49] 此时他予以辞退，不过同乡周必大、杨万里仍反复向中央推荐，所以虽晚于二人的推荐，但在改元端平的1234年，八十岁多岁高龄的他终于应召，同年三月获任承务郎（从九品），并得到主管潭州南狱庙这个祠禄官。端平二年九月，他升任太社令（正九品），但他未就任实职而返乡，九十岁时离世。[50]

（二）曾三异的学问

如前文所述，曾三异年轻时就因诗文才能受到赏识，未来

基本一致，主要是对一些细碎事物的考证和解释。

49 任命他为秘阁校勘的诏书被保留了下来。袁甫《蒙斋集》卷九《曾三异除秘阁校勘制》：“敕具官某：蓬莱方丈之胜，必老于词，学者婆娑其间，亦邦之光也。尔年德可敬，神明不衰。登之木天，益饱观未见之书。懋哉！嗣有褒擢。”此处将他到老年仍钻研学问、博览群书作为任命秘阁校勘的理由。

50 关于曾三异被招至中央一事，刘克庄《后村先生大全集》卷一五〇《直焕章阁林公》有“端平改元，上始亲政，擢贤俊，礼耆艾。乔公行简，大耋奋庸；（中略）江西曾三异、金华杜斿，各年八十余，起布衣，入馆阁”的记述。关于曾三异任官时间，在无名氏《南宋馆阁续录》卷九“关联三”《端平以后一人》有“曾三异，字无疑，临江军人，元年三月以承务郎主管潭州南岳庙差充，二年九月除太社令”的记述。但如吴泳《鹤林集》卷七《免解进士曾三异年七十该庆典授承务郎差监潭州南岳庙制》所示，因宁宗不豫，理宗继位。为纪念即位，理宗赐其“承务郎”的官位和“主管潭州南岳庙”的差遣。从诏敕看，端平元年的这次任命，应是曾三异年过七旬时拒绝任职后的又一次任命。关于曾三异虽曾被任命为太社令，但并未就任而返乡，最终活到了九十岁，罗大经《鹤林玉露》乙编卷五《二老相访》中有详细记载。该文还记述了曾三异与周必大、杨万里、杨长孺（杨万里之子）的交往。另外，李裕民《宋人生卒行年考》（中华书局，2010年，第277页）以《鹤林玉露》等为依据，推测曾三异生于1154年，卒于1243年。

可期，但科举失败，此后专注于学问。他网罗宋代官制的知识并完成了相关书籍，但这些书籍没能留存至今。不过，根据嘉泰二年（1202）周必大给他的书简，可以推断曾三异拥有丰富的唐宋官制知识。书简起首特意致谢“辱教勤恳”，然后叙述宋代进士出身者重要，与制科（皇帝为招揽在野遗贤而设立的临时考试）和诸科（进士科之外的科举）出身者的晋升方式不同，唐代散官的性质等内容，并以请求指点结尾。[51] 虽无法明确详细内容，但从文脉来看，二人应该是在探讨唐宋官制。

另一方面，曾三异还帮助周必大编集《欧阳文忠公集》。关于以周必大为中心的《欧阳文忠公集》编集整体面貌，前揭东英寿的论著中有详细探讨，其中也提到了曾三异。此处的记述难免有重复部分，但主要以曾三异为中心论述。

据《欧阳文忠公集》卷末的跋文(周必大《文忠集》卷五二《欧阳文忠公集后序》有同样内容），该书是绍熙二年（1191）春天开始正式编集,庆元二年(1196)夏天基本完成。正文一五三卷，附录五卷。此本《欧阳文忠公集》以周必大的俸禄为主要经费，校订完成后逐次在“家塾”刊刻出版。[52] 这就是所谓家刻本。据许怀林说,周必大的家塾还出版了《文苑英华》《玉蕊辩证》《诅楚文》《千金方》《墨池阁记》等书作为家刻本。[53]

从陈振孙《直斋书录解题》卷一七关于《欧阳文忠公集》

51 《文忠集》卷一八八《又曾无疑三异（嘉泰二年）》。

52 《文忠集》卷一八八《曾无疑三异（绍兴四年七月）》:“《六一集》方以俸金，送刘氏兄弟私下刻板。”陈振孙《直斋书录解题》卷一七《六一居士集一百五十二卷附录四卷年谱一卷》:“自《居士集》《外集》而下，至于《书简集》凡十，各刊之家塾。”

53 前揭许怀林《江西通史 6（南宋卷）》，第 266 页。不过此处记《欧阳文忠公集》(许氏记为《六一居士集》) 一百五十卷明显有误。

的解题来看，该文集似未在庆元二年全部完成。陈振孙在记述该文集于家塾刊行后说：

> 其子纶又以所得欧阳氏传家本，乃公之子棐叔弼所编次者，属益公旧客曾三异校正，益完善无遗恨矣。

即是说，在《欧阳文忠公集》刊行后，周必大的儿子周纶获得了由欧阳修三子欧阳棐（字叔弼）编辑的传家本，将其交给周必大（“益公”是周必大的爵号）的“客”曾三异校正，最终使文集完善。欧阳修晚年在颍州（今安徽省阜阳市）度过隐居生活，但子孙在北宋末年的乱世期间迁至长江以南，其中明显也有移住到吉州的人，[54] 因此周纶能从这种南迁子孙那里获得欧阳棐编辑的传家本。

并非曾三异自己负责《欧阳文忠公集》的校正，从《欧阳文忠公集》卷末周必大的跋文来看，除他以外，同为吉州士人的孙谦益、丁朝佐也参与了校订工作。孙谦益“老于儒学，刻意斯文”，丁朝佐也“博览群书，尤长考证”，因此得以参与。另外，一览延续明朝内府本系统的《四部丛刊》本《欧阳文忠公集》卷末跋文前的《编订校正》和《覆校》，可知《编订校正》

54 曾宏父《石刻铺叙》卷下（《知不足斋丛书》第10集所收本《六一先生集古录》：“文忠流派，自乱离南渡，始寓霅川，继归庐陵。元孙从立人傍排名者二十三人：江陵支使俊、分司总幕俱，则监丞发之曾孙。名偰者，寺丞奕之曾孙也，尝持《五代史·梁稿》遗周益公。（中略）后俱迁豫章，仮徙浙西，惟俊之子孙，奠居乡郡。”（发是欧阳修长子，奕是次子。）另外，欧阳修相关的姻戚及子孙的系谱，见拙稿《欧陽脩と母親鄭氏》（《名古屋大学東洋史研究報告》第33号，2009年），但系谱烦请参考订正版（《名古屋大学東洋史研究報告》第34号，2010年，第115页）。

中除三人外还有胡柯，《覆校》中有葛潨、王伯刍、朱岑、胡炳、曾焕、胡渙、刘赞、罗泌八人。这些人全部被注为“郡人”。正如东英寿所指，[55]《欧阳文忠公集》的编纂工作是集结庐陵（吉州）学者之下完成的。

然而，曾三异在《欧阳文忠公集》编纂工作中不只负责校正，“编订校正”一词就暗示了这个情况。从周必大文集所载的书简来看，曾三异似乎还编定了欧阳修诗文的编年和目录，[56]甚至在胡柯的《庐陵欧阳文忠公年谱》完成之前，就已经编就了《年谱》。[57]胡柯的《庐陵欧阳文忠公年谱》是现存最古老、最重要的欧阳修年谱，以《四部丛刊》本为首的通行本欧阳修文集都会收录，后世几乎所有欧阳修年谱也都以之为基础。[58]另外，

55　前揭东英寿《欧陽脩新発見書簡九十六篇：欧陽脩全集の研究》，第 109 页。

56　本章脚注 52 引用的《文忠集》卷一八八《曾无疑三异（绍兴四年七月）》引文后还有“免得官中扰人。编年自当附入。蒙索元稿，谨封纳，是正毕却幸垂教”。《文忠集》卷一八八《孙彦扮谦益（绍熙五年六月）》有“某顿首：前奉记纳《六一集》，必遂关彻。毒暑，不审尊履比何如？曾无疑送别集目录来，共三册，并移改手书五卷”等。

57　《欧阳文忠公集》卷首所载胡柯《庐陵欧阳文忠公年谱》后有他的跋文，称“文忠公《年谱》不一，惟桐川薛齐谊、庐陵孙谦益、曾三异三家为详。虽用旧例，每岁列其著述，考文力之先后，然篇章不容尽载，次序宁免疑混”。同样的文字以《欧阳文忠公年谱后序》为名载于《文忠集》卷五二，署名为周必大。无论作者是胡柯还是周必大，可以判断在胡柯的《庐陵欧阳文忠公年谱》以前至少还有三份年谱，但现今皆已不存。

58　胡柯以后编成的年谱中，清代的最为古老。清代的年谱有华孳亨的《增订欧阳文忠公年谱》（《昭代丛书》丙集补卷三）、杨希闵的《欧阳文忠公年谱》（四朝先贤六家年谱本、豫章先贤九家年谱本）等。从杨希闵的序文来看，他所持的欧阳修文集中似乎无胡柯写的年谱，于是自己作了这份年谱。近代以后，则有林逸《宋欧阳文忠公修年谱》（台湾商务印书馆，新编中国名人年谱集成九，1980 年）。该年谱最大的特点是将同时代的西方历史事件、北宋同时期人物的生卒以系年的方式记在相关年月。但关键的欧阳修相关记年错误繁多，引文也有疏漏，没有太多参考价值。王德毅《中国历代名人年谱总目》（华世出版社，1979 年）另载有《欧阳修家系图并年谱》（作者不详，第 52 页）。该年谱是《汉文体系三（唐宋八家文）》上（冨山房，1910 年）中韩愈等唐宋八大家的年谱之一，附

曾三异似乎还持有部分欧阳修的《集古录跋尾》，且提供给周必大。[59]欧阳修自三十九岁的庆历五年（乙酉，1045）年左右至晚年为止，自己收集或委托知己收集的散布在中国各地的太古至五代的金石的拓本，《集古录跋尾》便是以此为基础的考证文章，收录于《欧阳文忠公集》卷一〇。[60]如此来看，包括提供资料在内，曾三异与《欧阳文忠公集》的整体编纂密切相关。

话说回来，《欧阳文忠公集·居士外集卷一五》卷末有如下颇为深意的跋文：

> 闽本《桑怿传》后，又载钱缪、王景仁、朱瑾等传，即五代史文也。间有小异，今不取。

文中的“闽本”，指周必大编《欧阳文忠公集》出版以前存世的一种欧阳修文集中。[61]闽本没能留存到现在，所以内容已不可

在起自欧阳修曾祖父欧阳郴以至欧阳发四子为止的简要系图之后，内容以简单的事迹及著作为中心（第17—25页）。另外，现行本中最详细的年谱是搜罗相关史料的刘德清《欧阳修纪年录》（上海古籍出版社，2006年），仅正文就有485页。

59 《文忠集》卷四六《跋六一先生跋杜济神道碑》："右六一先生跋《唐杜济神道碑》，盖《集古》第四百五卷也。今吉水县乡贡进士曾三异有此碑而末残缺，其文可读。"《文忠集》卷四七《跋后汉樊常侍碑》："右后汉《樊常侍碑》，欧阳文忠公已有跋，今其文幸可读。（中略）庆元丙辰正月癸卯，平园老叟周某书而归之曾氏。"前者在《集古录跋尾》卷七，后者在同书卷二。按当时的情况来看，后文最末的"曾氏"很可能是曾三异，但无法定论。

60 《欧阳文忠公集·居士外集卷一九》中的《与蔡君谟求书集古录序书》："修启。向在河朔，不能自闲。尝集录前世金石之遗文，自三代以来古文奇字，莫不皆有。（中略）盖自庆历乙酉，逮嘉祐壬寅，十有八年，而得千卷。"关于《集古录跋尾》，有郑宝剑、王怡琳合著的详细注释本（人民艺术出版社，2010年）。

61 参看《欧阳文忠公集》卷末周必大的跋文，《居士集》卷二、卷三、卷七、卷一一、卷一二、卷一九、卷二一以及《表奏书启四六集》卷七等的卷末跋文可知，此书有衢本（浙西本）、建本、吉本、蜀本、罗氏本、京本（汴京本）、公家定本。

考，从名称判断应该是在福建出版的。该刻本收录《桑怿传》后，还录有欧阳修撰《五代史记》中的几个列传。居士外集卷一五的校订者将其字句与《五代史记》的原文一一比对。这件事可以说颇有意义。《桑怿传》收录在通行本《欧阳文忠公集 · 居士外集卷一五》（通卷是卷六五）中，主人公是康定二年（1041，该年十一月改元庆历）二月与西夏军开战中战死（好水川之战）的武人桑怿。欧阳修认为桑怿的学问教养虽不太高，但处事、心性与教养丰富的士大夫相比仍值得称赞，在《五代史记》以优异武人的基调评价桑怿。[62] 那么，《五代史记》中的钱缪（卷六七）、王景仁（卷二三）、朱瑾（卷四二）除了都是武人以外没有其他共同点，而《桑怿传》让阅读此篇的宋代人很容易联想起《五代史记》中的武人列传吧。

虽然无法断定在编纂《欧阳文忠公集》时，曾三异将闽本《桑怿传》之后所载钱缪等武人传记与《五代史记》中各传记逐文确认，但这种可能性很高。百衲本《五代史记》（南宋庆元本的影印本）卷一八《晋家人传》卷末有“庆元五年，鲁郡曾三异校订”，卷五七《杂传》卷末也有“鲁郡曾三异校订”。由此可知曾三异在庆元五年（1199）完成了《五代史记》的校订工作。然而实实在在记有“曾三异校订曰”、可以确定其校订地方的仅有卷一《梁本纪》中的四处。[63] 这几处都是据《五代史记》其他处的内容或其他书籍，订正此卷内容。从“庆元五年”这个时

62　关于《桑怿传》的问题，可参照拙稿《『桑懌伝』と『五代史記』》，《欧陽脩　その生涯と宗族》，創文社，2000 年。

63　《五代史记》卷一《梁本纪》“光化元年七月”条、“光化三年二月甲戌”条、“光化三年九月”条、“天祐元年四月甲辰”条。

间点看,《五代史记》的校订工作是与《欧阳文忠公集》的编纂工作同时或者稍晚进行的。之所以只能模糊推断，是因为前揭《四部丛刊》本《欧阳文忠公集》卷末《编订校正》《覆校》中列示各人名之前记有年份,《编订校正》中的曾三异记作绍熙四年（1193），但我们不能判断这个年份是校订开始时间还是完成时间。

本节最后，笔者想探讨一下曾三异的学问观和思想。关于这一点并没有直接的史料，但好在朱熹的文集《晦庵先生朱文公文集》卷六〇留有六封寄给曾三异的书简，从朱熹讨论的内容可以窥探到一些曾三异的思想。市来津由彦认为，该书简是朱熹六十六岁以后所写的。若是如此曾三异大概是四十来岁。[64] 纵观书简，可以将内容分为治学态度或学问的本质问题，以及具体的学术问题两大类。

首先关于本质论,曾三异似乎认为,没有人的“本原”(本质),心时常处在驳杂的状态，因此学问根据个人固有的性格进行即可。如此，就算道路不同最终也能到达同一个终点，过去养成的习惯不会成为治学路上的绊脚石。对此，朱熹引用《孟子·离娄下》“人之所以异于禽兽者几希,庶民去之,君子存之”[65] 作为反驳，认为学问就是探求仁义之心（“本原”）为何物，并致力于将之留在心中。而且所谓学问，就是知晓事物的本质，不然议论就是空谈（第二封书简）。与此相关，朱熹认为人在学习时

64 据市来津由彦《朱熹門人集団形成の研究》(創文社，2002年）第363页可知，朱熹六十六岁（1195）后与曾三异有接触。那么据前揭李裕民《宋人生卒行年考》(脚注50）所论曾三异是1154年生人，则他与朱熹接触时是四十多一点。

65 此句的日文训读和解释,依照小林胜人译注《孟子》,岩波文库本,1972年,下册第81页。

应该牢记为何学习，且学问也要循序渐进，不能被世间毁誉褒抑或是生活善恶左右（第一封书简）。由此来看，曾三异在壮年依旧没能达到将治学与世俗分开的豁达境界，对学问的本质、学习顺序没有多大兴趣。从朱熹的书简中难以窥知曾三异提出的具体问题，但应该是关于喜怒等感情表达的。朱熹劝告他，人不应被喜怒左右，但完全不动感情则是形同木石的非人状态，所以表达喜怒时要多加思考（第四封书简）。

在治学态度这一点上，朱熹劝诫他应该广泛学习，然后慎重思考学到的东西，最后学以致用（第三、四封简），因此应将《大学》的“格物致知”作为第一要义牢记于心。仅仅思考，是不足以在日常生活中立足的（“即日用之间，更无立足处”）。在年老的朱熹眼中，曾三异此时在广泛学习和思考所学上还有欠缺。

具体的学术问题，则是关于服丧和《易经》的问题。关于《易经》，朱熹解答称，用筮竹占卜并不是占卜的原本面貌（第四封书简），可见他应该是询问了占卜方式，另外，他似乎还询问了有关卦、爻辞的问题（第四封书简）。虽然详细内容不得而知，但看得出来曾三异对《易经》有很强的兴趣。关于服丧，他询问服丧日期应该从何算起。朱熹回答他，日期的计算不是从得知死讯之日开始，而是从逝者死亡之日开始，这样更符合“人情”（第四封书简）。这一点看似琐碎，但《文公家礼》中也没有明确记述，因此曾三异的提问及朱熹的回答仍有一定的价值。

三、曾氏一族的婚姻及交友关系

纵观吉州吉水县曾氏一族的婚姻关系，如前文介绍曾氏一族时所见，其特点是嫁入该族的女性出生地几乎都不可考。下文仅论述通过残存史料能够辨明出生地的事例。

曾三异的祖母，也就是曾光庭的妻子刘氏是临江军新淦县人。曾光庭之女嫁给了“乡贡进士”毛颖士。毛颖士的生平虽不可考，但应该是吉州吉水县的士人。[66] 曾光庭最小的儿子是曾敏行，也就是曾三异兄弟的父亲。曾敏行的岳父叫谢世林。据《独醒杂志》，谢世林多次向居所附近的玉笥山飙驭庙（云腾庙）祈愿中举，但梦中忽现白乐天的“欲留年少待富贵，富贵不来年少去”（《白氏长庆集》卷一二《浩歌行》），便放弃了科考。[67] 这里所说的玉笥山飙驭庙不是埋葬了曾敏行的临江军新淦县玉笥山，而是庐陵县螺山（俗名螺子山）上的一座道观，[68] 因此谢世林也居住在吉州庐陵县。曾敏行堂兄曾敏恭（字叔谦），是庐陵出生的欧阳珣的女婿。欧阳珣在靖康之变时被派往金朝，因拒绝割让领土被金人杀害，又因无子嗣，所以朝廷赏赐其女婿

66 《文忠集》卷三六《曾监酒母孺人刘氏墓志铭》：“刘氏本长沙人，后徙临江军之新淦县。（中略）一女，适乡贡进士毛颖士。”这里提到的毛颖士与《诚斋集》卷一三〇《端溪主簿曾东老墓志铭》（墓主是曾栝）中曾栝夫人相关记述“配毛氏，同邑贡士颖士之女”中提到的毛颖士应是同一人。如此则曾光庭的女儿嫁给了同乡士人。

67 《独醒杂志》（《知不足斋丛书》本）卷三。

68 民国《庐陵县志》卷一下《疆域志》“山川”中引周必大《闲居录》（《文忠集》卷一六六）“隆兴二年九月戊申”条的记述，指出云腾庙位于玉笥山的九峰支岭。《诚斋集》卷七六《玉笥山重修飙驭庙记》中“惟大江之西，吉之吉水，出县北东六十里所。乡曰某乡，山曰玉笥，庙曰飙驭者，（中略）初名云腾，自唐之天宝，神所命也”也可作为旁证。

曾敏恭官职以表功绩。欧阳珣的藏书也由曾敏恭继承。[69] 虽然迎娶的先后顺序不明，但除了欧阳氏之外，他还有一名夫人姓彭，是出生于庐陵的彭合（字子从）之女。[70] 曾敏恭的儿子曾栝迎娶了曾光庭之女与毛颖士的女儿，[71] 属同乡近亲结婚。曾三聘有先室杨氏和继室胡氏两位夫人，杨氏的父亲是杨万里的伯父杨辅世，胡氏则是胡寅的孙女。[72] 换句话说，先室与他同乡，继室则是福建路崇安县出生。另外前文也提到，杨万里称曾敏行“归愚居士达臣（曾敏行字达臣），予家亲戚，且最厚者”，[73] 如曾三聘事例所示，曾氏一族与吉水县出生的杨万里一族结有姻亲关系。

虽然无法用这些细碎事实来以偏概全，但可以推测，吉水县的曾氏一族有着以吉水县为中心，与吉州内以及吉水县北邻临江军新淦县士人建立婚姻关系的倾向。这与曾氏一族虽有人做官但基本上是一定年纪之后才任官，以及就算赴中央做官也没有活跃太长时间有很深的关系。考虑到婚姻关系容易与日常

69 《独醒杂志》卷八：“欧阳全美，名珣，庐陵人，登崇宁进士第。（中略）使金，竟不复还。朝廷录其节而官其婿，乃从兄叔谦也。”《诚斋集》卷一三〇《端溪主簿曾东老墓志铭》：“至父敏恭，始自奋发，有志于当世。会外舅匠监丞欧阳珣使虏死焉，无子，朝廷官其婿三。（中略）藏书数万卷，又得欧阳氏故书数千卷，阁以庋之。”

70 汪应辰《文定集》卷二二《户部郎中总领彭公墓志铭》有“公彭氏，讳合，字子从，吉州庐陵人。（中略）女六人，（中略）次适右儒林郎、知静江府兴安县事曾敏恭”。《杨万里集笺校》卷四五《曾叔谦哀辞》笺证〔一〕，引此《文定集》的记述，判断欧阳氏为元妻，彭氏为继室，但根据不明（第 5 册，第 2312 页）。

71 《诚斋集》卷一三〇《端溪主簿曾东老墓志铭》：“曾其姓，栝其名，禹任其字也。（中略）配毛氏，同邑贡士颖士之女。”

72 谢启昆《粤西金石略》卷一二《忠节曾公神道碑铭》：“娶杨氏，知麻阳县辅世之女。继室胡氏，礼部侍郎寅之孙。”

73 《诚斋集》卷一〇〇《跋曾达臣所作蜥蜴螳螂墨戏》：“归愚居士达臣，余家亲戚，且最厚者。”

交际产生联系，自然能想象他们从吉水县近处寻找婚姻伴侣。

接下来，我们以曾三异为中心考察曾氏一族的交际。据《独醒杂志》等可以知道，曾三异的祖父曾光庭有任官经验，所以人际交往并不局限于家乡。比如任永州零陵县（今湖南省零陵县）县令时，他的能力受到黄庭坚堂弟、时任永州都督的黄叔彪的赏识，并被其推荐到中央。[74] 前文已述，曾光庭建起了“槐堂”并聘请临江军新喻县的谢谔来教育自家子弟。[75] 虽不清楚二人如何有了联系、将谢谔聘至槐堂有何种过程，但总之谢谔与曾氏一族间存在某种联系，不仅为曾敏行长兄曾敏逊撰写了行状，[76] 还为曾敏行的《独醒杂志》题跋。恐怕曾敏行的后辈就受到谢谔的教导和熏陶。事实上，曾三异称“予尝侍艮斋先生”（艮斋是谢谔的号），明确记述自己曾求学于谢谔。[77] 曾敏行年纪轻轻便因病隐居家乡，其交友范围自然以家乡为中心吧。

到了曾三异一代，以他为首的族人与周必大、杨万里等吉州出生的名人交往相当密切。先说周必大，他曾得到曾三聘赠送的茶、酒、醢（用肉或鱼腌成的酱）并回有礼状，[78] 称曾三聘

---

74 《独醒杂志》(《知不足斋丛书》本）卷六：“先君官零陵，山谷之从弟吏部叔豹为守，政事有体，识度甚高，遇僚属严重。先君从之逾年，一日袖出荐章，其辞云：‘检身清慎，率职公勤。’时一同僚迫于代满，望公合尖而公不与，先君愿推以授之。公曰：‘君之举削，可推以及人。而吾之举辞，不可妄以许人。’其相知如此。”

75 《诚斋集》卷一三一《静庵居士曾君墓志铭》：“艮斋先生尚书清江谢公，未仕日，尝假馆于庐陵兰溪曾氏之槐堂，授徒讲学。”《独醒杂志》谢谔的跋文有“谔顷寓曾氏槐堂者七年”。

76 《胡澹庵先生文集》卷二五《德兴县尉曾修职墓志铭》：“既三益偕其季三复，相踵扶服以请，且出左迪功郎、新夷陵主簿谢君谔状。”不过此处所说的行状现已不存。

77 曾三异《因话录》“畜”项。

78 《文忠集》卷一九〇《曾无逸寺丞三聘（乾道九年）》(第一封书简）：“少酬文房之惠，竟未暇。兹又辱远饷新茗，一洗昏浊，厚意稠叠，何以当克？”同卷《又曾无逸寺丞三聘（乾道

为“贤友”。[79] 另外，周必大还感谢曾三异的弟弟三英代替生病的自己，给曾三异带去书籍。[80] 但无论如何，与周必大关系最密切的还属曾三异。与其他弟兄一样，曾三异也因赠送周必大食物而被回赠礼状。赠送金橘后收到回赠的古诗便是一个例子。[81] 然而与其他弟兄不同的是，曾三异藏有各种文人书画，或是拿出来与周必大共赏，[82] 或是围绕碑文、砖的性质与周必大讨论，[83] 两人间的交往显然更像是文人间的交际。另外前节也提到，两人就《欧阳文忠公集》的编纂有好几封书简往来。周必大屡次在书信中称呼曾三异为“友人”。例如讨论周必大所藏石延年（994—1041，字曼卿）手写的诗时，曾三异提供了辅助资料，周必大为此写道“今友人曾无疑又示其行草二十字”。[84] 除此之外，周必大还在至少三封书简中称呼其为“友人”。[85]

九年）》（第三封书简）：“酒醢珍饷，佩服眷与。”

79 《文忠集》卷一九〇《又曾无逸寺丞三聘（绍熙四年）》（第四封书简）最末有“某悚息再拜无逸寺丞贤友”。

80 《文忠集》卷一八八《曾无愧（庆元六年）》：“近太和刻《墨池阁记》，谩纳二本，其一烦送无疑。属病中，占吏草草。余惟珍爱。不宣。”

81 《文忠集》卷四二载有题为《曾无疑三异以长韵送金橘时以暮春次韵》的古诗。

82 《文忠集》卷一六《跋曾无疑所藏米元章帖》记有观看曾三异所藏著名书画家米芾（字元章）的书法的感想；同书卷四五《东坡像李伯时作曾无疑藏之命予赞之》记有观看曾三异所藏苏轼肖像画（李伯时的作品）的感想；同书卷四九《跋曾无疑所藏二帖》则记有观看曾三异所藏范纯仁（范仲淹次子，哲宗朝廷丞相，谥忠宣）书简的感想。

83 在《文忠集》卷一八八《又曾无疑三异（嘉泰三年）》（第四封书简）中，周必大称自己视力渐差，在灯下阅读很艰难，并就碑文、砖的性质讨论。

84 《文忠集》卷四九《跋曾无疑所藏二帖》。

85 《文忠集》卷四六《题颜鲁公书撰杜济神道碑》：“右颜鲁公书撰《杜济神道碑》，沉着端重，真可入木八分，友人曾三异无疑宝藏之。”卷五一《跋曾无疑所藏黄鲁直晚年帖》：“右友人曾无疑所藏太史黄公帖。”同卷《书曾无疑匹纸》最末：“庆元已未二月三日，友人曾无疑出示匹纸，为书此说。”卷五五《书曾无疑匹纸》最末：“庆元已未二月三日，友人曾无疑出示匹纸，为书此说。”两文日期仅相隔一个月，且题目、内容相同却不在同一卷，周必大称曾三异为“友人”，两人之间恐怕用“忘年之交”来形容更为贴切。因为周必大靖康元年（1126）七月出生，[86]而前文提到理宗端平元年（1234）曾三异被招至朝廷时已经八十余岁，由此反推，他应该是高宗绍兴二十四年（1154）年前后出生，那么两人相差了近三十岁。顺带说，如前文所述，曾三异的弟弟曾三聘是绍兴十四年（1144）生人，两兄弟的年龄差也有十岁。周必大与曾三异相差近三十岁，在旁人看来当然是师徒关系。罗大经《鹤林玉露》丙编卷六《缕葱丝》中就记载周必大逝世后，因是“周益公门下士”，曾三异被委托作“志铭”（神道碑或墓志铭），但他拒绝称“某于益公之门，乃包子厨缕葱丝者，岂能作包子哉！”宫崎市定的著名文章《中国的奢侈变迁》中提到了此典故的前半段。[87]据此可知，北宋灭亡后，一位士人雇用了曾在蔡京厨房工作过的女佣，让她做包子，她却说“妾乃包子厨内缕葱丝者”，予以回绝。要而言之，曾三异虽了解周必大部分事情，但不了解其全部生平，于是引用了蔡京厨房女佣的这句话。

再把目光聚焦于曾氏一族与杨万里的关系。杨万里生于建炎元年（1127）九月，[88]只比周必大小一岁，在曾三异兄弟来看，

不知理由为何。

86 关于周必大的一生，第三章《宋代吉州的周氏一族》有简单介绍。邹锦良所著研究著作《周必大生平与思想研究》（江西人民出版社，2013 年）不仅介绍了周必大的一生，还着眼于他的学术、思想、出版、交友等各方面。

87 宫崎市定《中国に於ける奢侈の変遷——羨不足論》，初刊于《史学雑誌》第 51 编第 1 号，1940 年，后收录于《宮崎市定全集》第 17 卷，岩波書店，1993 年，以及《中国文明論集》，岩波文庫，1995 年等。岩波文库本，这个故事在第 26、27 页。

88 关于杨万里的年谱，清人邹树荣的《杨文节公年谱》广为人知，见《宋人年谱丛刊》，四川大学出版社，2003 年。辛更儒《杨万里集笺校》（中华书局，2007 年）第 10 册载

也可以说是父辈的人物。虽说如此，目前无法判断杨万里与曾三异的父亲曾敏行是否有过亲密交流。杨万里为曾敏行的《独醒杂志》作序，但据该文，《独醒杂志》是他在曾敏行死后从其次子曾三聘处得到的（“达臣既没，吾得其书所谓《独醒杂志》十卷于其子三聘”），在曾敏行生前他似乎不知道此书存在。此序文或许是与他亲近的曾三聘委托的。如前所述，曾三聘娶了杨万里的堂姐妹为妻，所以与杨万里是很近的姻亲。或许也是因为这层关系，淳熙十二年（1185），任吏部郎中的杨万里向丞相王淮（1126—1189）举荐的六十人中就有曾三聘（《淳熙荐士录》）。推举理由是其擅长文章和议论（“刻意文词，雅善论事”）。名单中的首位是朱熹，曾三聘的堂兄弟曾三复也有政治能力（“作邑有声，尽罢横敛”）受到举荐。[89] 顺带提一句，杨万里《诚斋集》卷七有两首对曾敏行的《挽词》。曾三异虽被杨万里称为“友”，[90] 但考虑二人的年龄差，也是与周必大一样的“忘年交”吧。因为与杨万里的关系，曾三异与其子杨长孺也有交流吧。他们俩的交流就属于同辈间的来往了。

如前述《仰高堂记》所示，从曾三异请他写围绕书斋名的文章，可以推测他与魏了翁也有一定的关系。另外，从刘克庄的文集中也可以看到他与刘克庄之间的诗文交流。[91] 即是说，他

有他作成的详细的《诚斋先生杨万里年谱》。

89　记录了举荐名单和理由的《淳熙荐士录》载于《诚斋集》卷一一四中。关于举荐始末，杨万里之子杨长孺在《淳熙荐士录》文末处有所叙述。关于《淳熙荐士录》，可参照本书第四章《杨万里的家族与地域社会》。

90　《诚斋集》卷七六《玉笥山重修飙驭庙记》：“予友生乡贡进士曾三异。”

91　《后村先生大全集》卷一〇《答曾无疑校勘》。管见所及，对应此诗的曾三异的诗已不复存在。

与南宋后期的代表性文人士大夫有往来。其中最值得特笔大书的是与晚年朱熹进行的学问交流吧。交流的内容前节已有介绍。清人万斯同的《儒林宗派》卷十将曾三异记作“朱子门人”。市来津由彦认为，二人是通过被贬至江西的吕祖俭介绍认识的。庆元元年（1195），因抗议罢免赵汝愚，吕祖俭被流放韶州（今广东省韶关市），而后发往吉州，最后贬至筠州高安县（今江西省高安县）。[92]《宋史》卷四五五《吕祖俭传》中记载，吕祖俭被发配吉州后，因恩赦转至高安县，两年之后逝世，那么庆元元年前后逗留吉州、高安县的吕祖俭确实可能与曾三异有过往来。这时，曾三异是四十来岁的壮年时期，吕祖俭年过五十，而朱熹则如前文所述，已经到了六十六岁以后的晚年时期了。

小 结

本章特别以曾三异为中心，揭示宋代居住在吉州吉水县的曾氏一族的活跃实况。过去以《宋史》卷四二二《曾三聘传》为代表的著作，多将曾氏一族记作临江军新淦县一族。这恐怕是受到曾三异父亲曾敏行因遗言而被葬于新淦县玉笥山，以及曾三聘晚年在新淦县购地隐居的影响。然而如本章所论，至少从曾三异祖父曾光庭那一代，该族就居住在吉水县兰溪。一族

92 前揭市来津由彦《朱熹門人集団形成の研究》第363、405页。朱熹通过吕祖俭认识曾三异这一点，参见《晦庵先生朱文公全集》卷六〇寄给曾三异的第六封书简开头处：“子约（吕祖俭的字）书来，必盛称无疑之为人。但不知中间相聚，所与切磨诵说者，果为何事？”此条史料揭示二人认识的契机，蒙市来氏赐示。

之中偶尔有官员，但没有出现在中央活跃的人才。[93] 无论是曾三异的高祖（曾孝先）还是曾祖父（曾君彦），都作为在野"儒生"掌握一定的学问，终生关注子弟教育。不过，曾氏一族应该有足以支撑日常生活的经济基础。曾三异的祖父（曾光庭）归乡后置办田地，歉收时以便宜价格将粮食卖给周围乡民，就是直接的证据。有了这样的经济基础，子孙们无须操心日常生计，也就可以在曾光庭创设的"槐堂"中安心学习。比如，因病放弃科考的曾光庭末子曾敏行一生追求学问且完成了《独醒杂志》，曾敏行的六子曾三异在晚年出仕之前，能够一直在家乡钻研学问，而这些都得益于家族深厚的经济基础。《独醒杂志》卷八有"吾人族姻并居同室，未必如其众多"（《知不足斋丛书》本，叶9b），可见该族及姻亲都以吉水县为中心生活。由此可以看到该族扎根于乡村社会，拥有相当多土地等经济基础，成员间互相帮扶的生活状态。

这个几乎从未脱离家乡的吉州吉水县曾氏一族，或许平日就与地域社会有着深厚的联系。其中一个表现就是上文提到曾光庭在歉收时将粮食贱卖乡民，但可一窥这种关系的史料意外地未留存下来。除这种史料之外，此处可举一例。这也是前文用来论证其他问题时使用的史料。玉笥山位于吉水县城以北约六十里（约 33 公里），唐代天宝年间（742—756）以来，那里就有一座名为飙驭（云腾）庙的道观，进入宋代，徽宗宣和年

93 《诚斋集》卷八二《定斋居士孙正之文集序》有"大江之南，郡国以多士名者，莫庐陵若也。（中略）其间如庐陵印冈之罗，吉水兰溪之曾，龙泉之孙，又世于儒之尤者也。至于连年収科相望者，罗氏七人，曾氏四人，而孙氏三人。（中略）然仕之盛者，罗氏惟一人，今为二千石；曾氏一人为二千石，一人今为右史"。

间（1119—1125）道观得到了庙额，于是在赣江沿岸拥有很多信众。然而经过岁月洗礼，建筑逐渐老化，据说在必须要修缮之时，曾三异作为“里人”率先出资。[94]可见，曾三异积极参与家乡信仰设施的修缮活动。[95]

另外，从曾氏一族很少离开家乡这一点来看，他们自然与吉州及北邻的临江军这些离家乡较近的人们结下姻亲关系。不过一族的交友关系则宽阔很多，因为如曾三异身上典型可见，他们以家乡的交际关系为中轴，通过学问与南宋境内各个地区的人建立了人际关系。要言之，吉水的曾氏一族依靠坚实的经济基础，过着治学生活，并关注家乡，同时他们又以家乡为中心，与南宋境内各地的人士往来。在此我们可以看到与北宋的士人、士大夫所不同的生活和交际方式。以欧阳修、苏轼为代表的北宋的士人、士大夫在及第为官后就离开家乡，[96]而以吉州出生的胡铨、周必大、杨万里为代表的南宋士人、士大夫，就算登第出仕，也往往与家乡保持密切联系，致仕后回到家乡度过余生，死后葬于家乡。不过，南宋的士人、士大夫虽扎根家乡，但其交际范围却并不局限于乡里，而是通过学问、仕途上的关系，拥有超越家乡范围的人际关系。胡铨、周必大、杨万里皆是如此。

---

94 《诚斋集》卷七六《玉笥山重修飙驭庙记》：“其费出于里之人，其倡之者，予友生乡贡进士曾三异。”

95 关于南宋时飙驭（云腾）庙的所在地和与当地士人的关系，何安娜的著作中有详细介绍。（Anne Gerritsen, *Ji'an Literati and the Local in Song-Yuan-Ming China*. Leiden, Brill N.V., 2007, pp. 74-77.）

96 关于北宋士人、士大夫与乡里的关系，竺沙雅章《北宋士大夫の徙居と買田：主に東坡尺牘を資料として》(《史林》第 54 卷第 2 号，1971 年，收录于《宋元仏教文化史研究》，汲古書院，2000 年）是经典性研究。

曾氏一族的不同之处只是他们未在中央活跃而长期于家乡生活，但可以说他们的生活方式依旧遵循着南宋时期士人、士大夫的行动轨迹。并且曾氏一族与胡铨、周必大、杨万里这些同乡出生的南宋代表性士大夫有交际，还结有姻亲关系。如此辐辏式的人际关系，具有某种社会性、历史性意义，但遗憾的是，存留的曾氏相关史料不多，此处无法进行更多的论述。我们必须从其他出现了活跃于中央之人才的氏族探讨这种意义吧。

第六章

南宋吉州的欧阳氏一族与地域社会
——以欧阳守道为例

引 言

现今，以欧美宋史研究者为中心的学者普遍认为两宋交替后，士人、士大夫对官界、政界出现了截然不同的态度。换言之，北宋时期向中央输送人才并通过联姻手段保持团结的“职业精英”，因王安石变法后的党争，在12世纪后没落并离开历史的主舞台，取而代之的是地方缙绅势力的抬头，这些没有兴趣前往中央任官，而关心在地方社会确立及延续威信，关心地域社会利弊的人成为历史的主角。显然，这一观点来自1982年郝若贝的论文，以及学生韩明士扩展此观点的著作及论文。[1]

一些学者将时间轴稍微拉长，即将时间设定于8世纪中期

1 Robert M.Hartwell, “Demographic, Political, and Social Trasformation of China, 750-1550,” *Harvard Journal of Asiatic Studies*, 42-2, 1982. Robert P. Hymes, *Statesmen and Gentlmen: The Elite of Fu-chou, Chang-hsi, in Northern and Southern Sung*. Cambrige U.P., 1986.

至16世纪中期之间，基于长时段展望，从人口、政治组织、政治负责人等各方面分析内藤湖南提出的唐宋之间历史性变化问题（所谓唐宋变革），以明确这个长期的历史性变化之实貌。上述两位学者特别是韩明士提出的这种观点，构成了这种研究之一环。进入21世纪后，郝若贝的那些观点延续至以下观点：将出现历史性巨变的唐代后半期、北宋时期，以及明末清初这两个时期之间的1100年至1500年，也即南宋至明代初中期整体看作相对停滞的“宋元明过渡”。[2]

在这一系列的研究动向之中，内藤湖南的“近世论”作为提出所谓唐宋变革论的先驱性业绩被提及，但这种提及似乎是将之作为已经完成了历史使命、不再具备推进当前研究之意义的过去观点。细读提出唐宋变革论观点的《中国近世史》可知，其中似乎也有现今也可汲取的研究资源和启发。《中国近世史》第一章《近世史之意义》中，确实对唐宋间的历史变化诸相（即唐宋变革论）进行了特征性叙述，但该书不仅仅是分类概括了这种唐宋变革诸相，第二章以后主要以政治的流变，讨论了经历唐宋变革之后，宋代君主独裁体制下的政治、社会、文化如何形成，它们在南宋、元代发生何种变化，又如何与明清社会连接等问题。郝若贝所提出的北宋与南宋社会特质不同的论点，其实在《中国近世史》，特别是第十六章《蒙古人的统治与中国社会》中有明确的表达。[3]内藤湖南认为，因韩侂胄的庆元党禁，

---

2 这里的“宋元明过渡”论详见史乐民、万志英所编论文集 *The Song-Yuan-Ming Transition in Chinese History*（Harvard U.P., 2003）。史乐民在导论部分对其做了理论性说明。对此书的详细介绍与批判，可参照中岛乐章的研究（《中国——社会と文化》第20号，2005年）。

3 关于南宋社会准备了延续至明清时期的要素，呈现出不同于北宋的样貌这个内藤湖南观

朱子一派的道学派士人受到朝廷排斥并无法就任官职，因此拥有经世之志的道学派士人沦落民间形成了一个阶级，到了元代则作为南人受到蒙古人的压迫，最终形成了一种读书人阶级，并延续至明清时期。[4]

本章处理的问题，也处于这一系列的研究动向之中。具体来说，借用内藤湖南的论点，本章是以读书人阶级成立之最初契机的庆元党禁后，也就是南宋晚期这个时代，在地域社会（中国研究者称“地方社会”、内藤湖南称“民间社会”）中活跃的一位士人作为研究对象。这位士人就是欧阳守道，如后文所述，他进士及第，也有任官经历，但人生大半时间都在家乡江西吉州的地域社会中度过。

为何选择欧阳守道？第一个理由是，欧阳氏一族在北宋时期诞生了欧阳修。与欧阳守道不同，欧阳修不算守孝期，自出生至去世都未在故乡生活，死后也葬于开封郊外。按照郝若贝的说法，他正可谓“职业精英”。欧阳守道对与家乡如此淡薄的欧阳修的行为，以及其与父系亲族之宗族的关系持批判态度，这些批判中似乎存在南宋晚期的时代印记。要言之，江西吉州的欧阳氏一族在北宋和南宋时期诞生了对家乡有着完全相反态度的士人、士大夫。从这个意义上看，欧阳守道是探求南宋时期士人、士大夫们对宗族所持看法上的合适对象。

管窥所及，没有以欧阳守道为主题的专门论著。廖咸惠在研究风水先生社会地位的论文中，以欧阳守道作为例证论述曾

点的重要性，笔者多次论及，最初见于《内藤湖南の中国近世論と人物論》（内藤湖南研究会編《内藤湖南の世界：アジア再生の思想》，河合文化教育研究所，2001 年）的论稿。

4 《支那近世史》，《内藤湖南全集》第 10 卷，筑摩書房，1969 年，第 514 页。

经不被视作士人、士大夫应认真交流的风水师，至南宋时成了受人尊敬的职业。[5]何安娜以南宋至明代中期江西吉州为对象，用寺、观、庙中残留的碑文为线索，关注士人、士大夫对自然景观的视角变化，探讨士人、士大夫对地域社会的所属意识及认同问题。该著作提及欧阳守道及其弟子刘辰翁，作为认可宗教设施、宗教性实践活动对实现地域统合起到作用，但又试图从儒教立场修正宗教实践的士人。[6]

本文在这些先行研究的基础上，着重对欧阳守道基于在地士人的立场如何在地域社会中生活、与自己的宗族之间有着怎样的关系这两个问题进行探究。

一、欧阳守道小传

在论述欧阳守道的在地活动、自身宗族等问题前，先简要回顾其一生。如检索《宋人传记数据索引》（鼎文书局，1976 年）、《宋人传记数据索引补编》（四川大学出版社，1994 年）等可见，没有详细描述其家族关系或官场经历的行状、神道碑铭、墓志铭、年谱的史料或资料存在。《宋人传记数据索引》中提到，欧阳守

5　廖咸惠著，上内健司译《墓葬と風水：宋代における地理師の社会的位置》《都市文化研究》第 10 号，2008 年；廖咸惠著，今泉牧子译《〈小道〉の体験：宋代文人生活における術士と術数》，《都市文化研究》第 13 号，2011 年。

6　Ann Gerritsen, *Ji'an Literati and the Local in Song-Yuan-Ming China*, Leiden, Brill N.V., 2007. 第四章对此问题有集中性讨论。笔者发表过介绍和批判此书的书评文章（《名古屋大学東洋史研究報告》第 35 号，2012 年），当时将作者姓名写作英语读法的“ゲリッェン”，书评发表后得到指正，所以本章采用作者母语荷兰语的发音，记为“ヘリッェン”。

道的文集《巽斋文集》附有《巽斋先生传》，但常见的二十七卷、四库全书影印本《巽斋文集》并未附载此传。记录现存宋人文集所藏机构的《现存宋人别集版本目录》（巴蜀书社，1990 年），不仅列有中国的机构，还记录日本的。翻阅后可知，载有《巽斋先生传》的《巽斋文集》收藏在以北京大学为首的多家大陆机构，但书中未提及日本的机构，就笔者管窥，日本主要的研究机构也无此本。因此本节以《宋史》卷四一一本传为主要材料进行论述。另外，在详细、正确记载欧阳氏一族宋代以后世系的《欧阳安福府君六宗通谱》（欧阳渐等撰，不分卷，十七册，1937 年刊，以下简称《通谱》）中载有《巽斋公传》，但从字句判断，内容基本上以《宋史》的本传为基础。[7]

与《宋史》中的多数列传一样，《宋史》卷四一一本传也未记载欧阳守道的生卒年。但受教于欧阳守道的文天祥写有题为《祭欧阳巽斋先生》的祭文，记录了欧阳守道咸淳九年（1273）正月六十五岁时去世。[8]《文天祥全集》（江西人民出版社，1987 年）收录的熊飞《文天祥年谱》“咸淳九年”条，也据此记有“正月七日，欧阳守道卒，为文祭欧阳巽斋先生”（第 733 页）。如此看来，欧阳守道是宁宗嘉定二年（1209）出生，度宗咸淳九

7　此《通谱》（国会图书馆藏）中收录了很多应是历代族谱中的《谱序》，但其中有较多伪作，难以信赖（参照拙作《欧陽修　その生涯と宗族》，創文社，2000 年）。不过，系谱与其他史料对照也可知内容相当正确。

8　文天祥《文山先生全集》卷二一《祭欧阳巽先生》：“维岁次癸酉正月乙卯朔，越七日辛酉，学生具位文某，谨致祭于故先生殿讲、大着、刑部巽斋欧阳公棺前。（中略）先生官二著不为小，年六十五不为夭。”李裕民《宋人生卒行年考》（中华书局，2010 年）是以《宋人传记数据索引》中错误或不明的宋人生卒为中心进行考证的劳作，但未有关于欧阳守道生卒年的考察。

年去世。去世三年后，即 1276 年，南宋都城临安被蒙古军无血开城，可以说欧阳守道是活跃在南宋最末期的人物。

欧阳守道，字公权，一字迂父，初名巽。因为这个名字，他将书斋命名为巽斋。[9]故乡在吉州庐陵县永和镇，[10]父亲欧阳悦（字叔和），母亲胡氏，还有一位哥哥叫欧阳晋卿（夫人是胡氏、黎氏）。[11]父亲似乎早逝，欧阳守道在回忆时提到，自己开始学习以备科举时，父亲要求熟读诗书但不许作诗，[12]因此推测他五六岁时父亲还健在。父亲死后家中贫困，他不得不边干农活（“贱艺”）边勤勉自学，或许也因如此，他三十岁之前教导近邻子弟以维持生计。[13]其间他对母亲的孝行被传为佳话：在担任赵家的家庭老师时，每次吃饭他都将肉留着带回家给母亲，赵家见状便准备好两人份的饭菜，他才动筷吃肉。邻里的妇女儿童知道后皆被其孝行感动。[14]

---

9 《宋史》卷四一一《欧阳守道传》：“初名巽，自以更名应举非是，当祭必称巽。”《巽斋文集》卷一一《张景韶巽斋序》：“某本名巽，既易名窃第，念旧名乃先子所命，不忍舍去，因以名斋。”

10 《通谱 · 理学志 · 巽斋公传》：“巽斋公讳守道字公权，巽斋其别号也。安福令万公五世孙堂之派，于万公为十五世孙，世居庐陵永和镇。”

11 《通谱》的“永和派世次”第十四世记有欧阳悦及夫人胡氏，第十五世记有欧阳守道及兄欧阳晋卿。

12 《巽斋文集》卷二〇《题尹希圣诗集后》：“忆予如子年时，举业才识畦径，先子初令读诗书，不许辄作文字。去今二十余年，犹无所得，予之不敏如是。”

13 《巽斋文集》卷一二《送彭士安序》：“予未第时，艰难困苦不减君，惟稍稍知书之有味，不肯舍去。间尝为人作贱艺，力稍休，辄读书，或时艺于手，书在目。邻家有瞷我者，见其释艺执卷于雪檐间，逾月而令其子从我学。自此遂就书馆，稍稍得钱。”《宋史》卷四一一本传记有“年未三十，翕然以德行为乡郡儒宗”。

14 此逸事记于《宋史》本传以及《南宋书》卷五七《欧阳守道传》等处。作为欧阳守道对母亲孝行的事情之一，元代刘岳申《书黄弥高所藏其先孝友故牍》（《全元文》第二一册，卷六六五，第 482 页）稍详细地叙述此事：“巽斋先生初为里巷赵德善教子，每食，辄同样是在三十岁左右的时候，守道的嫂子去世，他将一双遗孤欧阳演、欧阳浚领回家（或许兄长此前已经去世）。[15] 欧阳浚才几个月大，守道又独身一人，于是他每日向邻里乞求母乳。守道就这样养育着兄嫂留下的遗孤，但演长大后失踪，守道边哭边找却始终没找到，因为此事三年不食肉。

贫穷的生活还在继续，理宗淳祐元年（辛酉，1241）守道进士及第。当年状元是温州（今浙江省温州市）的徐俨夫，因为守道优秀的对策，名次发表后他握着守道的手说："吾愧出君上矣，君文未尝不在我上也。"同期及第的还有因《玉海》《困学纪闻》而闻名于世的王应麟。[16] 及第后，守道任赣州雩都县（今江西省于都县）主簿，后以照顾家中老母为由辞官。[17]

及第前一年，即嘉熙四年（1240）秋天，守道在吉州参加乡试。当时江万里（1198—1274）赴任吉州知事。他注意到乡试合格并成为乡贡进士的欧阳守道，此年在吉州仿照江西庐山山麓著名的白鹿洞书院而创建白鹭洲书院后，即聘守道为书院教师。淳祐二年，江万里调任江西转运判官兼权知隆兴府而离开吉州时，也将他招到隆兴府，不过他任职仅半个月便归乡了。[18]

持归以奉其母。赵有贤妻，日必置馔二，而致其一于其家，曰先生之母食矣，先生乐为尽。"

15 据《通谱》"永和派世次"，欧阳守道的兄长晋卿有三子，此处依据《宋史》卷四一一《欧阳守道传》的记录。

16 廷对应答及同徐俨夫的对话，载于《宋史》卷四一一《欧阳守道传》。此年及第者名单可查阅傅璇琮主编《宋登科记考》（江苏教育出版社，2009 年）。"欧阳守道"条见下册第 1563 页。

17 《文山先生全集》卷一〇《巽斋先生像赞》："欧阳巽斋，望宗六一。辛丑擢科，亲老谢职。"

18 关于江万里就任吉州知事及创建白鹭洲书院，尹波《江万里年谱》（原载《宋代文化研究》第 4 辑，1994 年，又收录于《宋人年谱丛刊》第 11 册，四川大学出版社，2003 年）有详细记述。欧阳守道被招入白鹭洲书院一事，据欧阳守道《白鹭洲书院山长厅记》

原因应该也是照顾家中母亲。就现存史料可知，淳祐八年(1248)年已八十一岁的母亲胡氏多病体弱，[19]因此应该没过多久便离世了。守丧期过后，守道被任命为管理一州经济的赣州（今江西省赣州市）司户。

有学者指出，欧阳守道与白鹭洲书院的缘分之后也未断绝。翻阅出自近人之手的江万里、文天祥、刘辰翁这三位与守道关系密切之人的年谱，可知守道在晚年与白鹭洲书院还有交集。这些年谱中记述文天祥状元及第前一年，即宝祐三年（1255），在白鹭洲书院学习时，特别提到书院负责人（“山长”）是欧阳守道。[20]欧阳守道晚年在文章中提及白鹭洲书院设施还未完备时收了数百“诸生”，这些学生来私室请教时连坐的地方都不够，记下作为“山长”的不易。[21]这大概就是此时的事情。

（《巽斋文集》卷一四）中“某昔尝侍古心先生于书院初建之岁”，《欧阳文忠公祠记》开头“淳祐初，今参知政事古心江先生守吉州，予以进士为郡客”等可知（《欧阳文忠公祠记》未收于《四库全书》本《巽斋文集》，载于万历《吉安府志》卷三五《附录·纪述下》尹波《江万里年谱》“淳祐元年”条部分引用了此篇文章开头处内容。《全宋文》卷八〇一九（第三四六册，第131—133页）收录了同治《永丰县志》卷三三及民国《吉安县志》卷四七所收文章，题作《沙溪六一祠记》）。关于欧阳守道仅半个月就从隆兴府归乡，见《巽斋文集》卷一《通判溪吴运使书》“昨者古心江先生将漕，亦尝招而馆于所谓双桂堂者，半月而告归，逾旬而得请，当时甚悔远游之轻”。文中江万里“将漕”即就任江西转运判官，据上记《江万里年谱》，是在淳祐二年（1242）。

19 《巽斋文集》卷一《通判溪吴运使书》：“某有母年八十有一，体气日衰，疾不时愈。”此文标题下有“戊申年，时荆溪漕江西”，戊申应为淳祐八年。

20 尹波《江万里年谱》“宝祐三年”条，《宋人年谱丛刊》第11册，第7643页；熊飞《文天祥年谱》（前揭《文天祥全集》附录）“宝祐三年”条，第723页；刘宗彬《刘辰翁年谱》，《吉安师专学报》第18卷第3期，1997年，收于前揭《宋人年谱丛刊》第12册，第7963页。

21 《巽斋文集》卷一四《白鹭洲书院山长厅记》：“严陵黄君嘉为白鹭洲书院山长，闻之欣跃曰：‘（中略）然此洲书院可容诸生数百，而余忝为之长，乃假私屋以居，诸生访我于燕闲，无所布席。私屋不可常假，后之继余者又莫知当寓何所。（后略）’”文章最末记有“景然而，在白鹭洲书院教文天祥以前，也就是宝祐年间初期，欧阳守道似乎还在长沙岳麓书院教书。首先《宋史》本传中记载，他受湖南转运副使（荆湖南路转运副使）吴子良之邀，任长沙岳麓书院副山长时，同族的欧阳新及其子欧阳必泰造访守道。关于这件事，守道的《经训堂记》（《巽斋文集》卷一五）记有，“予，庐陵族也，宝祐癸丑（引用者注：元年）夏四月，始来长沙，读书岳麓书院”。此时，他们讨论了长沙欧阳氏一族的世系，守道后来又推荐笃学的欧阳新为书院的“讲书”，欧阳新去世后，他将欧阳新的儿子推荐给朝廷，自己回到了吉州。[22] 其次，在准备归乡之际，欧阳守道为书院里好学的弟子、出生于潭州醴陵县（今湖南省醴陵市）的周义甫作了题为《义斋说赠周义甫》（《巽斋文集》卷二五）的文章，末尾处记有“宝祐二年七月既望”的日期。即是说，仅据《巽斋文集》的记述，在岳麓书院任职的时间是在宝祐初期（应该是宝祐元年至二年）。据李之亮记述，吴子良就任湖南运使（而非副使）的时间是在景定三年（1262）。[23]

定癸亥（四年）十月”的年月。

22 《巽斋文集》卷一五《经训堂记》：“予庐陵族也，宝祐癸丑夏四月始来长沙，读书岳麓书院，有讲书君讳新字仲齐者，以高年笃学见推流辈，见予来甚喜，数出讲书业示余。余心敬之，问其先世次，曰：‘亦庐陵族也，徙宜春，又徙浏阳，今又徙于此，数世惟书一卷，故其徙也轻。然吾有请于子。自吾先祖以经训名堂，其后家屡徙而先志不敢失。今老矣，又日以诏予子孙，庶几其克绍也，子为吾记之。’”《宋史》卷四一一《欧阳守道传》：“宗人新及子必泰先寓居长沙，闻守道至，往访之，初犹未识也，晤语相契，守道即请于子良，礼新为岳麓书院讲书。”

23 吴子良任湖南转运使的时间，参照李之亮《宋代路分长官通考（中）》，巴蜀书社，2003年，第997页。不过作者并没指出所引《浙江通志》是嘉靖、康熙、雍正三个版本中的哪个。顺带说，李之亮出版了多部著作，但被指出书中有许多问题（东英寿《李之亮笺注〈欧阳修编年笺注〉の问题点》，《比較社会文化》第17卷，2011年；收入《欧陽脩新発見書簡九十六篇—欧陽脩全集の研究—》［研文出版，2013年］时指出不仅《欧阳然而《巽斋文集》卷一中写给湖南运使吴子良的书信，分别是淳祐八年（1248）和宝祐元年（1253），未见关于景定三年的史料。那么前揭《宋史》与吴子良有关的事情，应该发生在宝祐年间。此时的书信中，守道就任职岳麓书院一事，谦逊地表示自己可能不相称。[24]

关于白鹭洲书院的篇幅稍长了，我们回到原话题。在那之后，据《南宋馆阁续录》，欧阳守道在理宗景定年间（1260—1264）以后，依次担任秘书正字、校书郎、秘书郎。[25]这些被称作馆职，是整理、校对朝廷所藏书籍的职位，但同时也是未来处理国政之人就任的役职。[26]在临安任职的日子里，也因住所离得近，守道与文名甚高的暮年的刘克庄（1187—1269）私交甚密。[27]

据《宋史》本传，欧阳守道任秘书郎时，提议节约宫廷无

修编年笺注》，其他著作也有杜撰之事）。

24 《巽斋文集》卷一《荆溪吴运使书（戊申年）》《答荆溪吴运使聘书（癸丑年）》。戊申是淳祐八年，癸丑是宝祐元年。《答荆溪吴运使聘书（癸丑年）》中，有“某复蒙专使，赐以手书及公牒咨目各一通，路费官会千缗，俾某前诣使台禀议，充岳麓书院山长。书辞谦下，礼意优厚，祗受惶恐，莫知所对。心口相谋盖累日，而后敢遵禀诣台之命。乃若山长职事，则峰先生所谓继古人之后尘，为方来之先觉，其自任与望后学之意甚大，晚进小生，汩没无闻，不宜冒昧在此，遽以之自取辱也”。

25 《南宋馆阁续录》卷八、卷九（中华书局，1998年排印本，第310、335、353页）。刘克庄《后村先生大全集》卷五三《召试倪普欧阳守道》中记录了官阁内升进考试的问题。辛更儒《刘克庄集笺校》（中华书局，2011年）对此处的笺注称，此考试发生在景定二年，欧阳守道担任校书郎时（第6册，第2627页）。任命校书郎的辞令文，载于《后村先生大全集》卷六五《欧阳守道校书郎》。

26 对馆职的简单说明，可参照前揭排印本《南宋馆阁录·续录》的《前言》部分，详细说明则可参考梅原郁《宋代官僚制度研究》（同朋舍，1985年）的第四章《宋代の馆职》。

27 《巽斋文集》卷二二《题方山长鄙能小藁》：“余在中秘时，连岁考太学公试，得莆田方君善夫之文，皆置前等，初以为君精举子业而已。余寓舍与后村刘公邻，君见先生退必过予。”

用开销，见提议未被采纳便辞官离京归乡。然而理宗驾崩、遗诏传来时，他和弟子仍恸哭。度宗咸淳三年（1267），守道受荐任建昌军（今江西省南城县）通判，但予以谢绝。几年后的咸淳九年（1273），他在乡里家中安然辞世，据说此时家中无半点积蓄。弟子之中除了前面提到的文天祥，还有同乡的刘辰翁（1232—1297）值得提及。[28] 文天祥将欧阳守道的生平概括为教育弟子和继承发扬欧阳修学问两点。[29]《宋史》本传最后的论赞中，也给予了“欧阳守道，庐陵醇儒教”的评价。

二、欧阳守道与地域社会

如前节所述，欧阳守道除晚年有一段时间在临安任官外，人生的大部分时间都作为地域社会中的士人在家乡庐陵度过。作为在地士人，他对地域社会问题抱有强烈的关心，一方面向守令呈报地域的问题点，一方面也采取具体行动。接下来举几个他向守令的建议及实践活动的例子。

首先参见《与王吉州论郡政书》(《巽斋文集》卷四)。这是他应吉州知事的咨问，以书面形式提交吉州实际状况的文章。不过讨论之前有两个问题。其一，这里的“王吉州”是谁？查阅地

---

28 《宋元学案》卷八八《巽斋学案》的《博士刘须溪先生辰翁》有“刘辰翁，字会孟，号须溪，庐陵人也。巽斋弟子”。

29 《文山先生全集》卷一〇《巽斋先生像赞》:“横经论道，一世宗师。及门之徒，不将即相。河汾王通，云龙下上。名斋以巽，殊非过情。六一之学，实传先生。”关于多人向欧阳守道求学，文天祥页记有“吾乡欧阳巽斋先生，讲学天出，从游满门”。

方志万历《吉安府志》、顺治《吉安府志》、乾隆《吉安府志》及光绪《吉安府志》的《秩官表》或《秩官志》，对应的南宋末理宗朝、度宗朝的记述十分简略，无法清晰判定。不过我们可以推测出时期。文章提及二三十家大户人家遭抢劫时，守道恰好逗留长沙，[30]联系前节，可推定时间是他在岳麓书院讲学的宝祐年间(1253—1258)初。其二，这篇题为《与王吉州论郡政书》的文章，在《四库全书》本《巽斋文集》中缺了最末部分，并不完整。不过仅就残存部分来看，此文是长达十六页的长文，内容相当具体、丰富，生动展现了南宋末年吉州的实况，颇值玩味。

欧阳守道文中指出吉州面临三个问题。一是居民粮食不足问题迫在眉睫（“今者民食最急”）。他认为，粮食不足导致米价飞涨，仅严禁涨价并不能解决问题，而应该保证赣江之上的粮食运输，并采取适当手段让“富家”交出多余粮食，如此则米价自然下降。关于粮食不足问题的叙述，占了残存文稿近一半的篇幅，可见这应该是欧阳守道最关切的问题。二是“贼盗”。这个问题又细分为盗墓、贩卖人口、掠夺粮食财产三类。关于盗墓问题，吉州本就有许多围绕墓地的诉讼，在州城近处，白天丧葬刚结束，夜里坟墓就被盗，尸体被扒光后抛之野外的事件屡屡发生。关于贩卖人口问题，作案的并非特殊人群而是平日假装良民的人，他们诱拐妇女、儿童后将之卖掉，邻近州县偏僻地方被卖作奴隶的实际上有很多吉州人。不管怎么说，这些“贼盗”在粮食不足之年容易出现，必须充分重视并予以取

30 《巽斋文集》卷四：“所谓去年城内外远近群起剽掠米粮钱物者，某所居陋巷，阁下千乘之所尝往顾也，前去二三十家，有稍富者居焉。夏六月中旬，一日剽其家者数百人，填塞街巷，夺其廪粟，并及他物而去。是时某在长沙，家人皇骇走书趣归。”（叶 12b）

缔。三是疫病。吉州疫病流行，但群众多不请医生而是仰赖巫师，因此祈祷支出增大，且有病人的家庭中，健康之人害怕被传染而将病人置之不理，自己前往别处。但在守道看来，这些疫病源于当地乱排污水等恶劣的卫生状况，建议多加注意积水疏浚等卫生问题。

强烈关心粮食不足导致的饥馑问题的欧阳守道，不仅向守令建言献策，似乎还采取了具体措施来解决问题。他认识到了社仓的重要性。据弟子刘辰翁的记述，欧阳守道看到吉州北部临江军新喻县刘氏社仓条约后心生钦佩，想在庐陵也推广此约。不仅如此，在饥荒发生时，他叹息饥民跳河自尽而政府、当地士人却不采取措施的状况，卖掉自己的衣服买米赈济饥民。[31] 对于饥馑时期能积极开展赈恤活动的人，他自然极口赞赏。与守道同期应考的张应瑞，父亲讳谟，字舜申。张谟储备粮食以备饥荒，饥荒时以原价贷予当地百姓，因此当地无人饿死，就连盗贼也不骚扰他家。这种行为虽不是特别的善行，但通过称赞张谟若能使更多人能效仿其行为，则这片地域也能成为安乐之地。守道称颂这种善举，期待更多张谟那样的人出现。[32]

---

31 刘辰翁《须溪集》卷三《社仓记》:“巽翁先生无位而一食三叹，无食而急人朝饥。他日怀编书示予，独欣然如有饱色，曰:‘此喻邑西溪刘氏社仓约也。人人有此心，亦人人能之，而不为，盖吾与子之所共愧也。’彼将蕲予记其仓，予欲传其约予乡。自是常慨然为来客诵之，而未及记，而先生卒。（中略）盖桥者告予曰:‘夜夫妇相泣，既而水声如投石者不绝，常数人。及旦，来者乃已，殆不可数也。’彼特中人无策，羞见闾巷，故出此。而官以道殣告者，一朝而百余，不与也。于时巽翁流涕解衣易米，更相为粥以食饿者。（中略）暨乡都转政，强者干没伪占，弱者择轻受少，独区区藉虚声出藏粟耳。此无他，无社仓之故也。”

32 《巽斋文集》卷一二《送张伯深序》:“盖舜申家裕而知恤乡人之歉岁，秋以三百万易粟藏之，次岁春夏出之，而收原直，一钱不增也，（中略）往年有寇入境，相戒无犯其门。（中略）

饥荒和粮食不足令吉州凋敝。在另一封无法确定时期和守令姓名的、呈给吉州知事的书信中，守道也表达了他的不满：吉州虽被称作富州，但如今十室九空，而朝廷从吉州征购的粮食却是他州几倍。[33] 在述《与王吉州论郡政书》中，欧阳守道叙述了饥荒导致盗贼横行的情况，在南宋最末期的咸淳四年（1268），他也请求离任吉州知事而返京的倪普在归任报告中提及水害、干旱、盗贼问题，向皇上汇报。[34] 这些鲜明地反映了南宋末期吉州的社会状况。此外，欧阳守道还写信给庐陵县知事，强烈请求完善县学，特别是招揽优秀人才为县学老师，认为培养出有用人才最终可教导民众向善。[35]

最后，《宋史》本传记述了他推动守令工作的事例。这是守道从岳麓书院回乡后的事情。张某在父亲逝世一周年（“小祥”）

舜申信善人矣，死而有人称，固不必殊常甚伟之行也。道人善予有愿者，道一张舜申之善，冀为张舜申者十百也，而州里为乐土矣。”

33 《巽斋文集》卷六《上徐守书》：“庐陵凋瘵之极，不幸犹蒙富州之名，民不幸十室九空，而公家犹意其储蓄，士大夫不幸洗手奉公，而或者犹疑其攫拿，偶有租税蠲减之请，持之而不下，岁籴之数，率倍他州，诸司缗钱，略无宽假。”

34 《巽斋文集》卷七《送倪秘监序》有“咸淳戊辰春，天子趣亲秘书监倪公于吉州，归侍讲席，送客皆有诗，某独无，至江亭举酒为公祝曰：（中略）公为天下牧小民有年矣，前日外郡四方水旱盗贼，愿以上闻而不可者，今谈经之可言也。”据万历《吉安府志》卷三《秩官表》，文章标题中的“倪秘监”指的是倪普。据此表，咸淳初他已经赴任吉州，但《南宋馆阁录 · 续录》卷七《官联一》“少监”倪普项下有“三年十二月以直宝章阁知吉州兼江西提举司农少卿，未离任间，四年正月除；续准御笔兼侍讲，当年四月供职”（前揭，中华书局，排印本，第 258 页），可知其咸淳三年任吉州知事，不到一年即离任。

35 《巽斋文集》卷三《通萧宰书》：“有志之士，得百里之地而为之宰，便应以教化为第一事，以风化之美恶为己责。邑而无学，犹当自我创立，况所素有者乎，若之何以文具视之？（中略）自绍兴以来百余年矣，其间贤令慨然有志于斯者，犹可一一数。中间稍失初意，士各取廪食以归，而堂序斋牖空无一人。（中略）明府之至，倘不废罢此例，则别择德望之可以信服诸生者延宾之斯席。某何人哉，致书之始，未敢遽及，转俟下车，别布悬宽，伏惟幸察。”

忌辰即将到来时，被舅舅起诉入狱，因此无法举行祭礼。在这种情况下，张某恳求就算卖掉土地也想安葬父亲。听闻此事的守道认为，没有比无法到父亲灵前祭拜更凄惨的事，于是向县知事建言："此非人心，滨祭而薄之，挠葬而夺之，舅如此，是自食其肉也，请任斯子出，祭而复狱。"知事接受建议，暂时放了张某。张某舅舅因此到处造谣守道，但守道不做任何辩解。

总之，欧阳守道作为在地士人，对地域社会出现的问题有亲身体验，这也在其不断向守令建言时发挥了作用。从这些建言中，我们也窥探到了南宋末期混乱的社会状况。所以，与其说守道是个讲授学问培育弟子的学者、先生，不如说是个决心将学问付诸实践的士人。

三、欧阳氏一族与欧阳守道

（一）永和欧阳氏与欧阳守道

以在地士人身份度过大半生的欧阳守道，与自己的宗族有着怎样的交集，对一族的状态又有怎样的思考呢？考察这些问题之前，首先明确一下欧阳守道的家系。

关于宋代吉州欧阳氏一族，笔者在与欧阳修的关联上做过相关考察。[36] 该处也提到，根据欧阳修完成的一族族谱《欧阳氏

---

36 《宋代吉州の欧陽氏一族について》,《東海大学紀要文学部》第 64 辑，1996 年；后改题为《宋代吉州の欧陽氏一族》，收于拙著《欧陽脩　その生涯と宗族》，創文社，2000 年。

谱图》,[37] 该族定居江西吉州源于唐代吉州刺史欧阳琮（关于唐代的什么时候有争论，见本章后述），因为其子孙从长沙移居至吉州。唐末被视作欧阳琮八世孙的欧阳万任吉州安福令,《欧阳氏谱图》就以欧阳万的子孙为中心,记录了吉州各县,即庐陵、吉水、安福等地居住的族人。前揭《通谱》的标题“欧阳安福府君六宗通谱”，也指的是欧阳万（安福府君）的子孙，更具体说，是指以欧阳万的玄孙谟、讬、誸、堂、弘（宏）、戊(《欧阳氏谱图》中“誸”作“远”，“堂”“弘”作“某”，“戊”作“戌”）为始祖的各支派，他们皆在庐陵或安福定居。[38] 顺带说,《通谱》的世代数以欧阳万为第一代，而非以各支派的始祖为计。本文也

37 普遍使用的欧阳修文集版本是《四部丛刊》本《欧阳文忠公集》(元代的影印本)，其卷七四《居士外集卷二四》载有“集本”“石本”两种《欧阳氏谱图》。熙宁三年（1070）欧阳修为显彰父母，在故乡吉州永丰县沙溪镇龙岗立碑刻《龙岗阡表》，石碑背面刻《欧阳氏世次碑》,“石本”即是此世次碑的原本(《欧阳氏世次碑》原文可见《庐陵古碑录》，江西人民出版社，2007 年)。“集本”则如拙稿《欧陽脩における族譜編纂の意義》(《名古屋大学東洋史研究報告》第 6 号，1980 年，收录于拙著《欧陽脩　その生涯と宗族》)所考证,并非岑仲勉在《元和姓纂四校记》中主张的“石本”订正版,而是“石本”的“初本”。近年优异的《欧阳文忠公集》校注本、洪本健的《欧阳修诗文集校笺》(上海古籍出版社,2009 年,下册,第 1872 页笺注〔一〕和 1882 页笺注〔一〕)也说,“由内容观之,(集本）当为石本之修改本”，与岑仲勉持同样主张，并提出“集本”“石本”皆为熙宁二年（1069）完成的新主张。无法判断洪本健的“由内容观之”所指为何，但如“集本”的《序》所清楚显示，“集本”较“石本”而言，文章更错杂，从内容上分析也应该是文章得到整理的“石本”在后（欧阳修的文章经推敲后更工整）。顺带说,《欧阳修诗文集校笺》并非对《欧阳文忠公集》全文的校注，仅仅校注了《居士集》五十卷和《居士外集》二十五卷。关于校注的特点，东英寿做了简洁扼要的介绍(《欧陽修詩文集の決定版:『欧陽修詩文集校箋』上 · 中 · 下》,《東方》第 345 号，2009 年;《洪本健校箋〈欧阳修诗文集校笺〉》,《中国文学報》第 80 册，2011 年，后收于前揭《欧陽脩新発見書簡九十六篇：欧陽脩全集の研究》)。

38 《通谱 · 目录 · 世次图》中的《安福府君分衍六宗图》:“安福一世至五世，分六大宗，谟为安福洞渊宗，讬为庐陵安德宗，誸为安福黄石宗，堂为庐陵永和宗，弘为庐陵钓源宗，戊为安福义历宗。”

承袭此计算方法。

据《通谱》的《巽斋公传》，欧阳守道这一脉的先祖为欧阳堂，世居庐陵县永和镇，从欧阳万开始计算已是第十五代。[39]但据守道自己的记述，实际上父亲的墓地位于庐陵县治西边六十里的龙须山，另外三代的祖先墓地位于永和镇儒行乡梅山。[40]定居永和镇的欧阳氏一族，因学识广博而闻名，科举及第者辈出。[41]而且南宋后半期，其族人的数量也相当多。据欧阳守道所述，整个吉州而非永和镇的一族，户以百计、丁以千计。[42]正因如此，特别是永和镇的欧阳氏一族似乎有一定的组织性，守道出生前的嘉泰三年（1203）去世的欧阳彝（字元鼎，享年六十九岁）作为族长统帅一族，也参与了族谱的编纂。[43]

欧阳守道的直系祖先，如下页家系图所示，祖父为德辅、父亲为悦（字叔和）、兄长为晋卿。《通谱》中记录其曾祖父为"主簿"，可能不是姓名而是主管一县出纳、账簿工作的县主薄

---

39 《通谱·理学志·巽斋公传》："巽斋公讳守道字公权，巽斋其别号也。安福令万公五世孙堂之派，于万公为十五世孙，世居庐陵永和镇。"

40 《巽斋文集》卷一七《龙须山旃檀林记》："是山（引用者注：龙须山）予之先茔在焉，展省松楸之余，入方丈见此老，每觉清言有味。"卷一七《圆通阁记》："阁在永乐寺，寺在梅山，山在庐陵县儒行乡，予之先祖墓三世与之邻云。"

41 例如周必大《文忠集》卷三二《乡贡进士欧阳耿仲谷墓志铭》有"欧阳氏族望庐陵，而家于永和镇者，尤以儒称"；胡铨《胡澹庵先生文集》卷二六《欧阳先生墓志铭》有"欧阳之居永和者，登第踵武，而贡于太常者相望也。乡曲号为儒材名族"。

42 《巽斋文集》卷一九《书欧阳氏族谱》："予欧阳氏家吉州，自唐中世刺史府君始，大约距今五百余年。子孙散居诸邑，或徙他州，不可尽考，姑以见居而未徙者言之，户不啻百计，丁啻千计矣。"

43 周必大《文忠集》卷七五《欧阳元鼎墓志铭》："嘉泰三年三月癸酉，故人欧阳彝字元鼎，以疾终于家。（中略）自以世著节义，仕宦不绝，汇次家谱，（中略）然念三世暨诸兄率不及下寿，乃绝意外慕，安于闲适，故得年六十有九。"同书卷四九《书欧阳彝四世碑》："友人欧阳彝字元鼎，世居庐陵郡之永和镇，今为族长，儒学行义，表表一乡。"

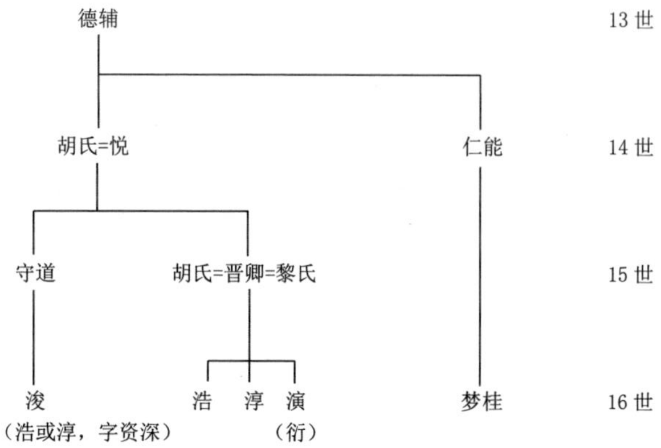

欧阳守道家系图（据欧阳渐等撰《欧阳安福府君六宗通谱》）

这一官职名。谱中记守道之子为浚（字资深），[44]但仅就管窥，至少《巽斋文集》中不见其结婚痕迹，且《通谱》关于欧阳守道的注记也没记其夫人姓氏。根据刘辰翁之子、在元代活跃的刘将孙（1257—？）的记述，他可能娶了刘氏女性为妻。[45]无论如何，仅就《通谱》“永和世次”而言，如前一节所述，嫂子去世后，守道收养了其遗孤，其中的浚在某个时候成了他的养子吧。《通谱》记其兄长晋卿之子为衍、淳（字太初）、浩三人，但从读音判断，他可能是《宋史·欧阳守道传》中提到长大之后失踪的演。淳、浩中的一个应是浚。值得注意的是，上述家系图所直接展

44　参照《通谱》“永和世次”中守道的下一辈。文天祥《文山先生全集》卷六《与刘吉州汉传》有“吾乡欧阳巽斋先生，讲学天出，从游满门。（中略）其子浚，字资深，世先生之学，颓然布衣”。

45　根据欧阳守道的弟子、刘辰翁之子刘将孙所述“某于巽斋为嫡孙行，又先姑父也”（《养吾斋集》卷二六《题巽斋文信公先君子三贴》，《全宋文》第二〇册，第382页），守道可能与刘辰翁一族有姻亲关系。

现出欧阳守道相关的姻亲关系不清楚，因此只能判断其姻亲关系在很狭小的范围内。而且翻阅现有史料，也不见守道谈及姻亲关系的内容，对于欧阳氏这样丁数超千人的宗族，这种现象不可思议或者相当罕见。

本章第一节也提到，父亲欧阳悦令幼年守道读诗书但不许作诗。由此来看，欧阳悦在学习方法上有独特观点，推测他是位有一定学识修养的人。加之，守道在向孩子讲述学问重要性的《劝学箴》中有“尔祖予父，予父予师，迭迭诲言，开其知识”（《巽斋文集》卷二七），叙述了父亲反复教诲自己要不断增长学识的情状。这亦可为旁证。但是仅就管窥，没有史料可以显示包括其祖父在内的世代先祖有多少程度的学识。

（二）欧阳修《欧阳氏谱图》与欧阳守道

欧阳守道与自己的宗族有怎样的联系，或者说是否要有联系交集？关于这个问题，现存史料中未见他对自己一族的具体行动。所以，此处以其对族谱的认识为线索思考上述问题。

以宋元时期的族谱序文为线索、考察此时代修谱特色的森田宪司指出：进入南宋以后，修谱相关的史料增加，且族内人物作序，至南宋末期则出现了委托族外名人作序的趋势，而这一特点也传至元代。[46]此观点同样完全适用于吉州。比如，刘辰翁就为吉州的三个宗族撰写了族谱序文，文天祥为吉州一个宗

46　森田憲司《宋元における修譜》,《東洋史研究》第37卷4号，1979年。但是元代族谱并非原样继承宋代的族谱。元代的族谱内容更为丰富。关于这一点，森田氏的论文中也有提及，常建华对此则有更缜密的论证(《元代族谱研究》,《谱牒学研究》第3辑，1992年)。

族写了族谱序文，为另一个吉州太和县的宗族族谱写了跋文。[47]说起来，以吉州为家乡的欧阳修编纂的《欧阳氏谱图》，与苏洵的《苏氏族谱》是在宋以后的所谓“近世谱”之典范，[48]或许也因如此，吉州是宗族结合繁盛的地域。[49]

欧阳修不仅编撰了《欧阳氏谱图》，在政治、文学、史学等领域也成绩杰出，因此成为当地出生的名人，对吉州人来说也是当地的荣耀。有这样一个故事：有一位出生于吉州吉水县、名为杨长孺（号东山）的人物。他是杨万里的长子。杨万里是在孝宗朝政界活跃，且诗文精妙，与尤袤、陆游、范成大并称南宋四大家的吉州名人。这位杨长孺在任广东经略按抚使时，偶尔同转运使、提举常平使、市舶使畅叙，显摆各自故乡的物产，其他三人皆是举家乡的水果、海鲜，长孺却答“他无所产，但产一欧阳子耳”，其他三人听后深感羞愧。[50]

欧阳守道也有“吾家六一（翁、公）”“吾家文忠”的发言，表达出自己与欧阳修同族的骄傲之情，[51]但与此同时，淳祐元年

47 刘辰翁《须溪集》卷六《王氏族谱序》《泰和胡氏族谱序》《吴氏族谱序》；文天祥《文山先生全集》卷九《燕氏族谱序》、卷一〇《跋吴氏族谱》。

48 例如牧野巽《明清族譜研究序説》(《牧野巽著作集》第3卷《近世中国宗族研究》，お茶の水書房，1980年)，多贺秋五《中国宗譜の研究》(日本学術振興会，1981年）第51页、第117页等有提及，在此不一一举例。

49 万历《吉州府志》卷一一《风土志》有如下内容：“至欧阳修一代大儒，开宋三百年文章之盛，士相继起者，必以通经学古为高，以救时行道为贤，以犯颜敢谏为忠。家诵读书，人怀慷慨，文章节义，遂甲天下。故家世胄，族有谱，家有祠，岁时有祀必以礼。长幼之节，疏不间亲，贵必下贱，苍头臧获，长子孙数十世，名义相续属不绝。家范肃于刑律，乡评严于斧钺。”

50 罗大经《鹤林玉露》乙篇卷五《肴核对答》。

51 《巽斋文集》卷八《陈舜民诗集序》有“天宝后，诗人好为愁苦羁寓之诗，吾家六一翁载此于《五行志》”。同书卷一六《嘉莲亭记》有“予曰：‘子未读吾家六一公所记许子春园亭乎？’”同书卷二〇《跋赵武德墓志铭后》有“某伏读至武德公曾祖冯翊侯之讳，

（1241）吉州知事江万里询问他是欧阳修哪一代子孙，守道表示，欧阳修为显彰父母而作的《泷冈阡表》中所记人士，与自己先祖无一重合，从而否认了自己与欧阳修之间的直接关系。[52]对于欧阳守道而言，欧阳修虽为本族名人，但也是让他心情复杂的遥远人物吧。这种微妙变化的情感，在对欧阳修《欧阳氏谱图》的见解中也展露出来。关于他对《欧阳氏谱图》的看法，笔者此前已有论及，此处稍微详细地介绍。[53]

欧阳守道的看法，呈现在《书欧阳氏族谱》这篇文章中（《巽斋文集》卷一九）。文章首先谈到，欧阳氏一族定居吉州始于唐代中期的欧阳琮（《欧阳氏族谱》记作"刺史府君"），距今已有五百余年，现在一族在吉州户数过百、丁男逾千，十分繁荣。吉州欧阳氏一族最杰出的人物是欧阳修，族谱由本族著名人物撰写，所以欧阳修编撰族谱是自然之事。这也算是肯定了《欧阳氏谱图》编写的正统性。然而，此族谱记载的族人范围小、讹误多（"然公谱未广，又颇有误"），[54]且有如下问题：

忽忆冯翊侯之配郭氏墓志铭，乃吾家文忠嘉祐间奉敕所撰"。同书卷二一《书曾樽斋过六一祠堂诗》有"吾家六一翁，生于绵，长于随"。同卷《题怀芳小草后》有"吾家六一翁，铭其墓曰"。同书卷二五《平坡说》有"平泉，李文饶所居也；平山，吾家六一公所堂也"。

52　《全宋文》卷八〇一九《沙溪六一祠》："淳祐初，今参知政事古心江先生守吉州，予以进士为郡客。先生问曰：'此州天下称欧乡，想文忠公后甚盛。子于公几世乎？'予对曰：'非也。予之先世坟墓远者二三百年皆幸存，而名讳、官职、所居、所葬与公《泷冈阡表》无一同者。欧乡之称，亦不起于公。盖自南唐时，郡为欧阳进士表坊里已有之矣。"此文未收录于《四库全书》本《巽斋文集》中。《全宋文》取自民国《吉安县志》卷四七、同治《永丰县志》卷三三，民国《庐陵县志》也收录此篇。

53　同本章脚注37，前揭拙著《欧陽脩における族譜編纂の意義》。

54　欧阳守道指出《欧阳氏谱图》收录范围小，未反映欧阳氏一族的真实势力，也见于《书欧公帖》（《巽斋文集》卷一九）："今吾郡吾氏支派甚众，必皆刺史子孙，而谱不可考矣。文忠谓子孙或居安福，或居吉水，或居庐陵。或之者，疑之也。盖此时已不能尽知，故

《欧阳氏谱图》记载，欧阳通（书法名家、《艺文类聚》编者欧阳询之子）曾孙欧阳琮担任吉州刺史，值唐末黄巢起义爆发，军势波及吉州，他率领州民守卫此地。这位欧阳琮的八世孙是吉州安福令欧阳万，欧阳万的八世孙则是欧阳郴，据说曾在南唐朝任官。若果真如此，欧阳琮之后，十七代中有三代人在吉州任官。然而据《欧阳氏谱图》，欧阳琮为欧阳询（"率更令"）的玄孙，欧阳询、欧阳通父子是唐初人，但欧阳询的四世孙（欧阳琮）却在黄巢起义中守卫乡土。黄巢起义发生在僖宗朝，换言之，唐一统天下已逾二百六十年，帝王更替了十六代。那么我欧阳氏一族仅更迭四代。另外，（吉州军事推官）欧阳郴是（吉州刺史）欧阳琮十四世孙，那么欧阳琮在黄巢起义中防卫此地，其十四世孙欧阳郴任职于南唐朝廷。南唐政权仅存在四五十年，而我欧阳氏一族历经了十四代？欧阳守道提出以上几个疑点，认为将来的人对这些问题也会有所察觉（"来者又可知"）。

欧阳守道列示这些疑点后，对欧阳琮活跃时间进行了溯源和考证。考察的线索是《唐欧阳琟碑》。此碑文原本由颜真卿撰写，欧阳修在所收拓本后写有跋文，称其对考证本族源流有帮助（《欧阳文忠公集》卷一四〇《集古录跋尾》卷七）。欧阳守道依据此跋文，认为欧阳琟与欧阳琮名字同有"玉"字旁，应为族兄弟，且欧阳琟卒于大历年间（766—779），欧阳琮也一定是此时段的人。那么黄巢起义之际守卫乡土的，应该是欧阳琮往后六七代的子孙。之后，欧阳守道批判性地叙述了欧阳修出现如此讹误的原因：

其所书之名才止数房。然谱所不书，谓之非此族类则不可也。"

文忠公游宦四方，归乡之日无几，其修谱又不暇咨于族人，是以虽数世之近，直下之派，而屡有失亡，最后独质之吕夏卿以为的据，夏卿虽博学，安能尽知他人世系之详哉。

换言之，这是因为欧阳修不长居家乡，因此也未充分咨询族人，而是询问了与欧阳氏一族毫无关系的吕夏卿便完成了谱图。[55]吕夏卿精通谱学，在欧阳修参修的《新唐书》里是《宰相世系表》的实际编撰者，[56]但在守道看来，即使是博学之人也不可能对他人的家族世系有多么细致的了解。

进一步考察这篇《书欧阳氏族谱》可知，欧阳守道的批评并非欧阳修在世系上的讹误只是因为他在家乡居住的时间太短，没有能够与族人商讨。欧阳守道亲眼看到散居吉州各县的族人所修六七篇族谱，了解到这些族谱分量多、记述详细。他又实际观看邻州的临江军清江县、袁州宜春县、荆湖南路长沙的同族族谱，指出其中存在差异，且同一族谱也并非内容一致，总结称不详细校订就无法编撰出一本准确的族谱。欧阳修在《(石本)欧阳氏谱图》的序中言及:“当皇祐至和之间,以其家之旧谱,问于族人，各得其所藏诸本，以考正其同异，列其世次，为谱图一篇。”可见他是阅读过本族的各类族谱的。守道也见过此本

55 《欧阳文忠公集》卷一四〇《集古录跋尾》卷七《唐欧阳琟碑》:“余自皇祐、至和以来，颇求欧阳氏之遗文,以续家谱之阙。既得颜鲁公《欧阳琟碑》,又得郑真义《欧阳谌墓铭》,以与家所传旧谱及《陈书》《元和姓纂》诸书参较。又问于吕学士夏卿。夏卿世称博学，精于史传,因为余考正讹舛,而家谱遂为定本。”此处记述了欧阳修在编撰《欧阳氏谱图》时得到吕夏卿帮助。

56 《宋史》卷三三一《吕夏卿传》:“夏卿学长于史,贯穿唐事,博采传记杂说数百家,折衷整比。又通谱学，创为世系诸表，于《新唐书》最有功。”

《(石本)欧阳氏谱图》，必然知道此事。即便如此，从上引评述中还是能感受到守道在资料收集上的批评口吻，即在家乡的短暂停留，最终牺牲了对系谱的充分实地查看及考证。这也是对于作为历史学家的欧阳修的批评吧。

总之，如同笔者在其他文章所论，[57]此处可窥见欧阳守道对欧阳修一生未在家乡生活，致仕后也并未归乡而是隐居颍州（今安徽省阜阳市）一事的批判性眼光。曾樽斋探访建于欧阳修家乡的“六一祠堂”并作诗，而欧阳守道借此评述了欧阳修与家乡的关系。[58]其他文稿中也举该史料为例，但因为该史料如实展现了守道的批判性言辞，这里就稍微详细地叙述其逻辑。此文首先指出欧阳修出生、成长、做官、致仕以及死后埋葬的地方皆非故乡吉州永丰县。其探访家乡的次数也只有埋葬父亲欧阳观、母亲郑氏两次，且埋葬父亲时年龄尚小，应该也不清楚家乡坟茔状况，安葬母亲时则已经五十岁（安葬母亲在皇祐五年［1053］，实际是四十七岁）。文中还揭示道，欧阳修晚年为能祭拜父母，请求任家乡附近的洪州（今江西省南昌市）知事，但未果，墓地的管理交与居住乡里的族兄弟负责，而且在祖父往上的先祖墓地管理上，是出钱数百缗雇用当地的农民负责。[59]这样看来，在家乡永丰县沙溪镇泷冈为显彰父母而立的《泷冈阡表》确实令人动容，但就像此人的诗中所暗示的，欧阳修与家乡的关系存在问题。文章如下作结：

57　同本章脚注 37，前揭拙著《欧陽脩における族譜編纂の意義》。

58　《巽斋文集》卷二一《书曾樽斋过六一祠堂诗》。

59　关于欧阳修父母或祖先坟茔的管理，拙稿《欧陽脩と母親鄭氏》(《名古屋大学東洋史研究報告》第 33 号，2009 年）有详细论述。

> 呜呼，兹事洪容斋（洪迈）尝极叹之，外坐念马少游平生语，益以凄然。

马少游是东汉马援的堂弟。马援远征交趾时回忆说，少游曾讲述自己在故乡度过的美好时光。[60] 欧阳守道援引这个故事，批判欧阳修与家乡间的淡薄关系。

引文中的洪迈（1123—1202）精于文章，在孝宗朝与周必大一道作为词臣活跃于中央，[61] 也是现今对宋代抱有研究兴趣的学者熟知的《容斋随笔》《夷坚志》的作者。《容斋随笔》对欧阳修决定在颍州安度晚年后，以颍州为对象而作的十余首诗（《思颍诗》）有如下批判：离开故乡生活虽是不得已而为之，但不应该夸耀自己将远离祖坟生活的行为并此作诗。洪迈的故乡鄱阳，按宋代区划属于江东路，但地处现在的江西省东北部。如本章《序》中所述，郝若贝、韩明士、内藤湖南等指出南宋时期士人开始地方化，而这样的酷评背后，或可窥见地方化之实例的同乡意识吧。[62] 说到同乡，江西庐陵县出生、在南宋后半期活跃的罗大经也同样提及《思颍诗》，援引周必大致仕归乡隐居的事例，批判欧阳修对家乡的薄情态度。[63] 上述例子都清晰展现了南宋士

---

60 《后汉书》列传卷一四《马援传》。

61 前揭罗大经《鹤林玉露》乙篇卷五《肴核对答》有“杨东山尝为余言，昔周益公、洪容斋尝侍寿皇宴”，《宋史》卷三七五《洪迈传》也记录了其作为词臣在孝宗朝上活跃的情况。

62 《容斋续笔》卷一六《思颍诗》：“公生四子，皆为颍人，泷冈之上，遂无复有子孙临之，是因一代贵达，而坟墓乃隔为他壤。予每读二序，辄为太息。嗟乎，此文不作可也。”

63 《鹤林玉露》卷五（卷数据《稗海》本，中华书局点校本［1983 年，唐宋史料笔记丛刊］为卷一甲编）《仕宦归故乡》：“然公自葬郑夫人之后，不复归故乡。（中略）虽有此言，而迄不践。乐颍昌山水，作《思颍》诗，退休竟卜居焉。前辈议其无回首敝庐、息间乔木之意。近时周益公归休，尹直卿以诗贺之云：‘六一先生薄吉州，归田去颍昌游。我公

人对家乡所持的基本立场、意识，欧阳守道的批判也应被视作其中的一部分。

总之，先不论在地士人的立场和意识，欧阳守道认为谱系不必与远祖强行联系，而应从可准确追溯的世代开始建立世系。欧阳氏一族的世系并非能上溯至政治混乱的唐末、五代，而是进入社会安定的宋代以后才有明确世系。[64]

（三）欧阳守道的宗族观念

那么，欧阳守道如何看待族谱、系谱的作用呢？相当明确提及此点的，是前一目末尾提及的《黄师董族谱序》(《巽斋文集》卷一一)。此文认为系谱应该追溯到可确知的宋朝建国以后，在这一点上，黄师董实际展示给我的族谱是可信的。欧阳氏一族与黄氏一族代代居住的“江右”，在靖康之变后的南宋时期有些许混乱，但所幸处于相对和平的状态。之后，他叙述如下：

> 知先世之所出，则夫坟墓之当保，族类之当恤，门户之当念，立身行己知当不负其先。

即是说，通过阅览族谱可认识到坟茔、同族的重要性，在立身

不向螺江住，羞杀青原白鹭洲。’”

64 《巽斋文集》卷一一《黄师董族谱序》：“私家世次之绝续，系于天下世变之盛衰。姑以吾家论之，十世之间，幸而有可考者，由吾宋承平之时以至于今也，等而上之，虽欲知不可得矣。”《巽斋文集》卷二一《题醴陵李氏族谱》：“故曰，生乎今之世，而欲上考世系于厥初生民以来，未有得其真者也。”此处表达了对当时大部分族谱世系的怀疑态度。

出仕之后也能拥有不违背本族家风的自觉。在这段文字之后，他联想到该族书香门第、科举及第者辈出的传统，并勉励黄师董也如此（“黄氏亢身不在兹乎？君必勉之”）。

关于黄氏一族的这种观念，在欧阳氏一族身上也同样适用，至少欧阳守道是如此认为的。前文已述，欧阳守道在岳麓书院时曾与长沙的同族会面，族人欧阳新委托他撰写关于“经训堂”这座长沙一脉教育设施的文章。欧阳新是元代大儒欧阳玄（1283—1357）的曾祖父。[65] 应此请求，欧阳守道完成了题为《经训堂记》的文章（《巽斋文集》卷一五）。文中说，欧阳氏一族自汉代欧阳生作为学官讲解经学以来，便是拥有儒学传统的氏族。他还提及北宋欧阳修因文章、学问风靡一时等，称“欧阳氏必以文学著闻，虽不尽同，而大较可见已”，强调欧阳氏一族的学问(“文学”)传统。这里未直接谈及欧阳氏一族的族谱问题，但一族的谱系和传统，在守道也阅览过的欧阳修《欧阳氏谱图》中有所展现，此外在以《欧阳氏谱图》为基础的、建于永丰县沙溪镇的石碑《欧阳氏世次图》背面的《泷冈阡表》，特别是《泷冈阡表》的草稿《先君墓表》中，欧阳修也有明确、自觉地记述，则上述发言自然是承袭本族系谱的言论。[66] 学问世家的意识，在

65　欧阳玄《圭斋文集》卷七《防里欧阳氏族谱序》：“吾家自赵宋淳熙丁酉，高祖八府君自防里迁浏之马渡，曾大父宜轩先生自马渡迁长沙，大父澹轩先生及先太常渤海伯复居于浏。”点校本（《欧阳玄全集》，四川大学出版社，2010 年）附录一中记载的欧阳玄父亲欧阳龙生的神道碑铭（张起岩撰《元敕赐翰林学士亚中大夫轻车都尉追封渤海郡侯欧阳公神道碑铭》[下册，第 791—797 页]）有“曾祖安时及祖新，皆漕试湖南，爱浏阳山山水之胜，又徙居焉。新字仲齐，以经学著称。淳祐末，荆溪吴公子良漕湖南，辟庐陵欧阳巽斋守道为岳麓书院山长，又以礼聘仲齐为讲书”。

66　《泷冈阡表》中展现出的欧阳氏一族的学问传统，参照拙稿《欧陽脩の後半生と宗族》，《東海大学紀要文学部》第 70 辑，1999 年。收录于前揭拙著《欧陽修　その生涯と宗族》中，

守道写给儿子欧阳浚的《劝学箴》(《巽斋文集》卷二七)中有明确展现。如标题所示，此文章旨在论述学问的重要性，开头记有“丙午十二月四日”的日期。守道生于嘉定二年(1209)，此“丙午”应为淳祐六年(1246。《全宋文》中此文章题目下记作“淳祐六年”，见卷八〇二〇，第154页)。文章最初有“怀不能已，作韵语以贻之”，声明是以四字句为基调的韵文。[67]

在叙述了文章形态和写作动机之后，他以韵文的形式简单追溯了自悠久之前至唐末安福县令欧阳万为止的欧阳氏一族系谱，这确认了《欧阳氏谱图》《泷冈阡表》中记载的内容，提醒欧阳氏一族乃学问之家(“我家上世，诗书绍读”)。接着他叙述了与自己的直系支派，特别是父亲欧阳悦以来的学问教育，劝导欧阳浚也要努力学习延续本族的这种学问传统。尤其是“有如不学，无恃以生”“不学下愚，身辱家倾”两句，即警告不学习就会丧失生存的手段，自身受辱，家族没落，让人印象深刻。如“念儿年之浸长”(《四库全书》本卷二七，叶10b；《全宋文》，第154页第2行)所示，此时欧阳浚刚过幼儿期，正因如此，如“视尔儿嬉，我心孔悼”所示(《四库全书》本卷二七，叶12b；《全宋文》，第155页最末)，守道担心贪玩淘气的儿子之将来，而写出此文。

欧阳守道专注于学问这一点自不必多言，那么在生活上又是如何呢？他有一篇将学问比喻成生活的文章，我们就从此处开始介绍。文章题为《题张和伯实轩》(《巽斋文集》卷二三)，

改题为《壮年期の蹉跌と宗族》。

67 宋代为了让孩子也容易诵读、记忆，倾向于用韵文的形式写成家法(铁爱花《宋代士人阶层女性研究》，人民出版社，2011年，第177页)。

是为筠州高安县人（今江西省高安县）张和伯的实轩书斋所作。文中守道举亲眼所见的两农民为例：两人都是拥有许多田产的农民，其中一人努力从事农业生产，出门用的马车无车篷，餐具是极其普通的陶器，身穿的衣服也很质朴，往来的也是田间农民。另一人则住着装饰华丽、色泽艳丽的房子，外出的马车有车篷，拉车的马也是名马，餐具、服装尽显奢华，并以歌舞待客。起初两人拥有着同等程度的资产，但过着质朴生活的农民后来资产逐渐增多，而奢靡度日的农民的资产逐年减少。欧阳守道以生活状态对比鲜明的两位农民为例，论述最关键的是务“实”，学问中重要的也非粉饰外观的“外”，而是充实自我的“内”。他认识到“实”在、质朴生活的重要性。

守道提倡质朴生活这一点，在其他地方也有展现。《巽斋文集》中，在前述《劝学箴》之前有一篇《食箴》，文中提及应该体谅农作劳苦、不可浪费粮食，接着又有如下劝言：

> 对食而思，人当知足，素餐是愧，敢餍于腹。维此疏食，以实予饥，过此有求，非分所宜。贪暴无餍，名曰饕餮，干求无耻，名曰哺啜。

此处他将无贪念、过质朴生活的信条称作“知足”。如此看来，欧阳守道认为以质朴为生活信条，且延续到实学之中，才是本族族人应该有的作风，守道自己自然一生都践行着这一理念。

欧阳守道所理解的、族谱能促进族人自觉的功能，在与《欧阳氏谱图》并称为“近世谱”开端的苏洵《苏氏族谱》中也有清楚体现，[68]不算是他与众不同的认识，而且欧阳氏乃学问之家的意识，如别稿所述，在欧阳修身上也可看见。[69]那么关于宗族问题，欧阳守道的独特性是什么，特别是与欧阳修之间有时代性差别吗？此节最末，笔者想论述这一问题。

关于欧阳修的观点，笔者在其他文章中也有论及，为论述方便，此处还是先做说明。《（集本）欧阳氏谱图》的序言展现了欧阳修对欧阳氏一族之传统的基本认知。其中提到欧阳氏自唐末、五代以来便是著名的庐陵大族，特别在真宗咸平三年（1000），欧阳观、欧阳颖、欧阳晔三人及第，三十年后的仁宗天圣八年（1030），欧阳修、欧阳乾曜科举及第，但此后三十年，中举入仕的仍只有修、乾曜二人，从一族的“传统”考量，人数有些少了。在这种萧条状态的认知之上，欧阳修称自己虽幼年丧父、对先祖遗德没有充分认识，但谨记对君忠诚、对亲行孝、为官清廉、学问立身的传统（“然传于其家者，以忠事君，以孝事亲，以廉为吏，以学立身”）。由此可窥作为学问世家且官僚辈出的士大夫、士人一族的强烈自尊。

欧阳守道对于为官时上侍君主、下庇民众，最终带领本族走向繁盛的观点也无异议。[70]然而如前文讨论的《劝学箴》所见，他并未把学习和做官画上等号，只是以“我家上世，诗书绍读”

68 收录于苏洵《嘉祐集》卷一三《苏氏族谱》，其《序》有“呜呼，观吾之谱者，孝弟之心，可以油然而生矣”，作为表现族谱能够提高族人意识的典型范例，在先行研究中多被引用，如多贺秋五郎《中国宗譜の研究》上，日本学術振興会，1981年，第121页。

69 同本章脚注66，前揭拙稿《欧陽脩の後半生と宗族》，特别是《欧陽脩　その生涯と宗族》，第279页。

70 《巽斋文集》卷一〇《送孙季山序》：“士君子仕行其志，固曰上以正主，下以庇民，而其私家亦岂不愿门户之昌、子孙族党之蒙其福泽？”

这类语句强调本族是学问世家。如“无此诗书，无此门户。尔食何耕，惟学尔土，尔居何复，为学尔字”所示，他以切身的生活为喻，论述学问的必要性。这里可见在地士人，且在年轻时候实际务农生活之人的特有思考。同样是强调学问，他们的视角也不同，可以说它反映出欧阳守道大半生作为南宋末年的在地士人所秉持的生活态度。

小 结

本章以除了近晚年的一段时期，人生大半都生活在地方的欧阳守道为研究对象，考察士人与地域社会及宗族的关系。其一生始终清贫，特别是早年穷苦，甚至要边务农边勤勉读书。三十岁左右，他因学识和切实孝敬父母的人品为人所知，之后开始教育地方社会的子弟，从事可谓自身天职一样的工作，学生中出了文天祥、刘辰翁这样宋末元初的代表性文人、士大夫。与地方的密切联系，不仅促使他就当地问题向守令建言献策，还让他为解决那些问题而主动行动。这样的建言与行动，鲜明反映出南宋末期吉州地域社会的不稳定状况。另一方面，作为欧阳氏一族的族人，他十分关注能够团结一族的族谱，并由此严厉批评了欧阳修完成《欧阳氏谱图》时的草率态度。这种批判之中，也展现出他对欧阳修并未居住家乡、死后埋葬他处的生活方式的质疑。由此，我们也能窥探到生涯大半都在地方度过的欧阳守道的生活态度，乃至南宋末期这一社会背景下在地化倾向增强的士人意识之时代性。在他看来，自己强烈关注的族谱承载着提高族人之自觉的功能。通过这种同族自觉，守道把一心治学、谨慎生活的理念视作本族的传统谨记于心，且怀着将这种理念传承后代的强烈意愿。并且这种学问追求并不是以做官为主要目的，而应被视作以务农为首的切身工作一样的职业，也就是家学，而一生从事学问。这是脚踏实地的观念。“呜呼，吾乡为江右文献国，不在乎公卿大夫之比肩接武也，命有穷达，位有高卑，往往各以风节自植立。”主张庐陵人有着与世俗所求的飞黄腾达所不同的高远气节，也展现了这种作为在地士人、将学问贯彻一生的欧阳守道的自尊。[71]

以上是本章的全部内容。然而论述至此，就出现了一些大的疑问。欧阳守道的记述展现了南宋末年混乱的地方社会状况，那么处于如此混乱之中的地方士人、士大夫如何协同应对、维持地域秩序呢？在吉州这样宗族组织显著的社会，地域秩序的维持应与宗族息息相关。那么，宗族与地域社会有怎样的关系？士人、士大夫在这样混乱的社会中，又将如何让自己的宗族存续下去？这是次章以后要处理的问题，在此之前笔者将讨论本章、次章均登场的刘辰翁这位活跃在宋末元初的士人。

〔附记〕根据近藤一成的特意提示，笔者对欧阳守道与白鹭洲书院的关系做了大幅修改，特此鸣谢。

---

71 《巽斋文集》卷二七《四有堂赞并叙》。

第七章

刘辰翁的宗族与地域社会

引 言

内藤湖南《中国近世史》第一章《近世史之意义》，与他1922年发表的论文《概括的唐宋时代观》，[1] 作为提出唐代至宋代出现巨大变革也即“唐宋变革”的文章而为人熟知，今日不仅是日本，欧美、中国的学者在言及“唐宋变革”时也几乎一定会提及。稍加补充，则《中国近世史》虽在1947年出版，但众所周知，其内容是基于大正时代后半叶在京都帝国大学所做的几次讲义，[2] 这些最终结成著作的讲义，自然随岁月更替而凝练。

1 《歴史と地理》第9卷第5号。此论文收录于《内藤湖南全集》第8卷，筑摩書房，1969年。

2 《内藤湖南全集》第10卷（筑摩書房，1969年）的《后记》提到，凝练成《中国近世史》的讲义是1918年（大正七年）、1919年（大正八年）和1925年（大正十四年）的。与《中国史学史》《中国上古史》等名著一样，它也是基于学生的听课笔记编辑，其中《中国近世史》主要基于贝塚茂树的笔记（第521、530页）。另外，此书在1947年由弘文堂刊行时题为《中国近世史》，收入《内藤湖南全集》时改为讲义原题，即将“中国”改作“支那”（第523页）。不过根据《中国近世史》（岩波文庫，2015年）的“凡例”，

1982 年郝若贝提出新的观点，即将时间轴稍微拉长，设定为 8 世纪中期至 16 世纪中期，且从地域之间与地域内部的变化这两个角度，长时段地展望内藤湖南指出的唐宋之间的历史变革。此处所说的地域，是对施坚雅将中国分为由大河及其流域构成的九个大区的构想进行若干修正后的地理框架（现在的中国东北除外）。[3] 郝若贝的论点涉及很多方面，从与本章的相关性上来说，在两宋交替时期，宋代精英维持、延续自己家族的战略发生重大变化这一点很重要。换言之，宋朝创建以来，向中央输送人才并通过联姻保持团结的“职业精英”，因王安石变法后党争的缘故，以 12 世纪为界（即两宋交替时期）没落并退出历史主舞台。取而代之，不关心在中央出仕，而关心延续在地方社会中的威信及地域社会利弊的地方缙绅势力抬头。这一观点由其学生韩明士继承，并以王安石、陆九渊的故乡江西抚州这一特定地域进行具体阐述。其著作生动描绘了南宋至元代时期抚州的当地精英为维持、延续家族而奋斗的样子。[4]

二人的意见、主张不仅对欧美的中国史研究者产生巨大影响，还给日本和中国的学者带来巨大启发。进入 21 世纪后的新

此版遵从 1947 年初版的原题，再次将“支那”改为“中国”。

3 Robert Hartwell, “Demographic, Political, and Social Transformation of China, 750-1150,” *Harvard Journal of Asiatic Stadies*, 42-2, 1982. William Skinner, “Regional Urbanization in Nineteeth-Century China,” William Skinner ed., *The City in Imperial China*, Stanford U.P., 1977, PP. 211-220. 另外，该论文有今井清一的和译本（《中国王朝末期の都市》，晃陽書房，1998 年）。

4 Robert Hymes, *Statesmen and Gentlemen: The elite of Fu-chou, Chiangsi, in Northern and Southern Sung*, Cambridge U.P., 1986. Robert Hymes, “Marriage, Descent Groups, and the Localist Strategy in Sung and Yuan Fu-chou,” ed. Patricia B. Ebrey and James L. Watson, *Kinship Organization in Late Imperial China 1000-1940*, California U.P., 1986.

研究动向也以二人的观点、论证为前提，即将南宋至明代前中期整体来看，认为相比于其前后的唐中晚期、北宋，以及明晚期、清初来说，这个时期可定义为变化相对停滞的“宋元明过渡”。[5]

从这种研究的推移来看，内藤湖南的《中国近世史》虽被尊为探讨由贵族政治（中世）到君王独裁政治（近世）这一图式所清楚展现的唐宋变化的先驱性业绩，但其内容似乎被视作完成了历史使命、无法推进现今研究的过去成果。但是，该书并不只是类型式地讨论唐宋变革之物。全书十六章，主要通过追溯政治的发展，确切描绘出贵族体制崩溃后，进入宋代，也即在君主独裁体制下，宋朝式的政治、文化、社会等是如何形成，它们到元朝经历了何种变化，又如何塑造近世社会的基础，与明清社会连接。[6] 从与本章的相关性上来说，“特别是再考虑到元代不寻常的文化和政治后，我们就知道这是形成中国近世的关键时代。（中略）中国近世的形成是在宋末至元代之间”（《内藤湖南全集》第 10 卷，第 561 页）这句话，强调了产生“近世”社会的南宋末元初的历史进程有着重要意义。内藤湖南认为南宋时期的庆元党禁，致使信奉朱子学的道学派士人受到排斥，产生了与朝廷保持距离的独立阶层，到了元代，南宋出生的所谓南人失去成为大官的可能性，与蒙古人隔绝的社会出现，

---

5 Paul Jakov Smith and Richard von Glahn ed., *The Song-Yuan-Ming Transition in Chinese History*, Harvard U.P., 2003. 所谓的“宋元明过渡”论在导论中得到综合论述，关于此书的详细介绍与批评，可见中岛乐章的文章（《中国—社会と文化》第 20 号，2005 年）。

6 关于《中国近世史》的内容及其特色，可参考拙稿《内藤湖南の中国近世論と人物論》（内藤湖南研究会编《内藤湖南の世界：アジア再生の思想》，河合文化教育研究所，2001 年）、《内藤湖南『支那近世史』の特色について：同時代の類書との比較を通して》（《研究論集》第 5 集，河合文化教育研究所，2008 年）。

而到了明清时代，继承他们的读书人阶级成立（《内藤湖南全集》第 10 卷，第 514 页）。

本章要探讨的刘辰翁，就是生活在内藤湖南赋予上述意义的南宋末元初这一时代的吉州庐陵县士人。如后文所述，在南宋末年的政治混乱时期，他随时代的洪流翻涌，即便不久元朝控制江南，一定程度上带来了政治上的安宁，但刘辰翁还是放弃做官困居乡里，以地方士人的身份过完了余生。关于刘辰翁已有几篇专论，但都是讨论其文学。例如，奥野新太郎关注他作为元朝文人的生活，将其视为元代文学先驱。在蒙古人的统治下，刘辰翁收集汉人文人诗歌以传之后世的行动在文学史上具有深远意义。[7] 浅见洋二在探讨唐宋间诗的学问、认识发生了何种变化的论著中，认为刘辰翁不站在将诗歌放在作者的经历和所处时代背景中解读的历史主义“诗史”立场，而是站在反历史主义的立场上，强调读者可以自由解读诗歌。[8]

管见所及，从前一提到刘辰翁，大家想到的都是关注其文人身份一面的论著。确实，同样出生于江西、比刘辰翁小一辈的吴澄在论及刘辰翁时，说他是进入元代以后继承古文传统、比肩北宋欧阳修的人物，这可以说展现了刘辰翁的面貌。[9] 但是从存世的诗文，我们也可以看到他作为住在家乡中的地方士人，

7 奥野新太郎《劉辰翁の評点活動と元朝初期の文学》(《中国文学論集》第 37 号,2008 年)、《元代文学における『采詩』: 劉辰翁の佚稿『興観集』『古今詩統』をめぐって》(《九州中国学会報》第 47 号，2009 年)。

8 浅见洋二《中国の詩学認識》，創文社，2008 年，第 500、501 页。

9 吴澄《吴文正集》卷二二《刘尚友文集序》:“叙古文之统，其必曰唐韩、柳二子，宋欧阳、苏、曾、王、苏五子也。(中略)国初，庐陵刘会孟氏突兀而起，一时气焰震耀远迩，乡人尊之，比于欧阳。”

殊死维系着一族存续的面貌。本章的论述将着重关注刘辰翁在地域社会中如何生存、与自己的宗族有着何种关系。

一、刘辰翁小传

在谈论刘辰翁与地域社会、宗族的关系前，先简要回顾一下他的一生。关于刘辰翁，《宋史》中没有其传记，但明人钱士升《南宋书》卷六三中有简单列传，万历《吉安府志》卷一八等地方志中也能看到他的列传。[10] 汇集宋元交替期对宋朝尽忠人士的清人万斯同《宋季忠义录》卷一六也有刘辰翁的传记。如后节所论，将该传与书中其他人物传记比较阅读后，可以发现一些有趣的事实。

在排印本《豫章丛书》（江西教育出版社，2004 年）收录的刘辰翁文集《须溪集》中，前述各种刘辰翁传记与其他传记史料、文集跋文等一道载于附录（地方志中记载的列传被省略）。特别是附录一所载的明代杨慎《刘辰翁传》篇幅不小，且内容深有意义（第 745 页）。另外关于刘辰翁，当代学者刘宗彬不仅广泛搜集了列传和相关史料，还利用当地刘氏家族在中华民国时期的族谱，制作了非常详细的年谱。[11] 因此，此处基本以刘

10　如嘉靖《赣州府志》卷七、卷八中可以看到。

11　刘宗彬《刘辰翁年谱》（《宋人年谱丛刊》第 12 册，四川大学出版社，2003 年，下文提及刘宗彬的《年谱》皆指此年谱，页数据《宋人年谱丛刊》）。刘宗彬参考的刘继泽等编《小鳊芳径甘溪刘氏三派五修通谱》（1920 年版，以下略称为《通谱》），在马楚坚编《宋季丞相年谱》（江苏人民出版社，2010 年）中也作为史料使用，但未见于《中国家谱综合目录》（中华书局，1997 年）等族谱目录中。仅就《年谱》而言，刘宗彬完全未提及这份中华

宗彬所作的年谱为依据叙述，纠正部分错字和误记并补充史料，出现意见不同处则予以明示。

刘辰翁，理宗绍定五年十二月四日（1233 年 2 月 4 日）出生于吉州庐陵县须溪里（今江西省吉安县梅塘乡），[12] 字会孟。父亲名刘良佐，生母为张氏。刘宗彬《年谱》指出，刘良佐在张氏之前娶萧氏为妻，又以《通谱》为据称刘辰翁有一位哥哥，讳贵，字浩溪。不过管见所及，《通谱》之外无萧氏及其兄的记录，哥哥的存在真伪不明，因此哥哥的生母是萧氏还是张氏也不可知。

嘉熙二年（1238）、三年，也就是刘辰翁七八岁时，他被母亲一方的亲戚带到朱埴的村塾入学，还与附近年纪相仿的两三个孩子一起随曾子渊学习。[13] 朱埴在此后的宝祐四年（1256）以一甲第十六名的成绩及第，而当年的状元是文天祥。[14]

淳祐元年（1241），刘辰翁在村塾学习了两三年后，父亲良

民国时期完成的《通谱》的史料可信度。因此，本文对基于《通谱》的记述持保留态度。

12 《须溪词》卷二《百字令》(《全宋词》第 5 册，第 3230 页）中有一首以“少微星小”开头的词，词末自注有“公（李云严——引者注）开禧丁卯生，仆生绍定之五年壬辰，相望二十六岁云”,《须溪集》卷六《甘定庵文集序》有“公壬辰徐榜（甘茂荣——引者注），余是年甫生”的记载,可知其出生年份。另外《须溪词》卷一《鹊桥仙（自寿二首）》(《全宋词》第 5 册，第 3200 页）有“轻风澹月，年年去路，谁识小年初度”，“小年”指阴历十二月二十四日，由此可判明出生月日［以上据刘宗彬《年谱》“绍定五年”条（《宋人年谱丛刊》第 12 册，第 7961 页）]。

13 《须溪集》卷七《萧寿甫墓志铭》:“余七八岁时，表氏抱余学，称尧章先生。后改名埴，字圣甸，号古平。”同书卷三《本空堂记》:“余年七八，与西家二三儿共受书属对于芗城曾深甫。”

14 《宝祐登科录》(收录于《粤雅堂丛书》第三编）。另外据此《宝祐登科录》可判明，注 13《须溪集》卷七《萧寿甫墓志铭》中的“尧章”是“小字”，成年后的字是“圣甸”。朱埴中举一事，除《宝祐登科录》外他处也有记载，关于这个内容可参看傅璇琮主编《宋登科记考》下册（江苏教育出版社，2009 年）第 1657 页。

佐离世，享年不明。[15]淳祐四年，十三岁的刘辰翁在庐陵县参加了十五岁以下方可参加的童子科考试，[16]但未中进士，因此大概成绩不太好。

宝祐五年，刘辰翁二十六岁，长子将孙出生。将孙的母亲是萧氏，然而也如刘宗彬所示，刘辰翁与萧氏成婚的时间不明（《年谱》“宝祐五年”条，第7964页）。[17]将孙似乎有不止一个弟弟，因为他在编撰父亲的《须溪集》时“季弟”也参与进来，[18]不过他（们）的名讳和生卒年等皆无记录。

宝祐六年秋，二十七岁的刘辰翁通过吉州的乡试，成为乡贡进士，[19]但在次年开庆元年（1259）的省试中落榜。各种刘辰翁的传记中称，落榜的原因是他在试卷中批判了当时手握权势的丁大全（？—1263）。或许因为未能通过省试，景定元年（1260）二十九岁时，他来到都城成为太学生，此后受到国子祭酒江万里的赏识。刘辰翁中举是在景定三年（壬戌，1262）三十一岁

---

15 《须溪集》卷七《萧寿甫墓志铭》：“先人死，吾十岁。”

16 《须溪集》卷三《庐陵县学立心堂记》：“余年十三，以童子试县学堂上，后十年而进士第一者亦于此。”引文中的“后十年而进士第一者亦于此”当然是指宝祐四年中状元的文天祥。另外，关于童子科（童子举、神童科），荒木敏一《宋代科挙制度研究》（同朋舍，1969年）第82—88页有简要说明。

17 刘将孙《养吾斋集》卷六《游白纻山》有“咸淳己巳，余十三”，咸淳五年（己巳，1269）时十三岁，反推可知刘将孙是宝祐五年（1257）出生。《养吾斋集》卷五有题为《哭长舅斯济萧国谕》的五言律诗，从“长舅”一词可以判断其母家为萧氏。但除此之外，没有更多关于母家的信息。

18 《养吾斋集》卷一一《须溪先生文集序》：“丁酉以来，深惧散佚，编汇成集，季弟参之。”

19 《养吾斋集》卷三〇《梅所曾贡士墓志铭》有“梅所讳应龙，字仁夫，元祐戊午，与先君子同举于乡”。“元祐”是北宋哲宗的年号，应为“宝祐”之误（参照《全元文》卷六四一，江苏古籍出版社，2000年，第二〇册，第441页末尾注释）。

的时候。[20] 他与江万里的师徒关系一直持续到江万里逝世，许多行动都与江万里一致。[21]

不过几种传记称，这次进士及第时的省试答案触怒了当时的权相贾似道，因此他被列为丙第这一低位。及第之后，据各种传记，刘辰翁以母亲年迈为由没有踏上仕途，而是选择到家乡附近的赣州濂溪书院任山长。刘宗彬《年谱》中提到“可惜，今存《赣州府志》《赣县志》皆无刘辰翁在书院活动的记载”(《宋人年谱丛刊》第 12 册，第 7966 页)，但管见所及，嘉靖《赣州府志》、同治《赣州府志》、同治《赣州县志》中都有他任赣州濂溪书院山长这件事的记录。[22]

景定五年（1264），江万里任知建宁府（今福建省建瓯市）兼福建转运使，刘辰翁也在江万里的劝说下以下属身份前往福建。翌年咸淳元年，刘辰翁三十四岁，江万里受命知枢密院事回到中央。受其邀请，刘辰翁也带着年迈的母亲前往都城。据

20 《养吾斋集》卷三一《梅所王公墓志铭》有“吾庐陵科第，景定壬戌榜最得人，盛至三十三人，（中略）吾先君须溪先生尝称同年梅所王公最长者”。刘宗彬《年谱》记载了包含刘辰翁在内的十六位庐陵县出生的进士姓名。此年吉州其他进士姓名在前揭《宋登科记考》下册第 1702—1717 页中有记。限于江西地区的话，九江学院编《江西历代进士总名录》(上海古籍出版社，2016 年）第 90—92 页中有记。

21 正文也提到，《豫章丛书》收录的排印本《须溪集》载有几份刘辰翁的传记，其中明人杨慎的《刘辰翁》传中有“补太学生，江万里为祭酒，极赏其文”。刘宗彬《年谱》中指出，参照《宋史》卷四一八本传，江万里在景定元年担任国子祭酒，则刘辰翁成为太学生也应该是此年。此时二人成为师生一事，在前揭《宋季丞相年谱》上册第 171 页也有记述。

22 嘉靖《赣州府志》卷七《秩官》中，能看到“山长”刘辰翁的名字。此外，同书卷八《名宦》，同治《赣州府志》卷三九《县教谕训导表》、卷四二《官师志 · 府名宦传》、卷七四《历朝诗词附》，同治《赣州县志》卷二五《职官志 · 文职》、卷二七《职官志 · 名宦》等也有刘辰翁在赣州濂溪书院任山长的记录。

收录于《宋季忠义录》卷一六的刘辰翁传，到达都城后没几个月，他因母亲抱病而携母归乡，后又在江万里的推荐下再度返京，任临安府学教授。该传还记载说，在刘辰翁任教授时，被他认可的三名学生后来都以优异的成绩及第。

咸淳二年，时任参知政事的江万里因与贾似道对立而离开中央，刘辰翁也随其一道离京返乡。咸淳五年三月，江万里被任命为左丞相兼枢密使，重回中央，刘辰翁再次受其推荐，于中书省任官，职位不明。此时，江万里问刘辰翁政治应以何为先，刘辰翁回答应把以前因政见不同而被左迁的人召回中央。[23] 不过刘辰翁仅在都城停留了一个半月左右就因母亲张氏离世而辞去职务，此年夏天回到故乡服丧，此时三十八岁。此后直至南宋陷入存亡危机前，他至少在家乡度过了七年时间。[24] 文天祥曾在寄给刘辰翁的书简中（写作时间不明），对离世的张氏是自己的亲戚却未能够慰问一事道歉。[25]

咸淳九年（1273）正月，刘辰翁的另一位“先师”欧阳守道于庐陵逝世，享年六十五岁。[26] 同年二月，军事重镇襄阳（今

23　前揭杨慎及万斯同的《刘辰翁传》中有“万里再相，问政何先，辰翁曰：‘当先拔异议遭摈者。’”

24　《须溪集》卷三《虎溪莲社堂记》：“从江东得掌故，入修门四十五日，以忧归。”《须溪词》卷三《又闻杜鹃》（《全宋词》第 5 册，第 3246 页）的自注：“予往来秀城十七八年，自己巳夏归，又十六年矣。”“秀城”指临安，“己巳”则指咸淳五年。

25　文天祥《文山先生全集》卷五《回刘驾阁会孟》：“某于夫人，契家子弟，以故不能攀望引绋，负负幽明，不胜愧恨。谨成些章一，少纪哀悰，以授挽者。”

26　刘宗彬《年谱》记此年五月或是正月欧阳守道离世（《宋人年谱丛刊》第十二册第 7970 页）。而欧阳守道的弟子文天祥在《祭欧阳巽斋先生》（《文山先生全集》卷一一）中有“维岁次癸酉正月乙卯朔，越七日辛酉，学生具位文某，谨致祭于故先生殿讲、大著、刑部巽斋欧阳公棺前。（中略）年六十五不为夭”，可判断欧阳守道是在咸淳九年正月离世，享年六十五岁。另外如《须溪集》卷三《玉窗记》“玉窗求吾先师巽斋欧阳公记之”所示，

湖北省襄阳市）在经历了长达六年的攻防战后，被元军攻陷。次年咸淳十年七月度宗驾崩，年仅四岁的恭帝即位。十二月，位于长江与汉江交汇处的鄂州（今湖北省武汉市）落入元军之手。秋天，在这个家国存亡之际，刘辰翁前往江万里的家乡南康都昌县（今江西省都昌县）探望他。[27]

德祐元年（1275）正月，时任赣州（今江西省赣州市）知事的文天祥应“天下兵马勤王”的诏令，在赣州及其相邻的吉州招募兵士抗元，组成抗元义勇军。据说人数达万余人。[28]然而，元军已逼近江西地区，二月二十一日饶州（今江西省鄱阳县）陷落，时任通判的万道同向元军投降。江万里得知饶州陷落后，便如此前告诉门生要为国家兴亡殉国一样，在位于饶州郊外的家中投池自尽，享年七十八岁。随从及养子江镐也接连投池，一时尸积如叠，翌日只有江万里的尸体浮上了水面。[29]当时刘辰翁虽在文天祥麾下，但不久便离开并回到吉州，十二月在吉水县名为虎溪的地方避难。在此期间，朝廷征召他为太学博士，但考虑到当时的状况，他根本到不了都城。[30]

景炎元年（1276）三月，宋恭帝和谢太后（理宗的皇后）向元军投降，临安无血开城。二月吉州也向元军投降，但抵抗

刘辰翁称呼欧阳守道为“先师”。

27 前揭《宋季丞相年谱》上册第 375 页尹波《江万里年谱》(《宋人年谱丛刊》第 11 册，四川大学出版社，2003 年，第 7651 页）将此事记为咸淳十年正月。但如刘宗彬《年谱》中据《须溪集》卷七《祭江丞相古心先生》“七年又见，无约不酬。昨秋三宿，言饯江畔”所示，二人是在秋天见面的。

28 《宋史》卷四一八《文天祥传》;《宋季丞相年谱》下册，第 380 页。

29 《宋史》卷四一八《江万里传》;《宋季丞相年谱》下册，第 387—397 页。

30 《须溪集》卷三《虎溪莲社堂记》:“元年冬十二月，余避地虎溪，（中略）而当德祐初元五月召入馆，辞未行。十月除博士，道已阻。”

元军的活动仍在持续，拥宋朝的宗室一族为领导。据刘宗彬《年谱》，刘辰翁这段时间似乎以庐陵为中心，过着居无定所的漂泊生活。

祥兴二年（元至元十六年，1279）二月六日（3月19日），南宋在广州湾崖山灭亡。据刘宗彬《年谱》，此年刘辰翁前往江万里的故乡都昌县，计划安葬江万里。在江万里任吉州知事时创立的白鹭洲书院，山长曹奇也为他修建了祠堂（古心祠）。江万里的葬礼最终在次年举行，刘辰翁那时再度前往都昌县。

宋朝彻底灭亡后，如前述杨慎所作刘辰翁传记中"遂托迹方外，隐遁不出"所示（清人万斯同《宋季忠义录》卷一六《刘辰翁传》中则记为"托方外以自诡"），刘辰翁选择成为一名在野文人，过起了不问政治的生活。其间，至元二十一年（1284）刘辰翁五十三岁时，他带着将孙时隔十六年前往曾是南宋都城的临安，也偶尔会去近邻的州县以及湖南等地，但基本还是住在庐陵县，泡在书海中，过着埋头创作的生活，元成宗大德元年（1297）正月下旬，刘辰翁结束了其六十六年的人生。

据《四库全书总目提要》中"须溪集"一项（卷一六五《别集类》），网罗了刘辰翁诗文的《须溪集》本有十卷，但在明代散佚，现行本是编纂《四库全书》时从《永乐大典》中辑佚相关诗文而成。《四库全书总目提要》对现存《须溪集》中的文章态度严格，批评也因抄本谬误较多，其文句晦涩难懂，且有难以句读之处。此外，刘辰翁还有题作《四景诗》的四卷诗集留存至今（收录于民国时期李之鼎辑《宋人集》丁编）。此诗集以春夏秋冬四季为题材，收录了相关的一百六十七首诗作为范例，据《四库全书总目提要》，该书是刘辰翁为其子（刘将孙）备考科举而编就的（卷一六五《别集类》“须溪四景诗集四卷”一项）。[31]

二、刘氏一族与科举、宗族

如前节所述，刘辰翁于景定三年（1262）三十一岁时及第。根据前揭傅璇琮主编《宋登科记考》可知，当年有637位进士（下册，第1702页），其中吉州出生者有33人，这个人数在两宋时期是最多的。[32] 刘宗彬《年谱》列举了刘辰翁在内的16名庐陵县出生的中举者姓名（第7966页）。其中，以刘为姓氏的有刘璪、刘景丰、刘辰翁、刘炎发4人。不清楚这4人是否同族，但据刘将孙所说，吉州各刘氏多是官僚辈出的“世族”。[33] 从记录当地中举者的地方志中的《选举表》《选举志》可以确认这一点。现存吉州地方志中最古老的万历《吉安府志》卷五《选举表》记载了两宋时期共909位进士，其中刘姓最多，有134人，是第二名萧氏（60人）的一倍多，占吉州全体中举者的14%以上。[34] 这可谓人数众多。

---

31 关于刘辰翁的《四景诗》，许怀林《江西通史6（南宋卷）》（江西人民出版社，2009年，第356页）也有介绍，但仅提到此诗是为科考而作，未言何时为谁而作。

32 参照本章脚注20的史料。关于此时吉州的进士，参考前揭《江西历代进士总名录》第90—92页。

33 《养吾斋集》卷一三《送刘文州序》：“吾庐陵多刘氏，皆世族，有美名。”如何安娜所述，宋元时期吉州各县出生的人常常称自己是“庐陵”出生。此处引文中的“庐陵”或许也是指吉州（Anne Gerritsen, *Ji'an Literati and the Local in Song-Ming China*, Brill N.V., Leiden Netherlands, 2007, p. 116.）。

34 万历《吉安府志》卷五《选举表》的景定三年“方山京榜”中记有全部三十三位及第者的名字。另外两宋时期各路、府州军的进士人数，载于贾志扬以社会史角度探寻宋代科当然，这些刘姓之人不都是同族，同姓异宗的应该不在少数。在指出刘氏“世族”众多的文章中，刘将孙写道“吾庐陵多刘氏，皆世族，有美名”。“皆”字应该是因为有众多刘氏才这样表述，是在说各个刘姓都官僚辈出。换言之，此文侧面证明了吉州的刘姓不一定都是同族。刘将孙还在别的文章中将吉水县“南岭”的刘氏作为南宋时期进士辈出的代表性事例，[35] 而这也可以看作是一个旁证。

那么，刘辰翁、刘将孙父子所属的刘氏是什么样的一族呢？刘辰翁在谈及自己一族的由来时说：“吾刘氏出安成，未知龙云先世同异。”[36] 首先，引文中的“安成”，如他在其他文章中的“安成，古长沙郡，吾庐陵之刘，未尝不本长沙也”所示，[37] 是指以现在湖南省长沙市为中心的一带，吉州诸刘氏皆以此为祖地。不过也因隋唐以前江南地区开发未备，此处所说的“长沙郡”的行政管辖范围非常广，多数情况下包含了现在江西省的一部分。其次，文中的“龙云”指刘弇（1048—1102）。他出生于吉州安福县，元丰二年（1079）以明经科及第，是北宋时期吉州刘氏出身的名人，“龙云”这个号来自他所住的福安县乡名。[38]

举的名著附录处，其中当然也有吉州所属的江南西路十一个府、州、军的进士人数。（John W. Chaffee, *The Thorny Gates of Learing in Sung China*, Cambridge U.P., 1985, appendix 3, p. 197.）

35 《养吾斋集》卷一三《送刘桂翁序》：“吾乡词赋见称东南。自壬子来，贡第相望，号一时名进士。聚族授馆者，阖郡仅数大宗，南岭刘氏其一也。”此处提到了吉水县刘诜（字桂翁）的南岭刘氏一族。

36 《须溪集》卷三《兰玉书院记》。

37 《须溪集》卷七《乐丘处士墓志铭》。

38 关于刘弇及第，万历《吉安府志》卷五《选举表》和前揭《宋登科记考》（上册，第353页）中有记载。关于“龙云”来自刘弇居住的乡名，《四库全书总目提要》“龙云集”项，顺带说，他的文集《龙云集》三十二卷，与《须溪集》一道被收录于《豫章丛书》中。

刘弇留有关于“安成”的有趣文章。他在伯父刘赀的墓志铭中写道：“刘氏之裔，其来远矣。至晋刘遐为安成太守，子孙世居焉，为甲族。”[39] 这里指出“安成”刘氏的祖先是西晋时在安成郡任太守的刘遐。据《晋书》卷一五《地理志》，西晋的“安成”郡隶属于荆州，以平都为治所。“平都”就是宋代的吉州安福县。[40] 要言之，可以认为“安成”刘氏是以吉州安福县为祖地的一族。

论述稍稍复杂了。从引文中不确定刘辰翁一族与刘弇一族的祖先是否一致的表述来看（“未知龙云先世同异”），这句话或许还蕴含另一层含义，即刘辰翁探索过本族与安福刘弇一族为同族的可能性，但最终无法证实。在前述关于吉州刘氏来自长沙的史料之后，有“而谱多不可考，多故不可考也”，确实，历史长河中发生了各种各样的事情，所以从族谱中也不一定能梳理出正确的安成以来的谱系了。刘弇自己也说过，吉州安成有各种刘氏（“诸刘”），[41] 而这更增加将刘辰翁一族溯至北宋名人刘弇一族的难度。右侧展示的是从刘辰翁、刘将孙父子的文集中梳理出来的家系图，从图上看，其谱系寥寥，甚至无法判断出

引《直斋书录解题》进行了说明。此外周必大《文忠集》卷五五《龙云先生文集序》也有“公讳弇，字伟明，居安福县之龙云乡”。

39 刘弇《龙云集》卷三二《冲厚居士刘君墓志铭》。

40 清人顾祖禹《读史方舆纪要》卷八七《江西五》“吉安府”中，论述了吉安府的地理沿革：“汉属豫章郡及长沙国。后汉因之。建安四年孙策始分豫章立庐陵郡，三国吴宝鼎二年又分置安成郡。分豫章、庐陵二郡地置，治平都。晋因之。”同卷“安福县”下有“安成故城”一项，可知安福县内曾设有安成郡。

41 《龙云集》卷三一《刘伯景墓志铭》：“君姓刘氏，讳戬，字伯景，吉州之安成人。（中略）盖不仕者数世，而至君考，益以时誉高诸刘，晚复不偶。”

他们是不是真的为刘遐的后代（“甲族”）。

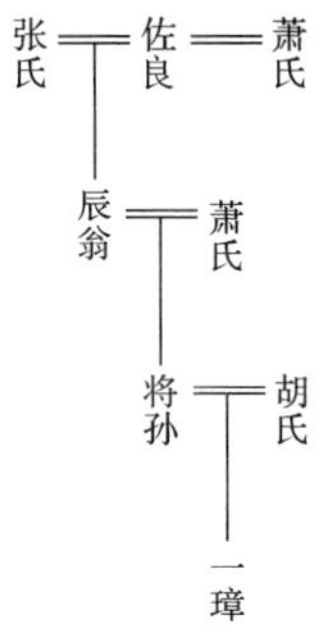

刘辰翁家系图

不过如前节所述，刘辰翁七八岁进入村塾学习，十岁父亲刘良佐离世后也依旧能够继续学习，这侧面说明其家族拥有一定资产，并且有让子孙持续学习的家族背景。前节也提到刘辰翁生母张氏是文天祥的亲戚一事，那么从门当户的理念来看，该刘氏一族士人辈出的可能性也增加了。据刘辰翁的文章，虽不知自何时起，但似乎庐陵“担岭”有其祖先的墓地，[42] 由此也可以看出，该族在庐陵是有一定威望的。再从南宋末元初时刘辰翁携带祖先“木主”的自白来看，[43] 刘辰翁的背后或许是在混乱时期也依旧重视祖先，且能直率表达以祖先为傲的一族。另外，刘辰翁还特意记录下了刘翼甫在一位同姓人的墓碑上写下“郡士族半刘，宜刘吾乡，而欧乡者俗也”的轶事，并评价说言辞妙哉（“其论可谓伟异”[44]），从中也可以看出他对刘姓，或者说自己宗族抱有很强的自豪感。至少他希望将自己放在荣耀的吉州刘氏之中。

从宋代的时代背景来看，若是重视祖先，当然就会想要编纂族谱。因为至少在 11 世纪中叶前，宋代士人、士大夫的宗族

42 《须溪集》卷七《乐丘处士墓志铭》：“吾故家在须山之阳，而祖墓在担岭之下。”

43 《须溪集》卷三《虎溪莲社堂记》：“余惟世方乱，蓬累而行，瓜牛以居，揭揭焉载其木主而无所可祭。”

44 《须溪集》卷七《乐丘处士墓志铭》。

就出现了以族谱、祠堂、族产为特色的宗族集结倾向。[45]前面提到的“而谱多不可考，多故不可考也”的记述，暗示了刘辰翁一族拥有族谱的可能，但仅就现存史料看，找不到刘辰翁和刘将孙参与家族族谱编纂的记录。即便如此，从现存三篇他们执笔的他族族谱序文来看，他们并不是对族谱完全没有兴趣。不过刘辰翁和他的恩师欧阳守道一样，对当时编纂族谱中的风潮，也即姓刘的就说自己是汉王朝皇族的后裔，姓李就说与唐王朝有联系的贴金行为持批判态度。[46]

那么，刘辰翁认为自己的宗族拥有着怎样的传统呢？从此前的记述可以知道，他将自己置于士族的位置。实际上在刚才介绍过的王氏族谱的序文中，他表达了将自己定义为“士”的言论。基于这种认识，他提出本族有多少士人、作为士人又如何继承家业的问题，阐述了身为士人的困难。[47]其子刘将孙也有身为士人的自觉。在与父亲同年通过乡试的曾应龙的墓志铭中，刘将孙记下了曾氏的言语，即曾家的家训是“有田不足恃，惟教子孙诗书当留意”。[48]这句话虽然只是曾氏一族的家训，但至

45 许多研究者指出，宋代以后宗族趋向团结，以族谱、祠堂和族产为表征，而笔者认为这些特征在11世纪中叶集中出现（拙著《欧陽脩　その生涯と宗族》第十章《北宋中期における宗族の再認識について》，創文社，2000年）。

46 《须溪集》卷六《泰和胡氏族谱序》:“后世反崇华胄，自损其实，而他冒其名，虽华非其所当，于其人奚益？假如言刘者宗汉，不知娄敬之刘得为汉乎？言李者宗唐，不知徐绩之李得为唐乎？”在给吉州太和县王氏一族族谱所作序文中也有“今言陈、胡者曰舜后，未有曰吾瞽出也；言司马、欧阳者本禹，未有曰吾自鲧也。故谱之所传，世之所及，必有可称者耳”（卷六《王氏族谱序》）。另一篇序文是载于卷六的《吴氏族谱序》。关于欧阳守道的认识，可参看本书第六章《南宋吉州的欧阳氏一族与地域社会》。

47 《须溪集》卷六《王氏族谱序》:“姑即吾身而论，为士者有几？士而不失业而迁者有几？”

48 《养吾斋集》卷三〇《梅所曾贡士墓志铭》:“梅所讳应龙，字仁夫。元祐戊午，与先君子同举于乡，居庐陵南宣化乡之朗溪。其先世安止、安强兄弟，及东坡周旋赋咏。绍兴

少刘将孙对其有共鸣，才有意地将之记入墓志铭中。

在南宋末元初的混乱时期，宋朝的体制已经崩溃，刘辰翁无可依赖；元代初期科举被废除，士人立身出仕无望。在这样的环境中，我们可以推测刘辰翁认为只有传统学问和文化才是自己存在的价值。比如在纪念江西行省临江路新喻州（今江西省新余市）县学大成殿重建的文章末尾，他称虽处民间、生活贫贱，但想要成为如孔子般伟大的人，其途径不是通过科举，而是通过磨炼自己的学问和人品。[49] 这句话恐怕也是刘辰翁对身处逆境中的自己的一句鼓舞吧。

刘辰翁在科举被废出仕无望的状况下，致力于文学创作而非儒学本身。关于其间的事情，他如下写道：[50]

> 科举废，士无一人不为诗。于是废科举十二年矣，而诗愈昌，前之亡，后之昌也。士无不为诗矣。

从度宗的咸淳十年（1274）到元仁宗的延祐二年（1315），科举中断超过四十年。[51] 刘辰翁活着时没看到其恢复，也不知道它什么时候恢复，所以在此强调科举被废正是带来诗文的隆盛。

经界，家任宣化之役。繇是祖训谓有田不足恃，惟教子孙诗书当留意。”（据《全元文》卷六四一注一可知，“元祐”为“宝祐”之误，见第二〇册，第 441 页）。

49 《须溪集》卷一《临江军新喻县学重修大成殿记》：“又欲陋巷时贤，以身之贫贱学其为夫子者，盖进取之事不在科举，而在学术与人品，此世道之古也。”

50 《须溪集》卷六《程楚翁诗序》。

51 关于历代科举，宫崎市定《科举史》（平凡社、東洋文庫，1987 年）第一章有记录，而关于辽、金、元时期制度性变迁，邓嗣禹《中国考试制度史》（吉林出版集团，2011 年）予以精要论述。特别是关于制度变迁的年次，附录《附历代考试沿革略表》很方便。

引文中“前之亡，后之昌也”一句，暗含着他内心的复杂情感。确实，科举这种对士人能力评价的国家体系消失后，当时的文人也只能从赋诗和评论中寻找到自己存在的价值吧。刘将孙将父亲刘辰翁的文章集成《须溪集》，在序文中写道：[52]

> 先生登第十五年，立朝不满月，外庸吾一考。当晦明绝续之交，胸中之郁郁者，一泄之于诗。其盘礴襞积而不得吐者，借文以自宣。

这段话如实描述了当时的情况。刘辰翁在宋朝灭亡后通过诗文寻求生存。从刘将孙的记述中也可以知道，刘辰翁晚年时，有许多人登门拜访请他评点自己的诗文。[53]

三、刘辰翁与地域社会

如其子刘将孙所述，因宋朝灭亡而困顿在家的刘辰翁，原本除个别人以外，并不积极寻求与人社交。[54] 前揭《宋季忠义录》卷一六《刘辰翁传》中记录到，宋朝灭亡后他“托方外以自诡”，过着不问政治的在野文人生活。他自称“吾须溪农也”，将自己定位成农民而不是士人。[55]

---

52 《养吾斋集》卷一一《须溪先生集序》。

53 《养吾斋集》卷一一《从孙千林小草序》：“昔吾先君子须溪先生之门，以诗若文进者，众矣。”

54 《养吾斋集》卷三二《王卓斋墓志铭》有“吾先君子于世寡交，与君还往独久”。

55 《须溪集》卷五《岂畦记》。

与元朝保持距离的态度，清晰表现在纪年的方式上。从现存的《须溪集》看，除了部分例外，直至 13 世纪 80 年代后半叶，必须记载年份时，他也不用元朝年号而只使用干支。[56] 例如，在为时代居住临江军新喻县的丁里（字守廉）所撰墓志铭中，生年使用了南宋理宗朝的年号，记作“嘉定庚辰”（嘉定十三年，1220），卒年则记为“其卒以丙戌二月（至元二十三年，1286）”，仅用干支（《须溪集》卷七《丁守廉墓志铭》）。在为吉州永丰县（今江西省永丰县）鞠华岩（字骧父）所撰墓志铭中，有“生庆元戊午年八十四”，记载了其生年为宁宗庆元四年，以及享年八十四岁的信息，采取不写元朝年号也知道卒年的方式（《须溪集》卷七《鞠华岩墓志铭》）。同乡刘可仕（字达仲）的墓志铭中也出现了这样的情况。刘辰翁用了同样的写法，在文章前半部分写其享年七十岁，文末又写其嘉定丙子（嘉定九年，1216）生，则其卒年自然可以判明（《须溪集》卷七《乐丘处士墓志铭》）。除上述事例外，还有许多不使用元朝年号，仅用干支纪年的例子，为避烦冗，此处不一一赘述。[57]

这种仅使用干支纪年的方式，在因《困学纪闻》《玉海》而

---

56 《须溪集》卷一《永庆寺记》：“图经云，乃至元丁丑之毁，邑无灵光，棋路草青。”至元丁丑是至元十四年（1277），距崖山之战宋朝彻底灭亡还有两年，但从文字上可以知道，此处只是引用《图经》，所以原封不动地使用了元朝的年号。

57 《须溪集》卷三《归来庵记》中关于江万里的庵，有“庵成于某年月日，记成于庚辰十二月”的记录，卷五《习溪桥记》中关于吉州习溪桥有“桥成壬午十有二月”（壬午是至元二十年，即 1283 年）的记录，卷七《黄纯父墓志铭》中关于抚州临川县（今江西省临川市）黄丙炎的埋葬有“葬崇仁乡西隐里雷公山，实丁亥三月丙午”（丁亥为至元二十四年，即 1287 年），卷七《萧寿甫墓志铭》中关于吉州庐陵县萧大德（字寿甫）的死亡有“其死以丙戌十月十九日，曰：‘鸡鸣吾行矣。’鸡鸣而逝，年七十三”（丙戌为至元二十三，即 1286 年）。

闻名的王应麟（1223—1296）身上也典型可见，据说其中蕴藏着不愿屈服于元的意志。[58]刘辰翁恐怕是出于同样的想法，才在宋灭亡后很长的一段时间只使用干支纪年。然而他没有将这样的意志贯彻始终，至元二十五年前后（13世纪80年代末期）开始使用了元朝的年号。限于史料，我们无法清楚这时的变化基于何种意识，但这应该与他自南宋以来便十分关心与地域社会的联系这一点相关。

窥探到这一点的好例子是，刘辰翁为至元二十七年（1290）赴吉安路任江西行省平章，但在任四十天后便病死的蒙古人莽哈岱（Manggotai）写的歌颂功绩的碑文。据碑文，莽哈岱赴任前，当地治安混乱，盗贼猖獗。但随着他的到来，治安渐渐恢复，贪婪之人战栗，士兵服从军纪不再行违法之事，盗贼也逃往他处。他盛赞这样的社会状况是宋末以来十余年从未见过的，可以与太平盛世相匹敌。[59]在这些内容之后，他又简单列举了历史上为地方治理竭心尽力的人物的事迹，认为以莽哈岱的治绩来说理应建碑，其功绩值得被纪念。这样看来，因为是对帮助家

58 《宋季忠义录》卷一〇《王应麟传》："已而宋亡，隐居山中二十余载。自号深宁老人，日事著述。其纪年但书甲子，以不臣于元。"然而森田宪司认为，王应麟并没有完全断绝与元朝的关系，至元二十年左右（1283—1292），他至少恢复了与地方政府的联系（《元代知識人と地域社会》，汲古書院，2004年，第217页）。

59 《须溪集》卷七《丞相莽哈岱美棠碑文》："方公之未至也，揭竿满野，环赣及汀，历历无墟烟，吾郊关之御夺者，混相浊如市。公之来也，悄乎其容，肃然而无声。不惟贪夫股战，军伍旗帜改观，而盗贼望风褫魄，（中略）近邑近州，行者达曙，皆旷十数年所未见。虽太平全盛，不过如此也"。关于莽哈岱，《元史》卷一三一中有传，但记为"忙兀台"，万历《吉安府志》卷三《秩官表》则记为"忙兀臺"。正文中的拉丁转写，据王德毅、李荣村、潘伯澄编《元人传记资料索引》（台北：新文丰出版，1982年）第4册第2459页的记载。

乡恢复治安的恩人的歌颂碑，其开头处的“至元二十七年秋九月”及其中堂堂正正使用元朝年号也合情合理。从此观点来看，也可看到他对此并无愧疚之情的态度或意识吧。

到了刘辰翁晚年，段从周（字郁文）赴任吉州知事。刘辰翁与这位知事交际甚深、志气相投，常常在一起探讨诗文评论。然而在其离任时的送别文章中，刘辰翁用了很大篇幅描述了段从周政务处理优异，即便吉州是诉讼多发而闻名的难治地区。由此推测刘辰翁和这位知事的交际并不仅限于诗文，其深处也有他对地域社会的关心并非空穴来风吧。[60]

刘辰翁对地域社会的关心是始终如一的，自南宋末年宋朝尚有实权延续至元朝初年。对设立社仓、重修桥梁的记述，是窥探这一点的好例子。在宋代，国家在全国的州县设立了救济贫苦百姓的常平仓，然而这些都建在州县城中，紧急时只能救济都市百姓，无法囊括乡村。因此乾道四年（1168），朱熹在建宁府崇安县（今福建省武夷山市）设立社仓，淳熙八年（1181）朝廷下旨在南宋全域推进社仓。[61]然而，根据各地区的具体情况，设立的时间和方式各有不同。吉州也久久没有设立，空费时日。

60　《须溪集》卷六《送段郁文序》：“郁文段君以东平书生为吾州知事，数相过，论文说诗，气相同，甚善。然北来马上，君独守文饰吏，视书如律，得不迁滞疏废，吾南士政坐此。（中略）吾州事纷纠百它郡，语言成市，吾闲居绝物，犹有议其傲、病其贞者，罪不可谅，故知为郁文者难也。”宫崎市定以来，多位学者指出以吉州为首的江西是诉讼多发的难治地区。除宫崎市定《宋元時代の法制と裁判機構》（《東方学報　京都》第24册，1954年，又收录于《宫崎市定全集》第11卷，岩波書店，1992年）外，小川快之《伝統中国の法と秩序：地域社会の視点から》（汲古書院，2009年）、青木敦《宋代民事法の世界》（慶応義塾大学出版会，2014年）两书收录了多篇论述江西诉讼多发的文章。

61　关于宋代社仓的论著有很多，此处仅举经典论文今堀诚二《宋代の社倉》（《北京师范大学学刊》创刊号，1942年；后收于氏著《中国史の位相》，勁草書房，1995年）。

刘辰翁的恩师欧阳守道看到由士人刘梦麟牵头设立的北邻吉州临江军新喻县的社仓规约后非常认可，想为此撰文并在吉州推广，但在实施前不幸离世，刘辰翁继承其遗志写下了《社仓记》一文。[62]据该文可知，在写下《社仓记》之前，吉州也遭遇饥荒，饥饿的难民跳桥自杀的事情相继发生，而衙门也没有采取有效手段应对，因此欧阳守道卖衣换粮施粥济民。记录完这些事态后，刘辰翁力说为了避免饥荒时出现弱肉强食的乱象，应当及时设立社仓，并简单介绍了新喻县刘氏一族采取的措施。特别是"今世訾无能为者必曰士，士亦妄自菲薄"，鼓励士人不应袖手旁观而应振作起来。对于没有像新喻县刘氏一族一样的"贤君子"，设立社仓就会困难的疑问，他再次强调了社仓的必要性，认为天地存在以来饥荒问题就存在，而"于天地之不能而能之者，是仓也"。虽然无法知晓刘辰翁对社仓的设立做出多少实际贡献和努力，但从上述内容中起码能够确认他的动力。

这样的干劲，从南宋末元初吉水县设立社仓的记录中可以看出。[63]吉水县原本就有一处名为"存爱庄"的救济穷苦人民的庄园，南宋末元初时被收为官田，于是县里的有志士人带头建起了新的救济设施，名为"平济庄"。然而，用平济庄的收益购买土地扩张庄园十分繁杂，管理庄园的"诸君子"决定不再增加田地，并将庄园改名为"义惠社仓"。此次改名时，刘辰翁为这个社仓写下了社仓记，文中虽然提及维持社仓运营的困难，但仍强调社仓的必要性。

---

62 《须溪集》卷三《社仓记》。

63 《须溪集》卷四《吉水义惠社仓记》。

从重建桥梁上也可以看出同样的意识。流经吉州城南的习溪上有一座“习溪桥”。人们往来于此，桥上还有药店和酒家，十分气派。咸淳九年（1273）的水灾将桥冲垮，后来水位下降，但当地人渡河还是困难。据说在洪水时，河中出现刻有赤乌二年（三国时期吴国的年号，239）纪年的三头铁牛。后来州当局牵头，使用因贪污罪（“赃罪”）而从胥吏那里没收的赃款和捐款，耗时十年，于壬午年（至元十九年，1282）重建完成。从刘辰翁的再建记看，他在习溪桥被冲垮后直接与州知事谈判，力陈该桥如何重要，劝说“岂三十六万石为郡，而不能复一桥”，主张重建桥梁。最后使用没收胥吏的赃款建设桥梁也是他的建议。可见，刘辰翁与此桥的重建之间有着很深的关联。[64]

关于与地域社会的关系这一问题，近年，何安娜着眼于地区景观，分析宋元明时期吉州士人、士大夫的地区归属感和身份认同的研究受到学术界关注。她对士人、士大夫们如何记录这些景观的变迁做了历史性回顾，其中也提到了刘辰翁，指出刘辰翁作为家乡社会中的知识和精神领袖，从谋求家乡全体成员的幸福出发重视寺、观、庙的功能。[65] 此处以何安娜没有提到的“灵护庙”为例。据刘辰翁的文章所说，淳祐八年（1248），热病（“瘴”）跨越五岭在江西蔓延，自南邻赣州到吉州无不流行，吉州南部的万安县和龙泉县也葬礼不断，然而热病却没有影响

---

64 《须溪集》卷五《习溪桥记》。

65 Anne Gerritsen, *Ji'an Literati and the Local in Song-Yuan-Ming China*, Netherlands, Brill N.V., 2007, p. 91. 刘辰翁关于寺观庙的叙述在第 84—91 页，有相当的篇幅。然而此书在所引资料的翻译上存在一些初级错误，笔者以书评的形式发表了含此在内的观点（《名古屋大学東洋史研究報告》第 35 号，2011 年）。作为参考，此书评也收录于本书附录中。

吉州城内；宝祐三年（1255）夏天曾有军事叛乱，漆黑的夜空中雷光闪耀，出现了贼人无法进入城内的奇迹。对于如此灵验的神庙，朝廷给予了“灵应忠惠显佑广列王”的庙号。刘辰翁记录这些事情，并介绍了在苦难的生活中，这座神庙获得了众多的信众。[66]从中我们也可以窥探到他深切关心地域社会利害的态度。

小 结

本章通过科举、宗族存续及与地域社会的关系等几层面讨论了生活在南宋末元初的刘辰翁。吉州的刘姓士人众多，其中当然会有与刘辰翁分属异宗的刘氏存在，但这些刘氏宗族中都进士辈出。我们无法确认刘辰翁一族是否也诞生了众多进士，但从他对自己家族的自豪感来看，答案大概率是肯定的。但是为士族世代存续提供机会的科举在元初遭到废除，刘辰翁只好将自我价值寄托在赋诗写作和评论文章上。由此或许也能看出“归托方外以自诡”所述的与政治保持距离的意志。但是仔细阅读刘辰翁及其子刘将孙的文章后可以知道，这种“归托方外以自诡”的态度，并不是要完全断绝与地域社会的联系、脱离世俗成为隐士。反而自南宋末起，他都积极保持着与地域社会的

66 《须溪集》卷四《吉州灵护庙新宫碑记》。在记述庙的灵验后，文章称：“民生实难，比年出于水火又难也，相道不言，而千万人奔走如市。当其危难，请祷不自吝，稍纾旦夕，顾念力不复给，冥报尚或可缓。盖公私交痛若此，而犹庙宇增饰，日新月盛，则报者众也”。这些描绘了民众聚集祈祷的样子。

联系。从中可以窥探到他想要承担起作为地域社会士人之责任的姿态。劝说吉州知事重建州城南边被冲垮的习溪桥就是其中的典型事例，他积极参与到地域社会的问题之中。那么这蕴含着什么样的历史意义呢？

关于这个问题，刘辰翁提到“公论”的存在很具有启发性。无法判断究竟是在南宋末还是元初，廉如端任江西路监司时，清正廉洁而被视为江西的“公论”。[67] 对官僚进行评价的主体一般是在地士人，因此肩负“公论”重任的往往也是士人。若是如此，那么可以推测至少在13世纪时，江西就存在以士人为中心的舆论场了。若是如此，那么刘辰翁在地域社会中的行动，应该也在“公论”的注视之下。在这样的环境中，他不光是作为文人，还作为地域士人在南宋末元初的时代下生存了下来。要言之，刘辰翁的生活方式，可以说是内藤湖南所说的扎根地方的明代士人生活方式之端绪。

以上就是本章讨论的全部内容，但也有一些没有讨论到的问题，特别是刘辰翁在地域社会中的活动与其重视宗族之间是否存在联系？笔者此前曾提到，后来的吉州成为宗族结缔十分繁盛的地方，在这里随处可见到编写族谱、建立祠堂等等象征着宗族组织化的活动。[68] 到南宋末期，当地最具代表性的两位士大夫文天祥、欧阳守道也为吉州各宗族的族谱写序，可知至少到南宋末期，吉州已经出现了以编写族谱为象征的宗族组织化

67 《须溪集》卷六《赠廉监司序》：“吾江西乃得廉监司如瑞，难使各有职，每怀靡及，而清亦称已。吾江西公论，隐然在之，殆半古而倍，不半古而足也。”

68 第二章《宋代吉州的胡氏一族》、第三章《宋代吉州的周氏一族》。

趋势。考虑到宋代宗族的形成主要是依靠士人和士大夫，[69] 我们很容易联想到这样的动向应该与南宋时期士人、士大夫频繁在地域社会中的活动有关。[70] 然而因为刘辰翁存世的文集并不完整，笔者未能对此问题进行解答，因此还有待将来寻求到更多事例，再对此问题进行探讨。

---

69 此类观点众多，这里仅举中国宗族研究代表性人物冯尔康的著书为例：《中国宗族社会》浙江人民出版社，1994 年，第 15 页；《中国宗族史》，上海人民出版社，2009 年，第 21 页。另外，关于《中国宗族社会》的内容和特点可参看拙评（《東海史学》第 30 号，1996 年）。

70 谢康伦、韩明士在共编著作（Conrad Schirokauer and Robert Hymes ed., *Ordering the world: Approaches to State and Society in Sung Dynasty China*, California U.P., 1993.）的序文中，用“经世”的概念解释士人、士大夫的活动。斯波义信将这样的动向历史性评价为“中间领域”的出现（《南宋における『中間領域』社会の登場》，《宋元時代史の基本問題》，汲古書院，1996 年）。

第八章

南宋吉州的士人与地域社会

引 言

如20世纪初内藤湖南所言，隔着约半个世纪的五代十国的唐宋变迁，并不只是王朝的交替，也是政治、社会、文化主体的大更迭。贵族退出主舞台，庶民中兴起的士大夫通过科举并承担起政治事务，同时成为社会、文化主体的读书人阶层也崛起。[1]在士大夫的出生地上，宋朝建国之初多为华北，到第三代真宗朝开始，长江以南地区逐渐占据多数。周藤吉之在战后不久的1950年就指出这一点，而青山定雄则在观点基础之上，细

---

1 内藤湖南《概括的唐宋時代観》(《歴史と地理》第9卷第3号，1922年；后收录于《内藤湖南全集》第8卷，筑摩書房，1969年)。与之相同的内容也见于《中国近代史》(弘文堂，1947年；后改题为《支那近世史》，收录于《内藤湖南全集》第10卷，筑摩書房，1969年。另外，2015年岩波文库出版了附上德永洋介的解题的《中国近世史》)第一章《近世史の意義》。此外稍早的论文还有岛田虔次《宋学の展開》(岩波講座《世界歴史》第9卷，岩波書店，1970年)，其中以内藤湖南的学说为基础，从政治、社会、文化主体的变动角度，对唐宋变革进行了准确而简洁的叙述。

致探讨了各地区新兴士大夫阶层的动向。从与本章关联上而言，讨论江西出生的新兴官僚的论文给了笔者诸多启发。[2]事实上，两宋时期江西路的进士人数仅次于福建路和两浙路，江西出生者自豪地称“江西素号士乡”，直接揭示了这一点。[3]

本章讨论的吉州，如“(庐陵）其多士为江右甲”所示，[4]在两宋时期人才辈出。在北宋时期，欧阳修尤为有名，然而他一生从未在家乡居住，埋葬地也是开封府郊外的新郑县而非家乡永丰县。[5]包括欧阳修在内，北宋时期共有十六名吉州出生者在《宋史》中有传。[6]到了南宋，吉州陆续涌现出因反对秦桧和议而被贬的胡铨（庐陵）、南宋代表性诗人杨万里（吉水）、孝宗朝宰相周必大（庐陵），以及与元军展开游击战，失败后就义于大都刑场的状元宰相文天祥（庐陵）等在整个中国历史中都很著名的人才。《宋史》列传中收录了十八名南宋时期的吉州出生人士，其中十人列于《忠义传》中，而在这十人中有八人是文天祥抗

2 周藤吉之《宋代官僚制と大土地所有制》（社会構成史大系八，日本評論社，1950年）、青山定雄《五代宋に於ける江西の新興官僚》(《和田博士還暦記念東洋史論叢》，講談社，1951年）。

3 周必大《文忠集》卷七一《胡斗南箕墓志铭（绍兴五年）》。另外，关于两宋时期各地进士人数，可参照贾志扬的《棘闱》附录三。该表在细致查阅明清时期的地方志的基础上，将宋代进士按照路、州（府）进行了汇总。

4 《诚斋集》卷七三《吉州新建六一堂记》：“庐陵地广而民众，以故其事亦烦。其多士为江右甲，朝廷视邦选使，其重视姑苏、雪川诸军云。”

5 拙著《欧陽脩　その生涯と宗族》（創文社，2000年）第一章《欧陽脩小伝》。关于埋葬地的选址及其时期，刘德清《欧阳修传》（哈尔滨出版社，1995年）第273、600页以及同氏著《欧阳修纪年录》（上海古籍出版社，2006年）第478、479页有详细叙述。欧阳礼《欧阳文忠公遗迹与祠祀》（文史哲出版社，1997年）正文前附有新郑市欧阳修墓园的照片。

6 许怀林《江西通史5（北宋卷）》（江西人民出版社，2008年），第294页。

元运动的支持者。[7]

以上的状况发生在吉州“号士乡”这一背景之下。[8]“号士乡”一语，乃周必大有感于戊午年即庆元四年（1198）秋举行的吉州乡试（解试）而抒发的。如后文所述，通过乡试者不可能全部通过中央级的省试乃至殿试并成为进士。可以想象，许多士人即便成功通过乡试，最终也无法成为进士。许多士人连乡试也无法通过。

那么，这些未能在科举中取得成功的士人过着怎样的生活呢？若他们没有脱离地域社会，也不与之绝缘，那他们自身之间以及与那些进士及第的士大夫之间，又有怎样的联系呢？他们以何种方式与地域社会这一个人生活基盘建立联系，或者说是否有联系？本章就以这些问题为中心展开讨论。

一、士人阶层的扩大

首先，我们从进士的数量出发对吉州“号士乡”的状况进行具体验证。目前，关于两宋时期江西地区进士姓名，可以从九江学院编《江西历代进士总名录》（上海古籍出版社，2016年）中轻松获知。此书包含现在江西省内地域唐代至清代的进士名

7　许怀林《江西通史6（南宋卷）》（江西人民出版社，2009年），第367、368页。许怀林列举了曾三聘（新淦）、曾三复（清江），二人都是吉州吉水县出生人士。参照本书第五章。

8　周必大《文忠集》卷四八《跋戊午岁吉州举人期集小录》：“选士于里，登名天府，为之首者，期集同举之人礼也。庐陵号士乡，故此礼尤盛，而今岁特盛焉。（中略）庆元四年戊午日南至。”这里的“庐陵”，从上下文看，所指并非庐陵县，而是治所在庐陵县的吉州。

簿，以现在的县名分类，并按时代顺序列举。据结尾“引用及参考书目”看，此书以地方志为中心，并广搜文集及金石史料等众多历史资料而完成，可谓精确度相当高的名簿。或因如此，相较贾志扬依据明清时期地方志计算出各路、州的进士数而汇总的表，吉州进士数多了 208 名。[9]下页表便是从《江西历代进士总名录》中抽出两宋时期吉州管内的进士数，大致以二十年为一时期汇总整理而成。各期相隔了一些年份，是因为两个原因：首先，宋朝建国至仁宗朝大部分时期，科举的举行时间未固定下来。众所周知，直至欧阳修成为权知贡举的仁宗嘉祐二年（1057），朝廷才定期举行科举。此后至英宗朝是隔一年举行一次，神宗朝以后则是隔两年举行一次，而这基本上延续到了 1905 年科举被废；[10]其次，北宋末和南宋末无法以二十年为一个时期，北宋末为三十年、南宋末为二十四年自然是为了将北宋和南宋划分开的结果。

表中可清楚看到，宋朝初创期的太祖朝、太宗朝的进士较少，真宗朝以后开始增加，北宋晚期的神宗、哲宗朝开始进一步增长，到了北宋末的徽宗朝又有大幅增长。南宋初的高宗朝乃战乱时期，数量有所下降，高宗朝后半期至后来的孝宗朝、光宗朝、宁宗朝初又有些许增幅，宁宗朝中期开始迅速增长，并一直持续至宁宗朝之后的理宗朝和度宗朝，也就是南宋末。这一系列

9　据前揭《棘闱》附录三。北宋为 266 名，南宋为 643 名，两宋合计有 909 名。

10　可参看荒木敏一《宋代科挙制度研究》（東洋史研究会，1969 年，東洋史研究叢刊 22）第 221 页附篇《宋代科挙登第者数及び状元名表》。荒木敏一利用《宋登科记总目》《皇宋十朝纲要》《续资治通鉴长编》《宋会要辑稿》编制此表，这些信息也可从《文献通考》卷三二《选举考五》中轻松获得。

宋代吉州的科举及第者数

时期		皇帝	及第者数
开宝五年（972）	~淳化三年（992）	太祖、太宗	11
咸平元（998）	~天禧三年（1019）	真宗	25
天圣二年（1024）	~庆历六年（1046）	仁宗	51
皇祐元年（1049）	~治平四年（1067）	仁宗、英宗	53
熙宁三年（1070）	~元祐六年（1091）	神宗、哲宗	67
绍圣元年（1094）	~宣和六年（1124）	哲宗、徽宗	112
北宋共计			319
建炎二年（1128）	~绍兴十八年（1148）	高宗	59
绍兴二十一年（1151）	~淳熙二年（1175）	高宗、孝宗	62
淳熙五年（1178）	~庆元五年（1119）	孝宗、光宗、宁宗	69
嘉泰二年（1202）	~嘉定十六年（1223）	宁宗	118
宝庆二年（1226）	~淳祐七年（1247）	理宗	170
淳祐十年（1250）	~咸淳十年（1274）	理宗、度宗	320
南宋共计			798
两宋共计			1117

据九江学院编《江西历代进士总名录》（上海古籍出版社）制成

的动向与近藤一成发现的明州（今浙江省宁波市）的趋势，[11] 以及马端临在《文献通考》卷三二《选举考五》中所举全国范围的进士人数变化趋势大体一致。

南宋末吉州进士人数的急剧增加，当然可以推测是源于吉州乡试（解试）的名额分配，也就是解额的扩大，不过宋元时

11　近藤一成《宋代中国科擧社会の研究》（汲古書院，2009 年），第Ⅱ部地域篇第一章《南宋地域社会の科擧と儒学：明州慶元府の場合》。

期的吉州的地方志并未留存至今，无法准确考证解额的变化。不过，我们仍能推测出某种程度上的变化。

据荒木敏一的研究，解额制确立于宋太宗至道三年（997），基本上依据乡试（解试）的参加人数来决定数额。[12]关于吉州的解额，生活在北宋末至南宋初的吉州安福县人士王庭珪留有记录。据其所言，“升平时”，或许是指徽宗朝及其之前的时期，吉州乡试有 4000 人参加，通过者为 45 人；南宋孝宗乾道四年（1168）的乡试有 8000 人参加，其中 68 人得以参加中央级别的省试。[13]依据这些数据计算乡试合格率，则北宋时期的比率为 88.91 ∶ 1，南宋时期的为 117.6 ∶ 1。另有记载显示，在施行三舍法的徽宗朝的崇宁至宣和年间（1104—1121），吉州的解额为 68 名。[14]然而如荒木敏一所述，与分配到了较多解额的开封府、10 人中便有 1 人能够通过乡试的江南诸州军相比，吉州的情况仍是千军万马过独木桥。[15]尽管面临如此严峻的形势，南宋初期此地进士不到 60 人，南宋末期士升至 320 人，为之前的 5 倍多。不过淳祐十年至咸淳十年期间举行了九次科举，所以平均每次有 35.5 人通过。脚注 16 中所举近藤一成的论文中引用《南宋舆

12　前揭《宋代科擧制度研究》第一章《解試》第五节《解額》，第 102—127 页。

13　王庭珪《卢溪文集》卷五〇《跋钱吏部燕举人诗》：“庐陵多士之域，方升平时掉鞅于举场者四千人，拔其尤而充贡者才四十五人。（中略）乾道四年戊子宾兴之秋，（中略）争锋而入棘围者至八千人，拔其尤而升者六十八人。”关于北宋末乡试考生的数量，周必大也表达过同样的看法（周必大《文忠集》卷二八《吉州贡院记》）。乾道四年的解额者为 68 人，与近藤一成使用的《南宋舆地图附载解额表》（京都栗棘庵藏）中记载的绍兴二十六年（1156）吉州解额人数相同（前揭《宋代中国科挙社会の研究》）。

14　曾敏行《独醒杂志》卷一〇有“舍法之后，诸州解额多未复其旧，庐陵解六十八名，至绍兴癸酉（二三年），其数亦未足”。

15　关于解额的分配，可参照前揭《宋代科擧制度研究》，第 108 页。

地图附载解额表》(藏于日本京都栗棘庵)中，记载吉州的解额为 68 人，被判断为南宋末咸淳年间(1265—1274)的数据，则孝宗朝以来解额数不曾有过变动。[16]

然而，从北宋末、南宋初 90~117 人才有 1 人通过的乡试合格率来看，即便后来解额数有一定增加，在整个南宋时期想要通过吉州的乡试仍相当困难。吉州安福县出生的刘弇(1048—1102)在记有神宗熙宁十年(1077)的文章中称，上一年秋天吉州乡试有千名考生参加。[17]此后如上所述，徽宗时的考生增至数千人，进入南宋后又有进一步增长。南宋以后的增长，自然也与靖康之变导致长江以北的人们南渡有关。吴松弟在研究中指出，江西的经济颇为发达，再加上距离南宋的都城临安较近，因此有了很多移民进入，而在江西各州郡中，吉州的移民最多。[18]在进入南宋后，吉州人口不仅有自然增长，还有移民带来的机械增长，可以想象这令乡试考生激增，致使连乡试都无法通过的士人群体扩大。直至南宋末，这种情况也未得到缓解。吉州庐陵县出生、生活在南宋末元初的刘辰翁曾记录下南宋末(从

---

16 本文在杂志刊载时，认为南宋末吉州的解额数为 300 人左右，发表后，近藤一成赐示这一数字过大了。正如其所说，将南宋末实施的科举按照次数进行分割，结果是 35.5，所以笔者对正文进行了修正。此处再次向近藤先生致谢。此后，近藤一成《宋代中国の科举社会と解額：南宋吉州の場合》(《歴史学研究》第 977 卷，2018 年)，讨论了以吉州为中心的解额问题。关于京都栗棘庵收藏的《南宋舆地图附载解额表》的成书年代，可参照中岛敏《南宋の解額：栗棘庵蔵輿地図諸路州府解額》(《東洋史学論集》，汲古書院，1988 年)。

17 刘弇《龙云集》卷二五《送叶令谦甫序》："前年秋，予就试乡有司，八邑之士会者以千数。(中略)熙宁丁巳三月日序。"刘弇是元丰二年(1079)的进士，因此文中所写前年秋的乡试必定为元丰元年(1078)，况且熙宁十年未曾举行科举。不过此处遵照原文。

18 吴松弟《北方移民与南宋社会变迁》(文津出版社，1993 年)，第 59—63 页。

上下文推测而来）一名科举考生的悲惨境况。据其所述，尽管吉州的解额是位于其北部的临江军的数倍（原文如此），还是有很多考生连乡试都无法通过，士人丁守廉（初名里）已经白发苍苍，但临终的前一天仍如同孩童一般伏案学习，直到破晓。[19]

二、在乡士人的生计

若通过了科举考试，官僚生活就开始了，即使是底层官僚，也会有相应的生活保障。然而，及第前的士人以及终生未能担任官职的士人，必须自己努力谋求生计。那么他们是如何维持生计呢？叶烨在著作中详细考察了北宋文人的经济生活，将及第之前文人的经济来源总结为耕作、教学和佣书（笔耕）、投谒（有力者的经济援助）、经商四个方面。梁庚尧结合具体事例，从教学和农业两方面，对及第前以及终生无法任官的士人的经济生活做了介绍。特别是他举出的剧本创作等技艺，是叶烨著作中没有提到的。[20] 两位所叙述的生计状况，在本章主要考察的南宋时期也没有发生太大的变化，不过吉州比较突出的一点是，据

19 刘辰翁《须溪集》卷七《丁守廉墓志铭》："吾州多士，贡额多临江数倍。每榜后，考者为言某卷得复失，能使人出狂。况一经屡试，白首洴澼，学虽吾事，而世貌哗名，殉者成路。观其死之前日，犹明窗就晓，抄书自课如儿子。"根据前揭中岛敏《南宋の解額：栗棘庵蔵輿地図諸路州府解額》，与近藤一成《宋代中国の科挙社会と解額：南宋吉州の場合》中所载《南宋輿地図附載解額表》，临江军的解额数为三十二，吉州的数量是其两倍左右，则刘辰翁的言辞有夸大之嫌。

20 叶烨《北宋文人的经济生活》（百花洲文艺出版社，2008 年）第一章《北宋文人入仕前的经济生活》第二节《北宋文人入仕前的收入来源》。梁庚尧《宋代科举社会》（台大出版中心，2015 年）第十讲《士人的生活与出路》。

笔者管窥，任官前以及无法任官的士人大多以教学为生，而据叶烨所说，这个谋生手段其实无法获得较多收入。

在笔者此前探讨过的吉州士人、士大夫中，活跃于南宋晚期的欧阳守道便是以教学为谋生手段的典型例子。由于幼年丧父，他在青少年时代便一边劳作一边勤勉学习，而这些努力也终究有了回报，没到三十岁，他便开始教授近邻子弟以维持生计。淳祐元年（1241）他通过了科举考试，并在前一年任吉州知事的江万里的推荐下，在当地新创办的白鹭洲书院从事教学工作。在那期间，他以要抚养母亲为由短暂离职，但在宝祐三年（1255）四十七岁时，担任了白鹭洲书院的山长（书院长）。在书院里接受他教导有文天祥，翌年二十一岁时考取状元。南宋末元初出生于庐陵县的文人刘辰翁也曾受教于欧阳守道，只是具体时期不明。除白鹭洲书院外，欧阳守道还曾任教于岳麓书院（在今湖南省长沙市）。可以说因为无法在中央政界有作为，他一生中大部分的时间都贡献给了教学。[21]

自欧阳守道活跃的时代再回溯一个世纪左右，在北宋末南宋初活跃的吉州名人有胡铨、周必大和杨万里。这些人物中，杨万里的父亲杨芾被记载于《宋史》卷四五六《孝义传》中，是以孝义为人传颂的人物，但他在家乡时也以教导儿童养家。[22]就杨万里身边而言，绍兴十三年（1143），十七岁的他前往吉州安福县，在王庭珪的门下学习。绍兴十七年，二十一岁的他又问学于同在安福县的刘安世和刘廷直。王庭珪是政和八

21　本书第六章。关于刘辰翁，见本书第七章。

22　本书第四章。

年（1118）进士，宣和五年（1123）愤恼于上司的不正行为而归乡，之后半个世纪的人生基本都倾注在阅读和写作中，同时从事教学工作。刘安世在绍兴十八年（1148）考取进士，刘廷直则稍早一些，于绍兴十五年成为进士。杨万里求学于刘廷直门下是在刘廷直考取科举之后，其从事教学的理由不明。刘安世教书则是在中举前，原因大概是生计所需。[23] 此外，杨万里还曾在绍兴二十三年跟随庐陵出生的刘才邵学习。刘才邵于大观二年（1108）从上舍释褐，高宗朝的前十年左右归乡闲居。秦桧专权时期，他任职地方官，秦桧去世前夕，他以祠禄官在乡，因此杨万里应该是在他归乡时期随其学习。[24] 与杨万里交往密切的谢谔（1121—1194），出生于吉州北部的临江军新喻县，在绍兴二十七年（1157）及第以前的约七年间，他都在吉州吉水县曾氏一族的家塾槐堂中教书。[25]

再按时间顺序介绍一些北宋末以来以教学为生的人物。万历《吉安府志》卷二五《儒行传》、卷二七《隐逸传》、卷二八《艺文传》记载了众多这样的南宋时期的人物，因此首先依据这些史料介绍。翻阅这几卷，北宋末南宋初至南宋中期的人物很多。这可能也反映出活跃于这个时期的王庭珪（安福）、周必大（庐陵）、杨万里等当地出生的士人留下了众多文章，且至今还留存于他们的文集之中。万历《吉安府志》中的相应记述应该来源于这些文集所收的文章。另外，括号中的信息是万历《吉安府志》

23　关于王庭珪，可参照本书第一章。杨万里问学于刘安世和刘廷直之事，可参照本书第四章。

24　刘才邵在《宋史》卷四二二中有传。他的文章《杉溪居士集》十二卷收入《四库全书》中（参照《现存宋人别集版本目录》，巴蜀书社，1989 年，第 174 页）。

25　本书第五章、附篇一。

的列传名和卷数，以及载于《宋史》等其他史料中的位置。若只在万历《吉安府志》中有记载，自然不标其他史料出处。

王端礼是吉水人，元祐三年（1088）进士，崇尚道学，四十岁便致仕归乡，专心从事教学和著述（卷二五《儒行传》、《宋元学案补遗》卷一二）。萧楚（1064—1130）为太和出生，北宋末目睹蔡京的专权，放弃了出仕。他治《春秋》，高远的志向对弟子胡铨影响极深。他曾与一位富家千金有过婚约，但女方的父母违背约定，欲将其许配给他人，最终导致女方自杀，为此萧楚终身未娶。去世后，门人私谥他为"清节先生"（卷二五《儒行传》、《胡澹庵先生文集》卷二二《祭清节先生文》、卷二九《清节先生墓志铭》）。严执中也是太和人，南宋初曾受丞相赵鼎等的邀请，但予以推辞，隐居专心治学，同时教导子弟和家乡的年轻人。他偶尔与萧环、刘敏求、刘岳、曾邦荣等人一起举行名为"五老之集"的同乡聚会，自在地共度时光（卷二七《隐逸传》）。欧阳铁（1126—1202）是庐陵人，曾与周必大同一年参加科举，但最终未能考中进士。他往来于有名望和财富的人家，教导他们的子弟以谋生（卷二八《艺文传》、周必大《文忠集》卷七四《欧阳伯威墓志铭》）。李概（1133—1200）是吉水人，也未能考中科举，在家乡专注学问并以教学为生，被称为"乡先生"。他与杨万里之间也有交集（卷二五《儒行传》、杨万里《诚斋集》卷一三二《赣州主簿李仲承墓志铭》）。

此处再附加一些万历《吉安府志》以后的地方志及其他史料中记载的事例。南宋初中期有吉水县出生的毛惠直（1096—1167）。绍兴十八年（1148）考中进士以前，他一直靠教学维生（《诚斋集》卷一二七《郁林州教授毛嵩老墓志铭》）。曾若川是永新人，在南宋初的绍兴年间（1131—1162）参加解试但不幸落榜，之后便主持“义塾”，培养了众多俊逸（光绪《吉安府志》卷七《隐逸》）。南宋末年的彭逢达是王庭珪后代王炎午的好友（1152—1324），据王炎午的记述，他带着失明老母（临终之际复明）“授徒吾里”，或许在安福县通过教学谋生（王炎午《梅边集 · 彭母汤氏复明事记》）。刘辰翁是南宋末元初时期的文人，七八岁时，也即南宋末年，他随庐陵的曾深甫学习。曾深甫曾有志于科举，但未能中第，在家乡教导子弟糊口（刘辰翁《须溪集》卷三《本空堂记》）。

通过教学之外的手段维持生计的事例，据笔者管窥，数量并不多。生活在北宋中晚期的王律（1018—1078），五代祖时家族自临川移居到吉州，随着一代一代的传承，虽然没有明确记载，但主要通过农业积蓄了财富，以致被称为“以富资号大族”。王律自己也在放弃科举后致力于积累家财，还收集书籍帮助后代勤学（刘弇《龙云集》卷三二《王公权墓志铭》）。文天祥的父亲文仪（1215—1256）不曾出仕，但他照顾成为孤儿的侄子和远亲的孩子，也曾为没有居所的一家提供住处，还设想过效仿范仲淹设置义田，因此很可能拥有相当数量的田产，并以此为生计（《文文山全集》卷一一《先君子革斋先生事［行］实》，文仪的生卒记于该“事实”开头处）。南宋末居住于吉州庐陵、太和、永丰等地的燕氏一族，有“从容商略，故有陆贾之分”的记述。可以想象他们通过商业活动积累财富，带领一族繁荣兴旺（《文文山全集》卷九《燕氏族谱序》）。居住在吉州安福的李氏一族，代代为“儒家”，庆元年间（1195—1200）出现著述《史评》《怀古词》的族人，然而即使有族人通过了乡试，也没有成功突破中央考试。据记载，其族中设了“里塾”，并好像附有书田,因此可以推断他们拥有相当多资产,并以此为生计(吴澄《吴文正公集》卷二二《安福州安田里塾壁记》)。

总之，南宋时期的吉州诞生了许多士人。他们在通过科举考试之前或者终生，都必须通过教学和农作等方式来谋求生计。科举考生众多，也使得教学的需求相应增多，讽刺的是，这反过来也为贫困的士人提供了谋生手段。

三、在乡士人与地域防卫、公共事业

大量在乡士人的存在，意味着除非他们与世隔绝，否则必然参与到地域社会问题之中。如后文将述，吉州这个地方在南宋时期频频出现不得不应对的地域问题。南宋初期，与女真政权的金朝关系紧张，此地治安恶化；南宋末期，这里又卷入到关系宋朝生死存亡的对元朝战斗之中，在临安无血开城后的抗元斗争中，这里作为文天祥的出生地，再次被迫处于混乱的旋涡之中。在南宋中晚期,这里也不算安稳,直面不断出现的饥馑。除上述之外，地域相关的众多公共事业，也不会让士人安闲地沉浸于学问和趣味生活之中。

(一)南宋初期的地域防卫

首先论述一下南宋初的治安问题。南宋政权成立的高宗朝，原本就源自与金朝的对峙，其王朝基础并不稳定，而这种不稳定导致兵变和农民起义频出。探讨了高宗朝叛乱的王世宗《南宋高宗朝变乱之研究》（台湾大学出版委员会，1989 年）认为，反乱（在王氏的文章中称为“变乱”）在王朝初创期的建炎年间（1127—1130）达到高潮，绍兴五年（1135）以后递减（第 63、164 页）。并且建炎年间总体上是黄河以南、长江以北的反乱较多，而在建炎三年（1129）后半期以后，反乱的中心则转移到了江西和湖南两地（第 64 页）。王氏文章中所说的绍兴五年以后叛乱递减的观点，与李心传《要录》中的认识基本一致。

吉州地区的状况如何呢？此处先依据收集了两宋时代诸起义的史料《两宋农民战争史料丛编》（中华书局，1976 年），简要对吉州以及与之密切相关的南邻虔州（绍兴二十三年改名为“赣州”）的情况做一个概观。[26] 高宗朝（1127—1162）起义发生了十二次，接下来的孝宗、光宗朝（1162—1194）骤减至一次，宁宗朝（1194—1224）三次、理宗朝（1224—1264）四次。王朝最末的度宗、恭宗朝（1264—1276）的情况则无记录。

高宗时期，吉州最初也是最大的骚乱，发生在哲宗废后隆祐太后（元祐太后）一行通过吉州时。关于此事经过，南宋时期吉州相关的先行研究及笔者反复提及，此处仅据《宋史》卷二四三《孟皇后传》简单叙述。[27] 在高宗留驻建康时，隆祐太后也留在当地，但随着金军迫近，她与高宗分开，同护卫兵一道

---

26 李纲《梁溪先生文集》卷一〇四《与李尚书措置画一札子》:“本路盗贼，虔为最，吉、抚、锦、袁、次之。”南宋初期，虔州的治安最差，吉州紧随其后。周必大《文忠集》卷七七《龙州居士严君致尧墓碣》有“严君致尧，字正之，吉州太和县人。（中略）绍兴三年，群盗充斥虔、吉间，多至三百余人”，可见当时虔州和吉州的盗贼有密切联系。

27 许怀林《江西通史 6（南宋卷）》，江西人民出版社，2009 年，第 16—18 页；前揭吴松弟《北方移民与南宋社会变迁》，第 60 页；本书第一章、第二章。

去往洪州（今江西省南昌市）。然而金军步步紧逼，一行人溯赣江而上，于建炎三年（1129）十一月十七日到达吉州庐陵县。不过金军的别动队在身后紧追，他们便南下吉州太和县、万年县，抵达吉州南邻的虔州。不久，护卫兵士在虔州掀起骚动，部分士兵落草为寇，演变成将北邻的吉州也卷进来的骚乱。关于此次骚乱，笔者在本书讨论胡铨、王庭珪的文章中，以二人与骚乱的关系为中心予以介绍。[28]胡铨在乡里组建义勇兵侧面支援了隆祐太后一行，而王庭珪对包括此次骚乱在内的秩序混乱，发表了题为《盗贼论》的建议，强烈反对招安策。

虽说如此，面对此时期金军侵入及由此诱发的骚乱，我们很少看到吉州或周边地区的人们为地域防卫而挺身而出的记述。在国家秩序崩坏、新的秩序形成之前，像王庭珪这样隐居山林躲避战乱才是实态。这可以说是关于地域防卫的乡里共同性丧失，各自的单独行动凸显出来了吧。地方志中留下一些或可象征此问题的逸闻，此处稍作介绍。吉水县的徐志道在建炎年间（1127—1130）迫于金军紧逼，与弟弟志远一道带着母亲逃亡，途中母亲走失并最终身亡。志道和弟弟悼念母亲而放声大哭时，被金军发现，听闻事情后，金军被其孝行感动而释放了他们。[29]住在安福县的赵伯深，父亲在北宋末随军出征北方的国境线。此时年幼的他与母亲也来到了北方。后来金军进驻，母子惊慌逃亡，途中失散、父亲也在沙场战死。此后过了二十余年，伯深终于在四川与母亲重逢。[30]

28　本书第一章、第二章。

29　万历《吉安府志》卷二六《孝友传》。同样事情被转记于光绪《吉安府志》卷三五《孝友传》。

30　万历《吉安府志》卷二六《孝友传》。从文章判断，该记述应该是以《宋史》卷四五六《孝尽管如此，从零碎的史料中，我们依旧可以看到，当时仍有在战乱中积极挺身而出的人物。首先是太和出生的萧瑰。在混乱期时，他集结义兵勤王，并尽力平定了“境内剧盗”。[31]庐陵出生的王琰在绍兴初年盗贼横行时，向负责镇压的刘绍将军提供作战计划并最后获得了成功。[32]还有杨万里的友人李春。他的母亲曾氏是庐陵人，嫁给了同乡“市隐”的李富（也就是李春的父亲）。绍兴年间混乱之时，她向被丈夫抛弃的妇女、饥馑之人伸出援手。这些史料来自曾氏的墓志铭，所以记述自然是以曾氏为主体的，但可以想象，曾氏行动的背后一定有“市隐”李富的默许及支持。[33]

南宋初创期的骚乱告一段落，或者说进入南宋时代以后，吉州反复遭受了自然灾害以及随之而来的饥馑问题。例如查阅《宋史》卷六一《五行志》的水害记述，吉州或包含吉州在内的江西在乾道元年（1165）、乾道八年、淳熙十年（1183）、绍熙四年（1193）发生过水灾。同书卷六六《五行志》则记述了在乾道七年、乾道九年、淳熙七年、淳熙九年、淳熙十一年、淳熙十四年、绍熙四年、绍熙五年、嘉泰四年（1204）、嘉定十四年（1221）发生过旱灾。据同书卷六七《五行志》关于饥馑的记述，绍兴三年（1133）、绍兴六年、绍兴九年、乾道七年、淳熙元年、淳熙十二年、嘉定七年这里发生饥荒。可见自然灾害

义传》中的赵伯深传为基础。

31 光绪《吉安府志》卷三六《孝友传》。

32 万历《吉安府志》卷二八《艺文传》。关于萧瑰，据《中国地方志宋代人物资料索引》（四川辞书出版社，1997年）以及其《续编》（四川辞书出版社，2002年）的记录，似乎只有万历《吉安府志》中有记述。

33 杨万里《诚斋集》卷一二七《李母曾氏墓志铭》。

以及随之而来的饥馑问题就没有停止过。此处再举一例，理宗朝末年，吉州就遭遇过大饥荒，[34]但此事并未记述在《宋史》中。总之，从上述的记述中，我们可以了解到当时包含吉州在内的江西反复遭受自然灾害及饥荒的情况。那么包括士人在内的当地人，是如何应对和克服这种危机的呢？接下来介绍几个事例。

庐陵的刘纪名在绍兴元年七十三岁时去世，在当地歉收或疫病侵袭时，他屡屡低价卖粮、将储藏的药剂拿出来救济穷人。[35]到了南宋第二代皇帝孝宗朝时期，王朝体制逐步健全，官民也开始联手赈灾。例如乾道四年吉州遭遇了大饥荒，饥民逾万人，当时身为录事参军的谢谔树起五色旗，将饥民按旗色分组，有效地赈灾。[36]谢谔在登第前的七年间，一直在吉州吉水县担任曾氏一族的教育工作，与当地士人成为知己。关于此次救灾，虽没有明文记录，但这种关系自然在侧面支持了谢谔高效赈灾。庆元六年（1200）、嘉泰元年（1201），吉州遭遇旱灾和持续降雨，吉水县受灾严重。杨万里从绍熙三年八月回到家乡吉水开始了引退生活。目睹家乡惨状后，他肩负起在地士人的责任，向湖广总领林祖洽申请免除住民的和籴。[37]太和县的郑开先在嘉定年间（1208—1224）饥馑发生时，与兄弟一起协力赈灾，埋

34 万历《吉安府志》卷一八《列传》有“李应革，字式夫，吉水人，宝祐间进士，累官至崇政殿说书，时吉郡大饥”等。关于李应革的传记，仅就管窥，只见于万历《吉安府志》。

35 刘才邵《檆溪居士集》卷一二《亡叔墓志铭》：“居士讳纪明，字景晖，享年七十有三，以绍兴元年十月乙丑卒。（中略）凶年疫岁，即痛损谷直，合和众药，以济贫困。”

36 周必大《文忠集》卷六八《朝议大夫工部尚书赠通义大夫谢谔神道碑铭》：“乾道四年，庐陵艰食，饥民万余守谯门求赈廪，官吏失措。公亟植五色旗，分部给粜，顷刻而定。”

37 杨万里《诚斋集》卷一一一《与湖广总领林郎中》。关于杨万里的一生，可参照第四章《杨万里的家族与地域社会》。

葬饿死者。[38] 永新县的谢宗和设立义学教育一族子弟，在淳祐年间（1241—1252）饥馑发生后，他协力出粮赈灾，又郑重下葬了饿死路边的民众。[39] 李应革是吉水县出生，宝祐四年（1256）进士。一次，在经筵讲义结束，理宗询问大家家乡的状况，李应革呈请遵从前例，实施救济对策，理宗接受了他的建议。[40] 庐陵的"隐君"罗士友在咸淳二年（1266）六十八岁时去世，他不仅救济本族贫困者，还关心近邻的生活，因此近邻不受饥寒。[41] 庐陵的邹澹（1208—1265）不仅致力于地域架桥、道路整备，在饥馑之际还率先开放自家谷仓，将粮食分发给饥民。[42]

（二）公共事业——以安福县寅陂为例

南宋初创期过后，政治、社会都逐渐稳定，士人、士大夫开始积极投身于地域社会的公共事业中。这些活动中不仅有士人、士大夫参与，很多时候也将地方官卷入进来。这是探讨了

38 光绪《吉安府志》卷三六《义行》："郑开先，弟智先，泰和人。嘉定中，江南饥馑，加以兵戈抢攘，饿莩载途。开先兄弟饥予食，渴予饮，远近赖之。"

39 光绪《吉安府志》卷三六《义行》："谢宗和，字竹坡，永新人。（中略）尝立义学，以教子姓。淳祐岁饥，出粟散赈，见涂莩捐棺葬之。"

40 前揭万历《吉安府志》卷一八《列传·李应革传》："经筵讲罢，上从容问应革乡里，革以饥对，上恻然，应革复取建隆、绍兴、乾道赈饥故事，反复陈于上前，议论剀切。上为感动，捐粟十万赈之，全活甚众。"

41 文天祥《文山先生全集》卷一一《罗融斋墓志铭》："庐陵有隐君，曰融斋罗公。（中略）宗族亲党孤子者、贫乏者，或给之田，或予之金，终其身恩意浃至，外内无间言。（中略）岁青黄不接，会其闾里，辍时直几半，隆寒给散有差，环公之境，无以饥告。"

42 文天祥《文山先生全集》卷一一《邹月近墓志铭》："庐陵南方之上游支水，（中略）若夫修浮梁，甃通逵，岁发廪以倡赈荒，（中略）生嘉定元年六月丁酉，殁咸淳元年九月己未。"包含他救荒内容在内的简单传记也载于万历《吉安府志》卷二七《隐逸传》。

12世纪至14世纪明州各项公共事业的李锡熙所展现的实证角度。[43]李氏没有将当时精英层的活动与国家割裂开思考，反而强调这些活动与国家机构的联系，并举义役为例。义役是为了减轻徭役承担者（役人）的负担，提供田地、财货以帮助役人的制度，处州（今浙江省丽水县）知事范成大效仿婺州金华县（今浙江省金华市）的方式，于乾道五年（1169）在其治下松阳县施行，之后这一制度在南宋境内普及。[44]李锡熙围绕着明州的义役，用了一节的内容论证地方官与士人、士大夫的各自作用。[45]吉州也有义役的实例。义役在吉水县永昌乡实施过，淳熙年间（1174—1189）也出现了为确保其能顺利进行下去而制定的规则（“乡约”）。此后义役几经改废但似乎延续至南宋末。[46]不过关于吉州的义役，因史料不足，再详细的内容就无从得知了。关于公共事业，能够稍微追溯沿革的有安福县的寅陂，所以此处介绍该事例，并尝试探讨一下士人、地方官与公共事业的关系。

---

43 Seokhee Lee, *Negotiated Power: The State, Elites, and Local Governance in Twelfth to Fourteenth Century China*, Harvard U.P., 2014.

44 关于义役的研究很多，此处仅举细致讨论的周藤吉之《宋代における義役の設立とその運営：特に義役田について》(《東洋学報》第48卷第4号，1966年，后收录于《宋代史研究》，東洋文庫，1969年）。

45 Seokhee Lee, *Negotiated Power: The State, Elites, and Local Governance in Twelfth to Fourteenth Century China*, Harvard U.P., 2014, pp. 178-196. 关于这一部分，伊藤正彦大体认可作者的主张，即义役虽是乡村社会的自主性行动，但实际上没有当局的介入就无法维持下去(《“義役”——南宋期における社会的結合の一形態》,《史林》第75卷第5号，1992年;《元代江南の義役・助役法とその歴史的帰結》,《名古屋大学東洋史研究報告》第17号，1993年。皆收录于氏著《宋元郷村社会史論：明初里甲制体制の形成過程》，汲古書院，2010年）。不过，伊藤氏也有以下批判：义役由非官僚部分提起、施行这个简单但重要的侧面并未被李氏考虑进去（*ibid*, p.186）。在思考义役问题时，此批判十分重要。

46 文天祥《文山先生全集》卷九《吉水县永昌乡义役序》。

首先追溯寅陂创设后的沿革。万历《吉安府志》卷一二《山川志》、雍正《江西通志》卷一五《水利二》“吉安府”、王庭珪《寅陂行》(《卢溪文集》卷二）等对此都有记述，其中至南宋初年的过程以王庭珪《寅陂行》的序言最为详尽。雍正《江西通志》的记述则包含至明代的内容，也有助于了解。[47] 因此，此处基本依据上述两史料介绍。寅陂位于距安福县西安乡七里的山下（万历《吉安府志》称该地西距县治四十里），是沿着赣江支流卢溪而建的蓄水池。北宋治平元年（1064），知县黄中庸最初建堤蓄水，[48] 溉田一万三千亩。然而时间流逝，豪族（“大姓”）独占水利，水道也被泥沙填埋，无力的民众穷途末路。绍兴年间，安福县丞赵师日见状，遍访当地老人（“耆老”），确认古水道，并疏浚水道、修复堤坝。得益于此，绍兴十三年（1143）当地遭遇旱灾时，稻未干枯。即便完成如此利民之举，赵师日也未炫耀功绩，民众则不愿其离任，有感于此，王庭珪在绍兴十三年写成长文古诗《寅陂行》及《序》。诗与序文也收录于雍正《江西通志》卷一五〇《艺文》中。此后，明代洪武初年（1368）、正统六年（1441）、嘉靖年间（1522—1566），地方官皆对寅陂维修。[49]

仅从寅陂的创设及维修过程中，似乎看不到地方民众和士人积极参与的身影。但王庭珪《寅陂行》的序言记述了绍兴年间修筑完成后，赵师日巡视灌溉情形，之后有“各有绳约，俾不可乱”一句。这句话指出利用灌溉用水的农民之间，存在利

47 前揭许怀林《江西通史 6(南宋卷)》介绍了江西各地的水利修筑，也提及寅陂(第 183 页)。

48 万历《吉安府志》、雍正《江西通志》记述寅陂的创设是在“治平初”“治平间”，光绪《吉安府志》卷三《地理志》“陂塘”条则记述为“治平元年”。

49 光绪《吉安府志》卷三《地理志》“陂塘”条只记载到嘉靖年间的修筑情况。

用相关的协商，但此规定也是由地方官制定并让农民遵守的吧。关于这个问题，出自杨万里之手的吉州安福县士人刘廷直（1100—1160）的墓表中，有如下深有意义的记述：“公为均水约上之官，事下，至今利焉。”[50]这句话的前面是说，寅陂创设于治平年间，润泽了许多田亩，但之后为“豪右”占据，贫民受困。从文意上无法判断这份“均水约”是在绍兴年间修复寅陂后制作的，还是在之前做成的。但地方士人围绕寅陂的利用而制定规则，由地方官承认规约这一事实无法撼动。就算“均水约”是在绍兴年间修复之前所作，也可以想象修复后的“各有绳约”是以“均水约”为前提制定的。加之，赵师日是在看不下去“豪右”独占寅陂后才决心疏浚水道、修复堤坝，则“均水约”在修复后制成的概率很高。无论如何我们可以知道，寅陂是在地方官与在地士人微妙的协作体制下得以修复和维持的。

提到了寅陂的许怀林，还介绍了庐陵县士人刘大同主持、大约于绍熙初年（1190）修筑的“大东塘”、永丰县村民于绍兴二十五年（1155）建成的筑芝陂、永丰县村民于淳熙十二年（1185）开凿的青塘等。[51]如此前笔者在论及刘辰翁的文章所述，[52]

50　杨万里《诚斋集》卷一二二《新喻知县刘公墓表》。楼钥《攻媿集》卷九六《宝谟阁待制致仕特赠龙图学士忠肃彭公神道碑铭》将此作为彭龟年（1142—1206）任吉州安福县县丞时的事迹之一，记述了修筑一事。然而绍兴年间的寅陂修筑，并非赵师日或彭龟年能骤然完成的，亲见修筑的安福县王庭珪将此事记在了赵师日身上，所以本章遵循王的说法，将修筑的当事人视为赵师日。

51　前揭许怀林《江西通史 6（南宋卷）》（第 183、184 页）。许怀林将提倡修建庐陵“大东塘”的刘大同记为“富室”，但查看杨万里所作的刘大同墓志铭，可知其父亲学习儒学，他自己也要参加科举考试（《诚斋集》卷一三〇《刘君季从墓志铭》），所以他不是单纯的“富室”，更应该称为地方士人才对。

52　本书第七章。

南宋末年士人为救济地方灾民而计划、设立社仓等。在南宋时期，随着时代的发展，南宋似乎也有了以士人为主体的公共事业。

（三）士人群体的关联

南宋时期与北宋不同，士人、士大夫与乡里的关系发生很大变化。他们与家乡的关系变得极为密切：即便是科举及第，活跃舞台主要位于中央的士大夫，因待阙或服丧等情况，也多有机会留在乡里，致仕以后回到家乡的事例也有所增加。[53] 在这样的情况下，当然可以想象在家乡生活时，他们与同为士大夫的同伴，或一生大部分时间都在家乡度过的士人、士大夫之间交往。笔者通过选取当地出生的士大夫的个别案例，指出南宋吉州的士大夫也具有这一特点。然而，这并不意味着士人、士大夫困居乡里社会。不仅是有过中央或地方任官经验的士大夫，即便是王庭珪那样虽曾出仕，但生涯大部分时间都留在家乡的士大夫，交友范围也不限定于家乡，而是以家乡为核心，依靠各种机缘将自己的交友范围扩大到南宋广阔的地域中。[54] 此处补充一些此类事实，一窥那些未能及第、大半生都在家乡度过的士人的交友问题。

南宋初创期过后，政治和社会环境逐渐在第二代皇帝即孝宗时期变得稳定。作为此时期活跃的士大夫，吉州有周必大和杨万里。在讨论二人的章节中，笔者已经指出二人特别是在晚

53　关于两宋时期士大夫乡里意识的不同，可参看竺沙雅章《宋代官僚の寄居について》，《東洋史研究》第41卷第1号，1982年。后收录于《宋元仏教文化史研究》，2000年。

54　本书第一章、第三章、第四章、第五章以及附篇一。

年时期往来紧密。[55]于是以他们为核心的交友人际关系网应运而生。此处举前述章节未提及的太和人彭惟孝（字孝求，1135—1207）为例。他博学能文，宁宗朝时期由周必大推荐至朝廷，但辞不就官，一生在家乡度过。展示了他与周、杨交友关系的文章留在后两人的文集之中。[56]似乎是通过与周、杨交往，他与虽出生于临江军新喻县，但与吉州关系紧密的谢谔也有交流。[57]再举一例，来自吉水、一生未仕的王子俊（生卒年不详）也与周必大、杨万里有交流，且是杨万里长子杨长孺的老师。据说他与朱熹也有联系，书斋的题字似乎就出自朱熹之手。[58]前节提及的庐陵欧阳铁，与周必大、胡铨、王庭珪、杨万里有交往，杨万里因欣赏欧阳铁的诗还抄录了一些。[59]

55　本书第三章、第四章。

56　与周必大的交友，见《文忠集》卷一八《跋彭惟孝求志堂记》、卷四一《彭孝求惟孝以绿野行送芍药数种鄙句为谢》、卷四二《彭孝求以诗送芍药云今年辰闰不佳且许红都胜不志云待明年戏答小诗》、卷四二《太和彭孝求连年芍药红胜今方以唐律一株小诗为谢（戊午三月）》、卷四九《题山谷书大载礼践阼篇》。与杨万里的交友，见《诚斋集》卷三八《题彭孝求碧云飞观》、卷一〇〇《跋山谷践阼篇法帖》。宁宗朝时受周必大推荐一事，见万历《吉安府志》卷二七《隐逸传》："彭惟孝，字孝求，泰和人。博学有文，议论鲠挺。与周必大、杨万里同学相友善。宁宗时，必大荐之朝，惟孝诣阙论时政，献赋一篇。宁宗奇之，拜官不受，纳敕归隐于家，以诗书自娱。"

57　与谢谔的交流，见陆游《渭南文集》卷三九《求志居士彭君墓志铭》："初，君从（谢）艮斋、（周）平园、（杨）诚斋三先生游。"

58　万历《吉安府志》卷二五《儒行传》："王子俊，字材臣，吉水人。幼有文名，从诚斋、益国二公游，二公称为畏友。（中略）辟三松书院于南山下，中为振古堂，左为庄敬日疆斋，右为格斋。晦庵深喜'格斋'二字之义，大书而志之。"与周必大的交流，可从《文忠集》卷四一《王才臣子俊求园中六诗》、卷四一《中秋招王才臣赏梅花廷秀待制有诗次韵》、卷四八《跋王才臣十史论》、卷一八六《王才臣子俊（乾道九年）》、《又王才臣子俊（淳熙六年）》得知。与杨万里的交流，可从《诚斋集》卷七七《送王才臣赴秋试序》、卷九九《跋王才臣史论》得知。

59　关于欧阳铁的一生以及他的交友，见前揭周必大《文忠集》卷七四《欧阳伯威墓志铭（嘉到了南宋末，文天祥有诸多文章存世，由此可窥以他为核心的交友关系。住在庐陵富川的邹澹（字次清，号月近，1208—1265）的先祖邹昶与周必大、杨万里是同代人，也是一位为地域公共事业（架桥）尽力的人物。他的子孙邹澹住在文天祥附近，二人相熟。[60] 同样住在文天祥附近、与其互有往来的士人刘澄（字定伯，1220—1272），豪放磊落、喜爱饮酒，也有诗名。[61] 下文提及的刘洙（沐）也是文天祥的邻居，喜爱围棋的二人趣味相投，在文天祥组建抗元军队时火速赶往支援。[62]

此项的最后，再介绍一下吉州士人的集会。庐陵留存有初唐杜审言在当地任职时的居所，南宋之后，这个居所成为诗人聚会之地。南宋中期，周必大、杨万里、欧阳铁也在此聚会，南宋晚期，欧阳守道出资买地以负担集会费用。[63] 另外，南宋晚期庐陵有一座由乡贡进士萧元亨建造的、名为梅亭的庭园，许多士人会聚集于此，特别是其祖父萧逢辰的友人。萧逢辰是在

泰二年）》以及此文的翻版万历《吉安府志》卷二八《艺文传 · 欧阳铁传》。关于杨万里抄录欧阳铁诗句一事，见《诚斋集》卷九八《跋欧阳伯威诗句选》“予既序其脞辞，复手抄此数纸，自有用处”。

60 文天祥《文山先生全集》卷一一《邹月近墓志铭》：“有昶者，富而礼。庐溪王公、平园周公、诚斋杨公、艮斋谢公，皆与之游。（中略）予，君邻也，见而知之，敢无以铭？”邹昶对公共事业（架桥）的贡献，见周必大《文忠集》卷二八《邹公桥记》。

61 文天祥《文山先生全集》卷一一《刘定伯墓志铭》、万历《吉安府志》卷二七《隐逸传·刘澄传》。

62 《宋季忠义录》卷五《刘沐传》（收录于《四明丛书》第二集）。《文文山全集》卷一九《文丞相督府忠义传》中记为“刘洙”。

63 万历《吉安府志》卷一二《山川志》“庐陵”有“诗人堂”，其下注：“在西原能仁寺侧。唐司门户杜审言结诗社于此。宋咸淳三年，周益国与危恕斋、欧阳寓庵为布衣交，遂买地西原八泉胜处，构祠杜司户。一时知名士门第，行乡饮酒礼，自是为彝典。恕斋之门人约山朱涣、通守王迈、欧阳守道，乃议买田以备蔬菜，扁堂曰：‘龙岗乡饮诗堂。’元废入本寺，有周巽亨诗。”

开庆元年（1259）抵御元军进攻吉州中威名远扬的仁人志士。[64]

（四）南宋末的地域防卫

至南宋末，因遭外患，吉州再次呈现出秩序不安定的状态。此次的外患是最终吞并南宋全境的元人来侵。然而，对于此次外患，士人、士大夫的处理方式明显不同于南宋初期时的方式。

首先以当地出生的文天祥的动向为中心，简单把握一下南宋末吉州的状况。叙述主要依据的是《文文山全集》卷一七《宋少保右丞相兼枢密使信国公文山先生纪年录》、元佚名《宋季三朝政要》及马楚坚编《宋季丞相年谱》（江西人民出版社，2010年）。[65]

恭宗德祐元年（1275）正月，元军渡过长江进入黄州（今湖北省黄冈市），文天祥受命募兵勤王，二月除江西安抚使、知赣州，四月入吉州，召集吉州、赣州土豪与溪洞蛮一万余人，七月离开吉州北上，八月抵达临安。[66] 十月为对抗元军，文天祥

64　文天祥《文山先生全集》卷九《萧氏梅亭记》："庐陵贡士萧元亨，江西帅平林公之孙，赣州龙南县丞之子。蚤孤有立，克肖厥世。于其读书游息之暇，有自得焉，乃作亭于屋之西偏。周之一径，被径一梅亭。后有廊，有诗画壁间。前方池，广五尺，饲鱼而观之。邻墙古树，蔽亏映带，清风徐来，明月时至。君领客于此，上下谈笑。客多乃祖父旧游，而君乐从之，称其家儿也。君名亭曰'梅'，而属其客请记于予。"萧逢辰抵御元军侵袭吉州之事，见载于《文文山全集》卷一一《祭安抚萧检详（名逢臣、号平林）》。

65　《宋季三朝政要》使用的王瑞来细致考证并在末尾附上人名索引的《宋季三朝政要笺证》（中华书局，2010 年）。

66　关于此时聚集起来的土豪和溪洞蛮，黄志繁《"贼""民"之间——12—18 世纪赣南地域社会》（生活·读书·新知三联书店，2006 年）第 79—90 页有详细考证。黄氏不认为"溪洞蛮"是与汉族相异的少数民族，而是文化上有差异，住在江西南部、不向朝廷纳税的民众。

前往苏州，在常州战败，麾下数名将军战死。翌年德祐二年（正月二日），他被任命为临安知事，但辞退不就。同月十九日，文天祥任右丞相兼掌管兵权的枢密使，然而此时事态紧急，二月五日，临安无血开城。同月，文天祥的家乡吉州也被元军占领。不愿投降的文天祥此后转战各地。景炎二年（1277）五月，他前往赣州不断与元交战，六月在吉州永丰县的空坑惨败于元军（空坑之战），同行的妻子遭元军捕获，自己因赵时赏称“我才是文天祥”代他受捕才逃过一劫。之后他越过南岭抵达循州（今广东省龙川县），不久与卫王政权会合。然而祥兴元年（1278）十二月二十日，正在潮州西侧五坡岭吃饭的文天祥被张弘范的军队逮捕。在空坑之战中生还的旧部或是战死或被俘虏。祥兴二年二月六日，宋王朝在广州湾内的崖山灭亡。文天祥当时在元军的船上。此后，他被带到大都，但坚拒为元朝效力，至元十九年（1282）十二月九日在大都的刑场被斩。行刑时他面不改色，朝南方拜了再拜，享年四十七岁。

文天祥在吉州受命募兵勤王时，召集了什么样的人士呢？募集勤王军时，他待在赣州，且他的故乡是赣州北邻的吉州，所以可以想象兵士多来自此二州。《四部丛刊》本《文山先生全集》卷一九附录《文丞相督府忠义传》中，记载有与文天祥一起参与抗元活动的人士的姓名和略历（也见于世界书局《文文山全集》、江西人民出版社《文天祥全集》）。这份名单出自庐陵人士、文天祥“门友”邓光荐之手，共四十一人，其中吉州出生者十四人、赣州出生者二人、赣州西邻的南安军出生者二人，这三个地区出生的人占了全体的近一半。再翻阅清人万斯同的《宋季忠义录》，可以看到如下有趣的事实：孙㮚（“栗”的古体字）乃吉州龙泉人，是文天祥大妹夫。万历《吉安府志》中记载,他受妻子“吾兄破家殉国,君奚以妻子介怀”鼓舞后应征。[67]文天祥二妹夫是吉州永新县出生的彭震龙。他平日豪放，曾获罪遭墨刑，但听闻文天祥起兵后带着永新县令与之会合。此外，庐陵的张千载（《宋季忠义录》卷一一）、刘子俊及吉水的刘钦是文天祥的友人，前述庐陵的刘洙（沭）与文天祥既是邻居又是棋友，永新县的萧焘乃文天祥的门客，庐陵的赵文是文天祥弟子。曾拜于文天祥门下的曾凤也加入其中。赣州宁都县的陈继周一直在文天祥身边，受文天祥委托后带领近邻“豪杰”率先应征。当时还有一族应召的事例。安福出生的吴季奭在空坑之战中被捕杀,其时一门二十人皆牺牲（《宋季忠义录》卷七《吴季奭传》)。

各位士人因为各样的理由应征，如《文丞相督府忠义传》中看到的那样，虽然参加的士人中也有相当多人非吉州、赣州出生，但一般是姻亲、邻人或是门人。另外，以文璧为首的文天祥的两位弟弟（另一位名为文璋）、文天祥的妻子以及母亲曾氏也在名单当中，可见文天祥组建勤王军时的团体，是以一族、姻亲、邻人、门人以及赣州知事文天祥的下属这样的周边亲近的人为核心的，而士人中也有一族集体前来的。那么这一集团清楚显示出，到了南宋末年，与南宋初期不同，士人面对外患时不是仓皇逃亡，而是与日常有来往的人们一起组建抵抗组织。或许可以认为，这是经历过南宋初创期，政治、社会逐步安定

67　此逸话不见于《宋季忠义录》《文丞相督府忠义传》，而见于万历《吉安府志》卷三〇《列女传·孙㮚妻文氏》中。其中称“孙㮚妻文氏，丞相文天祥长妹。兵出兴国，㮚入谋，文氏对曰：‘吾兄破家殉国，君奚以妻子介怀。’乃悉出簪珥，以供军需”。

以后，通过地域社会相关的各种活动而培养起来的乡土认同感的表露。如太和的彭吕在湖南濂溪书院任教授，得知赣州陷落的消息后加入了文天祥的义军。庐陵的张云、吉水的刘伯文在空坑之战及文天祥于广东五坡岭被捕后回到家乡，但仍为守卫家乡而与元军交战，最终战死（皆参照《宋季忠义录》卷七）。基于对乡土的眷恋，他们坐立难安，采取了一系列行动。

小 结

本章探讨了南宋时期的吉州士人、士大夫，特别是并未及第、一生大半都在家乡度过的士人如何生活，与同伴有着何种关系，又与地域社会有何种关联。以下简单进行总结。

吉州的及第者，从北宋末起有递增倾向，特别是在南宋中期宁宗朝以后急速增加。这种状况变化的背后，自然让人联想到吉州的乡试通过者名额（“解额”）有一定程度的扩大，但另一方面，涌入乡试的考生大量增加，少量增加的名额似乎也是杯水车薪。可以推测，当时有大量无法突破乡试大关的士人。不过这种地域社会中存在大量科举考生的结构，反而带来吉州考生的教学需求，支撑了那些没能通过科举的在乡贫困士人的生活。

另一方面，在士人与地域社会的关系上，南宋极早期政治、社会混乱的时候，虽然也存在一部分致力于地域防卫的士人，但许多士人避乱逃入山中。政治、社会稍微稳定后，通过参与救荒、水利等公共事业，士人开始积极维系地域社会。在南宋的体制稳定后，包括有出仕经验者在内的士人之间，在地域社会中展开了交流，并形成了诗社等交流场所。于是，这种对地域社会的实践活动、士人间的结合，在南宋末王朝崩溃时表现为守卫乡土、拱卫王朝的抗元活动这一具体行动。本章所论述便是这一内容。那么这种与地域社会结合逐渐紧密的状态，为士人对地域社会以及扎根于此的家族、宗族的意识带来了何种影响呢？

笔者在本书论及南宋吉州的士人、士大夫与地域社会关系的各章中，展开过如下论述：南宋的士人、士大夫与北宋的士人、士大夫不同，他们拥有一种兼顾中央与自己生活的地方的多元思考方式。[68]这里也可看到一种虽未放弃在中央政界的活跃，但首先切实参与地方的志向。与此相关的，进入南宋后半期，士人、士大夫也持有一种自觉与自己宗族连接的志向性。一个很好的事例是次章将论述的文天祥的弟弟文璧。众所周知，兄长文天祥为宋朝尽忠，在元大都的刑场被斩。弟弟在宋朝完全消亡后选择了与兄长不同的道路，投降元军，在元朝任官。这个选择的变化，自然是出于文氏一族存续的考虑。文氏一族在文天祥还在世时就有家庙，文天祥归乡时也曾到那里报告，文璧则在余生中尽力修整。[69]文天祥自己也有为住在吉州的他族族谱写序文、跋文等关心宗族的文章存世。这样的行为，正是关心地

68　特别是本书第四章、附篇一。

69　刘岳申《申斋集》卷一〇《广西宣慰文公墓志铭》："明年，丞相败海上，公始图全宗。及丞相北行，公始入觐，授少中大夫惠州路总管兼府尹，寻改大中大夫临江路，授嘉议大夫同知广南东道宣慰使司事，改宣慰广西分司邕管。（中略）自广西归，日不暇给，以丞相前请得加封三代，买先庐之没入者，命子隆、子稍仿古制建家庙祠。"文天祥《文山先生全集》卷一一有《过家告庙文》，可以确认家庙之存在。

域社会，且强烈在意构成地域社会之宗族的结果吧。那么，对地域社会和宗族的关心，又是如何相互交织的呢？这个问题将作为遗留课题在次章加以探讨。

终章

南宋吉州的地域社会与宗族

引 言

吉州（13 世纪末后为吉安）所在的江西，最迟至清代，与福建、广东同为宗族组织发达的著名地区。引领中国大陆宗族研究的冯尔康举过这样的事例：雍正四年（1726），清世宗下令以无法实施保甲制的西南少数民族为主要对象设立族正，考察族人的行为是否符合道德规范，表彰模范人物，谴责违反者。清高宗继承此措施，乾隆二十二年（1757）下令在已实施保甲制的江西、福建、广东等宗族组织发达的地区也实施族正制。[1]

日本学界也从二战前就关注到江西宗族组织发达的地域特点。天野元之助以战前丰富的实地调查为支撑，从战前至战后一直推进对中国的农村、农耕、农业经营等问题的研究，指出

1 冯尔康《中国古代的宗族和祠堂》，商务印书馆，2013 年，第 198—199 页；拙译著《中国の宗族と祖先祭祀》，風響社，2017 年，第 236—237 页。

江西和广东、广西、福建一样，也是宗族结合十分紧密的地区。[2]此外，仁井田陞在研究农民组织手持武器打斗，即械斗的实际情况及意义时指出，械斗在福建、广东、江西等宗族结合紧密的地区盛行。[3]近年，濑川昌久从社会人类学出发，积极推进以田野调查为基础的宗族研究，他也指出广东、福建、江西从清代以前到现在，都是宗族组织化发达的地区。[4]

本章选取位于江西中南部，在两宋时期属于吉州之地的宗族为具体研究对象，着重探讨宗族与地域社会间的关系。如下节所述，选取吉州为研究对象的最主要原因，是这里是欧阳修的故乡，而他编纂的《欧阳氏谱图》(《欧阳文忠公集》卷七一)[5]与苏洵的《苏氏族谱》(《嘉祐集》卷一四)并称为近世谱之典范，对该地区的族谱编纂活动影响甚大。选取南宋为研究时期，则是因为在族谱留存极为稀少的宋元时代，文集是探究宗族动向的重要史料。它们收录有族谱序文，也有零星的宗

2 天野元之助《支那農村襍記》，生活社，1932年，第149页。

3 仁井田陞《中国の農村家族》第八章《中国の同族部落の械闘》，東京大学出版会，1952年，第364页。

4 濑川昌久《中国社会の人類学：親族·家族からの展望》，世界思想社，2004年，第168页。

5 关于苏洵《苏氏族谱》和欧阳修《欧阳氏谱图》的意义，族谱研究之中几乎必然会提及，此处仅介绍几个例子。多贺秋五郎《宗譜の研究：資料編》，東洋文庫，1960年；多贺秋五郎《中国宗譜の研究》上第二章第一节《北宋における近世譜の成立に関する考察》，日本学術振興会，1981年；森田宪司《宋元時代における修譜》，《東洋史研究》第37卷第4号，1979年；拙稿《欧陽脩における族譜編纂の意義》，《名古屋大学東洋史研究報告》第6号，1980年，收录于拙著《欧陽脩　その生涯と宗族》，創文社，2000年；常建华《元代族谱研究》，《谱牒学研究》第3辑，1992年；竺沙雅章《北宋中期の家譜》，收录于笠谷和比古编《公家と武家Ⅱ:「家」の比較文明史的考察》，思文閣出版社，1999年，又收录于氏著《宋元仏教文化史研究》，汲古書院，2000年；井上徹《中国の近世譜》，《歴史学研究》第743卷，2000年，收录于氏著《華と夷の間＝明代儒教化と宗族》，研文出版，2019年。

族面貌记载。和其他地区一样，相较北宋，吉州地区南宋士人、士大夫的文集占了压倒性多数。[6]

一、吉州的族谱编纂情况

两宋时被称为吉州的江西南部地区，到了元朝元贞初年（1295）改称吉安。这一称呼由明清延续并保留至今。[7]吉州（吉安）现存最古老的方志是万历《吉安府志》（万历十三年刻本）。其中，卷一一《风土志》对于当地宗族的“风俗”有以下描述（叶2b—3a）。前文曾引用过这段史料，[8]因与下文论述密切相关，此处更完整地引用。

> 至欧阳修，一代大儒。开宋三百年，文章之盛，士相继起者，必以通经学古为高，以救时行道为贤，以犯颜敢谏为忠。家诵诗书，人怀慷慨，文章节义，遂甲天下。故家世胄，族有谱家有祠。岁时祭祀，必以礼。长幼之节，疏不间亲。（中

---

6 以下仅列举笔者翻阅过的著作，可能有遗漏，但由此可知两宋时期文集分布的大致趋势。北宋有欧阳修（永丰）《欧阳文忠公集》、刘弇（安福）《龙云集》两部作品。两宋交替时期有刘才邵（庐陵）《檆溪居士集》、王庭珪（安福）《卢溪文集》两部。南宋有胡铨（庐陵）《胡澹庵先生文集》、周必大（庐陵）《文忠集》、杨万里（吉水）《诚斋集》、王子俊（吉水）《格斋四六》、胡梦昱（吉水）《竹林愚隐集》、王炎午（安福）《梅边集》、罗椅（庐陵）《涧谷集》、文天祥（庐陵）《文文山全集》、刘辰翁（庐陵）《须溪集》九部。

7 顾祖禹《读史方舆纪要》卷八七《江西五》“吉安府”。不过万历《吉安府志》卷一《郡纪》有“皇庆元年，改吉州军为吉安路”，称改名吉安的时间是稍后的皇庆元年（1312）。这里遵循在地理考据方面有定评的顾祖禹的叙述。

8 本书第五章。

略）家范肃于刑律，乡评严于斧钺。

引文前半部分称，出生于当地的欧阳修对宋代吉州乃至全国的文章、经学、士风等之确立产生了极大的影响。后半部分则叙述了明代吉安地区多古家大族，各宗族内部编纂族谱、祭祀祖先、与亲族来往的宗族性活动盛行，家范规范着每一个人的行动。乍一看，前半部分与后半部分似乎无关，但若结合欧阳修《欧阳氏谱图》乃近世谱之典范的背景知识，则姑且可以将后半部分关于宗族的内容视作是前半部分话题的延续。然而正如笔者多次提及，欧阳修自出生至逝世，除了埋葬父母和两位早逝的夫人（胥氏和杨氏），其他时间从未回到家乡吉州永丰县，[9]对他而言吉州只是祖先的居住地，所以上文这种奉承的言论多少让人感到不协调。实际上，后文也要提及的南宋士人欧阳守道，对于欧阳修从未长期居住家乡却编撰族谱一事持批判态度。由此可见，《风土志》的这段记述，也许是假托当地出生的伟人以增强权威的炫耀家乡之语。但无论欧阳修对当地族谱编纂活动是否有直接影响，我们还是可以从这段话中感受到明代的吉安有着重视宗族的风气。

那么，该地区重视宗族的风气可以追溯至何时呢？首先从族谱开始分析。因为现存的宋元族谱十分稀少，森田宪司尝试以族谱序文为线索阐明宋元时代的修谱情况，指出宋元时期江西地区修谱最多。而且，其中的欧阳守道、文天祥、刘辰翁三

9 前揭拙稿《欧陽脩における族譜編纂の意義》。

人各自留下了多篇谱序（跋），乃宋代之最。[10] 他没有特别提示，但这三人都是吉州人。拙文之前也提过，[11] 刘辰翁在一篇文章中称“吾州盛世大族相望，屋高下如画图”，[12] 其中的“盛世”形容的应是宋末元初战乱之前的南宋晚期吉州的模样。从中我们也可以窥探到，拥有众多族人的宗族，已是当时司空见惯的风景。作为大族的一个很好例子，是吉州庐陵县的罗氏一族。罗氏一族与南宋前中期的著名诗人杨万里也有姻亲关系。[13] 因田产众多，该族在南宋末年被称为“罗半州”，正如下文所介绍的，连当时的权相贾似道都对他们有所耳闻。南宋末元初的周密（1232—1298）曾写下此族的一件轶事：庐陵人罗椅（1214—？）年少工于诗文，与著名诗人刘克庄（1187—1269）也有往来。[14] 当时道学盛行，他对朱熹一派的道学也很有兴趣，于是向饶鲁（生卒年不明，朱熹女婿黄榦的弟子）求教。此后，因偶然的机会

10　前揭森田宪司《宋元時代における修譜》，第 39—41 页。

11　本书第五章。

12　刘辰翁《须溪集》卷六《吴氏族谱序》，排印本豫章丛书《集部五》，江西教育出版社，2004 年，第 681 页。

13　杨万里与罗氏的姻亲关系，参看本书第四章。此罗氏乃秀川罗氏，自其始迁祖至清末的动向，载于民国《庐陵县志》卷一一下《政要志》中的《氏族表八》。张艺曦借助此氏族表和《庐陵平溪罗氏四修族谱》（上海图书馆藏，张艺曦著作及族谱相关的各种目录未说明其编纂年代），主要从与阳明学的关联出发，描述了该族自晚唐至明中晚期的样貌（《社群、家族与王学的乡里实践：以明中晚期江西吉水、安福两县为例》，台湾大学出版委员会，2006 年）。其中，关于宋代的部分为第 134—136 页。

14　关于刘克庄的诗人特色，吉川幸次郎《宋诗概说》（岩波書店，1962 年）第 234—237 页有简要说明。将刘克庄置于南宋社会的背景下，详细论述其历史性意义的有中砂明德《劉後村と南宋士人社会》，《東方学報　東京》第 66 册，1994 年，收录于氏著《中国近世の福建人：士大夫と出版人》，名古屋大学出版会，2012 年。从与地区社会、宗族联系上论述的，有拙稿《南宋時期における福建中部の地域社会と士人：劉克莊の日常活動と行動範囲を中心に》，《東海史学》第 36 号，2002 年。

与权相贾似道相熟，常出入他家。贾似道不满于罗椅无礼的态度，逐渐轻视他，于是罗椅游历江南。到达扬州后，尽管他打扮寒酸、头发蓬乱、满脸污垢，还是受到了官僚赵日起（1207—1281）的喜爱，被聘为家庭教师。不久贾似道赴任扬州，赵日起与他会面时提到罗是一位优秀的教师，很欣赏他的才能，也可怜他家庭困苦。贾似道听罢便知这位教师是罗椅，却佯装不知，请其一定引见。赵日起便将罗椅带来。刚一见面，贾似道就笑了。赵日起问其缘故，他说："他可是江西的罗半州，家产恐怕比我多一倍不止。"赵日起听后大为惭愧。再后来，罗椅在文天祥高中状元的宝祐四年（1256）及第。[15]

说回欧阳守道、文天祥、刘辰翁。如上所述，三人写了许多谱序（跋）或许就是吉州大族众多。恰如文天祥"族谱昉于欧阳，继之者，不一而足"所示，[16]这与将吉州视作故乡的欧阳修乃"近世族谱之鼻祖"也有关。加之文天祥的夫人是欧阳氏，这句话也蕴含着他过多的个人感情色彩吧。

若要逐一对谱序（题跋）进行介绍，首先有欧阳守道《黄师董族谱序》(《巽斋文集》卷一一)、《书欧阳氏族谱》(《巽斋文集》卷一九)、《题醴陵李氏族谱》(《巽斋文集》卷二一)，第三篇以荆湖南路潭州醴陵县的李氏为对象，其余两篇都是关于吉州宗族的。[17]其次有文天祥《燕氏族谱序》(《文文山全集》卷

15 周密《癸辛杂识》续集上《罗椅》，中华书局，排印本《唐宋史料笔记丛刊》，1988年，第115—117页。

16 《文山先生全集》卷一〇《跋李氏谱》。

17 《书欧阳氏谱》从题名便知，是关于吉州欧阳氏的。《黄师董族谱序》一篇，欧阳守道未明确记述请他写序的黄师董的出生地，但文中有"视吾与君十数世父子祖孙相聚相保"，考虑到两家自父祖以来便有交情，也可以将此视作吉州宗族的谱序。

九)、《跋彭和甫族谱》(《文文山全集》卷一〇)、《跋吴氏族谱》(《文文山全集》卷一〇)、《跋李氏谱》(《文文山全集》卷一〇)四篇。其中二、四两篇无法从行文中判断地域，其余两篇是关于吉州宗族的。[18] 最后有刘辰翁《王氏族谱序》(《须溪集》卷六)、《泰和胡氏族谱序》(《须溪集》卷六)、《吴氏族谱序》(《须溪集》卷六)三篇，皆为吉州宗族所作。[19] 总之，三人共留有十篇谱序(跋)，其中七篇可以确定是关于吉州宗族的，如此数量在一定程度上反映了吉州宗族的盛行吧。因为我们必须在一定程度上考虑他们都是吉州人。作为吉州的士大夫，为家乡及周边地域的宗族作谱序(跋)是理所应当之事。关于此点，也可以用稍后的元代事例做旁证。前述森田的文章介绍了留有较多谱序(题跋)的元代文人，此处就据其稍作分析(森田的论文仅统计了吴澄所作谱序[题跋]数)。

毗邻吉州东北部的抚州诞生了吴澄、危素(1303—1372)、虞集(1272—1348)三位元代的代表性文人，他们所作的谱序(题跋)留存众多。仅就吉安地区而言，则有王礼(1314—1368)所作的诸多谱序(题跋)。森田的文章指出，吴澄作品的留存量占现存元代谱序的22%。为方便起见，此处依据《全元文》(江

18 《燕氏族谱序》:“燕氏荣泰，(中略)历吉之东乡大北溪，见其江山秀丽，地势盘旋，于是徙居之。”《跋吴氏族谱》:“今观《吴氏谱》,源于禾川之燕市，派于西昌之白沙。”“禾川”位于吉州泰和县西北。《跋彭和甫族谱》《四部丛刊》本、世界书局本，目录记为“族谱”，正文题为“族讲”。《文天祥全集》(江西人民出版社，1998年)中的目录和正文均为“族谱”。

19 《王氏族谱序》有“吾乡金地王氏北来”。《泰和胡氏族谱序》的题名中有“泰和”，明显是吉州泰和一族。《吴氏族谱序》有“吾州盛世大族相望，(中略)八邑惟永新大夫数姓固然。一日襄城之惨，儒坑鬼馁，方知天涵地育，未必皆祖有功而宗有德也。杵漂焉留逊绵者吴氏”。

苏古籍出版社，凤凰出版社，1998—2005 年，全六十册，索引一册）的目录简单做一个统计，可以发现吴澄三十七篇谱序（题跋）中，关于抚州宗族的有十五（或十六）篇，占绝对多数。将吉安、建昌、临江这些临近地区的五篇也包含入内，则超过二十篇。同样，危素的十三篇中关于抚州的有五篇，加上近邻吉安的两篇，则合计七篇，超过半数。虞集的十一篇中，关于抚州有四篇。并非临近的江西北部的豫章有两篇，剩下的则分布在各个地方。虞集的谱序（题跋）有如此特点，或许是因为他祖籍四川，生于湖南衡州，抚州崇仁县不过是临时居住地，且二十岁初之后近四十年都在元大都任官。[20] 最后，王礼共有九篇谱序（题跋），其中可以确定关于吉安的有三篇，关于吉安南部赣州的有一篇，余下的则分属于福建、浙江金华等处。如此看来，虽有一些偏差，但依旧可以看出士人为家乡及附近地区的宗族撰写谱序（题跋）的倾向。

依靠谱序（题跋），我们可以判定南宋末年的吉州有许多族谱出现。那么吉州的族谱编纂，又可以追溯到哪个时代呢？从文集的残存状况来看（南宋中期的族谱即使存在，数量也较少，且主要是诗赋），可以一直追溯到南宋初。此处就从这些碎片式的史料开始进行分析。在宋代留下文集多达二百卷（另有附录五卷、年谱一卷）的周必大，也有些许可窥此事的记述：在他的出生地庐陵县永和镇，聚居有众多庐陵欧阳氏族人，曾担任族长、嘉泰

20 关于虞集的履历，可参照《邵庵先生虞公行状》（赵汸《东山赵先生文集》卷五）、《元史》卷一八一《虞集传》等。简洁的记述见《全元文》第二六册（凤凰出版社，2004 年，第 1—2 页）。

三年（1203）六十九岁去世的欧阳彝曾修“家谱”。[21] 接下来的事例没有直接提及族谱编纂，但从内容上判断也与此相关。那就是吉水的曾氏一族。江西的曾氏一族居住在建昌军、吉州及赣州三地，其中吉州的人数最多。在吉州曾氏中，吉水县的曾敏行将自己的见闻汇总成《独醒杂志》（全十卷）。该书在他去世后由次子曾三聘在家塾版刻。[22] 周必大为该书诸多跋文贡献其一，文中介绍说建昌军南丰县曾氏一族的谱系详细。[23] 这一介绍本身，是意识到南丰县曾巩对谱学有着浓厚兴趣吧。因为欧阳修曾向曾巩表示对曾氏家族世系的疑问，[24] 也有传闻说，王安石应许子春之请作《许氏世谱》时，欧阳修怀疑它出自曾巩之手。[25] 可以说，北宋中后期以后，曾巩就和谱学联系在了一起。但是翻阅《独醒杂志》可知，曾敏行也翻阅姓氏书籍，探求曾氏一族的先

21　周必大《文忠集》卷七五《欧阳元鼎墓志铭》有“嘉泰三年三月癸酉，故人欧阳彝字元鼎，以疾终于家。（中略）自以世著节义，仕宦不绝，汇次家谱，裒公所作碑志，聚为大编”。据同书卷四九《书欧阳彝》，欧阳彝致力于理清欧阳氏的源流。关于欧阳氏一族，可参考拙著《欧陽脩　その生涯と宗族》（創文社，2000 年）第二章《宋代吉州の欧陽氏一族》和第九章《欧陽脩における族譜編纂の意味》。

22　关于各地曾氏一族及以曾敏行为代表的吉水曾氏一族，本书第五章有详细论述。

23　周必大《文忠集》卷四七《题浮云居士曾达臣杂志后》，“姓氏书：曾氏望庐陵。本朝大江以南，清源、南丰两族，皆出宰执侍从，尝通谱系。”（此题跋与楼钥、谢谔等人的跋文同收录于《独醒杂志》）

24　《欧阳文忠公集》居士集卷四七《与曾巩论氏族书》：“如足下所示，云曾元之曾孙乐为汉都乡侯，至四世孙据，遭王莽乱，始去都乡而家豫章。考于《史记》，皆不合。盖曾元去汉近二百年，自元至乐，似非曾孙。然亦当仕汉初，则据遭莽世失侯而徙，盖又二百年，疑亦非四世。”

25　孙升《孙公谈圃》卷上：“荆公为许子春作家谱。子春寄欧阳永叔而隐其名。永叔未及见，后因曝书读之，称善。初疑荆公作，既而曰：‘介甫安能为？必子固！’”《许氏世谱》收录于《临川文集》卷七一（《王文公文集》卷三三）。

祖。[26] 所以可以断定，吉水曾氏或者至少曾敏行关心谱系，就算他未编纂过族谱，也不能排除留下类似作品的可能性。若非如此，周必大也没必要在《独醒杂志》的题跋中特意提及江西曾氏一族通谱系一事吧。

同乡人胡铨年长周必大将近一辈。他因反对秦桧主动与金议和被流放海南岛，可谓硬汉。[27] 胡铨曾为十七岁嫁给庐陵罗无竞、绍兴二十三年（1153）去世的吉水出生的朱氏作墓志铭，其中记述说，朱氏娘家的先祖世系是依据“家谱”写成。[28]

由此可见，虽然资料零散，但我们依旧能将南宋时代吉州地区修纂族谱的传统追溯至南宋初期。其中，欧阳氏一族多次修纂族谱，或许是自欧阳修《欧阳氏谱图》流传下来的传统。

二、吉州的祖先祭祀

常建华从祠堂祭祀的视角，探讨了元明时期吉州（吉安）的宗族活动，指出元代吉安的宗族设立祠堂、在此祭祀祖先，而这些是宋代没有的现象。[29] 本节从常建华的这项主张出发，探

---

26 曾敏行《独醒杂志》卷七（《知不足斋丛书》本）：“按《千姓篇》，曾氏望出庐陵，自孔门点、参、元、西之后，至汉才有尚书郎伟一人耳。”

27 关于胡铨，本书第二章以他与一族之关系为中心加以探讨。

28 胡铨《胡澹庵先生文集》卷二五《罗长卿母朱氏墓志铭》：“夫人吉水朱氏，年十有七，归庐陵罗氏右迪功郎、邵武军建宁主簿孝逸先生讳无竞。享年七十有二，终于绍兴二十有三年二月丁卯。（中略）其世曰：朱氏家谱，唐有少连以孝义闻，高宗召用之，终凤阁鸾台平章事。子孙散徙，居于吉水。”

29 常建华《江西吉安府的宗族祠庙祭祖》，《明代宗族组织化研究》，故宫出版社，2012 年，第 171 页。

讨南宋时期的吉州宗族如何祭祀祖先。

文天祥出生于庐陵，理宗宝祐四年（1256）二十一岁时高中状元，恭宗德祐二年（1276）二月五日临安无血开城后，他在各地开展了抵抗元军的游击战。无力抵抗而被元军俘虏后，他多次拒绝为元朝效力，最终在至元十九年（1282）十二月九日就义于大都刑场，享年四十七岁。文天祥抵抗元军的人员，多是以亲族为中心的吉州或南邻的赣州出生者，其中当然也包括他的弟弟文璧（1237—1298）。然而文璧与兄长文天祥不同，在祥兴二年（1279，至元十六年）宋朝在广州湾崖山彻底灭亡后出仕元朝。据说这是为了保全文氏一族。[30]之后，据刘岳申（1260—？）所作文璧墓志铭，文璧买回了在南宋末元初战乱时被他人占有的田宅，委托孩子建造“家祠庙”，并在山中特别修建了一座祭奠亡兄文天祥的祠堂。[31]关于这个家祠庙，刘辰翁的儿子刘将孙（1257—？）有详细记述（刘氏记作“文氏祠堂”）。他在文中提到父亲与文天祥友谊深厚，自己无法辞写此祠堂记。总之，根据他的叙述，祠堂是在文天祥、文璧同年及第（文璧是开庆元年进士，此记述有误）约四十年后才建造完成，则那并非在文璧生前，而是在其子文尚志的时候。祠堂建于“宅东”，除了祖先神位外，还摆放了书籍和祭器等，是一座六室的气派

30　关于上述事件的简单经过，也可参看本书第八章。

31　刘岳申《申斋集》卷一〇《广西宣慰文公墓志铭》：“明年，丞相败海上，公始图全宗。及丞相北行，公始入觐，授少中大夫惠州路总管兼府尹，寻改大中大夫临江路，授嘉议大夫同知广南东道宣慰使司事，改宣抚广西分司邕管。（中略）自广西归，日不暇给，以丞相前请得加封三代，买先庐之没入者，命子隆、子稍仿古制建家庙祠。（中略）以丞相常筑别室山中，又将买田创祠山中，以方外人掌之。”

建筑。[32] 若单考虑祠堂的建成时间，上述常建华的观点可谓妥当，然而文天祥在世时曾向“家庙”报告归乡，[33] 则规模暂且不论，至少南宋末年文氏一族就有家庙了。当然，这里的家庙不是朝廷允许宰执等高官建造的建筑，而是像前述元代建立的“家庙祠”也被称作“祠堂”一样，是私人建造之物。[34] 毕竟文天祥就任右丞相兼枢密使这一高官，是临安无血开城前夕，时局已不是南宋朝廷正式批准其建造家庙的时候。顺便说，文天祥曾介绍吉州龙泉县的李氏一族效仿北宋苏洵的“族谱亭”也建有“族谱亭”。[35] 虽然这不是祠堂，但从将族谱刻石、建亭以图族人团结的行为来看，它是与祠堂功能类似的设施。

那么吉州宗族建造祭祖祠堂的行为，又可以追溯到哪个时期呢？首先，与文天祥同在宝祐四年（1256）考取进士的庐陵

---

32 刘将孙《养吾斋集》卷一六《文氏祠堂记》：“庐陵富川文氏，繇丞相信国公与广西宣慰公同年第，荣名穹爵，于今逾四十年。宠褒三世，胙土启封，品秩并崇，皆宜立庙。丞相怀欲建而不遑及，宣慰营垂集而未底成。惟嗣子尚志，于先庐之不易，继遗构而有光，即宅东为祠堂。（中略）曲栏回环，两序六室。左以藏手泽，以宿祔主，以与享外氏；右以藏遗书，以缄祭器，以贮遗衣。进为拜庭，两阶以登。（中略）将孙之先人，交丞相兄弟为厚。”

33 《文文山全集》卷一一《过家告庙文》：“昔忝荆臬，单车载驰。家祀孔严，旷岁弗治。靡室靡家，中心怅而。始告庙朝，是絷是维。畏此简书，王事敢违。悃悃再疏，天高听卑。解我湘组，易赣一麾。赣实近止，神人具宜。人岂及是，神之相之。载欣载奔，薄言还归。千里息肩，于庙矢辞。”

34 关于宋代的家庙，《宋史》卷一〇九《礼十二》“群臣家庙”有简要叙述（中华书局点校本，第8册，第2632—2634页）。前揭拙著《欧陽脩　その生涯と宗族》第十章《北宋中期における宗族の再認識について》中有粗略触及，正式研究则有吾妻重二《宋代の家廟と祖先祭祀》（小南一郎编《中国の礼制と礼学》，朋友書店，2001年）。

35 《文文山全集》卷九《李氏族谱亭记》：“苏老泉有《族谱引》，又有《族谱亭记》。《引》专言父祖子孙出于一本，不可忽忘；《记》则以乡人不义不睦为戒。（中略）西山李氏，家于龙泉数百年，（中略）今其族放苏氏作族谱亭，以不忘先世颍滨之交，以庶几老泉之意。”

人罗椅，在妻子袁氏的祭文中称，袁氏婚后料理一族的“家庙”。[36] 可见，罗氏一族作为庐陵大族，至少在南宋末就有祠堂。接下来，欧阳守道留有记述，虽不是吉州的事例，但蕴含着有趣且富有启发性的内容。他与在拥立宁宗（赵扩）活动中起到重要作用的功臣赵汝愚的子孙交流，有感于其对祖先深深的缅怀之情，为他们写下祠堂记，还有一篇未完成。这篇未完成的祠堂记是为出生于潭州醴陵县（今湖南省醴陵市）的吴猎的子孙而作。潭州醴陵县在监察区划上属荆湖南路，但地理上与吉州相邻，两地间横亘着分割荆湖南路和江西路的罗霄山。[37] 总之，欧阳守道的记述表明，祭祖祠堂的分布范围比我们想象的更广，在吉州周边也有存在。

接着是南宋中期的事例。周必大在庆元元年（1195）写成的胡昌龄（1113—1192）墓志铭中称，庐陵胡氏一族虽是曾出过胡铨、拥有逾百名族人的大族，但胡昌龄家境贫寒，乾道五年（1169）通过特奏名及第后，一点一点攒下俸禄，身处逆境也要进行丰厚的“宾祭”。[38]“宾祭”一般是指招待宾客祭祀祖先，并不一定以祠堂祭祀为前提，另外也指天子的宗庙祭祀。他当然不是天子

---

36 罗椅《涧谷集》卷三《祭妻袁氏》：“呜呼，尔生名家，来嫔于我。奉我家庙，四时蘋藻。事我诸兄，恭执妇道。”此卷也有许多祭奠一族的祭文。

37 欧阳守道《巽斋文集》卷一〇《送孙季山序》：“予杜门日长，与人交多庆元诸贤之后，尝识赵丞相、吴侍郎畏斋之孙各一人，与君而三，丞相神道碑、畏斋家集、献简家集皆三家诸孙手授，见其后人而思其先世，未尝不慨然也。往年为赵氏记堂，前年吴氏求记祠堂，未及作，区区高山仰止之意，今于孙君尤是心也。”

38 《文忠集》卷七一《宣义郎致仕赐紫金鱼袋胡公昌龄墓志铭（庆元元年）》：“江西多名士，吉为冠。自吉言之，庐陵胡氏为大族，群从百数，多通经工文章，（中略）当乾道己丑，乃以特奏名对策万余言，唱名入高第。（中略）家故贫，铢积存累，不惮苦节，独于宾祭致厚。族姻不能自存者，周急无少靳。”

而只是一位士大夫，因此这里的“宾祭”应该指的是他在祠堂进行祭祖活动。如此推测的依据，是他的同族人胡铨在晚年曾修建过一座用于安放祖先神位（木主、神主）的祠堂，在此集聚族人。[39] 另外，记录胡昌龄“宾祭”的周必大，也曾写下“告庙文”“谢家庙”这样向家庙中的祖先进行报告的文书（祝文）。《文忠集》卷一七中载有十七篇这样的文章，卷九〇还载有婚礼时的庙见，则可以确定周必大一族拥有家庙（祠堂）。[40]

宗族祭祖的场所并不只有祠堂（家庙）。伊佩霞指出，在宋代这一历史时期，士大夫更倾向于在墓前召集一族进行祭祖，而非在祠堂。[41] 前揭周必大《文忠集》卷三九中，除“告庙文”外，还有十七篇“焚黄文”。“焚黄文”是在黄纸上写下禀告祖先的内容并在墓前焚烧的、带有祭祖性质的文章。这是聚集家人或者族人一起举行的仪式，拥有增强族人凝聚力（“收族”）的作用。小周必大一岁的杨万里的《诚斋集》卷一〇三中，也有七篇“焚黄文”。比两人几乎年长一辈的胡铨的《胡澹庵先生文集》卷

39 胡铨《胡澹庵先生文集》卷二八《南彦侄墓志》：“初隆兴甲申，吾被旨，措置浙西淮东海道，赐白金十镒，（中略）无室庐以奉先人，念之熏心。然劳费百出，吾老矣，不能办此，南彦奋然请执功，曾不逾岁而输焉奂焉，不愆于素。吾得俎都，屏摄以妥祖妣，燕衎觞咏，以聚宗族，南彦之力为多。”关于以胡铨为中心的胡氏一族的祖先祭祀，可参看本书第二章。

40 参照本文第三章。此章未提及庙见，所以此处说明一下它的出处：《文忠集》卷九〇《七兄亲迎归庙祝文》。

41 Patricia B. Ebrey, “Early States of Descent Group Organization,” Patricia B. Ebrey & James L. Watson ed., *Kinship Organization in Late Imperial China 1000-1940*, California U.P., 1986, pp. 20-21. 水口拓寿从风水的角度探究了宋代丧葬观念的变化，其中介绍了程颐的《葬说》，并提及程氏主张族葬（《陰宅風水の「発見」と死者認識：司馬光・程頤・朱熹を中心とする考察》,《中国—社会と文化》第 34 号，2019 年）。

二二中，有四篇明确记作“焚黄文”的文章。[42] 就像这样，南宋初期的吉州士大夫在祖先的墓前召集族人，开展祭祀活动，以期强化本族的凝聚力。

三、宗族与地域社会

关于两宋时期士大夫对家乡所持志向的差异，竺沙雅章如下论述：北宋的士大夫往往像欧阳修、苏轼那样，及第入朝为官后甚至离任之后，多离开家乡移居到都城周边或者大城市。相比之下，南宋的士大夫即便入仕为官，在任职告一段落等待后续任职的“待阙”等期间，也多选择退居家乡或寄居他乡。欧阳修及苏轼父亲苏洵创作了宗族团结、相互扶助之手段的近世族谱典范，但正因如此，他们“抛弃乡里”的态度极其明显，编纂族谱“说明现实中宗族结合之松散”。[43] 关于南宋官僚离任后的归乡倾向，竺沙雅章没有更多讨论。但20世纪80年代后期，欧美的宋代史学界中有观点认为，到了南宋时期，士大夫更关注地方而非中央，即拥有了地方化的倾向，且此观点得到广泛支持。[44] 笔者以上述这些观点为基础，主要从与宗族的关联之

42　关于胡铨和周必大，可参看本书第二章、第三章。关于杨万里，则可参照本书第四章。

43　竺沙雅章《北宋士大夫の徙居と買田：主に東坡尺牘を資料として》，《史林》第 54 卷第 2 号，1971 年，后收录于氏著《宋元仏教文化史研究》，汲古书院，2000 年。

44　Robert M. Hartwell, “Demographic, Political, and Social Transformation of China, 750-1550,” *Harvard Journal of Asiatic Studies*, 42-2, 1982. Robert P. Hymes, *Statesmen and Gentlemen: The Elite of Fu-chou, Chiang-bsi, in Northern and Southern Sung*, Cambridge U.P., 1986. 基于二人的观点，认为南宋至明代中期是地方化的时代，就是所谓的“宋元明过渡”论。

中，探讨南宋吉州的士人、士大夫与地域社会的关系。

吉州出生的王庭珪在北宋末的政和八年（1118，此年十一月改元重和）及第，很早就放弃了北宋朝廷，退居家乡安福县。之后除了因乡人谗言被流放到荆湖南路辰州（今湖南省沅陵县）数年外，半个世纪都居住在家乡。从残存史料中无法直接窥知他对宗族的关心，但他因祖坟遭到侵害愤而诉至中央，可知并非完全不关心。[45] 建炎二年（1128）及第的胡铨反对权臣秦桧的和谈，在秦桧绍兴二十五年（1155）去世之前都被流放在海南岛等岭南地区。之后，他回到中央，官至权兵部侍郎（从三品），去世之前都未能归乡，但死后被安葬在家乡庐陵县。胡铨生前虽无法久居家乡，但正如前文所述，他对家乡的宗族非常关心，常常挂念宗族的团结。[46]

三十余年的高宗朝结束后，便是孝宗朝时期。当初对金发动的战争遭遇惨败（符离之战），政治一时混乱，但此后孝宗（赵昚，昚为慎的古字）以国内建设为第一要务的政策奏效，南宋第一个盛世出现。孝宗时期，吉州出生的周必大和杨万里表现活跃。胡铨在中央政坛不断晋升，也是在孝宗朝前期。周必大在孝宗朝末期的淳熙十四年（1187）担任丞相。正如前节所述，他希望通过家庙、墓前的祭祖行为团结本族。另一方面，杨万里在生命最末期反对韩侂胄鲁莽伐金而绝食自杀，除待阙、服

这一理论在史乐民和万志英所编的论文集 *The Song-Yuan-Ming Transition in Chinese History* (Harvard U.P., 2003) 中有所展开。特别是史乐民在导论中进行了理论性说明。中岛乐章对此书做了详细的介绍和评价（《中国—社会と文化》第 20 号，2005 年）。

45 参照本书第一章。

46 参照本书第二章。

丧以外，他自绍熙三年（1192）八月至自杀的开禧二年（1206）十几年间都居住在家乡。如前述“焚黄文”所示，他对家乡的情感十分深厚，不懈强化以祭祖为中心的家族团结。深可玩味是，应是其晚年所作的《家训》展现的生活信条。该文未收入《四部丛刊》本《诚斋集》，但对《诚斋集》做了深入详尽笺注的辛更儒《杨万里集笺校》第10册从《湴塘忠节杨氏总谱》中摘录（中华书局，2007年）。[47]开篇处有“疏堕乃败家之源，勤劳是立身之本。大富由命，小富由勤”，以追求凭借自己的努力能达到的财富为首要目标。以此为前提，《家训》规劝家中男女应夙兴夜寐地劳作养家，并强调纳税的重要性。临近结尾处称“万顷良田，坐食亦难保守”，教育子孙（或族人）“光阴迅速，一年又过一年。早宜竭力向前，庶免饥寒在后。吾今训汝莫效，因示后世，各宜体悉”。这些话语中体现的，不是期待在中央出人头地的士大夫思想，反而是在地域社会中过好简朴生活的小农态度。关于杨万里到底拥有多少土地，仅就笔者管窥，现存史料中未有明记，但从这些语句中至少可以读出他在地域社会中慎重生活的心情。

随着时间的推移，这种将生活重心置于地域社会中的态度在南宋时期变得更明确。我们从欧阳守道的生活方式观察其典型特征吧。他一生虽有许多时间在家乡生活，但淳祐元年（1241）及第，且晚年曾有一段时间在中央任职，是代表南宋晚期的地方士大夫。[48]欧阳守道《巽斋文集》卷二七中收录有《思诚箴》

47 《杨万里集笺校》中有许多笺注以《湴塘忠节杨氏总谱》为依据，但此谱不见于《中国宗谱综合目录》（中华书局，1997年），所藏不明。

48 本书第六章。

《旅箴》《食箴》《劝学箴》四篇记述自身思想和生活心得的文章。其中副标题为《劝小侄》的《食箴》，论述应体谅农作辛苦，不应浪费粮食的主张。笔者在第六章的论述中也有引用，此处再次摘录：

> 人当知足，素餐是愧，敢餍于腹，维此疏食。以实予饥，过此有求，非分所宜。贪暴无餍，名曰饕餮，干求无耻，名曰哺啜。

这里展现了他不贪心，追求简朴生活、知足常乐的生活态度，与杨万里的主张相通。对于在地域社会中持这种俭朴生活理念的欧阳守道而言，一族中名声显赫的先祖欧阳修几乎未在家乡生活，其与宗族的关系不免被极度批判。这种态度清晰展现在题为《书欧阳氏族谱》的文章中。此文具体内容，在本书第六章中已有介绍，这里仅重申一下结论。《书欧阳氏族谱》一定程度上肯定了欧阳修《欧阳氏谱图》的价值，但重点在于揭示《欧阳氏谱图》的不备之处。文中指出，唐初活跃的欧阳询的三世孙欧阳琮在唐末黄巢起义时，率领州民守卫乡土。另一方面，欧阳琮的第八代孙是欧阳万，而欧阳万的八世孙欧阳郴曾出仕南唐。即是说从唐一统天下至二百六十年后的僖宗朝黄巢起义，欧阳氏一族仅历四代，且唐末欧阳琮的第十四代孙欧阳郴在仅有几十年的五代南唐为官，而这两点都有矛盾。这种矛盾的出现，大概是因为欧阳修未长期留住家乡，因此未能与族人有充分沟通（“文忠公游宦四方，归乡之日无几，其修谱又不暇咨于族人，是以虽数世之近，真下之派，而屡有失亡”）。另外，他在其他文章中也提及洪迈在《容斋随笔》(《容斋续笔》卷一六《思颍诗》)感叹欧阳修与故乡缘薄的内容，“兹事洪容斋尝极叹之”，并吐露出了相同的情绪。[49]

欧阳守道对于族谱的作用，说过如下话语：

> 知先世之所出，则夫坟墓之当保，族类之当恤，门户之当念，立身行己之当不负其先。

要言之，通过读族谱能够体会坟茔和宗族的重要性，认识到个人在社会上安身立命时不违背本族的应有状态。[50] 换言之，就是通过一直居住在祖坟所在地而产生身为族人的自觉，从而能编纂作为这种自觉具象体现的族谱。他认为居住在祖坟所在的乡里与族谱之编纂有密切的关系。在他对《欧阳氏谱图》的不满根底，也可以看到这种意识的存在。如第一节所述，欧阳守道的三篇谱序中，有两篇的对象是生活在吉州的宗族。文天祥也好，刘辰翁也好，在这一点上也有与欧阳守道一致的观念吧。

小 结

宋代以后宗族的特点，大致体现在以一族谱系为内核的族谱、

49 《巽斋文集》卷二一《书曾樽斋过六一祠堂诗》。《全宋文》中可见从同治《永丰县志》等中摘录的《沙溪六一祠堂记》(《全宋文》卷八〇一九)，相较于《书曾樽斋过六一祠堂诗》，该文更详细地批判了欧阳修与家乡缘薄的问题。

50 《巽斋文集》卷一一《黄师董族谱序》。

祭祖设施祠堂，以及一族共有财产之族田。因为这三点是宗族组织化的标志。[51] 本章以南宋吉州的宗族为研究对象，不过仅借助零散记述，从族谱编纂、祖先祭祀两个侧面进行探讨。很遗憾，仅就笔者管窥，还未发现有关族田（族产）的记载。[52]

吉州是欧阳修的故乡，他编写的《欧阳氏族谱》可视为近世族谱的滥觞，南宋末元初当地似乎出现了较多族谱。这些族谱并未留存下来，但从留存在士大夫文集中的族谱序文可证实此点。其中具有代表性的是欧阳守道、文天祥、刘辰翁的作品。仅此三人，便留下了十篇族谱谱序（题跋），在宋人中都属于较多的，其中过半数以吉州宗族为对象。这在某种程度上反映出，至少到南宋末，吉州大族繁荣。虽然除南宋末期外，未发现其他时期当地的序文和题跋，但从残存的零散史料中可以发现，在整个南宋时期，以欧阳氏一族为首的宗族都有编纂族谱的活动。祖先祭祀也是从南宋初期开始以家庙和宗祠的形式实施，或是在祖先墓前集结一族进行祭祀。考虑到这些方面，可以说，明清时期当地宗族活动盛行是有充分基础的。

那么南宋时期，宗族结合从何时开始增强呢？从结论上看，是从南宋中后期开始的。到了这个时期，吉州的士大夫即

---

51 关于此点已有许多研究，代表性的有徐扬杰《中国家族制度史》（人民出版社，1992 年，第 320 页）、《宋明家族制度史论》（中华书局，1995 年，第 12 页）；冯尔康等编《中国宗族社会》（浙江人民出版社，1994 年，第 209 页。本书于 2009 年更名为《中国宗族史》，由上海人民出版社重版，相关内容在第 219 页）；远藤隆俊《家族宗族史研究》（《日本宋史研究の現状と課題》，汲古书院，2010 年，第 115 页）等。

52 《文文山全集》卷一一《先君子革斋先生事实》：“尝谓宗族一本，谊不得不恤。爱范文正公《义田记》规模次第，曰：‘吾得志，当放此行之。’” 文天祥的父亲文仪想效仿范氏义庄，在文氏一族中也想设置义庄（义田），但不清楚最终是否实现。

使因出仕而离开家乡，最终也会回归故里生活。这种观念被视作理所当然之事，而宗族结合的强化便与此密切关联。士人在家乡居住的机会增加，开始注意到居住在自己周边的族人的谱系，并有计划地进行以团结本族为目的的祖先祭祀。而另一方面，这也与南宋中后期，以士人、士大夫为中心推动地区社会相关的公共事业等的建设，而这又催生出地区社会团结紧密相关。在南宋初期的混乱时期，士人、士大夫逃避盗贼袭击等，勉强维系家族，顾及不到与乡亲的联系。随着时间流逝，治安逐渐转好，与乡邻的联系也通过公共工程等得到加强。与此相伴，士人、士大夫开始强化宗族之团结，并积极协助地区防御。因此，到了南宋末年，如文天祥事例所展现的，以族人为核心，由乡人集结而成的抗元队伍出现。[53] 可以说，这展现了宗族组织与地区社会相互协助的样态。

53　关于此点，可参照本书第八章。

附篇一

南宋前中期江西中部的一位士大夫与地域社会——临江军新喻县谢谔的事例

引言

宋代的江西人才辈出。孝宗朝末期宰相周必大的“江西素号士乡”这句话，便直接揭示了这一点。[1]考虑到周必大是江西吉州庐陵县人，此话所出的墓志铭的主人也是庐陵出生，则这句话恐怕要打些折扣了。不过类似的表达在其他地方也可见，[2]所以尽管它带有夸耀家乡的色彩，但也不能彻底视为虚言。最重要的是，宋代江西地区的进士人数位居全国第三，仅次于福建和两浙东路，这一事实便如实地说明了上述事情。

1 周必大《文忠集》卷七一《胡斗南箕墓志铭（绍兴五年）》。

2 同乡的罗大经在著作《鹤林玉露》丙编卷三《江西诗文》说道：“江西自欧阳子以古文起于庐陵，遂为一代冠冕。后来者，莫能与之抗。其次莫如曾子固、王介甫，皆出欧门，亦皆江西人。”江西路洪州分宁县出生的黄庭坚，在指出江西诉讼案件多发的《江西道院赋》中有“江西之俗，士大夫多秀而文，其细民险而健，以终讼为能”。(《四部丛刊》本，《豫章黄先生文集》卷二;《黄庭坚全集》，四川大学出版社，2001 年，第 1 册，第 297 页;《黄文节公全集 · 正集》卷一二）

江西之中，吉州进士最多，其次是与福建路接壤的建昌军、王安石的故乡抚州，以及以南昌为治所的洪州（南宋孝宗朝以后改作隆兴府）。[3]

本文将视角聚焦于临江军出生的谢谔（1121—1194）。临江军的进士人数位居江西第五，次于洪州。这里位于吉州北部，北宋时期出了刘敞、刘攽两兄弟（新喻县）。二人都是庆历六年（1046）的进士。哥哥刘敞以博学闻名，据说欧阳修读书遇到疑问时也会向他请教；弟弟刘攽则在司马光编写《资治通鉴》时，负责撰写汉代部分。除此二人外，临江军在北宋时期还诞生了鼓动真宗举行封禅仪式的王钦若（新喻县）、仁宗朝官至枢密副使的李谘（新喻县）等人。南宋时期则有创作了著名的教育书《戒子通录》等作品的刘清之（新喻县），以及《三朝北盟会编》的作者徐梦莘（清江县）等人。《宋史》共为两宋时期十五位临江军出生的人物立传。[4]

谢谔的传记载于《宋史》卷三八九。他是一位刚毅的官员，主要活跃在南宋第二位皇帝孝宗朝时期。与两宋时期其他的临

3　参照贾志扬《棘闱》附录三。该附表细致查阅明清时代的地方志，按路、州（府）汇总宋代进士人数。不过此表所载进士总数（28933 人）少于马端临《文献通考》卷三二《选举志》中所载两宋时期进士总数（南宋后期淳祐元年［1241］之后的进士人数中少了度宗咸淳四年［1268］年的数据，不过宋初至嘉熙二年［1238］的总人数为 34553 人，加上咸淳四年的 665 人，则共有 35218 人），因此应有相当多遗漏，但在考察各路、州（府）的及第者比例问题上，此问题影响不大。

4　关于两宋时期江西的进士，许怀林《江西通史 5（北宋卷）》（江西人民出版社，2008 年）第八章及《江西通史 6（南宋卷）》（江西人民出版社，2009 年）第八章有详细说明，且刊载了《宋史》中有传记的江西人（《江西通史 5（北宋卷）》在第 294 页，《江西通史 6（南宋卷）》在第 367 页）。另外，刘敞、刘攽在《宋史》卷三一九中都有传。其中《刘敞传》中有“欧阳修每于书有疑，折简来问，对其使挥笔，答之不停手，修服其博”的记述。《刘攽传》中则有“预司马光修《资治通鉴》，专职汉史”的描述。

江军出生人士相比，他十分不起眼，即使是专门研究宋代的学者，也几乎没人听到他的名字之后，就能立刻想起他的性格和历史角色。即便如此，杨万里所作的神道碑铭中记载（虽然神道碑铭本身带有很强的褒扬色彩），当时谢谔与两浙（今安徽省休宁县）的程大昌、西蜀眉山（四川省丹棱县）的李焘一道，因学问渊博而闻名于世。而且与程大昌精通经学、李焘精通史学不同，谢谔在经学、史学、文辞方面皆有相当造诣。[5]若是如此，可以想象在孝宗朝时期，谢谔的名字在整个南宋是广为人知的。遗憾的是，如后文所述，他留存至今的著作和文章很少。不过从与他相关的一些人物的记述中可以看出，谢谔作为一位名人，经常被委托创作题跋、记、序等。从这些事实中，我们可以看出他的交友关系以及与地域社会的联系，进而了解到士大夫、士人在地域社会中扮演的角色。本文旨在通过这位被淹没在历史尘埃中的人物，探讨当时士大夫对地域社会的关注及动向。

一、谢谔小传

首先简单回顾一下谢谔的一生。关于他的生平，有杨万里和周必大写的两篇神道碑铭，据此可相当详细地追溯他的一生。[6]

5　杨万里《诚斋集》卷一二一《故工部尚书焕章阁直学士朝议大夫赠通议大夫谢公神道碑》："淳熙圣人睿文自天，典学日新。（中略）而其鳌艾典刑之尤者，在二浙则雪川程公泰之，在西蜀则眉山李公仲仁，在江西则清江谢公昌国也。然程、李二公或以经学鸣，或以史学鸣，或以文词鸣，曰经而经，曰史而史，曰文而文者，其惟谢公乎？"

6　《诚斋集》卷一二一《故工部尚书焕章阁直学士朝议大夫赠通议大夫谢公神道碑》、《文忠集》卷六八（《平园续稿》卷二八）《朝议大夫工部尚书赠通议大夫谢谔神道碑》。

这两篇神道碑作于何时？周必大的神道碑在碑题后写下完成年份，为嘉泰二年（1202），并且在近结尾处写下了这样的内容：谢谔之子谢岘带着谢谔的得意门生欧阳朴写的行状，先拜托杨万里创作神道碑铭，因此谢谔的文章和品行在杨万里所作的神道碑中有详细记录。由此可知，在这两篇神道碑铭的创作年份上，杨万里在前，周必大在后。[7]

那么杨万里的神道碑作于何时呢？根据他写下的神道碑铭内容，委托撰写碑文在谢谔下葬的庆元元年（1195）十一月后，也是谢谔之子谢岘携其得意门生欧阳朴写的行状前来委托。且碑文最后有“公没六年，草鞠新阡。碑于隧前，列彼下泉”，由此可知这份神道碑写于嘉泰元年（1201），早周必大一年。[8]

对比二人所作的神道碑，周必大的略长一些，大部分事迹都标明了时期（杨万里较少标明时期），在记述上首先介绍了其先祖，并突出谢谔任御史、谏官的才能。与之相对，杨万里同样先介绍了其先祖，但更强调谢谔的学术和文才。同为神道碑，二者在评价重点的选取上有所不同，深可玩味。除这两份神道碑外，《宋史》卷三八九、《南宋书》卷三六等书中也为谢谔立传，但内容仅是对杨、周所写神道碑的简化，本文当然还是参考杨、

7 《文忠集》卷六八(《平园续稿》卷二八)《朝议大夫工部尚书赠通议大夫谢谔神道碑》:“其子，以公高弟、宣教郎新知衡阳县欧阳朴所述事实，求宝文阁待制杨公万里表公之墓。凡文章行谊，登载已详。”

8 《诚斋集》卷一二一《故工部尚书焕章阁直学士朝议大夫赠通议大夫谢公神道碑》:“庆元元年十一月甲申，其孤岘奉公之丧，葬于袁州分宜县神龙乡钟山里西峰安觉院之右，（中略）后六年，岘以书及文林郎充荆湖北路提点刑狱司干办公事欧阳朴之状来曰：‘先公葬六年，而墓隧之碣未立，非敢忘也。念先友最故者加少，而深知者又加少。兼斯二者，微先生碣之而谁也？’”辛更儒《杨万里集笺校》（中华书局，2007年）卷一二一对此文的“笺注”一，据此将杨万里的神道碑的作成年份推定为嘉泰元年（第9册，第4695页）。

周的神道碑来论述。另外，早于这两份神道碑的欧阳朴的行状，现今已不可见。

北宋徽宗的宣和三年（1121），谢谔出生于江西临江军新喻县，字昌国。父亲是谢革，母亲是胡氏。他应该有两个弟弟，一人名为谢谘（字安国？），[9] 另一人的名字无法从现存史料中得知。周必大所作神道碑中写有“教二弟义兼师友”，考虑到谢谔教导两个弟弟，则他与两个弟弟应有相当大的年龄差距。

据杨、周所作神道碑，谢谔的祖先始于唐初的谢叔方。他任洪州（今江西省南昌市）都督，此后便定居在了洪州高安县（高安县，据《舆地纪胜》卷二七“瑞州”所记，五代南唐的保大十年［952］后属筠州）。元和年间（806—820），谢华移居至宋代行政区划中的临江军新淦县，一族便在这片土地上不断繁衍。自谢华起又过了十代，北宋元丰八年（1085），谢懋和弟弟谢岐，以及谢懋之子谢举廉、谢世充（克）四人同时及第，作为“临江四谢”被广为传颂。[10] 谢举廉，字民师，著有《蓝溪集》（现已失传），与苏轼曾有往来。据说他曾在家中设讲坛，参与人数达数百人，讲课结束后还供应茶和水果。[11] 这位谢举廉便是谢谔

9　《文忠集》卷六八（《平园续稿》卷二八）《朝议大夫工部尚书赠通议大夫谢谔神道碑》：“教二弟义兼师友，谘亦中第。”《诚斋集》卷一〇〇收有题为《跋谢安国咏史诗三百篇》的跋文，辛更儒《杨万里集笺校》对此的笺注认为“安国”应为谢谘的字（第7册，第3797页）。

10　刘弇《龙云集》卷二四《诸公纪赠四谢诗序》：“奉新尉谢君世克过而谓其友庐陵刘弇曰：‘占数临江之新淦，于兹为十世，（中略）此吾一门四人所以同时而第名元丰也。（后略）’”

11　他与苏轼的来往在杨、周所作神道碑中均有记载，实际上《苏轼文集》（中华书局，1986年）卷四九中有题为《与谢民师推官书》的书简（第1418页），卷五六有题为《与谢民师》的两封书简（第1679页）。曾敏行《独醒杂志》卷一：“谢民师，名举廉，新淦人，博学工词章，远近从之者，尝数百人。民师于其家置讲席，每日登座讲书一通，既毕，诸生各以所疑来问，民师随问应答，未尝少倦。日办时果两盘，讲罢，诸生啜茶食果而退。”

的“四世伯祖”。谢举廉、谢世充还有一位名字不详的兄弟，有子谢臻，也就是谢谔的曾祖父。从曾祖父到祖父谢诚、父亲谢革，家中三代皆未有人出仕。父亲谢革“乐于修身之道，号清风老人”（周必大所作神道碑），可以想象是有一定学识的。在谢革的时期，一族于徽宗大观年间（1107—1110）从新淦县搬到新喻县（周必大所作神道碑）。不过周必大的神道碑描述谢谔的埋葬地时称“袁州分宜县神龙乡山里的先茔之侧”，则虽不知起于何时，但可以想象该族共同葬在临江军新喻县西部的袁州分宜县。由此来看，该族可能有族葬墓，宗族有一定程度上的结合。关于以谢谔为中心的家族关系，下页列出简单的家系图以供参考。

谢谔师从何人？如下节将要提及的，他曾在继承了道学一派的郭雍门下学习。两篇神道碑铭皆提及此事，但从现存的史料中无法确认学习时期。暂且不论以何人为师，他自幼便记忆力超群，两篇神道碑及《宋史》的本传中均提及此事。例如，周必大所作神道碑中记有“幼敏惠愿悫，日诵千言”。长大后，不知何时起，他去到新喻县南约五十里（约 27.6 公里）、现在峡江县西边五十里处的鼎山（或作顶山）上的寺庙中闭门勤学。据说山顶有泉水从石缝中涌出，时而有野猴前来，好似在谢谔跟前听讲。[12]

此后，他受聘于吉州吉水县曾氏一族的家塾（“槐堂”），在

12 同治《临江府志》卷二《疆域志》“山川 新喻县”条有“鼎山”，夹注为“县南五十里，顶有泉，常不竭，泉傍寺曰顶泉，睦宦之水出焉。宋尚书谢谔读书其中。相传有野猿听讲”。同治《峡江县志》卷一《山川》有“顶山”，夹注为“县西五十里，挺崿千仞，秀出天半，曲径荦确，蟠旋而上。至顶复平衍，有田数十亩，泉自石罅喷出，悬瀑经天，若玉虹斜贯。（中略）宋渝川谢谔、胡昱，尝读书其中”。

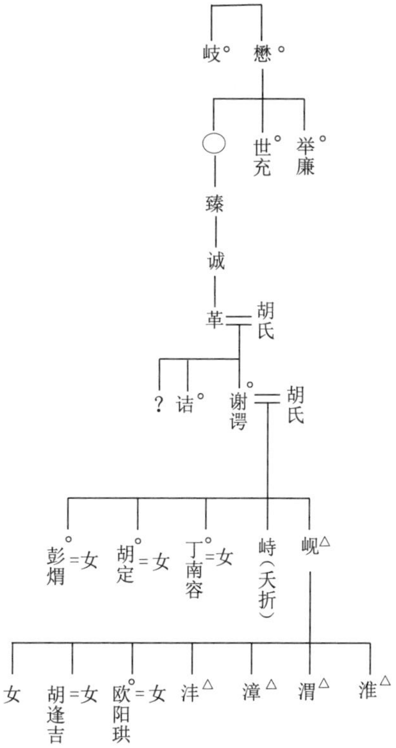

谢谔家系图（姓名右上角带三角形者，为获得恩荫者）

那里教授该族子弟。此事发生在何时？曾敏行《独醒杂志》收录了谢谔所作的跋文，从中可知他在槐堂教了七年，当时曾敏逊已出仕，曾敏行因身体原因放弃了科考（“谔顷寓曾氏槐堂者七年、积臣时已出仕……唯达臣自少遇疾，尽捐世事”）。曾敏逊亡于绍兴二十六年（1156），当时正担任饶州德兴县（今江西省德兴市）县尉，而曾敏行在二十岁左右，也就是绍兴七八年时断念科考，[13] 且谢谔在曾敏逊去世翌年的绍兴二十七年科举及第。由此可知，大概从绍兴二十年起至绍兴二十六、二十七年为止的七年间，谢谔一直在槐堂教书。在曾氏一族中，谢谔似乎特别看重曾机的才能并寄予厚望，然而最终曾机未能及第，

13　胡铨《胡澹庵先生文集》卷二五《德兴县尉曾修职墓志铭》：“尉饶之德兴。（中略）岁在丙子十有二月七日，终于官舍之寝。”“丙子”为绍兴二十六年。关于曾敏逊和曾敏行所属的吉水县曾氏一族，可参照本书第五章。

而是隐居乡间，过完亲近山河的一生。[14]

谢谔在绍兴二十七年三十七岁时考取了功名。当年的状元是温州乐清县出生的王十朋（1112—1171），同年及第者还有在宁宗朝担任宰相的京镗（1138—1200）。谢谔的官僚生活始于峡州夷陵县(今湖北省宜昌市)主簿(县的出纳和账簿的管理)。赴任夷陵前，临江军东邻的抚州安乐县出现盗贼，为了对付这些盗贼，他受江西路监司（指掌管一路监察的转运使、经略安抚使、提点刑狱公事、提举常平公事，杨万里所作神道碑中记为“江西常平使”）之请，临时出任乐安县尉（治安管理）。他提出了能让群盗自然解散的对策，取得成绩。这一逸事在两篇神道碑及《宋史》本传中都有记述，给读者留下了谢谔在任官之初便长于实务的印象。这种务实能力，无论是在绍兴三十一年（1161）赴任夷陵县时，还是在翌年转任吉州录事参军（监狱的管理和诸事务的监察）后，都得到了发挥。吉州过去对待狱中死去罪犯，只是用稻草包裹后便埋葬，因此死者的骸骨经常露出地面，对此谢谔利用废弃船舶的木材制成棺材以埋葬罪犯。乾道四年（1168）救济庐陵县灾民时，他准备了五色旗，将民众按旗色分组，巧妙地进行赈灾活动。此外，有一位陈家

---

14 《诚斋集》卷一三一《静庵居士曾君墓志铭》:“艮斋先生尚书清江谢公，未仕日尝假馆于庐陵兰溪曾氏之槐堂，授徒讲学。(中略)惟静庵居士，其学得艮斋之源委，其人经艮斋之品题。远之为同业,迩之为同宗,皆推之为艮斋之高弟。(中略)居士讳机,字伯虞,姓曾氏。(中略)君生而小异,幼而颖出。夙兴呻佔,夜诵申旦,请饪忘尝,请席忘床。(中略)既冠，从谢公学。公语人曰:‘静敏寡言，不事表襮，必是子也兴曾氏者。’既无遇于有司,(中略)所居正对玉笥诸峰，每弦琴觞酒，卧兴揖之曰:‘清风招我，明月伴我，诸峰友我，尚应接不暇，而暇问槐花之黄否乎？’筑一室独居之，揭曰‘静庵’。”曾机的隐居生活在光绪《吉水县志》卷四《人物志》“隐逸”曾机传中也有记载，周必大因题写“静庵”，对其也有极简单的记录(《文忠集》卷四四《静庵铭(庆元乙卯正月)》)。

的仆人携财产逃跑藏匿，陈家人到衙门诉状时言辞过激，反被藏匿之家诬告。这激怒了当时的江南西路转运司判官、负责江南西路赈灾事宜的龚茂良。他下令没收陈家的财产，谢谔详细上报了事情经过，使陈家得以免于处罚。因此，谢谔的名字被龚茂良记住，也许是后者的推荐，乾道七年（1171），他升为临江军西部的袁州分宜县知事。他在那设立学校、成功免除了县欠州的款项，但因母亲逝世而离职服丧。淳熙五年（1178）服丧结束后，他被任命为主管台州崇道观这个不必实际赴任的祠禄官，翌年又因父亲逝世而再次服丧。

淳熙八年（1181）谢谔六十一岁，服丧期结束。他再度出仕并于淳熙十年升任太学博士（从八品），之后被提拔为监察御史。此时朝堂上激烈讨论义役。义役是指为了减轻徭役承担者（役人）的负担，出让田地、财货从而帮助役人的制度，绍兴十九年（1149）前后在婺州金华县（今浙江省金华市）施行。处州知事范成大于乾道五年（1169）在其治下松阳县效仿施行此法，之后这一制度逐渐在南宋境内普及。谢谔从自己在家乡推行义役的经历中了解其中利弊，上奏孝宗论述了各种情况下义役和差役的利害，认为应采取因地制宜的方法，最终获得了孝宗的批准。[15]

15　关于义役的创立、运营以及制度，曾我部静雄在《宋代財政史》（生活社，1941 年）第二篇第三章《南宋の役法》有讨论，周藤吉之《宋代における義役の設立とその運営：特に義役田について》（《東洋学報》第 48 卷第 4 号，1966 年，后收录于《宋代史研究》，東洋文庫，1969 年）则有细致议论。谢谔对义役的论述，在两篇神道碑及《宋史》本传中只有简单提及，但在《文献通考》卷一三《职役考二·历代乡党版籍职役》、《宋史全文》卷二七上“淳熙十一年正月丙午”条以及刘时举《续宋中兴编年资治通鉴》卷一〇“淳熙十一年秋七月”条等，有略为详细的记载。

淳熙十三年（1186）九月，六十六岁的谢谔担任殿中侍御史（简称副端），上奏称官僚有八个让人民受苦的癖习（不恤、徇私、贪恣、刻薄、侈汰、轻率、诈伪、隐蔽），强烈要求禁止此恶习。翌年，他升任侍御史知杂事（简称台杂），同年十月任谏议大夫，淳熙十五年（1188）冬兼任侍讲。担任侍讲时他进讲《尚书》，并称“《书》，治道之本”。此外，在孝宗提及对金政策，认为应抓住时机进攻金朝时，他称“机会虽不可失，举事亦不可轻”，安抚孝宗的急躁心情。在隆兴元年（1163）五月符离（今安徽省宿州市）之战中惨败于金后，孝宗动辄要施行强硬的对金政策，这可谓劝谏的言辞。[16] 孝宗也曾问及继承了二程学问的郭雍。包含此次交谈在内的谢谔儒学思想的内容，将在下一节中论述。在稍早些的淳熙十五年四月，前一年十月八日高宗逝世，其功臣吕颐浩、赵鼎、韩世忠、张俊祔祀。当时，孝宗为高宗服丧的时长成为问题。多数大臣主张应以年易月，谢谔与礼官尤袤虽有异议而不敢尽言，最终孝宗还是决定服丧三年。[17]

16　关于符离之战，何忠礼概说南宋的诸书皆有提及，近年该氏的《南宋全史（一）》（上海古籍出版社，2015 年，第 335—340 页）有详细介绍。方如金、陈国灿《宋孝宗》（吉林文史出版社，1997 年）也用了数页叙述此事（第 105—114 页）。关于孝宗朝的政治特点，沈松勤《从“隆兴和议”到“庆元党禁”》（《南宋文人与党争》，人民出版社，2005 年，第三章）从党争的角度论述。近年崔英超《宰相群体与孝宗朝政治》（暨南大学出版社，2014 年）则从宰相群体的角度论及，关于此书的内容与特点，可参看拙评（《東海史学》第 50 号，2016 年）。

17　《宋史全文》卷二七下“淳熙十五年四月丙戌”条。顺带说，《宋史》卷三五《孝宗本纪》“淳熙十五年四月甲申”条、“丙戌”条中，关于服丧时长的内容中出现了尤袤的名字，但未见谢谔之名。关于孝宗就服丧的决定，见《宋史·孝宗本纪》“淳熙十五年丙戌”条。谢谔对孝宗服丧时长的意见，两篇神道碑及《宋史》本传中都未提及。杨万里在神道碑中没有提到这个问题，或许是因为在讨论高宗祔祀问题之时他强烈主张应加入他的老师张浚，引起孝宗不满，被外放为地方官。关于杨万里与张浚的关系，可参看本书第四章。

淳熙十六年（1189）二月，光宗受孝宗禅位登基为帝，谢谔呈上了为君应牢记的十条箴言（“十箴”或“十铭”），另外奏上了平日应留意的“二节三近”。其中，他认为应当节制的两件事是“宴饮”“妄费”，而应当亲近的三类人则是“执政大臣”“旧学名儒”“经筵列职”。同年四月，谢谔担任御史中丞，官位也上升为权工部尚书（正三品）。然而到了这个时候，他却无法继续留任中央，不久转为祠禄官致仕了。其中的缘由，与周必大辞去宰相外转为地方官有关。进入光宗朝，周必大不仅未能取得光宗的信任，甚至还被其厌恶，察觉到这一点的右谏议大夫何澹对之进行弹劾。与同为宰相的留正意见相左后，周必大无法继续留在中央。面对台谏对周必大的批判，谢谔并不赞同，因此也很难再待在中央了。[18]

从现存的史料中，无法明确得知谢谔何时回到家乡隐居，但他归乡后在临江军新喻县南边的竹陂建居，并将书斋命名为“艮斋”，因此被称为“艮斋先生”。[19] 据杨万里所作神道碑，他后来移居到新喻县东，在住所周围种满竹子栽种桂花，享受着雅趣，并将书斋命名为“桂山”，因此又被称为“桂山先生”。总之，隐居家乡后，他与士人、士大夫们以诗文应酬、交流，

18　关于周必大辞任宰相一事，徐自明《宋宰辅年表》卷一九“淳熙十六年五月丙辰”条（王瑞来校补，中华书局，1986 年，第 3 册第 1269、1270 页）有记载。提到谢谔的记述，见《宋史全文》卷二八“绍熙元年”条，但该条内容乃淳熙年间之事，是“淳熙十五年（译者校：应为十六年）五月”条（文海出版社，影印本，第 4 册，第 2229 页；中华书局，2016 年，排印本，第 8 册，第 2379 页）。关于此时期光宗与周必大间的微妙关系，前揭崔英超《宰相群体与孝宗朝政治》第 196 页、邹锦良《周必大生平与思想研究》（江西人民出版社，2013 年）第 118、119 页有论述。

19　同治《临江府志》卷四《疆域志》“古迹　新喻县”条有“竹陂”，夹注为“在县南，宋谢谔居此，名其燕坐曰‘艮斋’，人称为艮斋先生”。

并且刻苦写作，绍熙五年（1194）十一月九日结束了充满波澜的七十四年人生。第二年也就是庆元元年的十一月，他被葬于临江军新喻县西邻袁州分宜县的族墓。根据两篇神道碑，谢谔有《艮斋集》《经解》《性学渊源》《孝史》《谏垣奏议》等众多著作，但管窥所见，只有宋人陈思编、元人陈世隆补《两宋名贤小集》卷一七八中收录的《艮斋诗集》一卷存世。[20]《艮斋诗集》开篇有谢谔的简单传记，后有诗六首。谢谔逝世后作为家乡先贤之一被供奉祭祀，在明嘉靖年间完成的《临江先哲言行录》中也被列作文章优异的乡土先人之一。[21]

二、谢谔的交友关系

谢谔与哪些人有过交往？他的交友关系在地理上的范围又是怎样的？关于地理范围，谢谔及第之后在地方和中央都有过任职经历，因此相较于一生都在乡里度过的人来说，他的交友范围自然会更广，不过若将交流的密切程度也纳入考量，他的社交范围又有哪些特点呢？

20　关于现存的谢谔著作，可在《中国丛书综录》（上海古籍出版社，1983 年）和《现存宋人别集版本目录》（巴蜀书社，1989 年）中确认。清人厉鹗《宋诗纪事》卷五一中也收录了三首诗（《清常寺》《鳌溪》《玉山观》），这些均收入《两宋名贤小集》卷一七八所收《艮斋诗集》中。

21　同治《临江府志》卷六《建置志》“坛庙　新喻县”条有“先贤祠”，夹注为“在县学左，祀宋李谘、刘敞、刘攽、萧固、杨獬、李大有、萧燧、谢谔、章颖、严时享凡十人”。同治《临江府志》卷二九《人物志》“善士”的夹注中也提到了谢谔的名字。关于《临江先哲言行录》一书，据《中国丛书综录》，现今似未有留存。

如《小传》中所示，谢谔在家乡新喻县苦学后，前往南邻的吉州吉水县曾氏一族的家塾“槐堂”任教七年，负责教育曾氏族中的子弟。在那里，除了已提及的曾机外，曾三聘等曾氏一族的后代也随他学习。[22]除此之外，同时期谢谔还在吉州城南的富川，教授富家邹氏一族的子弟。[23]他与吉州的联系在绍兴三十二年（1162）至乾道七年（1171）担任吉州录事参军（掌州庶务和监察）期间又得以加强。当然，这也推动了他与吉州人士的交流。晚年居住于临江军新喻县的竹陂这一点，进一步强化了这种趋势吧。据说竹陂恰好位于杨万里晚年居住的吉州吉水县“南溪”的山对侧。[24]或许是这个原因，杨万里《诚斋集》中多处可见杨万里赠予谢谔的诗，由此可窥知二人间的交流频繁。这其中也有为谢谔晚年建“桂山”书斋时所写的祝贺诗。[25]谢谔赠给杨万里的诗虽未存世，但从一些文章中可以看出二人曾就诗有过交流。如淳熙十二年（1185）二月，杨万里担任铨试（选拔有资格的任子及宗室子弟的特别考试）考官时，就与

22　同治《临江府志》卷二六《人物志》“忠义”中有“曾三聘，字无逸，峡江人。幼有异质，日记千言，尝受学于谢谔。乾道二年进士”。关于曾氏一族可参看本书第五章。

23　《诚斋集》卷七二《爱教堂记》：“富川邹虞卿，丰其室而歉其心。（中略）虞卿作一室，丛书于间。岁聘良师以淑其子，问名于艮斋先生谢昌国。昌国命以爱教。”辛更儒《杨万里集笺校》中的笺证，据雍正《江西通志》卷九《吉安府》的记录，认为富川位于吉州州城之南（第 6 册，第 3033 页）。

24　束景南《朱熹年谱长编》（华东师范大学出版社，2001 年）下册第 1114 页中有束景南的按语：“按：谢谔自淳熙十六年被指为周必大党劾罢，归居新喻竹陂，与归居吉水朝元岭南溪之杨万里隔山遥对。”关于杨万里晚年的居住地，可参看前揭第四章《杨万里的家族与地域社会》。

25　《诚斋集》卷五《题谢昌国金牛烟雨图》、卷七《挽谢母安人胡氏》、卷三五《题谢昌国桂山堂》。最后一篇是祝贺桂山书斋之诗。

谢谔交流过诗歌。[26] 另外淳熙十一年（1184），杨万里在当时担任监察御史的谢谔的住处见到了京口（今江苏省镇江市）人士霍篪，对其著作表示赞赏。[27] 这虽非关于诗的交流，但从中可以窥探到二人当时都在中央任职，来往于彼此的居所。从二人的亲密关系看，也就能充分理解临川（今江西省抚州市）黄日新（字齐贤）将《资治通鉴》的内容编为四言韵文体、汇集成《通鉴韵语》一书时，拿着谢谔的介绍信求杨万里为其作序一事了。[28]

周必大也曾赠诗庆贺谢谔开设“桂山”书斋。这首时间记为绍熙三年（壬子，1192）的诗，描写了桂树成林、绿意盎然的情景，最后以“幽香宜自閟，莫待斧斤寻”结尾，似是在惋惜谢谔因政治斗争失败而隐居。[29]

安福县的王庭珪也与他有诗歌方面的交流。王庭珪的文集《卢溪文集》中收录了一首题为《次韵谢昌国》的诗，[30] 另外此文

---

26 《诚斋集》卷八〇《诚斋朝天集序》有“明年二月，被朝旨为铨试考官，与友人谢昌国倡和”，辛更儒笺证为“明年二月为考官与谢昌国倡和，本书卷一九有《类试所戏集杜句跋杜诗呈监试谢国昌察院》诗，为淳熙十二年二月所作，即右序所述事”（《杨万里集笺校》第6册，第3267页）。

27 《诚斋集》卷八一《霍和卿当世急务序》：“予淳熙甲辰十二月，初识霍和卿于监察御史谢昌国之宾阶。稠人中，未之奇也。既同见昌国，和卿先退，昌国留瀹茶小语。因曰：‘适某客识之否？有一书曰《当世急务》者尝见之否？’予即借之以归。（中略）和卿名篪，京口人，登龙兴元年进士第。”

28 《诚斋集》卷八一《通鉴韵语序》：“临川黄君日新齐贤，陟彼药山，瞻彼令芳。（中略）举二百九十四卷之书，一千三百六十四年之事，而纳之于四言之诗，目曰《通鉴韵语》。既成，以书走六百里，缄其副寄予，且介艮斋先生之书，求予序之。”

29 《文忠集》卷八（《省斋文稿》卷八）《寄题谢昌国尚书桂山堂（壬子）》：“京国薪如桂，家山桂满林。叶留经岁碧，花雨盛秋金。作楫商舟稳，为梁汉殿深。幽香宜自閟，莫待斧斤寻。”

30 《卢溪文集》卷二二《次韵谢昌国》：“今人不识古人心，谁识羲皇太古音。如望银河九天上，聊分一勺濯尘襟。”

集中也有谢谔所写的序文。[31]《卢溪文集》的编纂工作大概开始于乾道七年（1171），王庭珪逝世不久（享年九十三岁），[32]完成于淳熙十四年（1187）前后。青年时代曾受教于他的杨万里有一篇记为淳熙十五年九月末日的序文，[33]而谢谔的序文则写于前一年的淳熙十四年腊月（十二月）甲申（十七日）。因此可以推测，《卢溪文集》最迟完成于淳熙十四年十二月谢谔作序之前。

留存下来的史料也显示周必大曾对王庭珪、杨万里、谢谔的诗进行次韵创作。吉州万安县的韦邦彦曾携王庭珪、杨万里和谢谔的绝句拜访周必大，周必大对此进行了次韵，题目中不仅直接出现了"次韵"二字，还记有己丑（乾道五年）十一月十日的日期。[34]他们几人，特别是杨万里乃当时南宋文人墨客的代表，对彼此的诗进行次韵定为世人瞩目。另外，现在说到南宋的代表性诗人，首屈一指的便是陆游（1125—1210），但陆游却自认输谢谔一筹。陆游本人曾记载说，谢谔晚年居住乡里，将住所命名"艮斋"，有客人造访便一起吃些粗茶淡饭，并对客人说"我没有金钱赠予你，所以用诗来代替如何"，于是写绝句相赠，陆游也欲效仿此种态度。[35]

31　《卢溪文集》卷首《原序》依次收录了胡铨、谢谔和杨万里的序文。

32　据《卢溪文集》卷首《原序》所载胡铨的序文，乾道八年六月，长沙的刘光祖、刘绍祖两兄弟托其作序，因此此时文集的简略版可能已完成。不过胡铨此序未见于胡铨的《胡澹庵文集》。

33　《卢溪文集》卷首《原序》、《诚斋集》卷八〇《卢溪先生文集序》。

34　《文忠集》卷四（《省斋文稿》卷四）《万安韦邦彦字俊臣携王民瞻杨庭秀谢昌国绝句相过次韵勉之（己丑十一月十日）》。

35　陆游《渭南文集》卷二五《书二公事》："谢昌国名谔，尝闻道于颐正郭先生。居临江，名其庐曰'艮斋'。晨兴，烹豆腐菜羹一釜，偶有肉，则缕切投其中。客至，亦不问何人，辄共食。有贫士及医卜之类，饭已，辄语之曰：'吾无钱予君，岂欲诗乎？'取幅纸作绝此外，谢谔对道学的倾倒，也为他的社交关系增添了一些色彩。恐有些许偏题，但此处还是想稍稍提及他与道学的关系。《小传》中已有叙述，杨万里在神道碑的开头处就肯定了谢谔的学术和文才。更具体地说，他称谢谔在学术方面与程大昌齐名（“而其耋艾典刑之尤者，在二者则雪川程公泰之”）。程大昌（字泰之）是徽州休宁县人，绍兴二十一年（1151）进士。他和谢谔一样，主要活跃在孝宗朝，是一位在中央活跃且备受瞩目的道学派人士。[36] 另一方面，孝宗本人在潜邸时期也得到过范冲、朱正这些道学派人士的教导，在晚年因道学派批判近臣而疏远他们之前，都相对登用道学派有关的人士。[37] 从关于谢谔的两篇神道碑中，我们也可以窥探到孝宗对道学派的关注。虽然时期无法明确，但从神道碑的前后文来看，大约在淳熙（1174—1189）末期，孝宗曾对谢谔说“闻卿与郭雍从游，雍学问甚好”，之后又与谢谔就人的本“性”展开了讨论，并且询问郭雍是否直接受教于程颐等。从这些对话中，我们可知他对道学有着浓厚兴趣。[38] 另外，在周必大所作神道碑中还有这样一件轶事：周必大曾向孝宗上奏有能之人。看到谢谔的名字时，孝宗问道，这位就是被称为“艮斋”的人么？周必大问孝宗为何知道此人，

句赠之，以为常。（中略）予贫甚，（中略）或可力贫学昌国耳。”

36 程大昌的生涯在《文忠集》卷六二《龙图阁学士宣奉大夫赠特进程公大昌神道碑（庆元三年）》以及《宋史》卷四三三《程大昌传》中有详细叙述。市来津由彦指出，程大昌是孝宗朝时期道学派抬头的标志性人物（《朱熹門人集団形成の研究》創文社，2002 年，第 274 页）。

37 本章脚注 16 中的沈松勤《从“隆兴和议”到“庆元党禁”》。

38 从杨万里所作神道碑可知，此事似发生在谢谔成为侍讲之后，但更多的内容不得而知。周必大所作神道碑则将其置于淳熙十四年和淳熙十六年之间。郭雍在《宋史》卷四五九中有传。

孝宗称自己曾读过谢谔的《性学渊源》五卷（《四库全书》本，《文忠集》卷六八）。

如《小传》所述，谢谔在经学方面的著作有《经解》四十三卷、《性学渊源》五卷。《性学渊源》从书名判断，是探讨道学乐于研究的人的本性及其源流的著作。从上述孝宗与谢谔的对话中可以确认，谢谔曾学于郭雍（字子和）门下。郭雍本人并非直接受教于二程，特别是程颐（程伊川），而是通过父亲，即程颐的弟子郭忠孝继承二程的学问。[39]《宋元学案》卷二八《兼山学案》对谢谔进行了高度肯定，认为通过谢谔，郭忠孝的学问得以永远流传于后世。[40] 朱熹（1130—1200）肯定了谢谔继承了二程的学问，但严厉批评郭雍的学问杂乱，经由谢谔糅合后，由邵忠孝继承下来的二程学问更加有误。他还批判了谢谔对张载《西铭》的解释，似乎对谢谔学术的评价并不高。[41] 尽管如此，朱熹在绍

39　郭雍通过其父亲郭忠孝继承了二程的学问，在两篇神道碑中均有提到，《宋史》卷四五九《郭雍传》中也有“父忠孝，官至太中大夫，师事程颐，著《易说》，号兼山先生，自有传。雍传其父学”。也可参照《宋元学案》卷一五《伊川学案》上的《伊川学案表》以及《宋元学案》卷二八《兼山学案》卷首的《兼山学案表》。

40　《宋元学案》卷二八《兼山学案》的《兼山学案序录》：“（全）祖望谨案：兼山以将家子，知慕程门，卒死王事。白云高踏终身，和靖所记党锢后事，恐未然也。郭门之学虽孤行，然自谢艮斋至黎立武，绵绵不绝。”

41　朱熹《晦庵先生朱文公文集》卷八二《跋谢艮斋所作静斋铭》：“艮斋受学长阳冲晦先生之门，得其宗旨，训诱后学，孜孜不倦。其论求仁功夫如此，所以期于子山者远矣。子山盍亦有以用其一日之力，使斯铭者不为虚语乎哉？”此处肯定谢谔继承了程门之学。记录与弟子之间问答的《朱子语类》卷一〇一：“郭子和传其父学，又兼象数，其学已杂，又被谢昌国拈掇得愈不是了。且如《九图》中性善之说，性岂有两个？善又安有内外？故凡恶者，皆气质使然。若去其恶，则见吾性中当来之善。”这里又严厉批评了谢谔将二程杂糅得不像话，并认为他的性说不值得评说（《程子门人·郭立之》）。另外，《朱子语类》卷九八《张子之书》：“谢艮斋说《西铭》‘理一分殊’，在上之人当理会理一，在下之人当理会分殊。如此，是分《西铭》做两节了。艮斋看得《西铭》错。先生以为然。”

熙五年（1194）四月赴任知潭州荆湖南路安抚使途中，以及同年八月返回中央时，都前往新喻县拜访了谢谔。[42]由此可见，谢谔与朱熹之间也有来往。

话题重新回归交友关系上。此处想从稍稍有别于交友关系的角度进行探讨。从谢谔相关的文章中可以看出，他受托写过众多序文、题字、跋文、记、题名记等。这或许与当时他作为文人已获得了一定的名声有关。通过这些文章，我们似乎可以窥探到他社交圈之一端。管窥所及，这类文章共有四十一篇，笔者将之汇总成下页表格。对于明确有题字、记等名称的，表中将直接如实抄录，未明确记有名称的，则根据上下文添加暂时的标题（在表中标记为“暂”）。

从表中可以明显看出，除了在都城临安及附近任职时，作为官员任务而完成的记述衙门沿革的“题名记”外，大部分文章都关于家乡临江军以及吉州各县，且与家乡临江军的四篇相比，吉州有二十一篇，占绝大多数。这应该与他登第前七年间一直在吉州吉水县担任曾氏一族的教育工作，以及绍兴三十二年（1162）至乾道七年（1171）的九年时间在吉州任官密切相关。关于江南西路西侧荆湖南路的文章也有五篇。[43]从残存史料

42 清人王懋竑《朱子年谱》中无谢谔的相关记载，但同治《临江府志》卷四《疆域志》“古迹 新喻县”条有“两耆亭”，夹注为“在县学西，朱文公守长沙，道经于此，与谢谔会，时人作亭以表之”。前揭束景南《朱熹年谱长编》卷下“绍熙五年四月”和“八月”条（第1113页、第1138页），引《朱子语类》和雍正《江西通志》等书，理清了谢谔与朱熹的见面时期。从这些引用文中，特别是《晦庵先生朱文公文集》卷八三《跋郭长杨医书》“绍熙甲寅夏，予赴长沙，道过新喻，谒见故焕章学士谢公昌国于其家。公为溜饮，语及长阳冲晦郭公先生言行甚悉”，可推测出二人在更早之前就已相识。

43 表中第34项《贡士义约》，是笔者发表论文后阅读梁庚尧《宋代科举社会》（台大出版中心，2015年）后补充的。在此向惠赠此书、使我获享宝贵读书体验的梁庚尧先生致谢。

谢谔所作序文、题字、跋文、记、题名记一览表

	地点	序、跋、记、题名	出处
1	江西路筠州高安县	《高安县学记》	杨万里《诚斋集》卷七四《高安县学记》
2	江西路抚州临川县	《孝德记》	周必大《文忠集》卷四一（《平园续稿》卷一）《临川梁译投水溪救母谢国昌作孝德记杨廷秀有诗次其韵译不仕年四十九而终（乙卯四月）》
3	江西路临江军清江县	《临江军进士题名记》	道光《清江县志》卷二三《艺文志》“记”
4	江西路临江军新淦县	《瑞橘记》（暂）	同治《新淦县志》卷八上《人物志》“孝友”
5	江西路临江军新淦县	匾额“觉城东寺”	同治《新淦县志》卷二《建制志》“寺观”
6	江西路临江军新喻县	《新喻县学记》（暂）	同治《临江府志》卷七《建置志》“学校” 光绪《江西通志》卷四八《舆地志》“风俗”
7	江西路临江军新喻县	《周瑀堂记》（暂）	杨万里《诚斋集》卷七六《唤春园记》
8	江西路临江军新喻县	题字“秀江桥”	杨万里《诚斋集》卷七四《新喻县新作秀江桥记》
9	江西路吉州安福县	书跋《王庭珪手简》	王庭珪《卢溪文集》附录《谢谔艮斋跋王卢溪手简》
10	江西路吉州安福县	《卢溪文集序文》（暂）	王庭珪《卢溪文集》卷首《原序》
11	江西路吉州安福县	《慈顺堂诗》（暂）	杨万里《诚斋集》卷二一《题安城赵宽之慈顺堂》
12	江西路吉州安福县	旌表请求文《刘承弼孝行》（暂）	杨万里《诚斋集》卷七四《刘氏旌表门闾记》
13	江西路吉州安福县	《欧阳巨卿种桂记》（暂）	杨万里《诚斋集》卷七六《五美堂记》
14	江西路吉州安福县	题字“秀溪书院”	杨万里《诚斋集》卷七七《秀溪书院记》

续表

	地点	序、跋、记、题名	出处
15	江西路吉州安福县	《朱氏孝子诗跋文》(暂)	杨万里《诚斋集》卷一三二《夫人刘氏墓铭》
16	江西路吉州安福县	书堂匾额“经训”	杨万里《诚斋集》卷一三二《宋故彭遵道墓志铭》
17	江西路吉州安福县	刘庭老《养浩记》及其匾额(暂)	杨万里《诚斋集》卷一三二《刘隐君墓志铭》
18	江西路吉州吉水县	匾额“飞霞亭”(暂)	光绪《吉水县志》卷八《地理志》“古迹”
19	江西路吉州吉水县	《独醒杂志》跋文	曾敏行《独醒杂志》跋文
20	江西路吉州永丰县	《泷冈阡表门墙再建记》(暂)	杨万里《诚斋集》卷八四《陈签判思贤录序》
21	江西路吉州永丰县	《六一祠记》(暂)、匾额“立斋”	杨万里《诚斋集》卷八四《陈签判思贤录序》 同书卷一三一《陈养廉墓志铭》
22	江西路吉州庐陵县	《萧唐叟时庵记》跋文(暂)	周必大《文忠集》卷四六(《平园续稿》卷六《跋萧唐叟时庵记》)
23	江西路吉州庐陵县	《式华堂记》	周必大《文忠集》卷四七(《平园续稿》卷七《题谢昌国式华堂记》)
24	江西路吉州庐陵县	《饥馑发廪记》(暂)	杨万里《诚斋集》卷一三二《王同父墓志铭》
25	江西路吉州庐陵县	《白马庙记》(暂)	同治《庐陵县志》卷九《建置志》“坛庙” 民国《庐陵县志》卷一三上《礼典》“庙”
26	江西路吉州太和县	《逢庆堂记》(暂)	杨万里《诚斋集》卷一三一《太孺人刘氏墓志铭》
27	江西路吉州太和县	《彭氏第宅诗》(暂)	《渭南文集》卷三九《求志彭君墓志铭》
28	江西路吉州永新县	《务本斋记》(暂)	杨万里《诚斋集》卷九八《务本斋铭》
29	江西路吉州永新县	匾额“华寿”	杨万里《诚斋集》卷一三〇《孺人贺氏墓志铭》

续表

	地点	序、跋、记、题名	出处
30	江西路赣州	《刘宾之浩然集》序（暂）	周必大《文忠集》卷四六（《平园续稿》卷六《跋刘贺之浩然集》）
31	荆湖南路潭州攸县	《评廖氏兄弟为逸材》（暂）	杨万里《诚斋集》卷七六《廖氏龙潭书院记》
32	荆湖南路潭州攸县	《廖氏先阡铭》（暂）	杨万里《诚斋集》卷一三一《夫人张氏墓志铭》
33	荆湖南路永州零陵县	匾额《学林》题字	杨万里《诚斋集》卷七五《谭氏学林堂记》
34	荆湖南路衡州	《贡士义约》（暂）	《永乐大典》卷八六四七“衡州府”条所引《衡州府图经记》
35	荆湖南路衡州茶陵县	《茶陵陈氏汲古堂记》（暂）	刘辰翁《须溪集》卷二《茶陵陈公俊汲古堂记》
36	两浙西路嘉兴府海盐县	《海盐县新修学记》	至元《嘉禾志》卷二三碑碣《新修学记》
37	两浙西路嘉兴府崇德县	《椿桂堂记》	雍正《浙江通志》卷四一《古迹三》“嘉兴府”
38	两浙西路临安府	《谏院题名续记》（暂）	咸淳《临安志》卷五《右谏议大夫谢谔续记》
39	两浙西路临安府	《诸司题名记》	咸淳《临安志》卷八行在所录《诸司诸军粮院》
40	两浙西路临安府	《诸军题名（记）》	咸淳《临安志》卷八行在所录《诸司诸军粮院》
41	不明	题额“刘昌诗母墓志”（暂）	周必大《文忠集》卷四六（《平园续稿》卷六《题刘昌诗墓志》）

中无法确认谢谔是否曾任荆湖南路的地方官，不过衡州位于吉州西部，永州又在衡州西邻，潭州则是他乾道七年（1171）任职的分宜县所属袁州的西邻。这些可以说是以临江军和吉州为中心的交际圈周边。虽然与相关人物交往的契机不明，但除少数例外(《贡士义约》等),大多数文章都是赞扬该人物或其书斋。总之，根据上表可以判断，谢谔的交友关系以临江军和吉州为核心，与吉州人士的关系尤为紧密。

三、谢谔与地域社会

前节展示的谢谔所作序、跋、题名记等文的地域分布表，从侧面证明了其交友关系的分布状况。从另一个角度看，这也彰显了他对这些地域的关注。此处试举表中第3项的《临江军进士题名记》为例。该短文有这样的议论:“郡必有题名记，非夸也，勉于后也。”在文章的结尾处谢谔写道:“国家合吉袁二属支邑，以为临江，其人鼎盛，且未艾也。”这是带有夸耀家乡意味的文字。这样的描述背后，隐藏着他对家乡的热爱。

这种对以家乡为中心的地域社会的关注，孕育了他认真应对地域社会问题的态度。与此同时，即使是在中央任官，他也希望将在地域社会汲取到的经验运用于政策之中。关于后者，《小传》谈论义役时已有提及，此处再作论述。如前所述，义役的目的是减轻民众的徭役负担，最初由范成大效仿婺州金华县的事例，在乾道五年（1169）于两浙东路处州松阳县实施，后在南宋境内推广。然而至淳熙十年（1183），朝廷中开始讨论义役的不当之处。对此，谢谔也呈报了自己的意见。呈报时间上，各史料的记载有些出入。遵从《文献通考》和《宋史全文》，则上呈时间是淳熙十一年（1184）。[44] 总之，当时谢谔主张施行义役还是差役应根据各地民众的情况而定，并得到了孝宗的认可。对于这个问题，杨万里所写的神道碑以及在此基础上简化的《宋史》本传中均有记载。谢谔在家乡时曾倡导和实施义役，并将之汇总成书，作为当时的经验上报给了朝廷，后由诏令向各地颁布并付诸实施。[45]可见他在家乡的经验被运用到了中央政策中。

地域社会的各项问题中，自然灾害引发的饥荒和灾民流徙直接关系到地域社会的存亡。因此，救济受灾后的灾民也即“救荒”，是对地域社会的存续，乃至对王朝体制的维系都至关重要的事情。[46] 从《宋史 · 孝宗本纪》的记载中可以看到，当时几乎每年都有自然灾害，江西路也不例外。淳熙十四年（1187）末，江西与淮西、两浙、福建同时遭遇“旱害”(《孝宗本纪三》)。这一年，包括谢谔的家乡临江军新喻县在内的整个江西地区都遭受了大饥荒，谢谔父子深度参与救荒活动，杨万里一五一十

44　关于朝廷讨论义役的时期，刘时举《续宋中兴编年资治通鉴》卷一〇中记为淳熙十年秋七月,《宋史全文》卷二七上系于“淳熙十一年十月乙未日”条下。关于谢谔的具呈日期，《宋史全文》卷二七上记在“淳熙十一年春正月丙午”条,《文献通考》卷一三《职役考二 · 历代乡党版籍职役》记为淳熙十一年，未列月日。

45　杨万里所作神道碑:“公里居时，尝教其里之人自占户之甲乙，产之高下，当役者自请承之，编为一书，命曰‘义役’。至是，以闻于上，下之诸路，民多便之。”《宋史》卷三八九中本传:“谔里居时，创义役法，编为一书，至是上之。诏行其法于诸路，民以为便。”

46　此问题一直被学界关注。关于历代的救荒有邓云特的经典著作《中国救荒史》(商务印书馆，1937 年)，从社仓方面来论述南宋救荒政策的研究，则可见户田裕司《黄震の広徳軍社会改革：南宋社倉制度の再検討》(《史林》第 73 卷第 1 号，1990 年)。

地记录了过程。[47] 据此记载，提举（江南西路）常平使陆洸上奏请求救援江西并得到朝廷许可，决定将粮食以低利率贷给灾民（“赈贷”），并招募提供援助的士人。此时新喻县的士民向知县推荐了丁南隐。然而要实际赈贷时，知县及新喻县内拥有话语权的人士共同提出了以下方案：因饥民过多，粮食不足，恐怕不能遍及灾民。与其采用原方案，不如像范仲淹一样，雇用以灾民为首的民众来修建公共工程，以达赈济灾民的效果。提举常平使采用了这一方案。这里提到的范仲淹的旧事，是指他实施的类似于现代凯恩斯理论下的一种公共事业政策。皇祐二年（1050）他担任杭州知事，当地发生饥荒。他向僧侣提议雇用民众来修建寺院，并在西湖举行了赛舟活动，作为知事的他也亲自游园消费来振兴地域。[48] 在新喻县，丁南隐与谢谔之子谢岘等人担任核心人物，决定修建新桥。新喻县中有一条秀江，自西向东流入赣江，从前江上没有桥梁，只能通过渡船过河。渡船获得了利益，而民众却苦于渡船费用。于是，淳熙十四年（1187）冬起，政府雇用了多达六百受灾民众修建桥梁，并于淳熙十六年（1189）秋竣工。最终，以前只能通过渡船的方式通过的河流上架起了便捷的桥梁，同时通过雇用贫苦民众，也帮助了赈灾。完工后，谢谔题字“秀江桥”，并将其悬挂在桥上（前表第 8 项）。

---

47 《诚斋集》卷七三《新喻县新作秀江桥记》。

48 该事记于《范文正公文集》所载《年谱》“皇祐二年”条。杨联陞指出这是以今日所说的公共事业来振兴经济并救助民众的想法（Lien-sheng Yang, “Economic Justification for Spending; An Uncommon Idea in Traditional China,” *Harvard Journal of Asiatic Studies*, vol.20-1·2, 1957）。近年范仲淹的传记也提到了这一问题（方健《范仲淹评传》，南京大学出版社，2001 年，第 420—424 页；诸葛忆兵《范仲淹传》，中华书局，2012 年，第 203—206 页）。

对于三十岁前后关系紧密的吉州地区的救荒，谢谔也给予了深切关注，相关事例有二。其一，住在庐陵的王异（字同父）尚未成年便父母双亡。他一直埋头于耕作和学问，通晓经典和历史，因此被推荐去了太学。目前没有他及第的记载，想来应是落榜了，但即使如此，他还是在家中收藏众多书籍，热心教育后辈。家乡发生饥荒时，他开放家中的谷仓以赈济饥民，河水决堤时又出船救援溺水者。面对这样的学问和赈灾事业，周必大赋诗一首赞扬其学问（《文忠集》卷四《冻头王氏艺芳堂》），谢谔则作文褒扬他"君子长者""忠信孝弟"的风姿（前表第24项）。从"长者"这一称谓上可以看出，谢谔赞赏的不仅仅是王异的学问、学识，还包含其救助灾民的美好品行。[49] 接下来的事例不是关于救荒，而是谢谔写下一篇"记"赞扬尽力修复旧迹的人。与谢谔亲近的陈元勋曾任吉州永丰县县尉，探访位于当地沙溪镇的欧阳修父母及其亡妻（欧阳修曾三度娶妻，此处葬有其第一任胥氏和第二任杨氏）的埋葬地（西阳宫）时，看到墓地外围的门扉已经倒塌，于是与吉州知事方崧卿一起修复。谢谔褒扬了他们的行为，将修复的经过写成了"记"。另外，陈元勋书斋匾额上的题字"立斋"也出自谢谔之手（前表第21项）。[50]

49 《诚斋集》卷一三二《王同父墓志铭》。说到卢溪，如王庭珪将之作为别号，会让人想到流经安福县并汇入赣江的那条河流（本书第一章），但据辛更儒对《王同父墓志铭》的考证，它应是庐陵县之西的一处地名（《杨万里集笺校》第9册第5100页的笺证〔二〕）。

50 《诚斋集》卷八三《陈签判思贤录序》。关于西阳宫的修复，辛更儒对此的记述仅引用了元人吴澄的《西阳宫记》（《吴文正公集》卷二六，见《杨万里集笺校》第6册，第3330页笺证），不过杨万里本人曾写过《沙溪六一先生祠堂记》（《诚斋集》卷七二），记下了修复的经过。关于欧阳修的三位妻子，可参照拙著《欧陽脩　その生涯と宗族》，創文社，再将视线投向灾民赈济和公共事业之外，谢谔还尽力宣扬临江军和吉州两地的善举。这种行为当然也可以看作是他深切关注地域社会的表现。杨万里有一篇题为《跋谢昌国所作何孝子传》(《诚斋集》卷一〇〇）的跋文，是为谢谔《何孝子传》这篇文章而作，不过杨万里和周必大所作的神道碑中均未提及当时有专为“何孝子”一人而写的著述。结合其他记载，《何孝子传》大概率是指《孝史》五十卷这本记录了众多孝子事迹之著作中的某篇。[51]《跋谢昌国所作何孝子传》这篇短文中称：唐代柳宗元写下了活跃在代宗时期的太尉段秀实的逸事（《柳河东集》卷八《段太尉逸事状》)，并将之告知史官韩愈（《柳河东集》卷三一《与史官韩愈致段秀实太尉逸事书》)。现在谢谔也写下何孝子的事迹并交给了我，然而我仅是一介布衣，对宣传该事实在没什么用处，这对何孝子来说或许是不幸啊！（“昔柳子厚书段太尉事以谂史官，今谢子书何孝子事以谂予。予野人也，何孝子于是为不遇矣！”）那么何孝子有怎样的孝行呢？《何孝子传》或《孝史》这两书均未存世，杨万里也没有对此做任何说明，所幸隆庆《临江府志》卷一二《孝友》以及延续它的同治《新淦县志》卷八《人物志》“孝友”中简单记有一些事迹。其中说何孝子，名从，乃新喻县人。建炎年间（1127—1130)，盗贼出没各地，何从的母亲不幸为盗贼所捕，他选择代替母亲成为人质。然而，因为没有足够的钱来缴纳赎金，最终何从被杀，

2000 年，第 31、233 页。

51 杨万里和周必大所作神道碑中记有“《孝史》五十卷”，而《直斋书录解题》卷七《传记类》、《文献通考》卷一九九《经籍志》“史”，以及《宋史》卷二〇七《艺文志》“类事类”等也记有《孝史》五十卷。

而他的母亲得享天寿。除何从的事例外,《孝史》中似乎还记载了临江军新淦县李旹(“旹”为“时”的古字)的故事,但就笔者所见,杨万里《诚斋集》中并没记载此逸事,只有同治《峡江县志》卷八上《人物志》“孝友”及同治《新淦县志》卷八《人物志》“孝友”中有其事迹的简单记述,此处依据记有其出生地和所处时期的同治《新淦县志》来介绍。李旹,字仲发,新淦县人,幼年丧父,对两位母亲一直很孝顺(据上下文为嫡母和生母)。绍兴四年(1134)生母侯氏病倒,命悬一线,李旹割下自己大腿上的一块肉混在粥中喂给侯氏,之后侯氏的病很快就痊愈了。[52]李旹家中原有两棵橘树,这件事后两棵树的树干长在了一起,周围人都称赞说这是他孝行的证明。杨万里为其住所挂上了“瑞橘”的匾额,谢谔则将李旹的事迹写了下来。侯氏去世后,杨万里向其墓地赠上“李孝子生母侯孺人墓”的题字(前表第4项)。

谢谔也褒扬了临江军以外的周边州县中的孝行。这些事例在表中均有展示,此处按表中的顺序深入介绍一些具体的内容。首先在吉州安福县中有两个事例。一个是居住在县中西林的朱云孙。母亲刘氏罹患重病时,他割破手指用血写下了祈愿母亲康复的文章,向神佛祈祷,并且还割下大腿上的肉混在粥中喂给母亲。之后母亲的病情恶化,他的妻子同样割下了大腿肉来

52　为了父母康复而割下部分身体混在粥中喂食的行为,自唐代中期左右出现,对此行为的看法一开始是否定的,但北宋中期开始人们予以肯定。对割股态度的变迁,可参照拙稿《宋代の割股の風習と士大夫》(《名古屋大学東洋史研究報告》第19号,1995年)。近年盐卓悟从吃人肉的角度探讨此问题,对拙文中的历史性变化予以否定(《唐宋人肉食考》,《洛北史学》第12号,2010年)。但是,从宏观以及言论的视角来看,笔者认为其中还是有士大夫思想史角度上的历史性变化,这种变化与道学有着很深的关联。

救助婆婆。在父亲朱邦衡患疽时，朱云孙彻夜向天祷告，愿以己身代之，翌日父亲的疽竟真的溃破了（应该是痊愈了）。面对这样的行为，四十二名同乡士人联合将此事上报至县，同乡士人欧阳俣还把他的善行写成诗，谢谔为这首诗题跋（前表第 15 项）。顺带说，《孝史》在这个话题中出现，即朱云孙知道《孝史》一书，杨万里叙述了自己曾翻阅《孝史》以探究割大腿肉喂食病人治疗疾病的历史（"余即谢公所述孝史，与客阅之。刲股之事，由隋而上，未之前闻也"），从这些记载中可窥探到，《孝史》在当时一定程度上是为世人所知的。

另一个事例是安福县刘承弼（字彦纯）的故事。他年轻时便结识杨万里并与之成为好友，杨万里的长女、三女分别嫁给了他的两个儿子（刘价和刘亿）。[53] 刘承弼在为母亲服丧时因悲伤过度暴瘦，在父亲生病时，他祈求上天说愿替父亲扛下病痛，这些行为都充分体现了他的孝心。另外，他想方设法救济处于贫困中的两位叔父和弟弟，当安福县地方官在任中去世时，他还提供棺材。在地方官的孤女因过于贫困而差点被卖时，他又伸出援手，将她视如己出、抚养长大。在饥荒之际，他带头进行救灾活动……诸如此类，他做了许多善事。因此，时任袁州分宜县知事的谢谔会同李燧等 1353 位人士，向安福县上报了刘承弼的善事，而这也通过安福县和吉州上报到了中央礼部。经过礼部的审议，淳熙三年（1176），刘承弼家得到了旌表（前表第 12 项）。可见，尽管当时谢谔并不在吉州，但在旌表申请中依旧起到了主导作用。

53　参看本书第四章。

临江军以外周围州县的事例，还有抚州临川县的梁译。故事的发生时期并不明确，只知道当时有战乱，梁译母子在雪天逃离战乱，母亲失足掉进了溪流，梁译扑入结了冰的溪流救出了母亲。谢谔听闻这一善行后写了《孝德记》（前表第 2 项），杨万里和周必大也为此写诗。[54]

看到谢谔这种积极称赞救济灾民和孝行等善举的态度，也就不难理解他为荆湖南路潭州攸县廖氏一族书写褒扬该族代代和睦的墓道阡表（前表第 31、32 项）、向吉州安福县彭怀（字遵道）为子孙教育所建书堂赠送手写的“经训”匾额（前表第 16 项）、向其他书斋及县学赠送匾额等这一连串的举动，都是他要宣扬所有善事之心情的表露。另外，前文表格中所显示的其向寺院赠送匾额的行为，也展现了谢谔对地方的关注，但与现在探讨的问题没有关联，此处就不多作赘述了。

引导民众向善，并表彰其善行的行为，与南宋时期明确的、地方官为引导民众向善而发布的布告文即“谕俗文”，在内里上是相通的。“谕俗文”始于北宋时期陈襄的“劝俗文”，此后基本都由属道学一派的地方官发布。[55]引导民众向善这一志愿本就

54　梁译水中救母的故事，在同治《临川县志》卷四五《孝友》中有简单记述，但依据的是周必大所写的长题诗《临川梁译投水溪救母谢昌国作孝德记杨廷秀有诗次其韵译不仕年四十九而终（乙卯四月）》（收录于《文忠集》卷四一）。周必大在该题后写了两首七言绝句，杨万里在《诚斋集》卷三六中题作《跋临川梁译居士孝德记》，也是两首七言绝句。第一首有“雪里星奔避乱兵，母先子后赴寒冰。只知判得身俱死，不料还同母再生”，生动描绘了梁译母子在寒天躲避战乱而落入溪流，最终两人都得救的场景。

55　参照拙译注书《宋代地方官の民衆善導論:『琴堂諭俗編』訳注》（知泉書館，2009 年）的《解说》，以及拙稿《宋代地方官と民衆：真徳秀を中心として》（河合文化教育研究所《研究論集》第 10 集，2012 年）。近年，福谷彬主张道学“圣人可学而至”的观念远溯至《孟子》，不仅是个人修养的原则，也是引导民众等他者的原理（《南宋道学の展開》，京都大学学

是基于道学的人性观。自周敦颐主张学习可以成“圣”(《通书》、《近思录》卷二)、程颐断定可以通过学习达到“圣人”的境界(《二程文案》卷八《颜子所好何学论》、《近思录》卷二)以来，道学便认为普通民众也能成为圣人，民众也是通过实践成为圣人的主体。在朱子学成为官方教学的明代，善书的普及也是这种观念的表现。[56] 从这种思想史上的流变来看，谢谔也是继承道学传统的士大夫，那么我们也可以窥见他尝试引导民众向善，并表彰民众善行的意图之一端。

小 结

本文聚焦于临江军新喻县出生的谢谔，主要论述了他的交友关系以及他对地域社会的关注。谢谔的交友关系中虽包含了临江军出生人士，但重心还是自青年时代起便有密切联系的吉州人士。他与吉州出生且在当时赫赫有名的王庭珪、周必大、杨万里之间都有往来（管窥所及，目前没有能确定他与同时代的胡铨有直接来往的史料），而这三人之中，他与杨万里的关系最为深厚。此外，谢谔曾受教于与北宋时期二程有渊源的道学派的郭雍，因此与以朱熹为代表的道学派人士间也有交流。也

術出版会，2019 年，序章）。

56 上述说明在讨论宋代以后思想史的概述书中几乎都会提到，此处仅列举分类阐述思想史问题的《中国思想史事典》（2001 年）中“民”这一项。酒井忠夫《中国善書の研究》（国書刊行会，1960 年）是结合王朝的民众教化政策论述善书历史意义的经典作品，此处自然也须提及。

得益于他作为官僚曾在中央活跃的经历，这种人际交往使其能够建立起超越地域社会的更为广阔的交友关系。尽管如此，考虑到这种交流在与临江军以及吉州出生者间更为密切，可以认为他的交友范围是以他的出生地及邻近地区为核心，呈放射状向外扩展，延伸至南宋境内相当广阔的部分地区的。

另一方面，他强烈关注着地域社会。在家乡新喻县时，他积极参与以救荒为代表的灾民救济以及架设桥梁等公共事业，也提倡为徭役公平而实施的义役等。对于吉州的救荒，他不仅作为官僚承担了这一职责，还深切关注当地士人的参与。此外，对于将自己的肉割下来喂给父母以期其病体康复，也就是所谓的以割股为代表的善事，谢谔积极表彰。他也积极为士人的书斋题写匾额，并认为这有助于鼓励学问。可以认为谢谔这种对善事进行褒扬的行为，与他继承了道学的传统有关，因为道学基于自己的人性观，积极地引导民众向善。

话说回来，这种立足地域社会、关注地域中的问题、人际交往也以出生地域为中心向外扩张至广阔范围的姿态，让人联想到了明清时期的乡绅。万历《吉安府志》卷一一《风土志》记载了下述有趣的内容：[57] 在过去的吉安府（宋代为吉州，元代贞元年间改称吉安），公卿等官员致仕回家后过着朴素生活，对于相隔数里的亲戚和友人，他们拄着拐杖去拜访，就着一点菜肴和浊酒（“村醪”）聊上一整日。年轻人敬爱老人，庶民即使有储蓄也不会身着华丽的衣服。这种淳朴的风俗在嘉靖年间

57　乾隆《吉安府志》卷二《风土》、民国《庐陵县志》卷四《疆域志》“风俗略”等基本转抄了万历《吉安府志》的内容，不过有些许省略。

（1522—1566）还有些留存，到了该地方志刊行的万历十三年（1585）左右已荡然无存（地方志中详细叙述了变化的具体情况，此处省略）。

森正夫对明末的地方志,特别是“风俗”一项做了细致分析，在此基础上指出，以16世纪中叶为界，风俗发生了很大的变化，而这是导致明末动乱的社会秩序崩坏的具体表现。基于此见解，他考察了宋元时期以及清代地方志中的风俗，剖析各时代地方志的记述内容及叙述视角的差异。[58] 前揭万历《吉安府志》的记述也符合森正夫揭示的明末的情况（虽然时期稍早于森正夫论述的明末），而且根据他论文中的观点推测，此《风土志》前半部分所叙述的“淳风”，应当指洪武十五年（1372）朱元璋颁布关于“礼义风俗”的诏书中设想的明初状况。可问题是，这种明初的状况在历史上可以追溯至什么时期呢？因为明初所谓的“淳风”不是突然出现的，至少被称为“淳风”的情况能追溯至元代的某个时期。再大胆地推测，从本文所探讨的谢谔的情况来看，或许可以一直追溯至南宋时期。这一推测并不只是臆测，若结合内藤湖南的观点，以及20世纪80年代后半期开始欧美将宋元明清作为一个整体进行研究后所取得的成果来看，这一推测在某种程度上也是可以接受的吧。

过去内藤湖南在《中国近世史》中指出，南宋庆元党禁致使信奉朱子学的道学人士遭受排斥，成为与政府保持一定距离

58　森正夫《明末の社会関係における秩序の変動について》（《名古屋大学文学部三十周年記念論集》，1979年）、《明末における秩序変動再考》（《中国—社会と文化》第10号，1995年）。这两篇论文皆收录于《森正夫明清史論集》第三卷《地域社会 · 研究方法》之中（汲古書院，2006年）。

的独立阶层;到了元代,南宋境内出生的人失去成为高官的希望,社会中出现了一个与蒙古人隔绝的社会,到了明清时代,继承这一变化的读书人阶级成立。[59]另一方面,对于内藤湖南在《中国近世史》中提出的唐宋间历史性变迁,郝若贝在1982年的论文中将时间轴稍微拉长至8世纪中叶到16世纪中叶之间,尝试从地域之间及地域内部的变化两方面来掌握。此处所说的地域,是对施坚雅将中国分为由大河及其流域构成的九个大区的构想进行若干修正后的地理框架。[60]郝若贝的论点涉及很多方面,就当前问题而言,他指出两宋交替时期前后,精英维持家族的战略发生了重大变化。换言之,北宋时期向中央输送人才并通过联姻维持团结的"职业精英",因王安石变法后党争的缘故而没落,取而代之的是,不关心在朝廷出仕,但关注在地方社会中延续威信、关心地域社会利弊的地方缙绅势力抬头。他的学生韩明士继承了这一想法,选取了王安石、陆九渊的出生地江西抚州这一特定地域进行具体的阐述。韩明士指出,南宋时期所见的特色延续到了元朝。[61]两位的想法和论述,在进入21世纪

59 《内藤湖南全集》第10卷(筑摩書房,1969年),第514页;《中国近世史》(岩波文庫,2015年),第268、269页。

60 Robert Hartwell, "Demographic, Political, and Social Transformation of China, 750-1150," *Harvard Journal of Asiatic Stadies*, 42-2, 1982. William Skinner, "Regional Urbanization in Nineteeth-Century China," William Skinner ed., *The City in Imperial China*, Stanford U.P., 1977, pp. 211-220. 后著有今井清一的日译本(《中国王朝末期の都市》,晃陽書房,1998年)。

61 Robert Hymes, *Statesman and Gentlemen: The elite of Fu-chou, Chiangsi, in Northern and Southern Sung*, Cambridge U.P., 1986. Robert Hymes, "Marriage, Descent Groups, and the Localist Strategy in Sung and Yuan Fu-chou," ed. Patricia B. Ebrey and James L. Watson, *Kinship Organization in Late Imperial China 1000-1940*, California U.P., 1986.

后引导出新的观点，即将1100—1500年间，也就是南宋至明代前中期作为一个整体看待。相较唐后半期至北宋，以及明晚期至清初这样变动巨大的时期，它被概括为变化相对停滞的“宋元明过渡”。[62]

内藤湖南以及20世纪80年代后半叶以后欧美方面的研究同样关注南宋，但在具体时期上存在差异；虽都认为出现了士人、士大夫的地方化，但是对原因的叙述各不相同。但不管怎么说，他们都论证进入南宋以后，士人将关注的重点转移到了以自己的家乡为中心的地域社会。本书各章对南宋时期吉州的士人、士大夫做了诸多探讨，就笔者个人看来，士人、士大夫并非只将视点局限在地方，他们对中央以及南宋全境也同样保持着关注。义役一事清晰展现出，谢谔也同样尝试将家乡的经验运用到中央政治之中。换言之，进入南宋以后，士人、士大夫开始拥有兼顾中央与地方的多元思考方式。包括谢谔在内，笔者探讨的所有具体对象都曾以某种形式出仕，也有人在中央有过活跃的机会。但如第八章中所论，就算是一生困顿在家乡的士人，也拥有着同样的倾向。当然，这不过是针对吉州这一特定区域的讨论，但它展现了南宋时期特征的一部分，也不能忽视吧。

---

62 Paul Jakov Smith and Richard von Glahn ed., *The Song-Yuan-Ming Transition in Chinese History*, Harvard U.P., 2003. 所谓“宋元明过渡”论在《导论》中有集中论述，中岛乐章对该书做了详细的介绍和批评（《中国—社会と文化》第20号，2005年）。

附篇二

书评：何安娜《宋元明时期中国的吉安士人与地方社会》

对于关注宋代以后中国历史发展的研究者来说，江西可以说是充满魅力的地区之一。施坚雅以大河及其形成的流域为基础，将全中国分成九个大区。按照其分法，江西与湖北、湖南两省一道被划分为城市化进程有了一定发展的长江中游地区。赣江是长江中游四大支流之一，于九江市汇入长江，而江西是赣江流域的繁荣区域。[63]

这一地区在唐末五代，特别是五代十国时期成为南唐领地后开发加速，至宋代，当地诞生了众多留名青史的文人和政治家，包括祖籍在江西的欧阳修（吉州），王安石（抚州），曾巩、曾布兄弟（建昌军），黄庭坚（洪州），周必大（吉州），文天祥（吉州）等人。宋代以后所谓新道教中的净明忠孝道，以相传六

63 G. Willam Skinner, "Regional Urbanization in Nineteenth-Century China," ed, G William Skinner, *The City in Late Imperial China*, Stanford U.P., 1977. 这篇论文后被今井清一翻译成了日文（《中国王朝末期の都市：都市と地方組織の階層構造》，晃陽書房，1989 年）。

朝时期生于江西北部南昌的许逊之传承为核心，在南宋时期以此地为中心形成教团。[64]另外，这个地区在儒学史上也占有重要位置。例如，宋代以抚州金溪县为据点进行活动的陆九渊（象山），在思想上与朱熹形成对立，提出了“心即理”这个延续至明代阳明学的学说。在明代，王阳明赴任江西赣州，在当地实施了可谓明代乡约之滥觞的“南赣乡约”。他离开后，弟子形成了江右学派，致力于发扬阳明学。[65]除此之外，江西与东南沿海地区的福建、广东一道，是历史上有名的宗族结合紧密的地区。[66]

此书以具备上述特色的江西中部的吉州（13 世纪末以后称吉安）为对象。它是一部将 12 世纪前半期南宋建国后，直至 17 世纪的晚明这数百年的漫长时期纳入视野的力作，探讨了该地出生的士人、士大夫对自己的地域有怎样的归属意识，特别是寺、观、庙这种神圣景观与这种归属意识有怎样的关联，这些意识在历史上如何变化。据书中《谢辞》及作者目前任职的华威大学的主页，作者何安娜在荷兰莱顿大学学习中文和中国文化并取得了学士、硕士学位，之后进入美国哈佛大学，跟随在唐宋思想和文化研究上享有盛名的包弼德教授学习，2001 年取得了博士学位。此书以其博士论文为蓝本，多见对包弼德研究的提及及探讨，可见包氏学说对本书的深刻影响。

---

64 关于许逊传说的历史性发展，本书引用的秋月观暎《中国近世道教の形成》（創文社，1978 年）中有详细论述。

65 关于江右学派，可参照也从其与宗族关系的角度思考的张艺曦《社群、家族与王学的乡里实践：以明中晚期江西吉水、安福两县为例》（台湾大学《文史丛刊》之一二九，台湾大学出版委员会，2006 年）。

66 许多研究者都提出过类似观点，此处仅举瀬川昌久《中国社会の人類学：親族 · 家族からの展望》（世界思想社，2004 年）第四章《宗族発展のサイクルと地域性》。

一

在介绍此书的内容之前，按照惯例先列出目录：

第一章　导论

第二章　南宋、元代吉州的神圣景观

第三章　士大夫与地域共同体

第四章　南宋、元代吉州的地域归属想象

第五章　南宋、元代吉州的另一种地域归属方式

第六章　明初吉安地区的寺院：从中央视点出发

第七章　晚明的吉安：新的神圣景观？

第八章　晚明吉安的寺院与士大夫共同体

第九章　明代吉安的另一种地域归属方式

第一章《导论》以明初吉安府永新县令乌斯道的轶事为开篇。乌斯道初到任时，当地士人向他讲了这样一个故事：在南宋末元初的战乱时期，蒙古军侵入当地，一家皆被杀害的谭夫人带着幼子躲进县学，但还是被士兵发现，为了守护贞操，她和幼子一起被杀害。据说地上的血迹不管如何擦拭都无法消失。听罢这个县学地上留下血迹的悲伤故事后，乌斯道在其遇难地建造了一座祭奠谭夫人的庙宇。他的儿子乌熙创作了一支纪念谭夫人的曲子，据说在演奏时，与谭夫人一同遇害的女仆的亡灵出现，向他讲述了对祭祀的不满，并告知谭夫人集诗二十首以表达对家乡的情感。乌熙有感于谭夫人的这种感情，立约定期祭祀二人。何安娜介绍这一轶事后，指出此书所有的要素都包含于其中。具体而言，便是从南宋至明朝的长时间段，包含寺、观、庙的该地域景观，以及记录这些景观的士人等要素。士人对于寺、

观、庙在内的吉州（吉安）景观的记述，在宋、元、明这段时期发生了怎样的变化，便是此书的主题。接着，此书分小节简单介绍了将提到的士人、士大夫的身份，寺、观、庙的碑文和时期，地域社会的问题，以及书中使用的“景观”一词的定义（定义见后述）、依据的史料和资料的种类和特点等。

第二章首先介绍了江西的自然环境，再以生产为中心，概述宋代至明代时期的江西地域情况，并如下作结：宋元时期关于吉州景观的记述，如实展现了与自然抗争并逐渐驯化自然的过程，寺、观、庙相关的碑文，应被视为这种与自然威胁对抗、交涉的记录来阅读。

第三章讨论了南宋、元代士人、士大夫与地域社会的关系。此时期，士大夫将寺、观、庙作为塑造地域社会的主要场所，认为它们象征着地域社会的统合性。较之对书院等教育设施以及对亲族、宗族的记述，士大夫对宗教设施的记述更多就表明了这一点。

第四章以南宋、元代士人、士大夫为寺、观、庙所作的碑文为分析对象，进行了如下论述：这些碑文蕴含了作者的某些个人心绪和信念，映射出了士人试图构建的世界观。无论是地方上的精英，还是拥有更广阔舞台的全国性精英，士人都希望参与寺、观、庙举行的宗教活动，以展现对家乡的归属感及自己是活动的积极参与者。换言之，对于通过宗教活动而统一的地域社会，士人希望发挥重要作用。士人对寺、观、庙中的宗教活动的参与，不仅满足了个人的宗教意识，还有借此提高他们在地域社会中的威信这一侧面。然而，士人对宗教活动的参与，并非基于他们对宗教的认同，作为地域社会的成员也即内部成员，他们也以自己的理想像与宗教实践对峙。

第五章以南宋、元代的士人在寺、观、庙以外为地域社会赋予意义之物，即族谱、州学、县学、书院的序文为分析对象，得出如下结论：相较于在所处地区内的意义，书院更被放在帝国规模这一更广阔的范围内评价。而寺、观、庙的碑文正是承担了吉州出生的士人、士大夫借此确认自己在地域中身份的作用。在州学、县学和族谱的序文中也可以看到乡土意识，但寺、观、庙的碑文才是鲜明展现了士人乡土归属感的媒介。

第六章探讨了明初士人对吉安所持态度的变化。作者说，吉州（吉安）的寺、观、庙在元末战乱时期遭到破坏，明初得到重建，但这种重建遵循的是明太祖制定的祀典的意志。另一方面，明初吉安出生的进士数量异常多，建国之初至1494年达到449名，较之同时期的福州248名、苏州146名则尤为突出。此外，吉安出生的进士，如杨士奇、解缙、梁潜、王直、胡广等都受到中央的重用。这些活跃于中央的士大夫应地方的邀请，为自己未曾造访过的寺、观、庙创作了碑文，但他们从中央的视角眺望地域的宗教活动，因此是与超越地域局限的读者交流。对于地域社会中的宗教活动和信仰，他们也展现出了与南宋、元代士人不同的态度。南宋时期，比如欧阳守道对地域社会中的宗教活动也抱有批判态度，但还是积极努力地想要将这些宗教活动改造成其应有的样子。然而到了明初，我们在梁潜身上清楚看到，就算地域的宗教活动和信仰已经到了令人啼笑皆非的地步，他们也不想改变这些活动。另一方面，地域社会中的人们也重视与在中央活跃的士人之间的联系，以及中央认可地域内宗教设施具有的某种意义。

第七章探讨了士人、士大夫对于明代发生变化的吉安景观的态度。作者如下论述：13 世纪的江西不过是一个边地，但 17 世纪的江西是向华北及江南各地供给粮食的著名区域，饶州景德镇也因陶瓷而声名远扬。另一方面，明代后期赋役和租税负担的加重，导致江西地区的农民没落，许多人或前往湖广寻求新出路，或成为商人及地主的佃户。于是，江西的大庄园发展起来，商业活动繁荣，佃户增加，而这也为江西景观带来了变化。此章主要通过徐霞客的描述展现这种对景观的态度变化。17 世纪旅经吉安的徐霞客对寺、观、庙所处的自然环境本身有着特别的关心，但与宋元时期的士人不同，他对这些寺、观、庙并无兴趣。要言之，在宋代的吉州、明代后半期的吉安，作为包括寺、观、庙在内的神圣场所的风景是相同的，然而宋代令人敬畏的场所，到了明代已经成为亲切、单纯的自然环境了。

第八章论述明代中晚期后，士人对寺、观、庙相关联的宗教礼仪的兴趣和意向发生了重大变化。明代中期以后，吉安的进士人数较明代初期有明显下降，及第后能飞黄腾达的人也减少了。因此，居住在家乡的士人比明初更多（关于此点，宋元时期的士人也有相同境遇），他们写下的寺、观、庙的碑文，也比宋元时期士人的作品有了冷静的特色。这并非源于明初的先驱者从遥远的京城遥望家乡时的物理性距离，而是来自居于家乡却在精神上有意识地与特定地域保持距离的意识。换言之，与宋元时期一样，到了晚明，包括寺、观、庙在内的吉州圣地仍在不断地被记述，但不同的是，宋元时期士人记述的是地域内的宗教实践及礼仪实践，而此时期的士人则以中立观察者的立场，讨论宗教相关的哲学、文学话题，变成了一种与这些话题刻意保持距离的写法。从中可以看到，与宋元时代士人试图将与宗教实践有关的寺、观、庙置于地域活动中心的志向不同，晚明士人对于将寺、观、庙作为地域活动之中核的行为不再抱有兴趣。

第九章言及明代中晚期，取代寺、观、庙的碑文而发挥提高地域社会之意识的其他团体及设施。作者首先讨论了此时活跃的宗族，并如下论述：14 世纪末之后，活跃在中央的吉安士人几乎消失，即便科举及第，也只能做地位较低的地方官，或是继续居住在家乡。这些在家乡的士人确保在当地的精英地位的手段之一，就是形成宗族。宗族作为地域秩序形成的出发点有着重要意义，因而为具体展现宗族活动的族谱写序文，也被认为对社会秩序的维护有一定的帮助。宋元时期的寺、观、庙的碑文由共同体内部的士人所作，与之相反，明代中晚期的族谱序文则是由宗族外部的著名士人来写。可以说，自共同体内部改变共同体的志向已经稀薄。接着作者依次讨论了书院、州县学、乡约。白鹭洲书院相关的碑文清楚表明，书院有助于提高吉安的地域认同感，士人乐于参加书院建设。县学、州学等学校是教授基础知识和准备科考的地方，但更重要的，它们是改善地域社会道德状况的场所，对地方来说意义重大。作为重建并维持地域社会的手段，乡约在 15 世纪末得到发展。1518 年，任赣州知事的王阳明为应对贼寇横行的状况实施了乡约，离任之后，其弟子聂豹、邹守益、罗洪先继承了这项事业，维持乡约。士人尝试通过乡约将凝聚乡里共同体，并积极参与地区的活动。

在第九章的最后，作者附上了三页多的《结语》。这一结语不仅是第九章的总结，也是对全书的总结。其中作者以如下讨论作结：史乐民在《宋元明过渡》[67]一文中指出，1100—1500年间的主要政治问题是汉族与非汉族间关系的平衡，国家与在社会、经济、政治方面占据优势地位的精英阶层间关系的变化，以及社会的变化。此书主要关注第二个问题，并通过士人的作品考察这一问题。考察的结果是，仅在明初很短的一段时间内，国家是吉安士人关心的焦点、是他们身份认同的中核，在更长的时段中，地域社会才是他们共同观念、身份认同的根源。换言之，南宋时期开始的地方化在元明时期继续，虽然明初一段时间内出现过中央化，但明代后半期起地方化继续，并延续至清代。在宋元时代，寺、观、庙是积极宣扬地域共同性的地方，但到了明初，同样的场所变成了向中央展示忠诚的机构，到了晚明，表达地域共同观念的事物从寺、观、庙转变为族谱、书院的序文和乡约。此书以吉安这一地区为例，指出自南宋以来地方化的趋势一直存在，明初只是暂时的偏离。

二

从上述拙劣的介绍也可以看出此书富有创新的内容以及独到的见解。从行文角度虽有重复，但首先明确一下此书的特点。

---

67 这篇题为“Problematizing the Song-Yuan-Ming Transition ”的文章是史乐民、万志英编 *The Song-Yuan-Ming Transition in Chinese History*（Harvard U.P., 2003）的导论。关于此书的详细介绍和批评，参看中岛乐章（《中国—社会と文化》第20号，2005年）。中岛氏的此篇文章也被翻译成中文，中国研究者也可参照（日本中国史研究年刊刊行会编《日本中国史研究年刊（2006年度）》，上海古籍出版社，2008年）。

此书的特点有二：一是考察与地域社会中士人、士大夫的地域归属感 = 身份认同相关的“景观”；二是考察的时间跨度长，从南宋直至明末。顺便说，对于此书主题“景观”一词，作者的解释略微抽象而不易理解。据评者的理解，此书的“景观”不仅指可以实际体验的、真实存在的景观本身，还包括记录下这一实际体验的士人作为当地人对该景观抱有的经验、理想形象的建构过程。因此“景观”与士人对地域的身份认同密切相关，而且这种身份认同不是一成不变，而是随着时代不断变化之物（第 13、14 页）。

此书对景观的最初着眼，是以吉州（吉安）的寺、观、庙的碑文为主要分析对象，指出它如实记录了宋元时期人们与自然威胁进行的抗争和交涉，但另一方面，士人、士大夫通过参加或批判寺、观、庙的宗教性仪式及实践，来表明对家乡的归属感。到了明代后半期，曾经令人生畏的自然变得亲切，被当作历史渊源深厚的名胜。士人、士大夫对家乡的意识在明初时曾短暂停留在从中央眺望地方的状态，但进入到明代中期后，这种意识通过学校、宗族、乡约等方式再度得到强化。

通过分析寺、观、庙的碑文以把握人们的自然观以及士人、士大夫的身份认同，是作者独特的视角，也让评者感到耳目一新。然而仔细研读后可以发现，文章对自然观变迁的迷人叙述偶尔会存在逻辑上的跳跃，并非无懈可击。例如在探讨明代自然观发生改变的第七章序言（第 155、156 页），以及结论的最末处（第 175 页），作者论述明代吉安的自然已经不再令人生畏，而是让人感到亲切的场所，构成了士人日常生活的一部分。对于这一变化的原因，作者认为是明代江西或者说吉安地区的商业、手工业的发展，以及伴随佃户制的大土地所有制这种社会经济性变化。然而这种社会经济的变化，为何，又如何与自然观的变化产生联系呢？对于这个问题，何安娜并未给予逻辑上的支撑。阅读本章相关部分，至少对评者而言，这一疑问并未能得到解答，始终有一种逻辑跳跃带来的困惑。

作者关于南宋王庭珪（何安娜在第 67 页记为“王庭圭”，在第 243 页的参考文献中记为“王庭桂”。正确写法自然是“王庭珪”）对安福县蟠簶庙的言论论述，亦有逻辑跳跃之处。王庭珪认为，此庙供奉的神能否得到国家的承认与其神力无关，就如同评价一个人的价值，与此人有无官职也无关一样。何安娜对此如下推论：王庭珪虽进士及第，但在同乡胡铨反对与金议和而遭左迁时，对其表示支持，因而常年蛰居在家乡著书立说。[68] 由此关于蟠簶庙所祭神灵没有得到国家承认的这番言辞，明显反映了他的不得志（第 78 页）。作者的此番推论有一定可能，但用“明显”一词，就让人感到逻辑上的唐突和跳跃。

再关注此书另一特色的长时间跨度。作者基于对吉州（吉安）地区的观察，指出南宋至明代的中国社会主要出现了地方化的进程。南宋至明这一时期，夹在唐宋变革及晚明以降急速变化这两大变革期之间，但反过来说，这一时期就连接了两大变革期，是担负重任的有意义的时期。作者也没有忘记唤起大家对这个时期本身意义的注意。也就是说，若将此时期整体看作没有变化的、具有持续性的时代，就会忽视地方层面上出现了重

68 关于胡铨反对与金议和、王庭珪因拥护胡铨而不得志的情况，参见拙论《宋代胡氏一族について：胡铨を中心にして》（《名古屋大学東洋史研究報告》第 34 号，2010 年，本书第二章）。

要变化（第 8 页）。作者以士人、士大夫对家乡的身份认同为线索推进考察，指出南宋时期开始的地方化意识在元明时期得以延续，在明初士人的心态暂时转向中央，但明代后半期再度回归到地方化（第 228 页）。作者引用了窦德士关于明代吉安府泰和县士人、士大夫动向的研究，对他认为明初许多活跃在中央的泰和县士大夫们因强烈的同乡意识而在中央也形成了紧密的联系，但这种同乡意识在明中期以后逐渐衰退的观点提出强烈异议（第 117、228 页）。[69] 要言之，如包弼德所说，明初士人志向转向中央，只是始于南宋的地方化趋势大潮中的偏离现象而已（第 228 页）。顺带说，此书引窦德士的见解并与自己的观点并置的地方很多（从索引来看，提及窦德士关于泰和县的见解有十二次之多），如此大量地引用窦德士的见解，明显突出了作者自身的观点（然而此书对"景观"的关注在窦德士的著作中也有体现，作者却未提及，让人稍觉其对前人的著作缺乏敬意。）

此书别具特色、极富魅力，毫无疑问是值得推荐的优秀研究著作。因此多么优秀的作品中都能看到细微瑕疵，在不影响论点的情况下应是被原谅的。例如作者依据刘子健的观点，指出欧阳修只回乡探访过一次（第 101 页）。[70] 实际上，除皇祐五

69　窦德士的见解可参照其研究 *A Ming Society: T'an-bo County, Kiangsi, in the Fourteenth to Seventeenth Centuries*（California U.P., 1996）。

70　何安娜的记述是基于刘子健在 *Sung Biographies*（ed. Herbert Franke, Wiesbaden:Steiner, 1976）中所写的传记，且她基于刘子健的记述，将欧阳修的家乡记为"庐陵"。此书也提到（第 116 页），宋元时期吉州各县士人多以州治庐陵代指自己的出生地，从这一意义上来说，上述表述并无大碍。不过准确地说，自欧阳修祖父欧阳偃以后，该家族所居的沙溪镇在至和二年（1055）以前隶属于吉州吉水县，之后属于永丰县，皆非庐陵县（拙著《欧阳脩　その生涯と宗族》，創文社，2000 年，第 295 页）。

年（1053）为安葬母亲郑氏和早逝的两位夫人回过家乡外，他还很有可能在大中祥符四年（1011）也回乡安葬父亲。[71] 再有，刘辰翁的《须溪集》卷三《朝仙观记》中的“颜鲁公”被作者当成孔子的弟子颜回（第86页），但这自然是抵抗安史之乱的著名书法家颜真卿。小错误若是接二连三就可能酿成大问题，与论点相关则问题更甚。评者在阅读中特别留意的是对所引史料的误读，以及许多基于误读而阐释自身观点的地方。此处稍举几例。

如前所述，作者常常讨论寺、观、庙以及相关的自然景观问题。她指出明代时期，为祈祷航运平安，吉安府内存在许多祠，并引用万历《吉安府志》介绍了几个事例（第173、174页）。然而，作者对南平王庙相关史料的解读上出现严重谬误。为论述方便，此处先引用史料原文。原史料“南平王庙”项：“在儒林乡西坑，神为南唐平王，逸其名，王没，百姓思遗德，立嗣祭之。”作者将文中的“逸其名，王没”解释为“人们忌讳他的名字，神在此溺死”，并基于这种解释在引文后论证说，（第174页）“这种溺死的暴力传达了给（该神）带来极度神圣的力量”。换言之，她认为这个寺庙是用来祭祀溺死这一非正常死亡的南平王。这种解释是她认为宋元时期当地寺庙所祭神明多死于非命的延续（作者在第二章着重论述了这一观点）。然而客观阅读史料后可知，出现问题的引文实际上是说“他（南平王）的名字现在已不为人知。他死后，百姓感念其德行，建祠祭祀”，其中没有什么神秘性的故事。

71　前揭拙著第298页。

据作者所说，这种感受到大自然威胁的心理，在宋元时期尤为突出。在主要涉及这一问题的第二章，作者从王向之《舆地纪胜》、洪迈《夷坚志》等书中引用了多处例证，其中介绍了《夷坚三志己》卷七《吉州樟木》（作者使用的是1981年中华书局本，此篇位于第3册第358页）这个吉州军资库旁大樟树的传说（第33页）。故事大概是这样的：乾道二年（1166）六月某天风雨大作，致使樟树断了一枝，风雨过后异象发生，于是知事下令砍掉这棵樟树。就此有人说，这象征着吉州西北的袁州宜春县某个大族的没落。问题出在"或云"（有人说）之后大概是洪迈自己的评论。原文是"然则此木遭厄，固有定数，亦云异矣"。作者对这句话的翻译是"如果是这样的话，这棵树的命数已定。然而也有人做出了不同的解释"。基于这样的翻译，作者在次页说："此树被砍被视作事先已注定之事。不过正如本章结尾所云，也有人给出别的解释，而非这个观点被普遍接受。"然而《吉州樟木》末尾的"亦云异矣"应该是"（这棵树遭遇厄运，是之前就被决定好的命运，但）也是（人无法预测）的怪事"，并没有何安娜所说的"不同的解释"。

以上两个例子，是评者对译文感到疑惑，恰巧手边有作者引用的史料，能够找到原文并发现问题。另有几处未找到原文，但从引文叙述来看可能有误读的地方。总之，作为他山之石，评者也要引以为戒，在史料的解读上必须细心留意。

最后，评者还注意到，此书在地名、人名、书名等汉字标注上的标准不甚清晰。过于有名或是频繁出现的词汇，或许没有每次都标注出来的必要。但出于读者阅读方便，这种时候也还是希望在其首次出现时能有标注。特别是一些不能轻易查询的史料引用，或是其他领域的中国史研究者不太熟知的事项，用汉字标记出地名、人名、书名等对读者来说无疑是有益的。举个例子，第 174 页作者介绍了载于万历《吉安府志》卷十六的庙神，其中一位只知道姓“xiao”。如果身边没有万历《吉安府志》，就算能猜测“xiao”是“萧”字，也无法判断这种猜测是否正确。因为除了“萧”，我们也能想到作为“萧”的俗字而使用的“肖”。第 196 页下半部，作者引用了同治《庐陵县志》，如果不查原文，很难知道引用中众多斜体字所对应的汉字。不管怎么说，万历《吉安府志》、同治《庐陵县志》并不是所有中国史研究者必备的书籍。

如本节开头处所言，此书富有创见，足以满足了人们知识好奇心。正因如此，拙评似乎是一直在挑毛病。希望作者对此能予以谅解。另外，已故的冈元司曾著文介绍过此书（*Journal of Song-Yuan-Ming Studies*, vol.39, 2009），不幸成为绝笔之作。其中的诸多观点与评者的有出入，[72] 但在此奉上拙论，祈祷仙逝的冈元司先生安息。

---

72 《岡元司先生偲んで》（《広島東洋史学報》第 14 号，2009 年 12 月）中刊登了书评的预告，但实际上此书评是 2010 年夏发表的（该杂志第 252—257 页）。

附篇三

书评：钱杭、谢维扬《传统与转型：江西泰和农村宗族形态》

一

20 世纪 80 年代后半期以来，中国学界对于家族制度、宗族的研究再次活跃起来。原因之一是进入 80 年代后，宗族以农村为中心复兴。与之相伴，学者调查家族、宗族实貌并刊行考察报告，过去调查的结果也得以公开。实况调查活跃的背后，是 50 年代被禁止的社会学研究，随着 80 年代的改革开放得以重启。[73] 过去关于中国的家族、宗族调查，都是以能够相对自由的中国香港、中国台湾以及东南亚等地的华侨社会为对象。对今日中国家族、宗族制度的理论仍有深刻影响的斐利民(Maurice Freedman ）的研究成果，也是基于他对上述地区的调查及其他研究者成果而形成的。[74] 如今外国人的行动仍有限制，但能够深

73 关于解放后至今的中国社会学的情况，可参照中野谦二《中国の社会構造：近代化による変容》(大修館書店，1997 年) 的序章。

74 可参照斯波义信对斐利民《東南中国の宗族組織》(弘文堂，1991 年) 的解说。

入中国内部进行调查，较之以前的状况有隔世之感。

据《引言》《后记》可知，此书是1989年以来对湖南、江西农村地区三次实地调查后的成果之一。这些调查概要分三次刊载于《上海社会科学院历史研究所简报》，同时也催生了钱杭1994年出版的《中国宗族制度新探》（香港中华书局）。依据《后记》，此书由钱杭起稿，谢维扬修改，最后由钱杭定稿。从分工，以及三次调查活动皆由钱杭单独完成来看，此书或许可以说是钱杭的著作。作者钱杭现在任职于上海社会科学院，谢维扬任职于华东师范大学，皆是年轻的研究者。据评者所见，钱杭还出版了题为《十七世纪江南社会生活》（浙江人民出版社，1996年）的著作，同样是关注到宗族制度的作品。此书标题中的“传统”与“转型”，指的是宗族在现代社会中继承传统并发生了变化，由此也可以感受到，此书的研究意图是探究宗族的现代意义。

此书选取的主要研究地域是泰和县。据作者介绍，泰和县在江西省中部，位于贯穿江西南北的赣江中上流，面积为2665平方公里，东西长、南北窄。赣江自南向北穿越该县正中间，将其分为东西两部分。人口43万多，除了不到600名壮族、高山族等少数民族外，其余人皆为汉族。该县在文化上也有传统，特别是在明代可称隆盛，诞生了正统年间“三杨”之一的杨士奇，以及弘治六年（1493）进士、基于朱子学立场而与王阳明论争的著名思想家罗钦顺。这里也是宗族结合发达的地区，因此作者对当地进行调查。从评者的兴趣来说，泰和县与邻近的吉水、安福、永丰、永新各县一样，是欧阳氏一族以吉安市为中心分布的居住地区之一。北宋时期，诞生出欧阳修的是永丰县欧阳氏一族，当地也有其双亲和两位早逝妻子的墓地。这种宗族结合发达繁盛的地域，现在的情况如何？不仅出于评者个人兴趣，从了解现代中国农村宗族之典型案例的意义来说，此书也给予我们充分的阅读满足感。

二

首先简单介绍此书的内容。除《引言》《结语》外，正文由七章构成。

《引言》首先阐述了调查、研究现代中国农村宗族的意义。作者认为，中国的宗族在20世纪80年代初期开始复活，掌握其变化的情况，既可补充文献研究中容易缺乏的有关宗族形态的细节事实，也可为直面现实的农民提出一些建设性建议。接着作者叙述了三次调查的经过，以及完成此书之前在前述《上海社会科学院历史研究所简报》上发表的调查概要。作者关于现代中国农村宗族的活动状况及宗族变化的研究始于1987年，1989年得到“中国改革与开放基金会”的资助后实施调查。第一次调查（1989年10、11月）对湖南、江西的农村宗族活动有了大致把握。然而钱杭反省认为，最初的这次调查虽说掌握了宗族活动的大体状况，但个案研究不足，对宗族及其活动的了解不深入，所以后续两次调查集中在泰和县。第二次（1990年5、6月）对江西省泰和县的集中调查，确认了新形态宗族活动的存在。第三次（1993年1、2月）调查了春节期间的宗族活动，场所是江西省泰和、吉安、吉水各县的交界地区。在《引言》的最后，他讨论了应如何看待宗族，不过这是与全书整体内容相关的问题，具体将在下节进行讨论。

第一章《泰和的人文背景与宗族传统》叙述了泰和县的大致情况，分为历史沿革、文化传统以及宗族样貌三节。关于此书主题的宗族，泰和地区注重宗族传统，存在许多望族。解放以前，以宗族为主体的诉讼频发，颇称难治，如今这样的风气已经改善，与过去的宗族大相径庭。

第二章《泰和农村宗族重建的环境》从心理基础、制度环境两个侧面讨论了现在泰和宗族重建的条件。在拥有133个姓氏的泰和县，无论是土地改革时期还是“文革”时期，其宗族传统都未完全中断。即便是传统如此强盛的宗族，对于现在的泰和人来说，宗族也仅是让内心拥有安全感的内在存在，而非能够获取物质上利益的外在组织，所以当地只存在良好的内在心理基础。另一方面，在制度环境上，在遵纪守法、不影响地区团结，党和政府允许进行宗族活动，对于自发参与宗族活动也不做干涉。

第三章《宗族结构的转型》。这一章从首领和组织两个方面分析泰和县宗族内部构造上的特点。文章首先叙述了现代中国农村宗族组织的普遍性特点。作者指出，目前正在复兴的宗族，缺乏构成传统宗族特征的大小宗制度，宗子、族长制度等要素，因此处于“后宗族”（作者未明确解释此概念，从文意上看是指传统宗族之后出现的宗族）阶段或是转型阶段。第一节论述了宗族首领。泰和的宗族没有常设的宗族组织，必要时建立一个临时性组织，所以即使有首领或者族长，其身份也是不确定的。作者以万合乡罗家村的罗氏为例，得出泰和的宗族是成员自愿结合的产物，更多具有俱乐部性质。在第二节关于宗族组织的部分中，作者认为处于转型阶段的宗族组织一般是弱式的结构，但其中不乏发展阶段较高的宗族存在，并举三个事例作为典型事例。首先是居住在泰和、吉安交界，以万合乡店边村为中心的王氏一族。王氏是谱系齐备，不仅拥有一族整体的祠堂（“总祠”），支脉还有支堂的大型宗族。不过支脉（“支房”）分化、繁衍的现象现在已经基本终结，支脉间的关系也与旧时代不同，没了尊卑之别，族中事务也由各脉协商进行。其次是禾市镇老居村的蒋氏一族。蒋氏 1989 年创建了修复本族总祠的组织，但他姓之人也可参与，与传统的宗族活动有少许区别。最后是禾市镇瓦坞村的蒋氏一族。该族与老居村的蒋氏虽是同姓，但属不同宗系。该族从 1988 年组建修订族谱小组起,有意识地收集、保存所有相关材料。不过该族族长只掌管日常事务，在面对包括修订族谱在内的族中重大事件时并无单独决定权，而是需要通过召集各支房族人开大会进行商讨。简言之，族长的权限十分有限，决定权掌握在为宗族活动而临时组织的职能机构，而这一点与传统宗族有所不同。

第四章《宗族谱牒的重修》选取万合乡店边村的梅冈王氏为中心，探究农村宗族族谱的重修活动。梅冈是王氏一族居住的自然村的名称。作者指出，修谱正是现阶段农村宗族重建的主要活动。有别于传统族谱，现在的族谱淡化了社会伦理功能的色彩，强调宗族存在历史依据的意味越来越浓。对于这一点，作者给予了很高的评价。在此之后，作者具体介绍了修谱的提议、费用的筹备、族谱的内容、印刷以及分发。修谱由族内元老级人物发起，得到中老年知识分子、退休干部的响应，最后获得各个支房代表的同意后开始。修谱的机构大多被称为“谱局”，在得到当地党和政府的支持或者至少说默许后方告以成立。资金方面，以梅冈王氏为例，是得到族内各个阶层的支持，筹集到了 4.49 万元。入谱资格上强调父系原则，但女子及其配偶也可以入谱，适应了新时代。评者深感兴趣的是，族谱中被记述为“名人”的，除党、政、军干部以外还有高学历者这一项，列示高中以上学历者，从中也可以窥探到发展中的中国农村的面貌。族谱编辑以各支房的草谱，以及发给族员填写自家成员出生年月、学历等信息的世系编列表为基础制作各支房的世系图或世表。世系图（“世表”）占族谱分量的二分之一到三分之二。编辑完成后就进行印刷，江西农村还是以木活字油印为主，族谱印刷的专业人员被称为“谱匠”。印刷结束后会举行庄重的族谱分发仪式（“散谱”），仪式上会祭祀先祖、表演戏曲、放映电影以及召开宴会。领取族谱（“领谱”）的是各支房的长老。

第五章《宗族祠堂的修复》讨论了泰和县的祠堂修复活动，指出该活动的现代意义。此章由两节构成。第一节首先概要地追溯了祠堂这个祭祀祖先设施直至清代的历史，随后概述了泰和县祠堂的情况，以及祠堂的意义。泰和农村的祠堂有仅供奉祖先遗像、牌位的单一型与兼奉玉帝、观音等民间神的复合型两种，一般农历七月十五日中元节（“鬼节”）举行盛大的祭祀活动。当地祠堂中，规模最大的是万合乡店边村梅冈王氏的本仁堂。比起原来供设祖先神主、成为宗族法庭这种传统的、实际的功能，现在的祠堂更强调让族人产生归属感、对祖先怀有崇敬感的象征性意义。第二节以禾市镇老居村蒋氏的总祠“叙伦堂”的修复为例，探讨祠堂修复活动的实貌。在泰和县，重建祠堂比修谱要优先，那是因为比起族谱，祠堂对宗族拥有着更直接的象征意义。祠堂在解放后被用作公共设施，所以其修复活动持续很久，较之宗族本身的行动，更多是被视作地域社会的公共事业，这种倾向至20 世纪 80 年代宗族复兴后也没变，老居村的蒋氏也并非完全靠本族，也仰赖他族的捐款。蒋氏以外，万合乡罗家村的罗氏也在1983 年修复了祠堂“敦睦堂”，出于同样的理由，生产队提供了部分修复费用。总之，从祠堂的修复活动中，我们可以看出宗族的历史传统融入现代社会的志向性。

第六章《泰和农村宗族文化》共五节，介绍了宗族文化活动的相关情况。第一节介绍祠堂楹联。对联的内容强调传统伦理及对祖先的崇敬之情等，族人不一定能完全理解当中的内容，但对联渲染气氛，起到一种暗示的功效。第二、第三节谈论婚姻和丧葬。这些仪式多使用祠堂，依据宗族文化的基础来举行。不过，只要不触犯同姓不婚等个别禁忌，宗族不会主动介入青年男女的恋爱之中。另外无论是婚姻还是丧葬，仪式都较为简朴。第四节介绍了“文革”时期也没有终止的、春节时以宗族为单位的礼拜仪式（“团拜”）。第五节探讨了农历正月将去年出生的新生儿的姓名、字号、出生年月记入房谱或草谱的“上红丁”仪式。近年受到计划生育政策的影响，不仅是男孩，女孩的名字似乎也可以被记载入谱。在此之后，作者总结本章内容，指出宗族与当地的民间习俗一起，成为民众生活中不可或缺的一部分，对当地的社会秩序和农民的实际生活并未带来消极后果。

第七章《湖南省部分地区的宗族情况》是为了突出泰和县农村宗族的特色，而选取湖南省宗族的实例进行比较。全章分为四节。第一节介绍了省会长沙市以西、位于湖南省中部的涟源市的情况。其内容由对公安司法机关人士的谈话、采访和书信内容构成。据这些内容，涟源市的宗族与泰和不同，活动的重点是凸显自己宗族在当地的地位，并且如争夺墓地（“坟地”）等所示，它们具有很强的破坏社会秩序的倾向，没有遵守法律的自觉性。第二节介绍了位于涟源市东南、长沙市西南的双峰县的宗族情况。这里是清末大官曾国藩的家乡，但根据县公安局和县委工作人员的描述，改革开放政策实施后，当地坟山纠纷激化，弱小宗族为对抗大宗族而出现了组织化趋势。第三节基于坟山纠纷的卷宗，再现了位于长沙和涟源中间的湘乡市的农村宗族现状。根据卷宗，当地宗族有很多无视法律的行为，与泰和宗族理性、妥当的行事风格形成了鲜明的对比。第四节介绍了湖南省东部、与江西接壤的茶陵县的宗族情况。这些情况也是依据对司法工作人员的访谈。当地宗族具有对抗村委会等“基层行政组织”以及对抗法律的特点，活动影响恶劣。最后，作者总结了湖南省宗族的特点，指出其宗族组织化进程缓慢，利益行动突出，活动方式时常超出法律允许范围。

在《结语》部分，作者以泰和农村的宗族为中心，简要总结了现代中国宗族的十一项特点：1. 泰和农村宗族的活动整体上具有建设性，与此相对应的，对传统的宗族资源（族谱、祠堂等）有较为系统的利用；2. 不仅是泰和县，中国农村的宗族在现阶段都处于重建和转型阶段；3. 泰和县的农村宗族正在努力寻找一种既合乎传统又能适应现代生活的组织结构形式；4. 宗族色彩已经自然地融入农村的一般社交活动、节庆、婚丧礼仪等民俗生活中；5. 宗族活动的强制性内容已大为削弱；6. 宗族的活动破坏性较少时，会受到农民群众的欢迎；7. 农村宗族作为一种俱乐部式的结社形式，也许是它们自身存在的最可接受的理由之一，且可能是能与现代生活相适应的形式；8. 社会主义的意识形态对宗族观念的更新和改造有重要影响；9. 农村宗族活动在很多地区（不是泰和），仍具有破坏性和较浓厚的封建性色彩，与社会主义精神文明建设的目标不相符合。不过随着人们法律意识的提高，将来宗族的破坏性能得到一定的防止吧；10. 从人类社会组织演变的一般情况看，血缘团体在现代文明条件下的地位和作用普遍呈递减的趋势。但是中国宗族的重建和转型，所遵循的规则不能与一般的血缘团体的演变规律等而视之。宗族文化是现代商业社会中浮躁气短、急功近利的人们最欠缺的修养；11. 农村宗族的活动对农村财力的消耗值得研究。《结语》在总结了这些特点后，总结说宗族根植于中国文化传统之中，不会被人为地以简单的方式"消灭掉"。

三

那么，借由此书，钱、谢二人提出什么样的主张呢？换言之，二人如何看待泰和县的宗族呢？一言以蔽之，他们肯定了这种继承传统宗族风气，又能适应现代生活的转变姿态（"转型"）。这个态度贯穿全书始终，在《结语》对泰和宗族的总结中有突出的表现。与第七章湖南省宗族的情况对照，泰和宗族的正面面貌成为更加明显的逻辑结构。湖南宗族组织化进程缓慢，以坟山争端为代表的利益争斗活动明显，因此常常发生超出法律范畴的行为。相比泰和宗族理性、稳当的行为方式，湖南宗族的行为明显非规范性。

这种对泰和农村宗族的肯定态度，与二人对中国宗族的现状以及未来美好的期待互为表里吧。书中数处论及应该如何处理宗族的问题。概述二人的看法则如下所示：宗族是历史上长期存在的社会关系形态，过去四十年的历史证明，即便是那样发动大众运动也无法将其消灭。因为历史是在传统基础上创造出来的，所以否认历史、断绝传统，主观创造“理想社会”就会受到强烈反弹（第308页）。这里虽然没有明示,但暗含对“文革”时期人们对宗族在内的传统事物满是憎恶的破坏活动的批判，再往上追溯，或许也是对发动“文革”的毛泽东在1927年发表的《湖南农民运动考察报告》的批判。众所周知,《湖南农民运动考察报告》中认为，阻碍农村民主势力扩张的因素之一就是同族（宗族）支配体制（依据祠堂等，以族长为顶点的支配体制），只有将之打破，才能看到以贫农为核心的农民解放的前景。因此自1949年中华人民共和国成立至“文革”期间，这份《考察报告》都是处理宗族的重要理论依据。近年出版了《中国家族制度史》（人民出版社，1992年）、《宋明家族制度史论》（中华书局，1995年）的徐扬杰，对宗族的基本态度[75]依旧没有超出《考察报告》的水准。

虽说如此,这个贯穿全书的看待宗族的新视角并非特异现象。与徐扬杰那种“传统”的视角不同，这可以说代表了改革开放以后中国另一派的视角。他们认为宗族并非阻挠近代化（现代化）的原因，而是可促成中国式现代化的有效手段。[76]基于这个视角

75 评者对《中国家族制度史》《宋明家族制度史论》的见解,可参考评者对后者的书评（《東方》第93号，1997年第4号）。

76 现代中国对于复兴的宗族存在肯定和否定的对立视角（宋金德、高世兹《中国社会史第

的代表性研究，是冯尔康编著的《中国宗族社会》（浙江人民出版社，1994 年）。[77] 此书认为宗族拥有适应时代要求而变化的柔软性，所以保留地肯定了改革开放以后宗族的复兴。他认为具备这种柔软性的宗族对“现代化”有积极作用，指出以乡镇企业为代表，现代企业中有相当大一部分是由血缘集团承担。

这些血缘集团等曾被视作阻碍近代化发展的前代遗制，其得到积极性评价的背后，与 20 世纪 80 年代后韩国、中国台湾、中国香港、新加坡这一“亚洲四小龙”（NIEs）达到了显著工业化水准后重新看待其地区的血缘性集团主义，存在共通的思想状况。中国随着工业化的发展而走向富裕，而这也使其恢复了对本国传统的自信吧。但是，工业化发展超过一定水平，就会促使社会成员离开集体，集体主义被视作束缚个人的桎梏，社会走向消除束缚个人自由的方向。[78] 有报告指出，中国工业化发达的城市也面临着以离婚率增长、亲子关系恶化为代表的家族制度危机。这里也出现了与欧美、日本等发达国家共通的问题。[79] 令钱杭自信的背后状况也暗含变数。

此书色彩鲜明地反映了改革开放以后的社会风气，但也非不加限制地赞扬宗族的复兴。如前节所介绍，泰和的宗族是不触犯法律、未信仰封建迷信、未组织械斗的“良性”宗族（第 46—58 页）。但作者没有支持宗族的全面复兴，因为有湖南的反面事例存在。

三次研讨会综述》，《历史研究》1991 年第 1 号）。

77 评者对《中国宗族社会》的见解，可参照拙评（《東海史学》第 30 号，1996 年）。

78 傅高义（Ezra Feivel Vogel）《アジア四小龍》，中公新書，1993 年。

79 潘允康《変貌する中国家族：血統社会の人間関係》，岩波書店，1994 年。

然而这本基于实地调查、反映现代社会风气的书，也不能说毫无瑕疵。评者最在意的问题与此书最大的特色有关。此书为了突出泰和宗族的“良性”，反复强调了湖南宗族的违法活动情况。然而问题是，作者叙述湖南的情况仅基于司法相关人士的信息。换言之，这和在泰和县，作者亲赴现场观看族谱、观察宗族仪式等亲眼掌握当地情况的做法是相对的。仅依据司法相关人士的信息，在事情的性质上只能从破坏秩序的侧面来描述，然而至少从书中完全看不到作者对此的考虑。依据的资料有偏颇，最终能否描绘出正常的事实吗？考虑到这一缺陷过于明显，非宗族研究者也能轻易注意到，那么这种安排就让人怀疑是否隐藏着某种意图。

还有一些让人在意的细碎的地方，此处随意举出几例以作结尾：第五章开头简要回顾了祠堂（家庙）这个祭祖设施自周代至清代的历史，但对唐宋时代士大夫们祠堂改成家庙的叙述有误（第 153 页）。家庙是王朝许可的祭祀设施，没有获许建造家庙的人，在王朝默许之下设立的设施称作祠堂。祠堂在汉代时已经盛行，就宋代而言，北宋时多称作影堂，南宋时广泛称作祠堂。[80] 与此相关还有一些小错误。宋代允许设置家庙的诏敕，最初出现在庆历元年（1041），接着是皇祐二年（1050）。两者之间间隔九年而非十年。第六章从农村文化来映射宗族，围绕着泰和的婚礼、丧葬习俗进行论述。但是这些婚礼、丧葬习俗与全国普遍的情况有哪些不同和相同，对于外国研究者且非相

80 关于祠堂、家庙的简洁说明，可参照刘黎明《祠堂·灵牌·家谱》（四川人民出版社，1993 年）第二部分《血脉的圣殿：祠堂》。甘怀真《唐代家庙礼制研究》（台湾商务印书馆，1991 年）题名虽是唐代，但讨论了汉代至六朝、隋唐时期的家庙制度，值得参考。

关专家来说，确实极难分辨。

此书生动叙述了泰和的宗族，借此书评记录下收获的感动与新知。

后 记

力微休负重。在本书的最后，这句话最先涌上了我的心头。无论多么有干劲，到头来确实如这句话所诠释。自己的无能，无须他人点明，自己也是最清楚的，而这大概与我的成长以及此后的经历有关。

我自幼身体虚弱，自进入位于八幡平山麓的硫黄矿山的小学以来（从小在田间长大，没上过托儿所和幼儿园），每年都要染上几次风寒，经历几回腹痛，重复往返医院的生活。矿山医院的儿科大夫和护士们都与我面熟，打针时，护士看到我便说："你又来啦！"因此，父母发现我完全不适合矿山劳动，做好准备让我中学毕业后去东京集体就职。不知是幸运还是不幸，矿山没落，中学上到一半时，我们举家搬到盛冈，从前九年之役的古战场附近的中学毕业后，我升入了一所竣工仅两年的高中。那所高中的升学率并不高（现在的升学率似乎提高了不少），加上我放学后热衷于社团活动，根本没怎么好好学习。对于这件事，我也不想找些勉强的借口。然而随着学年的增长，我逐渐萌生了还是要上大学的想法。父母出于经济上的考虑，只允许我上国立大学，也不许复读。那么当时我勉强能上的，就只有因弘前城和樱花而闻名的、本州岛最北的弘前大学了。两位同班同学和我一起进入这所大学。我们最初寄住在从弘前城步行二十分钟左右的新寺町的寺里，开启了大学生活。延绵至岩木山山麓的苹果园（现在起了个“apple road”的时髦名字）离住处不远。隔着院子，对面是寺院经营的幼儿园，每天早上在租住的房间中都能听到孩子们朝气蓬勃的声音。不过一年后，我们三人分别搬离了那里。毕业后一人回家当了高中老师，另一人升入东京大学，后来成为东大教授，如今都退休了。他们二人都努力地开拓着自己的人生。

而我呢？因为打算当社会科老师（当时有句话叫“实在不行就当老师”），所以上大学准备学习历史，选择专业时用排除法选了东洋史方向。选好之后，我才逐步读了一些东洋史相关著作。弘前大学虽是新设的所谓“火车便当大学”，但由旧制高等学校、师范学校、弘前医科大学合并，战前以来的研究著作也有很多。现在我依旧能记得当时从图书馆借阅至今仍常读常新的内藤湖南《中国近世史》《中国史学史》、宫崎市定《东洋的近世》，以及课上老师介绍的论文，并囫囵吞枣地阅读的样子。特别是当时明清史论客重田德写的《中国封建制度研究的方向与方法》[1] 用语生涩，以我当时的学力根本无法理解其中的内容。读不懂这些论文就无法学好东洋史的日暮途穷和绝望感，时至

1 《中国封建制度研究の方向と方向：六朝封建制論の一検討》，《歴史評論》第 247 卷，1971 年。在逝世后收入氏著《清代経済史研究》，岩波書店，1975 年。

今日依旧清晰可感。然而，在阅读那些论著时，我逐渐对中国史产生了兴趣，没多久就有了考取研究生的想法。环顾四周，很多人毕业后升入研究生院的事实也鼓舞了我。但我的汉文阅读能力以及入学所需的英语、中文能力实际上都还是空白，读研完全是有勇无谋的想法。父亲是只接受过战前义务教育没受过高等教育的体力劳动者，但谈论事物时比喻妥帖巧妙，我从小便十分钦佩。对于我这个无谋的想法，他常常说是“爬上屋顶，用棒子击落夜空的星星”。现在我偶尔还会咀嚼父亲的这番比喻，但当时的情况确乎如此。

此后虽有些曲折，但经历了预科之后，我考上了名古屋大学研究生院人文学研究科。名古屋的生活持续了十一年。在上一本著作《欧阳修：其生涯与宗族》的《后记》中我也写道，对于在东北田间长大的我来说，名古屋的夏天简直是地狱。当时研究室也没有空调，夏季日间完全读不进书。我租住的地方条件更差。虽不全怪燥热的天气，但我的汉文史料阅读能力没能长进，硕士论文的撰写也耗费三年时间。博士入学面试时，导师谷川道雄先生尖锐地指出了这个问题。直至晚年，我依旧觉得自己的汉文读解能力从学生时代起一直不好。然而到了这个地步，我也只好安慰自己（暂且不论努力不足）或许没有学习汉文、英文等语言的天赋。其实就算是阅读日语论著，我也要花很多时间，在日文写作上也有问题。论文打印之前，数次请谷川先生、森正夫先生评阅，谷川先生再三在稿子的空白处写下“这不是日语”（当时的手稿还留在家中的书库，或许翻一翻箱子还能找到）。总之，当时的我不仅是体力，语言能力、阅读能力、日文表达能力也都很差，是个不折不扣的差生。若是让现在的我指导当时的自己，恐怕我早就放弃了。一想到这，我就由衷地钦佩谷川道雄先生、森正夫先生以及重松伸司先生对我的耐心教导。

勉强写出了几篇论文后，1984 年起我便在东海大学文学部东洋史专业（2017 年 3 月废止）任教，前后三十多年。对此，我必须感谢当时聘用我的藤家礼之助先生。回顾过去，无论作为教师还是研究者（能否称得上是研究者还存疑）我都极其平庸，没留下什么值得特别提及的成果，因此也没受到过工作单位或学界的注意，就这么平凡地生活着。东海大学在研究环境上恐怕不能说太好，优秀的年轻研究员没待太久就调任他处。然而对我来说，图书馆丰富的资源让人无法割舍，最终长时间留在这里。确实，东海大学历史不长，与中国有关的专业也只有历史（没有一般文学院中会有的中国文学、中国哲学专业），也没有太多研究书籍，但毕竟是体量庞大的学校，主要的汉籍和研究杂志大体都有收藏，所以相当便利。特别是查阅宋代文集时，四部丛刊、四部备要、国学基本丛书自不必说，四库全书、百部丛书、丛书集成等也能方便地借阅，相当值得庆幸。地方志也大致都有。我性情惰怠，能多少写出一些论著，大半功劳都要归于学校的这些书籍、资料。前著的完成，当然也多亏于此。

前著以 1999 年春我向名古屋大学提交的博士论文为蓝本。致电谷川先生告知我获得博士学位时，先生说了句“你啊……”便没说话了。但翌年论文出版，收到赠书后先生来电，鼓励我说“研究书不能只有一本”。知天命的年纪出版了第一本书，原打算在花甲之时出版第二本，然而还是性格惰怠，拖拖拉拉到了古稀之年才得以实现。不过出版了第二本著作，将来到彼岸遇到谷川老师时，虽说不上威风凛凛，但至少不俯首汗颜吧。

作为研究者我籍籍无名，几乎没被约过稿，也不用背负谁的期待。论考的执笔，完全是无所顾忌地凭自己的能力进行，不会被学界的潮流推动。也正因如此，发表的文章或许是一些老旧无用的作品。然而自从花甲以后，工作单位的公务减少，且可能是年纪使然，我起得很早，早饭之前还能读些史料。在阅读真德秀的文集时，看到论述早晨脑袋清醒读书有用的文章，如今真切地感受到了这一点。本书正是晨读的成果之一。

回顾迄今为止的一生，在不敢大肆自称研究者的生活中，虽不一一列举姓名，但也与恩师及众多研究同仁有过交流，得到许多学术启迪。特别是在谷川道雄先生发起、1996 年开始的“内藤湖南研究会”，我获得了许多启发。对此，我在河合文化教育研究所发行的《研究论集》中发表了三篇文章。最后，我要感谢我的妻子和世，在我沉迷写作这本毫无价值的论著时，她一直给予我支持。出版之中，汲古书院的三井久人社长和小林诏子女士对我十分关照。另外，本书各章摘要的中文翻译，则多亏了东海大学兼职讲师石井宏明先生，此处并表谢意。

2020 年 3 月末

于武藏、相模国境寓居，怯畏着新冠病毒，

悄然纪念着古稀之年的高龄老人

小林义广　识